Gisela Friedrichsen

„Ich bin doch kein Mörder“

Gisela Friedrichsen

„Ich bin doch kein Mörder“

Gerichtsreportagen 1989–2004

Deutsche Verlags-Anstalt
München

Die Texte wurden von der Autorin für diese Ausgabe überarbeitet und aktualisiert.

Bibliografische Information Der Deutschen Bibliothek
Die Deutsche Bibliothek verzeichnet diese Publikation in der Deutschen Nationalbibliografie; detaillierte bibliografische Daten sind im Internet über <http://dnb.ddb.de> abrufbar.

2. Auflage, 2004

Typografie und Satz: DVA/Brigitte Müller
Gesetzt aus der Minion
Druck und Bindearbeiten: GGP Media GmbH, Pößneck
Printed in Germany
ISBN 3-421-05781-8

Inhalt

Vorwort

Wir glauben gerne, das Verbrechen habe an den Rändern der Gesellschaft seinen Ort. Stattdessen hat es ihn in ihrer Mitte. Kein Beruf, Stand oder Alter bewahrt davor, aus Gier oder Lust, Verblendung oder Verzweiflung zu morden, zu stehlen und zu betrügen. In den Reportagen von Gisela Friedrichsen kommen sie alle vor: kriminelle Jugendliche aus guten und schlechten Elternhäusern, Erwachsene mit und ohne Beruf oder Arbeit, Richter, Pfarrer, Politiker und Manager, Krankenschwestern und Ärzte. In ihnen begegnet die ganze Gesellschaft.

Sie begegnet in doppelter Weise. Die individuelle Geld- oder Machtgier der Täter, ihre individuelle Unfähigkeit, sich in Veränderungen zu behaupten oder aus Verstrickungen zu lösen, ihre individuellen Lebenslügen spiegeln Probleme der Gesellschaft. Zugleich spiegeln die Strafverfahren das positive Bild, das die Gesellschaft von sich entwirft und dessen sie sich vergewissern und das sie sich bestätigen möchte. Besonders deutlich wird dies in politischen Strafsachen. Prozesse gegen DDR- oder nationalsozialistisches Unrecht und gegen Rechtsradikale sind für Richter, Staatsanwälte und Nebenkläger Gelegenheit, sich und der Gesellschaft ihre makellose politische Gesinnung zu demonstrieren. Weil sie Repräsentanten der Gesellschaft sind, demonstrieren sie der Gesellschaft auch deren makellose politische Gesinnung.

Gisela Friedrichsens Reportagen bieten Gesellschaftsanalyse, Mentalitäts-, Kultur- und politische Zeitgeschichte. Manchmal weiten sie sich zu kleinen Essays über die Situation Jugendlicher in den neuen Ländern, das Entstehen jugendlicher Gewalt, die Radikalisierung von Muslimen oder den Schatten, den die nationalsozialistische Vergangenheit in die Gegenwart wirft. Nie verschwinden hinter dem gesellschaftlichen Befund das individuelle Schicksal und die individuelle Verantwortung. Gisela Friedrichsen schließt die Ereignisse dadurch auf, dass sie analytische Schärfe und persönliche Einfühlsamkeit und Behutsamkeit vereint.

Mit dem Bild der Gesellschaft entsteht in Gisela Friedrichsens Reportagen ein Bild der Strafrechtspflege. Wie das Zusammenspiel von Richter, Staatsanwalt, Verteidiger und Sachverständigem funktioniert und wie das von Verteidiger und Angeklagtem, wann und warum Verfahren statt von der Strafprozessordnung durch einen Deal der Beteiligten regiert werden, wie Verfahren auf Reaktionen der Medien reagieren, was Justiz zu politischer Justiz macht, warum ähnliche Taten verschieden bestraft werden, was vom Strafvollzug erhofft werden darf und befürchtet werden muss – es wird zwar nicht im Detail ausgemalt, aber in klaren, kräftigen Strichen skizziert.

Im Bild der Strafrechtspflege, wie sie ist, scheint das Bild der Strafrechtspflege auf, wie sie sein sollte. Ohne zu belehren, ohne zu moralisieren, macht Gisela Friedrichsen in ihren Reportagen deutlich, was das Amt von Richter, Staatsanwalt und Gutachter, Nebenkläger und Verteidiger ist. Das ist besonders eindrucksvoll. Seit dem Ende des Dritten Reichs wird über Recht und Moral diskutiert, die Moralvergessenheit des Rechts für das nationalsozialistische und das DDR-Unrecht verantwortlich gemacht und der Moral im Recht ein Ort gegeben. Grundrechte werden zu moralischen Prinzipien erklärt, Gesetze werden im moralischen Licht der Grundrechte interpretiert, und das Verhalten von Institutionen und einzelnen wird an der moralischen Latte der Grundrechte gemessen. Ein moralisch gesättigtes Recht soll staatliches Unrecht verhindern.

Aber die Moral lebt nicht im Buchstaben des Gesetzes, auch nicht in dem des Grundgesetzes. Sie lebt im Richter, der den Sachverhalt gründlich erhebt, das Recht sorgfältig beachtet, sich auf den Angeklagten einlässt und Distanz zu seinen eigenen moralischen und politischen Positionen wahrt. Sie lebt auch bei Staatsanwälten, Gutachtern und Rechtsanwälten vor allem von der Sachlichkeit, Gründlichkeit und Sorgfalt ihrer Arbeit. Der zynische Richter, der Staatsanwalt mit Kreuzzugsmentalität, der schlampige Gutachter, der Rechtsanwalt in Selbstdarstellungsmanie – sie handeln unmoralisch, auch wenn sich daraus kein Berufungs- oder Revisionsgrund machen lässt.

Wie Gisela Friedrichsens Reportagen ein Lehrstück zur Moral der Agenten des Rechts sind, so sind sie auch eines zur Moral des Journalisten. Auch sie ist vor allem eine Moral der Sachlichkeit, Gründlichkeit und Sorgfalt. Beim besonders sperrigen Gegenstand des Rechts wird sie oft besonders vernachlässigt. Wird ihr aber genügt und verbindet sich mit der Sachlichkeit, Gründlichkeit und Sorgfalt überdies Sensibilität für die Schicksale der Menschen und die Aufgabe des Rechts, dann ist Gerichtsjournalismus ein Glück für das Gemeinwesen. Gisela Friedrichsens Reportagen sind ein solches Glück.

Bernhard Schlink

I

Gefangene der Geschichte

Nach dem Fall der Mauer

„Damit nicht Anarchie ausbricht"

Der Prozess gegen ein Ehepaar in Magdeburg

SPIEGEL 26/1990, 25. JUNI 1990

Wilmar Bohmeier, 37, ist schon lange Staatsanwalt. „Wenn man straff studiert und gut ist", sagt er, „schafft man es bei uns mit 23." Er war wohl straff und gut. Er beherrscht das Verfahren von Anfang bis Ende. Er repräsentiert, gelassen lächelnd neben dem Richtertisch, die Staatsanwaltschaft als herausgehobenes Verfassungsorgan der DDR.

„Ich darf feststellen, dass wir vor einem Gericht dieses Staates stehen. Ungeachtet aller Entwicklungen seit dem November 1989 ist die Strafprozessordnung dieses Staates DDR voll gültig. Ich darf weiter feststellen, dass wir eine geltende Verfassung haben."

Am dritten Tag der Hauptverhandlung gegen das Ehepaar Margitta und Manfred F. vor dem Bezirksgericht Magdeburg weist Bohmeier die beiden Verteidiger der Angeklagten unmissverständlich in die Schranken. Die Anwälte hatten, in Anlehnung an westdeutsches Recht, Kritik an den Vernehmungsmethoden der Volkspolizei geübt. Sie hatten beantragt, das Verfahren wieder an die Staatsanwaltschaft zurückzugeben, damit von neuem ermittelt werde. Sie wollten das Aufsehen, das der Fall erregte, zur Durchsetzung einiger weniger rechtsstaatlicher Grundsätze nutzen. Doch es blieb genau der Spielraum, den Bohmeier ihnen ließ.

Seine Selbstsicherheit verblüffte. Hieß es nicht von der Justiz der DDR, sie befinde sich im Zustand allgemeiner Unsicherheit und fehlender Perspektiven? Besonders Staatsanwälte und Richter würden umgetrieben von Befürchtungen, aus dem Amt gejagt zu werden? Erst am Tag nach dem Urteil sollte bekannt werden, dass inzwischen alle „Werktätigen", das sind auch Richter und Staatsanwälte, ihre Personalakten von Belobigungen und Auszeichnungen für treue Pflichterfüllung im Sinne von Partei und Staat, von allem, was künftig als belastend gelten könnte, längst hatten säubern können.

„Ich stimme Ihnen zu, dass nach dem heutigen Erkenntnisstand das, was man sich unter dem Recht auf Verteidigung vorstellt, nicht möglich ist", fährt Bohmeier fort. Er hoffe aber, dass die Gedanken der Verteidigung „in ein neues Recht einfließen und dass man dann nicht mehr – wie bei uns – über Postwurfsendungen oder Zeitungsartikel von Änderungen des geltenden Rechts, der Strafprozessordnung oder von Amnestien erfährt". Man sei „ehrlichen Herzens an einer Erneuerung unseres Rechts interessiert". Dafür aber sei die „konsequente Anwendung unseres Rechts die beste Voraussetzung".

Oberrichter Uwe Riechert, 40, beeilt sich zuzustimmen. „Rechtssicherheit besteht nur, wenn jedermann weiß, was geltendes Recht ist." Ausschlaggebend für das vorliegende Verfahren seien allein „das Recht des Bezirksgerichts Magdeburg und die Strafgesetze der DDR".

Gestern galten die Anweisungen der Partei, heute gilt das Recht, das vom Geist dieser Partei durchdrungen ist. Und morgen?

Geschmeidig wie der Staatsanwalt zollt auch der Richter der neuen Zeit und der Rechtsstaatlichkeit, der man sich eines Tages wird unterwerfen müssen, einen kleinen Tribut, verbal. Bei den „notwendigen Prüfungshandlungen und Befragungen der Verdächtigen" seien „formal" die Mindestforderungen eingehalten worden, sagt er.

Margitta und Manfred F. wird ein Kapitalverbrechen angelastet: die Tötung von fünf Neugeborenen zwischen 1984 und 1988. Sie befanden sich fast eineinhalb Jahre lang in Untersuchungshaft – und wurden in dieser Zeit vernommen, verhört, zu mündlichen und schriftlichen Geständnissen gedrängt –, ohne dass sie ein Rechtsbeistand beraten hat. Nach geltendem DDR-Recht werden solche Geständnisse und wie auch immer zu Stande gekommenen Protokolle über Vernehmungen und Befragungen vor Gericht als Beweismittel verwertet.

Die Taten waren herausgekommen, als die Frau 1988 nach Jahren wieder eine Arbeit als Reinigungsfrau in einem Betrieb in Wernigerode aufnahm. Sie sei schon zu Beginn schwanger gewesen, eindeutig, berichtet eine ehemalige Kollegin dem Gericht. „Wir sprachen sie darauf an, es wurde ihr ja auch ein paar Mal übel, aber sie stritt es immer ab. Ich wurde dann krank, und als ich Anfang Januar 1989 wiederkam, da sah ich, dass sie nicht mehr schwanger war. Sie sagte, sie habe 'ne Fehlgeburt gehabt. Ich sagte, da wirste wohl in die Klinik gegangen sein."

Margitta F. habe dies verneint. „Dann hat dein Mann einen Arzt geholt?" Nein, auch das nicht. „Ich sagte, willst du denn nicht zum Arzt? Du arbeitest hier in einem Betrieb, in dem viele Männer sind. Sie hätte doch Blutungen kriegen können. Sie sagte dann, sie habe den Säugling in die Toilette geboren – aber das habe ich nicht mehr genau gehört. Die Kaderleiterin hat dann das Weitere veranlasst."

Die „Kaderleiterin“ des Betriebes ist eine Art Personalchefin. Sie schickte Margitta F. in die Frauenklinik, wo sie auf insistierende Nachfragen schließlich zugab, am 16. Dezember 1988 ein Kind geboren und gleich danach getötet zu haben.

Vor der Polizei, die daraufhin eingeschaltet wird, sagt sie, dass sie von 1984 an – fünf Kinder hatte sie damals schon, ein sechstes war kurz nach der Geburt gestorben – jedes Jahr heimlich zu Hause ein weiteres Kind auf die Welt gebracht und mit Hilfe ihres Mannes erstickt habe. Juli 1984, Juli 1985, Juli 1986, Oktober 1987, Dezember 1988. Vier Jungen, das letzte ein Mädchen. Die Leichen seien in einem Ofen des Kurheims „Sennhütte“ in Wernigerode, in dem Manfred seinerzeit als Heizer beschäftigt war, verbrannt worden.

Die Kaderleiterin verkörpert vor Gericht als „gesellschaftliche Anklägerin“ die Stimme des Volkes. Ein solches Amt wurde nur vorbildlichen Mitgliedern der sozialistischen Gesellschaft zuteil. Das Kollektiv, sagt sie, sei „erschüttert und entsetzt“ gewesen, als man von den Taten erfuhr. Die Kolleginnen des Kollektivs seien auch Mütter – sie verurteilten die Taten aufs schärfste. Schlimmere Verbrechen gebe es nicht.

Mit dem Paar will niemand etwas zu tun haben. Aus der Untersuchungshaft schrieb Margitta F. eine Rechtsanwältin aus Halberstadt an mit der Bitte um Beistand. Die Dame lehnte ab. Ein weiterer Anwalt erschien ein paar Mal im Gefängnis und lehnte schließlich ebenfalls ab. Und die Verteidiger, die acht Wochen vor der Verhandlung bestellt wurden, beteuern: „Wir wollen uns nicht mit denen solidarisieren“ – mit „denen“ meinen sie die Angeklagten.

In den Augen ihrer Umwelt sind die Eheleute F. „Asis“, Asoziale, unsauber, kinderreich, unangepasst. Der Mann habe die Betten machen müssen, die Frau saß auf dem Sofa, berichtet eine Hausbewohnerin. Die Einrichtung habe „nicht den Vorstellungen“ entsprochen. Eine Jugendhelferin, die einmal im Jahr nach dem Rechten sah: „Einer der Jungen war Bettnässer, das war fürchterlich. Die Betten waren nicht bezogen, die Wäsche nicht gewaschen. Ich habe die Frau gefragt, ob sie schon wieder schwanger sei. Wieso, hat sie geantwortet, wie ich darauf komme. Sie habe nach den vielen Geburten einen ‚hohen Leib‘. Ich dachte mir gleich, da stimmt was nicht.“

Sie habe noch mehrere Hausbesuche machen wollen, doch sei ihr nicht geöffnet worden. „Damit war die Sache für mich erledigt.“

Nachbarinnen erklärte Margitta F. ihre an- und abschwellende Leibesfülle mit einem „Blutstau". Geglaubt wurde ihr nicht. „Das sieht man doch als Frau", sagt eine Zeugin, „alle im Haus haben das gewusst." Die Kinder seien wohl gleich adoptiert worden, dachte man.

Gleich an den ersten Verhandlungstagen bricht über die beiden Angeklagten die geballte Entrüstung und der Abscheu einer Gesellschaft herein, in der es Menschen wie dieses Ehepaar nicht geben durfte. Stundenlang geht es um die Frage, warum die Frau nicht verhütet oder doch wenigstens abgetrieben habe. An Wohltaten und Errungenschaften solcher Art, so ließen sich die in der entwickelten sozialistischen Gesellschaft Etablierten vernehmen, herrsche doch kein Mangel. Es sei für alle an alles gedacht worden.

Warum er, der Ehemann, denn immer wieder mit ihr geschlafen hat, „auch nach dem dritten und vierten Mal noch", fragt einer der Verteidiger entgeistert. Ja, warum nur sind sie miteinander ins Bett gegangen, anstatt zu diskutieren, zu überlegen, zu planen.

Margitta F. kann sich nicht erklären. Sie bringt in ihrer Sprachlosigkeit nichts als Klischee-Brocken heraus, die ihr in den vergangenen Monaten offenbar vorgesetzt worden sind. Etwa, dass man ein Kondom „nicht gewollt" habe, dass ihr von der Pille übel geworden sei, dass es mit dem Berechnen des Zyklus nicht geklappt habe.

Sie bestätigt, dass das kleine Mädchen, das sie als viertes Kind 1978 zur Welt brachte, 14 Stunden nach der Geburt starb. Damals verließ sie die Klinik zwei Tage später ohne Wissen der Ärzte. 1974 schon hatte sie die Klinik gegen den Willen der Ärzte verlassen. Sie sagt etwas von Kindbettfieber nach der sechsten Geburt. Sie spricht von „Angst vor Ärzten", besonders vor Frauenärzten. 1983, als ein krankhafter Urinbefund festgestellt wird, sträubt sie sich gegen eine stationäre Behandlung.

Sie sagt, bei dem Kind 1985 habe sie Angst vor einer Fehlgeburt gehabt. Angst vor der Fehlgeburt eines Kindes, das sie später ohnehin zu töten gedachte? „Dann wäre das Problem der Schwangerschaft doch gelöst gewesen!" Die Juristen sind fassungslos. „Ich hatte versucht, das Kind auf eigene Gefahr mit Rotwein abzutreiben", antwortet sie leise. „Ich habe Rotwein heiß gemacht, damit das Kind damit kaputtgeht." Der Anwalt besteht darauf zu erfahren, wovor sie Angst gehabt habe. „Dass vom Kind etwas drinbleibt… ich hätte dann müssen in die Schwangerschaftsberatung zur Ausschabung...dass man merkt, dass ein Kind fehlt..."

Mit der Begutachtung beider Angeklagten waren zwei Frauen beauftragt: die stellvertretende Leiterin der Abteilung forensische Psychiatrie der Medizinischen Akademie Magdeburg, Professor Helene Klepel, 53, und die klinische Psychologin Dr. Renate Boldau, 38.

„Für mich ist es ganz und gar uneinfühlbar, dass Sie Angst vor Ärzten gehabt haben wollen", sagt Frau Klepel zu Margitta F., „und dass Sie ganz und gar nichts tun, um Schwangerschaften zu verhüten. Wenn Sie so große Angst oder Furcht gehabt haben" – Frau Klepel achtet peinlich auf den Unterschied –, „dann ist es für mich unverständlich, dass Sie nach einem so schlimmen Ereignis wie der Tötung eines Kindes gleich wieder schwanger sind."

Auch Frau Boldau wundert sich. „Während und nach der Geburt wird man in der Klinik doch betreut!" 1983, nach dem sechsten Kind, sei der Angeklagten die Spirale angeboten worden, auch eine Sterilisation. „Warum haben Sie denn nichts getan?"

In jeweils zehn Minuten wickeln sie ihre Gutachten zur strafrechtlichen Verantwortlichkeit ab. Margitta F., heute 37, normale kindliche Entwicklung, Polytechnische Oberschule bis zur siebten Klasse, Teilausbildung als Wirtschaftshilfe, überwiegend als Kellnerin tätig. Im Mai 1971 Heirat. 1971, '73, '74, '78, '79, '83 Geburten. „Wegen der Verpflichtung den Kindern gegenüber konnte sie nicht durchgängig einer Arbeit nachgehen", so Gutachterin Klepel.

Alle elf Schwangerschaften und Entbindungen normal. Seit 1984 dem Alkohol zugesprochen, vier bis fünf Flaschen Schnaps pro Woche, überwiegend abends, keine Abhängigkeit, also unwesentlich. Wirkt vorgealtert. Intellektuell unterdurchschnittlich, aber keinesfalls schwachsinnig. „Lebensansprüche beschränken sich auf Tagesbedürfnisse."

Und dann hagelt es Vorwürfe im Duett: „Erhebliche Bequemlichkeitshaltung" (Klepel), „mangelnde Anstrengungsbereitschaft" (Boldau), „hat sich nicht um Problemlösung wegen der Schwangerschaften bemüht" (Klepel), „hat sich nicht um eine gesetzliche Lösung bemüht, obwohl sie wusste, dass es sie gab" (Boldau).

Die Sachverständigen halten Margitta F. auch für „moralisch verwahrlost". Sie erläutern nicht, was sie damit meinen. Kein Wort, dass die Frau das Leben in einem System, in dem der Alltag Kunststücke abverlangte, mit mehr als fünf Kindern nicht zu bewältigen glaubte. Da waren dann noch die „Vorstellungen“ der Umwelt, die Ansprüche der Fürsorgerinnen, die Erwartungen, die Zwänge.

„Eine aktive Lebensgestaltung mit Erwartungen an das Leben ist nicht vorhanden“, sagt Boldau. Die Angeklagte habe nichts unternommen, „um die Lebenssituation der Familie zu verbessern“. Arbeitsangebote habe sie nicht angenommen. „Sie lebte wesentlich in der Familie ohne den Wunsch, sich auch andere soziale Bereiche zu erschließen.“

Über Manfred F., heute 40, hieß es: schulische Entwicklung unter ungünstigen Bedingungen. Vater Alkoholiker, Scheidung der Eltern, Kinderheim, Schulabgang nach der achten Klasse, Maurerlehre nicht beendet. Zieht zur Mutter, die erneut mit einem Trinker verheiratet ist. Er wird Hilfsarbeiter, Heizer, Maurer, Maler, Hausmeister.

Während eines Urlaubs in Wernigerode lernt er seine zukünftige Frau kennen. Ihre Eltern, der Vater ist blind, nehmen ihn, der bis dahin nur herumgestoßen wurde, freundlich auf. Er erfährt zum ersten Mal Familienleben. Dankbar passt er sich an.

„Intellektuell im Sinn einer Grenzdebilität einzustufen“, befindet Psychiaterin Klepel, Indolenz und Durchsetzungsschwäche, mangelnde geistige Wendigkeit. Dass er in dem Schlafzimmer übernachtete, in dem die Neugeborenen unter einer Matratze in einem Schließkorb wimmerten, bis sie endlich starben – das ist „Mangel an Emotionalität“ und, im Unterschied zur Frau, „soziale Verwahrlosung“.

Die Gutachten sind eine Katastrophe. In ihnen wurden nicht Menschen in ihrer Not beschrieben und erklärt, sondern unerwünschte Elemente hingerichtet. „Wir haben mehrfach herausgestellt, dass Frau F. sich treiben ließ. Es ist ja viel bequemer, einfach in den Tag hineinzuleben. Sie hätte ja abwägen können, ob sie lieber das Gerede der Nachbarschaft in Kauf nimmt oder ob sie so etwas Schlimmes tut“, sagt die Professorin Klepel achselzuckend.

Die Gutachten entsprechen nicht den Anforderungen, die sich in den westdeutschen Gerichtssälen längst durchgesetzt haben. Keine der Sachverständigen erklärt dem Gericht, auf Grund welcher Untersuchungen die Ergebnisse zu Stande kamen. Was verstehen Frau Klepel und Frau Boldau etwa unter „Grenzdebilität“, womit begründen und belegen sie diese?

Debilität ist nicht allein eine Frage der Intelligenz. Personen mit Intelligenztiefstand reagieren in kritischen Situationen oft psychoseähnlich. Sie haben nicht so viele Verhaltensmöglichkeiten wie normal intelligente Personen. „Ich habe keinen anderen Ausweg gesehen", sagt Manfred F. vor Gericht. Die Sachverständigen lächeln sich mokant zu.

Auch die beiden Verteidiger aus einem Magdeburger Anwaltskollektiv halten die Gutachten für „verheerend". Doch ungeübt und unerfahren in Strafverteidigung, wie sie in einem Rechtsstaat verstanden wird, kapitulieren sie.

So blieb Staatsanwalt Bohmeier bis zuletzt der alleinige Herr des Verfahrens. Er reduzierte die Anklage gegen die Frau auf Kindestötung und Anstiftung zum Mord, bei Manfred F. bestand er auf einer Verurteilung wegen fünffachen Mordes und forderte schließlich für beide Angeklagte eine Freiheitsstrafe von 15 Jahren und die Aberkennung der staatsbürgerlichen Rechte für acht Jahre. Oberrichter Riechert folgte ihm im Urteil bis ins Detail.

Die zwei Schöffen, die im Strafsenat eines Bezirksgerichts dem Berufsrichter zur Seite sitzen, stellen in solch einem perfekt organisierten Rollenspiel zweier Juristen Statisten dar. Welchen Anteil haben sie an der Urteilsfindung? Sie sind dabei, mehr auch nicht. „Anarchische Zustände", so warnte Oberrichter Riechert in der Urteilsbegründung, brächen aus, würde man sich nicht streng ans geltende Recht halten.

Was geschieht mit Menschen wie Margitta und Manfred F.? Fünf ihrer insgesamt elf Kinder leben. Der älteste Sohn, damals 17, hatte seiner Mutter bei der letzten Geburt beistehen müssen. Er hatte dem Neugeborenen Zellstoff aufs Gesicht drücken, es mit der Nachgeburt in die Decke einwickeln müssen, auf der die Mutter geboren hatte. Er musste mit seinem jüngeren Bruder das schreiende Bündel in den Schließkorb legen und eine Matratze obenauf.

Vor dem Verfahren verbreitete er Schauermärchen über seine Eltern: Alle 14 Tage habe er mit der Mutter schlafen müssen; und dem Säugling habe er mit einer Stopfnadel in die Fontanelle stechen müssen. Er macht aus den Eltern Teufel. Wie soll er anders mit dem Erlebten fertig werden?

Wenn die Angeklagten einst aus dem Gefängnis kommen, werden sie wohl alle Kinder verloren haben.

„Grenzdienst ist Gefechtsdienst"

Der erste Prozess gegen vier Mauerschützen in Berlin

SPIEGEL 46/1991, 11. NOVEMBER 1991

Am Ende des Jahres 1991 wird die deutsche Justiz von junger und jüngster Vergangenheit überrollt. In Münster steht der 87-jährige Boleslav Maikovski vor Gericht, der beschuldigt wird, während der Besetzung Lettlands durch die deutsche Wehrmacht im Januar 1942 für die Erschießung von 170 Einwohnern des Dorfes Audrini und das Niederbrennen aller Häuser verantwortlich zu sein.

In Stuttgart wird gegen den 79 Jahre alten Josef Schwammberger verhandelt, einen Lagerführer in verschiedenen ehemaligen Arbeitslagern im Osten. 45 Menschen soll er eigenhändig umgebracht, zum Mord an 3377 weiteren soll er Beihilfe geleistet haben.

In Hamburg stehen zwei nach der Vereinigung der beiden deutschen Staaten festgenommene Männer – Karl Kielhorn, 72, und Gerhard Bögelein, 67, – vor Gericht. Bögelein soll als Antifa-Mann 1947 im litauischen Lager Memel einen ehemaligen NS-Richter mit einem Hammer erschlagen, Kielhorn den Tatplan entworfen haben.

Vor den Oberlandesgerichten Koblenz und Stuttgart stehen Mordprozesse an, in denen es um die Vergangenheit der RAF geht.

In Berlin verhandelt die 23. Große Strafkammer des Landgerichts gegen vier sogenannte Mauerschützen, ehemalige wehrpflichtige Grenzsoldaten der DDR, die in der Nacht zum 6. Februar 1989 den 20-jährigen Kellner Chris Gueffroy erschossen und seinen gleichaltrigen Begleiter Christian Gaudian beim Versuch, die deutsch-deutsche Grenze im Berliner Stadtteil Treptow zu überwinden, verletzt haben sollen.

Dass die Todesschüsse an der Mauer eines fernen Tages – dass es so schnell und so plötzlich dazu kommen sollte, war nicht vorauszusehen – strafrechtlich zu ahnden sein würden, darüber bestand in der Bundesrepublik nie ein Zweifel. Dass aber ausgerechnet die Grenzsoldaten, in deren Hand zwar die Kalaschnikow, nicht aber die Entscheidung über Recht und Gesetz lag, als erste und bislang einzige den Kopf würden hinhalten müssen, als hätten sie geradezustehen für Befehle, in denen es hieß: Von der Schusswaffe darf Gebrauch gemacht werden…, für Dienstvorschriften, in denen es hieß: Von der

Schusswaffe ist Gebrauch zu machen…, das verbittert die Angeklagten, das nährt Zweifel an der Rechtsordnung.

Das Unbehagen wächst mit der Dauer des Berliner Verfahrens. Wer unbedingt strafen will, wer sich nicht vorstellen kann, dass Kinder und Jugendliche in den 40 Jahren DDR anders als in der Bundesrepublik erzogen und systematisch indoktriniert wurden, dem dauert der Prozess schon heute zu lange.

Zudem fallen mit jedem Verhandlungstag neue, verwirrende Schlaglichter auf das vergangene Leben diesseits und jenseits der einstigen Mauer. Immer mehr Schatten zeichnen sich ab.

Zu Beginn des Prozesses wurde der Vorsitzende Richter Theodor Seidel von Verteidiger Henning Spangenberg ersucht, eine dienstliche Erklärung über den Zeitpunkt und die Umstände seines Übertritts aus der DDR in die Bundesrepublik abzugeben. Es sei der Eindruck zu vermeiden, dass der Richter „an einem Geschehen beteiligt war, das in einem unauflösbaren Zusammenhang mit der hier verhandelten Sache" stehe.

„An sich bin ich überhaupt nicht geneigt zu antworten", entgegnete Seidel, um dann fortzufahren: „Ich habe die DDR im Oktober 1950 verlassen. Es können auch die ersten Novembertage gewesen sein."

Am fünften Verhandlungstag lehnt Spangenberg den Vorsitzenden wegen Besorgnis der Befangenheit ab, nachdem bekannt geworden war, dass Seidels Bruder 1965 versucht hatte, nach West-Berlin zu gelangen. Wegen „Vorbereitung zum ungesetzlichen Grenzübertritt" war der Bruder in der DDR zu drei Jahren Freiheitsstrafe verurteilt worden, von denen er zwei verbüßte. Der Richter habe den Freikauf des Bruders und die Überstellung in die Bundesrepublik betrieben, sagt Spangenberg.

Spätestens in der dienstlichen Erklärung zu diesem Ablehnungsantrag, in der er jeden „Rachegedanken gegen die damals im Kleinkindalter stehenden Angeklagten" von sich wies, hätte Seidel ein wenig mehr sagen können, wohl auch mehr sagen sollen.

Denn am 24. Oktober lehnt Rechtsanwalt Spangenberg den Vorsitzenden Richter erneut wegen Besorgnis der Befangenheit ab. Seidel erklärt dazu: „Einer meiner engsten Studienfreunde hatte sich nach dem Mauerbau einer Gruppe von Personen – nach meiner Kenntnis waren es überwiegend Studenten der Freien Universität – angeschlossen, welche Studenten dieser Universität, die außerhalb West-Berlins wohnten, bei der Flucht hierher halfen. Diese Gruppe arbeitete unentgeltlich und auf eigenes Risiko. Ich war weder mit Planung und Organisation von Fluchthilfeorganisationen befasst, noch war ich in diese eingeweiht. Einen Kontakt zu der Gruppe als solcher hatte ich nicht. Auf Bitten meines Freundes habe ich 1961 – ich kann nicht ausschließen, dass es auch Anfang 1962 war – lediglich folgende Hilfsleistungen geleistet:

a) Ich habe einen geringfügigen Geldbetrag gespendet.
b) Ich habe – unentgeltlich – eine Kurierfahrt nach Berlin-Ost unternommen.
c) Ich habe – unentgeltlich – eine Nacht mit meinem Wagen über einem geöffneten Kanaleinstiegsschacht geparkt, weil in dieser Nacht eine Gruppe durch den Abwässerkanal nach Berlin-West fliehen sollte. Dazu ist es jedoch nicht gekommen."

Aus der dienstlichen Erklärung geht weiter hervor, dass Seidel, wenn er seinen aktiven Beitrag zu Fluchthilfeaktionen auch als gering darstellt, mehrfach Kontakte zu Fluchthelfern unterhielt. Im SPIEGEL (13/1962) erschien damals eine Titelgeschichte zum Thema der unter dem Namen „Unternehmen Reisebüro" organisierten Flucht in den Westen mit Hilfe einer West-Berliner Studentengruppe. Sie fälschte Pässe, imitierte Passierscheine, baute Tunnels, durchsägte Gitter in den Kloaken unter der Sektorengrenze. Mit großem persönlichen Einsatz und humanitärem Engagement schleusten die Studenten 600 Personen aus der DDR heraus.

„Deckelmänner", wie Seidel offenbar bei einer Gelegenheit einer war, galten als Hauptproblem. „Manche packte in letzter Minute die Angst, entdeckt zu werden. Sie wollten dann nicht bis zum nächsten Abend warten und brannten gleich mit durch", hieß es im SPIEGEL.

Heute sagen die Richter, von denen auch diese Ablehnung verworfen wurde: „Seit der abgelehnte Richter die ehemalige DDR verlassen hat, sind 40 Jahre vergangen. Die Hilfeleistungen für Studenten liegen 30 Jahre, die Bemühungen um die Flucht des Bruders liegen 25 Jahre zurück. Diese Zeitspanne ist erheblich. Die Teilung Deutschlands hat in vielfältiger Weise zahllose Menschen auf beiden Seiten der Grenze in Situationen gebracht, aus denen heraus krasse Ablehnung der gesellschaftlichen und politischen Zustände in der ehemaligen DDR resultierte, die sich teilweise auch in Handlungen ausdrückte. Die Erfahrungen und Handlungen des abgelehnten Richters mögen dabei aus dem Üblichen herausragen…"

Seidel hält sich nicht für befangen. Er versteht nicht, dass die angeklagten Grenzsoldaten, die alle nach dem Bau der Mauer geboren wurden, 1964 und 1965, die also weder eine durchlässige Grenze noch den ungehinderten Verkehr der Menschen aus Ost und West miteinander je erlebt haben, sich davor fürchten, welche Erinnerungen einen Vorsitzenden Richter anlässlich eines solchen Verfahrens unbewusst beeinflussen könnten.

Seidel, und das ist nun vor dem Hintergrund der beiden vergeblichen Ablehnungen zu betrachten, verhandelt nicht souverän. Die Beteiligten gewinnen den Eindruck, da oben am düsteren Richtertisch sitze einer, der alles besser weiß und für den nicht mehr viel aufzuklären ist. Die Verteidigung wirft ihm „selbst gestricktes Verständnis vom DDR-Recht" vor. Es kommt kein Rechtsgespräch zu Stande, man reizt einander. Und die Staatsanwaltschaft – hat gerade so viel ermittelt, dass das Verfahren eröffnet werden konnte.

Mit dem Zeugen Gerhard Neiber, 62, heute „Invalidenrentner", zu DDR-Zeiten zuletzt stellvertretender Minister für Staatssicherheit im Rang eines Generalleutnants, Stellvertreter Mielkes also, erlebt das Gericht eine Überraschung. Verteidiger Eisenberg hatte ihn beantragt, er will ihn als erster vernehmen. Doch Neiber beruft sich zur Verblüffung der Prozessbeteiligten auf seine Schweigepflicht.

Das Ministerium für Staatssicherheit ist aufgelöst worden, als die DDR noch existierte. Im Beschluss des Ministerrats vom 16. Mai 1990, unterzeichnet von dem letzten Ministerpräsidenten der DDR und heutigen Rechtsanwalt Lothar de Maizière, heißt es: „Alle ehemaligen bzw. zeitweise mit der Auflösung beschäftigten Mitarbeiter des ehemaligen Ministeriums für Staatssicherheit bzw. des Amtes für Nationale Sicherheit sind weiterhin zur Geheimhaltung ihnen anvertraut gewesener Staatsgeheimnisse, sofern sie die mit der Verfassung der DDR in Übereinstimmung stehende frühere geheimdienstliche oder nachrichtendienstliche Tätigkeit betreffen, verpflichtet."

Wer könnte Neiber entbinden? Muss er entbunden werden? Wer ist der Rechtsnachfolger, der nach dem 16. Mai 1990 berechtigt gewesen wäre, die Schweigepflicht aufzuheben? Der Zeuge beruft sich zum

Amüsement der Zuschauer auf den Datenschutz zu Gunsten der Bürger in der damaligen DDR und in der Bundesrepublik. Neiber betont das. Könnte er womöglich über Fluchthilfe und Organisationen wie das „Unternehmen Reisebüro" einiges erzählen? Er darf gegen ein Ordnungsgeld von 500 Mark unbefragt nach Hause gehen.

Der einzige Zeuge, der sich nicht hinter Schweigepflicht, Nicht-Wissen oder Nicht-Zuständigkeit verschanzt, ist der 34 Jahre alte Kompaniechef der Angeklagten. Hätte nicht wenigstens er („Sie als Offizier!", sagt der Vorsitzende) die Gesetzwidrigkeit des Schießbefehls erkennen müssen, jedenfalls bei entsprechender Anspannung des Gewissens, wie es dem Gericht vorschwebt? „Wir hatten Vertrauen in die Vorgesetzten bis hin zur Partei- und Staatsführung, dass sie uns nicht in die Pfanne hauen", antwortet er als Zeuge.

Eindeutig sei gesagt worden, kein Grenzdurchbruch sei zu gestatten. „Obwohl das sehr praxisfern ist, sollten die Soldaten möglichst auf die Beine schießen. Aber die Kalaschnikow hat eine starke Streuung, und im Dunklen, im Laufen..."

In der fraglichen Nacht vom 5. auf den 6. Februar 1989 sei der Schießbefehl nicht eingeschränkt gewesen. „Wo liegt überhaupt der Sinn der Sache, wenn heute geschossen werden darf und morgen nicht?", fragt der Vorsitzende. „Wenn mir die Frage damals so gestellt worden wäre, hätte ich sofort den Dienst quittiert. Aber damals hatte ich Vertrauen", erklärt der Ex-Kompaniechef.

„Ich habe meinen Soldaten gesagt", fährt er fort, „sie sollen sich auf kein Risiko einlassen. Ich habe ihnen erzählt, dass es in der Einheit 28 Tote gegeben hat. Ich weiß nicht, ob man sich in die Lage eines Grenzsoldaten versetzen kann: Er steht acht Stunden im toten Raum, zu zweit, er weiß, wenn einer kommt, das ist ein Verbrecher."

Eisenberg befragt diesen Zeugen konzentriert. Im Zwiegespräch wird noch einmal die Welt der kleinen Grenzsoldaten lebendig. Die Ängste vor Demütigung und Benachteiligung, die Illusion, in einem der menschlichsten Staaten zu leben, die Anpassung aus Schwäche, der kraftlose Mut zum Glauben an eine bessere Zukunft. Es wurde nicht gesagt: Schießt! Sondern es hieß: Ihr kennt doch die Bestimmungen.

Der Zeuge schildert auch die Erfahrungen, denen die Grenzer gerade in Berlin ausgesetzt waren. „Tag für Tag wurde doch bestätigt, dass wir die Bevölkerung vor den Übergriffen des bösen Kapitalismus schützen müssten. Unsere Fahrzeuge wurden von jenseits der Mauer mit Steinen beworfen, die Scheiben gingen kaputt. Als Kommunistenschweine wurden wir beschimpft. Mit den Schottersteinen der Reichsbahn hat man auf uns geschmissen."

Außerdem galt die Regel: „Illegal versuchen nur die abzuhauen, die etwas zu verbergen haben. Ein ehrenwerter Bürger des sozialistischen Staates geht nicht illegal über die Grenze. Wir mussten Foto-Dokumentationen anfertigen von Provokationen. Damit wurde der einfache Soldat scharf gemacht." Es hieß: „Der Grenzdienst in Berlin ist Gefechtsdienst."

„Glaubten Sie, dass Ihr System dem westlichen überlegen war?", fragt Eisenberg. „Ja, sicher. Wenn man erlebt hat, dass die Eltern zehn Jahre in einem Zimmer lebten und man selbst dann eine Wohnung bekam, das ist doch ein Fortschritt!"

Im Jahr 1962 – es ist noch einmal daran zu erinnern, dass die vier Berliner Angeklagten 1964 und 1965 geboren wurden – tötete der KGB-Agent Stachynskij in München zwei ukrainische Exil-Politiker mit einer Giftpistole, bevor er sich der bundesdeutschen Polizei stellte. In dem für die juristische Auseinandersetzung mit der NS-Zeit verhängnisvollen BGH-Urteil über Stachynskij, an das sich erinnern sollte, wer die vier Mauerschützen vorab verurteilt, heißt es: „Solche bloßen Befehlsempfänger unterliegen bei Begehung derartiger amtlich befohlener Verbrechen nicht den kriminologisch erforschten oder jenen jedenfalls ähnlichen persönlichen Tatantrieben. Vielmehr befinden sie sich in der sittlich verwirrenden, mitunter ausweglosen Lage, vom eigenen Staat, der vielen Menschen bei geschickter Massenpropaganda nun einmal als unangezweifelte Autorität zu erscheinen pflegt, mit der Begehung verwerflichster Verbrechen geradezu beauftragt zu werden. Sie befolgen solche Anweisungen unter dem Einfluss politischer Propaganda oder der Befehlsautorität oder ähnlicher Einflüsse ihres eigenen Staates, von welchem sie im Gegenteil die Wahrung von Recht und Ordnung zu erwarten berechtigt sind. Diese gefährlichen Verbrechensantriebe gehen statt von den Befehlsempfängern vom Träger der Staatsmacht aus, unter krassem Missbrauch dieser Macht."

Zum Schluss sagte damals der BGH: „Dem Angeklagten ist es zu glauben, dass jemand, der elf Jahre hindurch als bildsamer junger

Mensch ununterbrochen im Kern des sowjetischen Machtbereichs zugebracht hat und dort ständig indoktriniert worden ist, große Schwierigkeiten damit hat, westliche Lebens- und Denkweise zu verstehen…"

Auch die vier Mauerschützen haben bis Oktober 1990 nie etwas anderes kennengelernt.

„Wer so auf Menschen schießt"

SPIEGEL 5/1992, 27. JANUAR 1992

Gehenkt hat man die Kleinen nicht. Sondern groß gemacht wurden sie, aufgebläht, aufgepumpt, bis die Kostüme, mit denen sich Politiker, Wissenschaftler und die Juristen gern behängen, auch ihnen passten. Der Mensch hat schließlich mutig zu sein. Er hat zu verantworten, zu entscheiden, zu widerstehen, zu bekennen, zu erkennen. Jedermann hätte spüren müssen: Hier macht man nicht mit. Hier sagt man „nein". Hier bietet man die Stirn. Jedermann hätte wissen müssen, dass nicht jedes Gesetz auch Recht ist.

Der Vorsitzende Richter Seidel, Jahrgang 1931, der dem ehemaligen Grenzsoldaten Ingo H., 26, vorwarf, was er in der Nacht vom 5. auf den 6. Februar 1989 an der Berliner Mauer getan habe, sei einer Hinrichtung gleichgekommen, hat das alles schon vor 40 Jahren erkannt. Er hat den „Staat, dessen Herrschende durch nichts legitimiert" waren, damals rechtzeitig verlassen und ist in die Bundesrepublik übergesiedelt. Ihm ist es geradezu eine Selbstverständlichkeit, dass Gesetzen, „die in einen gewissen Kernbereich des Rechts eingreifen", nicht zu folgen ist.

Die Frage, ob ein Rechtssatz zu beachten sei, der einen Grenzverletzer mit dem Tod bedroht, stellt sich ihm nur rhetorisch. „Hier ist der Gehorsam zu verweigern." Das Schießen auf die Füße hingegen, so Seidel, war nicht rechtswidrig. Ging es doch hierbei um die Rechtssicherheit, die offenbar auch in einem Staat mit nicht legitimierter Obrigkeit noch Wert hat.

Seidel ist von der Verteidigung zweimal erfolglos wegen der Besorgnis, befangen zu sein, abgelehnt worden. Er mag von seiner Unbefangenheit zutiefst überzeugt sein – die Besorgnis wurde nicht nur genährt dadurch, dass er sich Auskünfte über seine eigene Vergangenheit und seine Kontakte zu Fluchthelfern nur unwirsch abringen ließ, und durch seine fahrige, abschneidende, reizbare Verhandlungsweise. Die Sorge der Befangenheit bestätigt das Urteil.

Dreieinhalb Jahre Freiheitsstrafe für den „Todesschützen" Ingo H., das ist jenes Strafmaß, wie es der 4. Strafsenat des Berliner Kammergerichts in seinem Beschluss vom 19. Juli 1991 über die Aussetzung der Haftbefehle bereits vorgegeben hatte: „Angesichts dieser Umstände hält der Senat es für nicht unwahrscheinlich, dass die Taten der Angeklagten als minder schwere Fälle im Sinne des 213 StGB gewertet werden. Er geht somit nicht davon aus, dass hier mit Freiheitsstrafen von mindestens fünf Jahren zu rechnen ist." Aber: „Sie müssen mit der Verhängung einer Freiheitsstrafe rechnen, deren Vollstreckung nicht mehr zur Bewährung ausgesetzt werden kann." Deutlicher geht's nimmer.

Nicht einmal die Staatsanwaltschaft wollte H. als den Todesschützen eindeutig ausmachen. Das wird sie auch in der Revision vertreten, die sie inzwischen gegen das ganze Urteil eingelegt hat. H. war damals vom Turm gestiegen, als die ersten Schüsse auf die Flüchtenden Chris Gueffroy und Christian Gaudian fielen. Er dachte, es werde in seine Richtung geschossen. Er sah die Flüchtenden, wie sie näher kamen. „Mein Postenführer kam. Zweimal hat er gerufen ‚Schieß!' Daraufhin habe ich gezielte Schüsse auf die Füße abgegeben."

Die beiden Flüchtenden – Gueffroy versuchte mehrfach, seinem Freund mittels einer sogenannten Räuberleiter den Metallgitterzaun hinaufzuhelfen – wurden an den Füßen verletzt. Sie standen dabei nicht still wie Zinnsoldaten. Dem unten stehenden Gueffroy zerriss schließlich eine Kugel das Herz. Zielte der Schütze auf die Füße des oben Stehenden? Oder traf eine Kugel nicht gezielt?

Die Reihenfolge der Schüsse und der Verletzungen war von Sachverständigen nicht auszumachen. Die Waffen der Grenzposten sind nicht mehr vorhanden, auch nicht die Projektile. Spuren wurden damals sogleich verwischt. Es gibt keine Unterlagen, keine Protokolle, nicht einmal Fotos. Doch das Gericht focht dies nicht an.

Es ließ sich nichts mehr zuordnen, nur noch konstruieren und spekulieren, aus welcher Richtung die Kugel gekommen sein würde, falls Gueffroy und Gaudian eine bestimmte Haltung eingenommen haben sollten. Aber standen sie wirklich so, in der Kälte der Nacht, als Warnrufe erschollen und Warnschüsse um sie pfiffen? H., so Richter Seidel unbeirrt, muss auf den Oberkörper gezielt haben.

Postenführer Mike Sch., der gerufen hatte „Schieß!", wurde freigesprochen. Er habe annehmen dürfen, H. werde bloß auf Füße und Beine, auf die Oberschenkel zielen. Warum durfte er das annehmen? Mit welcher Begründung durfte er auf H.s kaltes Blut, dessen Furchtlosigkeit und Besonnenheit vertrauen und auf das perfekte Funktionieren einer Kalaschnikow? Es macht für den Schützen schon einen Unterschied, ob er auf eine Scheibe schießt in der Ausbildung oder auf einen Menschen, den er nicht laufen lassen darf.

Auch Peter S., der, wie er sagte, beim Schießen die Waffe nach unten gehalten habe, wurde freigesprochen. Die Kammer habe Zweifel, so Seidel, ob er überhaupt einen anderen in Lebensgefahr gebracht habe. S., von Beruf Rinderzüchter und Melker, hatte offenbar die Nerven, sich sozusagen selbst in den Arm zu fallen. Aufbegehrt gegen die Erwartung, einen Fluchtversuch um jeden Preis zu verhindern, hat auch er nicht. Vielleicht stand er nur günstiger als die anderen.

Während der Vorsitzende Richter Seidel das Urteil verkündet, während er über den Angeklagten Andreas K. befindet: „Wer auf 100 Meter Entfernung mit einer Kalaschnikow Dauerfeuer abgibt, weiß, dass er nicht mehr zielen kann" – währenddessen beteuert im benachbarten Saal des Moabiter Kriminalgerichts vor der 18. Großen Strafkammer, die über zwei andere ehemalige Grenzsoldaten zu Gericht sitzt, ein früherer stellvertretender Kompaniechef als Zeuge: „Bei etwa 200 Meter Entfernung ist es möglich, mit kurzen Feuerstößen das Ziel annähernd sicher zu treffen."

K., der sich selbst für einen guten Schützen hält, gelang es in der Aufregung damals nicht, den Hebel an seiner Waffe von Dauer- auf Einzelfeuer zu stellen. Er beschwor das Gericht: „Wenn ich hätte treffen wollen, hätte ich getroffen." Richter Seidel: „Wer so schießt, kann nicht darauf vertrauen, dass nichts passiert. Er hat zwei Menschen in Todesgefahr gebracht." Und so wurde K. zu einer Freiheitsstrafe von zwei Jahren auf Bewährung verurteilt.

Im Saal nebenan verhandelt die Vorsitzende Richterin Dr. Ingeborg Tepperwien, 46 – sie hat zu Beginn vorigen Jahres das längste (15 Jahre Verhandlungsdauer) und teuerste (Prozesskosten etwa 15 Millionen Mark) deutsche Strafverfahren um den Feme-Mordfall Ulrich

Schmücker auf Kosten der Staatskasse eingestellt –, ruhig, sicher und zügig. Sie muss allerdings auch nicht auf die unsinnige Erwartung eines „Pilotverfahrens" reagieren. Sie muss nicht verbissen Unbefangenheit demonstrieren, sie ist unbefangen. Sie reizt die Verteidigung nicht zu Selbstdarstellungsausbrüchen. Sie bläht die Angeklagten nicht zu Großen auf.

Diese beiden Angeklagten haben am 1. Dezember 1984 gegen 3.18 Uhr in der Frühe an der Mauer im Berliner Stadtbezirk Pankow nordwestlich der Wollankstraße den 19-jährigen Michael-Horst Schmidt erschossen, nachdem er mit einer Leiter bereits die sogenannte Hinterlandsicherungsmauer überwunden und mit einer weiteren Leiter den Grenzsignalzaun erklommen hatte.

Von 1970 bis 1983 waren auf einer Länge von insgesamt 428 Kilometern an der Demarkationslinie Selbstschussgeräte installiert worden; im Sommer 1983 kamen noch einmal 11 Kilometer hinzu. Erst danach wurde langsam abgebaut. Sollte der einzelne Soldat 1984 daraus folgern, dass er nur die Füße treffen darf?

Hätte der einzelne Grenzsoldat gegen die Befehle, die Verordnungen, die Erwartung seiner Vorgesetzten aufbegehren sollen? Das Schießen soll für ihn im Grenzdienst erkennbar Unrecht gewesen sein?

Jedes Mal, wenn ein Grenzdurchbruch verhindert wurde, gab es Lob, Geld, Urlaub – gleich, ob der Flüchtende tot oder verletzt oder heil geblieben war. Auf den Erfolg kam es im sozialistischen Wettbewerb unter den Kompanien an, nicht auf die Mittel. Der Erfolg war 1989, als das System schon verfiel, noch wichtiger als 1984.

Bekanntes aus dem ersten Mauerschützen-Verfahren, was dort übergangen oder zurückgewiesen wurde, kommt nebenan zur Sprache: die Grenze zwischen zwei militärischen Machtblöcken etwa, an der sich die Wachposten die Hände blutig zu machen hatten, ohne dass es je eindeutige Befehle dazu gegeben hätte. Der Würgegriff der Willkür, der Unbestimmtheit; die Tarnsprache, welche Menschen, die sich nicht dagegen wehren konnten, in die Irre trieb. Die windelweichen Ausreden der Offiziere, die Ausflüchte jener, die einmal groß waren und heute wie Staubflusen unter den Gerichtsbänken verschwinden möchten.

Kein Zeuge hat im zweiten Mauerschützen-Prozess so überwältigend offen ausgesagt wie der ehemalige Kompaniechef im Verfahren gegen H. und die anderen. Keiner hat die selbstzerstörerische Hohlheit des Systems so unumwunden dargestellt und die Versuche, gleichwohl noch leidlich Ordnung zu halten im allfällig sich anbahnenden Chaos. Richter Seidel hat ihn dafür gelobt. Doch dann ging er darüber hinweg, als wäre dieser Zeuge völlig unbedeutend.

Das Strafmaß des ersten Prozesses lässt keine Schlüsse auf die folgenden zu. Es wird Fälle geben, da wird das Gericht auf Bewährungsstrafen erkennen, so wie es die Staatsanwaltschaft für alle vier Angeklagten gefordert hatte. Da wird eine Rolle spielen, wie Oberstaatsanwalt Herwig Großmann sagte, dass an die Verantwortung des einzelnen Staatsdieners besonders hohe Anforderungen gestellt werden. Da werden die Richter jungen Menschen klarmachen müssen, dass der einzelne sich nicht zum Vollstrecker oder zum Rädchen im Getriebe herabwürdigen lassen darf.

Und sollte zum Beispiel ein Fall vor Gericht kommen, in dem ein Grenzsoldat einem Schwerverletzten regelrecht einen „Fangschuss“ verpasst hat, so wird über eine ganz persönliche Schuld zu entscheiden sein. Und wird nicht der, dem die Waffe versehentlich oder falsch losging, freizusprechen sein?

Nein, gehenkt hat man die vier Kleinen in Moabit nicht, sondern hochstilisiert zu Repräsentanten einer Gesellschaft mit „kollektivem Unrechtsbewusstsein“. Aber die Justiz, folgt man Richter Seidel, verlangt vom Staatsbürger ja Skepsis, gar strengstes Misstrauen gegenüber dem Recht und denen, die es formulieren und beschließen.

Darf er nach Seidel noch zuwarten, bis ein Flugzeug auf das Atomkraftwerk in seiner Nähe stürzt? Muss er nicht hingehen und eigenhändig Straßen sperren und Betriebstore zumauern?

Dass „nicht alles Recht ist, was Gesetz ist“: Ob der Richter Seidel, der geschworen hat, getreu dem Gesetz zu entscheiden, weiß, was er da gesagt hat?

Der Bundesgerichtshof hob im März 1993 das Urteil in zentralen Punkten auf und verwies die Sache nach Berlin zurück. Eine andere Kammer verurteilte Ingo H. 1994 zu einer zur Bewährung ausgesetzten Strafe von zwei Jahren, weil er „indoktriniert“ gewesen sei und auf Befehl gehandelt habe. Postenführer Sch., dessen Freispruch der BGH nicht billigte, wurde erneut freigesprochen.

„Ich hätte gerne geheiratet“

Prozess gegen eine „Spionin aus Liebe“

SPIEGEL 49/1991, 2. DEZEMBER 1991

Hinter einer Agentin steht immer ein Mann. Wenn eine Frau spioniert, dann „aus Liebe“, weshalb denn sonst. Wann vergisst sie Familie und Vaterland? Wann verliert sie Hemmungen und Verstand? Wann pfeift sie auf Moral und Pflicht? Wenn da ein Mann ist, ein Kerl. Für einen Mann tun sie doch alles.

Das Klischee ist auch im Fall der Politologin Dr. Gabriele Gast, 48, schnell zur Hand, die 17 Jahre lang, zuletzt im Rang einer Regierungsdirektorin, aus dem Bundesnachrichtendienst (BND) Informationen an die DDR geliefert haben soll. Vor dem 3. Strafsenat des Bayerischen Obersten Landesgerichts wird ihr wegen geheimdienstlicher Tätigkeit gegen die Bundesrepublik Deutschland in einem besonders schweren Fall der Prozess gemacht.

Mitangeklagt sind ihr früherer Liebhaber, der 56 Jahre alte Stasi-Major Karl-Heinz Sch. aus Plauen; der 54 Jahre alte Münchner Lothar M., er soll als Kurier tätig gewesen sein; und der 51 Jahre alte Diplom-Lehrer Karlheinz St. aus Berlin, zuletzt im Rang eines Obersts des Ministeriums für Staatssicherheit (MfS), der in die Führung der Agentin Gast eingebunden gewesen sein soll.

Gabriele Gast, intelligent, eigenständig, als Verfasserin ausgezeichneter politischer Analysen beim BND geschätzt, mit der leisen Bestimmtheit fachlicher Kompetenz auftretend – und ihr Liebhaber, der gelernte Autoschlosser, zugänglich und anpassungsfähig wirkend einerseits, aber auch lenkbar, leicht zu beeindrucken, einer, der nicht aufbegehrt, der sich zuerst selbst rettet: Was hielt die beiden 20 Jahre und mehr zusammen?

Sie lernten sich kennen, als Gabriele Gast als Doktorandin Klaus Mehnerts 1968 in der DDR für ihre Doktorarbeit „Die politische Rolle der Frau in der DDR“ recherchierte. Da war sie schon drei Jahre Mitglied der CDU und in der Frauenarbeit tätig. In Chemnitz führte sie Gespräche mit dem Demokratischen Frauenbund Deutschlands. Auch ein Mann vom MfS war dabei und mit ihm Sch., der Gabriele Gast als „Karlheinz Schmidt“ vorgestellt wurde (bis zu ihrer Verhaftung im Oktober 1990 erfuhr sie seinen richtigen Namen nicht).

„Zufällig" habe er an dem Gespräch teilgenommen, sagt er heute, weil er mit dem MfS-Mann anschließend nach Dresden fahren wollte.

Gabriele Gast fragte damals, ob sie nicht mitfahren könne. „Der entscheidende Schritt lag in meiner Selbsteinladung. Wenn ich damals Auf Wiedersehen gesagt hätte, wäre es das gewesen." Nach der Rückkehr bedankte sie sich für die Ausflugsfahrt mit einem Glas Wein in der „Kosmos-Bar" in Chemnitz.

Ermuntert von Mehnert fuhr sie wenige Monate später wieder nach Chemnitz. Man bot ihr an, sie mit anderen politisch aktiven Frauen in Kontakt zu bringen. Sie besuchte Bibliotheken, recherchierte – aber sie traf auch wieder mit Sch. zusammen. Er schlug weitere Treffen in Ost-Berlin vor, da sie dort mit einem einfachen Tagesvisum über die Grenze kommen könne. „Ich musste ohnehin nach West-Berlin wegen Archivarbeiten." So verband sich eines mit dem anderen.

Die Frage, wie man sich häufiger, wie man sich immer wieder sehen könne, kam auf. Denn Vorwände wie Verwandtenbesuch oder Recherchen für die Dissertation ließen sich nicht beliebig konstruieren. Ein Freund, sagte Sch. damals zu ihr, könne vielleicht helfen. Es war der inzwischen verstorbene stellvertretende Leiter der Abteilung XV der Bezirksverwaltung Chemnitz des MfS, Gotthold Schramm.

Sch. und Schramm gaben sich unter ihren Decknamen als MfS-Mitarbeiter zu erkennen. Aber den Schock dieser Mitteilung schwächten die in Aussicht gestellten, mühelos zu arrangierenden Zusammenkünfte mit dem Freund ab. Unter der Bedingung allerdings, dass sie „eine aufgeschlossene Bereitschaft zur Mithilfe gegenüber dem MfS" zu erkennen gebe. „Man ist hilflos in solch einer Situation. Da sind sehr viele Gefühle im Spiel", sagt sie heute.

Es klang zunächst harmlos: Mach mit, und ihr könnt euch sehen. An Verratstätigkeit habe sie nicht gedacht, eher an Kooperation. Und vorgestellt habe sie sich überhaupt nichts. Sie sei doch nur Studentin gewesen. Sie habe doch nichts beitragen können. Schramm habe nach Namen gefragt, nach Kommilitonen, die interessant sein könnten. Ob sie einen in der Bundeswehr kenne?

Sie wurde beauftragt, Kontakt zu einem Studenten aufzunehmen, ihn mit einem Mann vom MfS, der sich als Finanzfachmann ausgab, zusammenzubringen. Wurde da ihre Qualifikation als Agentin geprüft? War dies das Gesellenstück? „Nein", sagt Gabriele Gast, „ich habe das gesehen als Aufhänger, um mich mit Herrn Sch. treffen zu können. Er musste als MfS-Mitarbeiter ja einen Grund nennen können, dass wir uns sahen."

1970 verlobt sie sich mit ihm. In einem Gästehaus des MfS feiern sie. Weder ihre Familie noch die seine wissen davon. Nur Schramm ist dabei, der auf Tonkassette gesprochene Glückwünsche des Leiters der Abteilung XV der Bezirksverwaltung Chemnitz übermittelt. „Wir hatten ganz ernsthafte Absichten", sagt Gabriele Gast.

Der Vorsitzende Richter Ermin Brießmann, 55, gerät an dieser Stelle an Fragen, die das Klischee „Spionin aus Liebe" auflösen: Ob sie damals versucht habe, ihre beruflichen Chancen – mit denen es in der Bundesrepublik nicht zum besten stand – abzuklären? „Ja, natürlich, ich hatte keinen Zweifel, dass es in der DDR einen Arbeitsplatz für mich gegeben hätte", antwortet sie.

Warum ist sie nicht in die DDR zu dem Mann ihres Lebens übergesiedelt? Sie hätte Kinder, eine Familie haben können. Warum sagt sie heute vor Gericht mit unterdrücktem Schluchzen: „Ich hätte sehr gerne geheiratet. Aber die Umstände waren nicht so, wie sie hätten sein sollen. Den Verzicht auf eine Familie habe ich sehr deutlich gespürt. Da kam vieles zusammen."

Sie baut fortan Hürden über Hürden auf, sie schafft die Umstände selbst, die einer solchen Lebensplanung entgegenstehen. 1973, nach vorübergehender Tätigkeit als wissenschaftliche Mitarbeiterin beim Forschungsinstitut für Sicherheit und internationale Zusammenarbeit e.V. in München, lässt sie sich vom BND anwerben.

„Die Möglichkeit des Lehrerberufs haben Sie nicht erwogen?", wird sie von der Bundesanwaltschaft gefragt. Nein, Lehrerin habe sie nicht werden wollen. „Auch unter der Voraussetzung nicht, dass Sie künftig für zwei Nachrichtendienste tätig sein mussten?" Das habe sie damals nicht erkannt, sagt sie.

So, wie sie es darstellt, hätte sie vor einem Leben in der DDR aus ideologischen Gründen wohl nicht zurückgeschreckt. Geprägt von einem konservativen Elternhaus, habe sie anfangs zwar eine negative Einstellung zur DDR gehabt, sagt sie, diese aber im Lauf des Studiums zu Gunsten einer sachlichen Auseinandersetzung korrigiert. „Ich habe das starke Feindbild auch durch die persönlichen Beziehungen verloren. Ich kritisierte zwar vieles, aber ich wollte nicht niederkämpfen.

Die Menschen in der DDR waren nicht Fremde für mich, es waren Deutsche."

Der Senat tut sich schwer mit Gabriele Gast. Was wollte sie denn nun: Mann und Kinder? Oder nicht doch spionieren? Und warum? Wegen Geld? Um im geheimen Macht zu kosten?

Geld hat sie offenbar nie genommen, im Gegenteil. Sie hat, wenn sie mit Sch. Urlaub machte oder das Wochenende verbrachte, immer für sich selbst bezahlt. Sie hat sogar Kosten, die zusätzlich entstanden, wenn Treffen mit Stasi-Offizieren in den Urlaub „eingebaut" werden mussten, aus eigener Tasche bezahlt.

Sie war auch im BND nicht eine graue Maus. Sie war verantwortlich für die Ausgangsberichterstattung an das Bundeskanzleramt, das Auswärtige Amt, das Verteidigungsministerium. Sie überblickte sämtliche Osteuropa-Meldungen, die beim BND zusammenliefen, sie analysierte und bewertete das Material. Sie verfasste 1986 den Bericht über eine mögliche Beteiligung deutscher Firmen am Bau einer chemischen Fabrik im libyschen Rabita.

Sie galt als Expertin ersten Ranges. Was sie an die DDR lieferte, entschied sie selbst. Ihr mussten nicht Aufträge erteilt werden. Nach zwei Jahren Dienst im BND bereits wollte Markus Wolf sie kennenlernen.

Ermin Brießmann, als er am 15. November 1991 das Urteil gegen Alfred Spuhler, den Spion im BND, und andere verkündete, beschrieb den „Typ Spion, der sehr daran interessiert sei, sich durch die Verratstätigkeit ein bedeutsames Ego aufzubauen". So fragt er denn auch Gabriele Gast, welche Bedeutung sie dem Zusammentreffen mit Wolf beigemessen habe.

Sie antwortet nicht gleich. Es entsteht eine Pause. Sie habe schon den Eindruck gewonnen, sagt sie dann vorsichtig, dass er sie habe kennenlernen wollen – als Mitarbeiterin des BND. Mit der Qualität des gelieferten Materials habe dies nichts zu tun gehabt. Woran Wolf mehr interessiert gewesen sei: an ihrer Person oder am Material? „Das kann ich nicht beantworten. Ich habe Herrn Wolf so anders erlebt", antwortet sie.

Wie „anders" hat sie ihn erlebt? Wolf stand über ihren Wünschen und Ängsten. Eine Seelenfreundschaft, ein tiefes Einverständnis, nicht mehr – und doch vielleicht sehr viel.

Er war ihr Gesprächspartner, auch für ganz Persönliches, nicht Sch. Mit wem sie zum Beispiel über ihren Job beim BND gesprochen habe? Mit ihrem Liebhaber? Verstand der etwas davon? Da lacht sie nur.

Ende der siebziger Jahre kommt es zu einer Krise zwischen den immer noch Verlobten. „Wir hatten beide versucht, die enge Beziehung aufrechtzuerhalten, aber die Umstände ließen das nicht mehr zu. Das war wohl so gewollt von der Führung." So erklärt das Karl-Heinz Sch.

Sie hingegen nimmt 1980 einen damals fünf Jahre alten, spastisch gelähmten Jungen an. Er sollte zunächst adoptiert, dann aber doch wieder ins Heim gegeben werden. „Dieses Damoklesschwert, das über dem Kind hing, wieder zurückgegeben zu werden, das hat mich stark beschäftigt." Noch eine Hürde, die sie von ihrem „Lebenspartner" trennte.

Markus Wolf hatte ihr für den Fall, dass sie enttarnt würde, jede nur denkbare Unterstützung zugesagt. Sie würde selbstverständlich ausgetauscht werden. Sch. und ihr wurde ein Bauplatz in Aussicht gestellt. „Als ich das Kind annahm, war klar, dass meine Basis hier in der Bundesrepublik ist. Etwas anderes kam nicht mehr in Frage", sagt sie dem Gericht. Ein Haus kaufte sie schließlich in der Nähe von München.

Gabriele Gast erinnert an die Frauen, die einen lebenslang Verurteilten heiraten. Die einen Mann lieben, mit dem sie nicht leben dürfen, nicht leben müssen. Von dem sie träumen und den ihnen unüberwindliche Umstände vom Leib halten.

Sie hat sich ihr Leben so eingerichtet, dass ein Zusammenkommen, außer für ein paar Urlaubstage im Jahr, im verborgenen und unter falschen Namen, unmöglich war. Sie hat ein Kind, „mein Kind", für das sie keinen Vater braucht. Sie allein sorgt für den Jungen. Er verlangt sogar ein Übermaß an Sorge durch seine Behinderung. Sie hat sich ihr Leben so eingerichtet, dass sich die Wünsche und die Ängste im Gleichgewicht halten.

Zu ihren Wünschen gehörten Mann, Familie, Kinder, auch der Erfolg. Auf den hat sie sich eingelassen – wenn auch in einem Beruf, über den sie nicht sprechen, von dem niemand etwas erfahren durfte. Die Unwägbarkeiten einer Partnerbeziehung hat sie so arrangiert, dass notfalls Umstände ein Scheitern hätten erklären können. Sie ist dem Alltag einer Ehe, der Unbeständigkeit des Verliebtseins aus dem Weg gegangen, auch den vielfältigen Überraschungen, die man mit eigenen Kindern erlebt. Ihr Sohn ist behindert. Da ist es schon viel, wenn er einmal selbständig leben kann.

In den letzten Jahren sei eine ihrer liebsten Freizeitbeschäftigungen das Bergsteigen gewesen, berichtet sie. „Allmählich bin ich dann an den Fels herangegangen“, bis zum 6. Schwierigkeitsgrad schließlich. „Ich bewege mich im klassischen hochalpinen Bereich“, sagt sie mit fester, sonorer Stimme. Sie scheut das Risiko nicht grundsätzlich. Sie wägt mit feinem Gespür ab, welches sie eingeht und welches sie meidet.

Das Klischee „Spionin aus Liebe“ erklärt nicht, warum sich diese Frau rund 20 Jahre lang auf ein mörderisches Doppelspiel eingelassen hat. Wie konnte sie es ertragen, immer auf der Hut zu sein, abzutarnen, zu verschweigen, zu verstecken? Welche Wünsche und Ängste mögen sie getrieben haben? Wie dieses Gespinst zu Stande kam, wer weiß es.

Den fünf Herren des bayerischen Senats ist vieles nicht nachvollziehbar. Der Beisitzende Richter zum Beispiel fragt immer wieder, ob nicht doch Geld im Spiel war. Bestechung und Bestechlichkeit, das ergäbe doch auch ein Bild. Und ein festes Bild vom Spion und von der Spionage, vom Staatsgeheimnis und vom Landesverrat hat man beim Bayerischen Obersten durchaus, wie die Urteilsgründe gegen Spuhler und andere zeigten.

Die Frau, deren Motivation den meisten der männlichen Verfahrensbeteiligten rätselhaft erscheint, hat in ihrem Verteidiger Martin Amelung einen klugen, einfühlsamen und pragmatischen Beistand. Er hat sie in der Untersuchungshaft behutsam damit vertraut gemacht, dass sich der Mann, mit dem sie 20 Jahre lang verlobt war, längst einer anderen zugewandt hat. Er hat ihr beibringen müssen, dass weder auf ihn zu rechnen ist noch auf „einen Mann wie Markus Wolf“, wie sie sich mehrfach ausdrückte.

Doch sie ist nicht benutzt worden. Sie hat immer selbst entschieden, wenn zu entscheiden war. Sie hat sich abgesichert gegen die Fährnisse einer festen Bindung. Sie wurde eher zur Spionin aus Angst vor der Liebe.

Der Freund, der Liebhaber hingegen, der sich vor Gericht als bloßer Mittler zwischen der Agentin und dem MfS darstellt, als ein kleines Rädchen, das nichts bestimmen konnte, der sich abordnen ließ erst zur Liebe und später zur (besser kalkulierbaren) kameradschaftlichen Freundschaft – fühlt er sich missbraucht?

Der Vorsitzende Richter stellt ihm diese Frage. „Ich habe mich nie missbraucht gesehen", antwortet er, „aber es kann sein, dass diese Verbindung ausgenutzt wurde."

„Am liebsten Hase"

SPIEGEL 1/1992, 30. DEZEMBER 1991

Man behandelt sie wie eine Terroristin. Über ein Jahr schon sitzt sie isoliert in Untersuchungshaft. Sie darf nach Auskunft ihres Verteidigers nicht Kontakt mit den anderen Häftlingen haben, sie darf nicht am Gemeinschaftsleben teilnehmen. 24 Stunden am Tag hält sie sich allein in ihrer Zelle auf. Im Sprachgebrauch der RAF-Gefangenen wird das „Isolationsfolter" genannt.

An einem Computer-Lehrgang hätte sie teilnehmen können, wenn ihr nicht der Gebrauch eines solchen Gerätes verwehrt worden wäre. Befürchtete man Signale an Radio Eriwan?

Dr. Gabriele Gast gilt als „besonders gefährlich". Ihrer fachlichen Kompetenz, ihres politischen Sachverstands wegen und der Fähigkeit, analytisch zu denken und sich intelligent auszudrücken?

Sie hat gestanden, aber nicht unter Tränen. Sie hat nicht gejammert. Sie hat auch nicht gesagt, sie bereue zutiefst. Aber sie hat es sich selbst und öffentlich eingestanden, in den 17 Jahren, in denen sie es als Mitarbeiterin des Bundesnachrichtendienstes (BND) in München-Pullach bis zur Regierungsdirektorin brachte, zugleich das Ministerium für Staatssicherheit (MfS) der DDR beliefert zu haben.

Und sie hat sich eingestanden, auf einen Mann hereingefallen zu sein, der, wie ihr Verteidiger Martin Amelung es formulierte, „nicht Schmidt hieß und der sich heute am liebsten Hase nennen würde". Sie hat erkennen müssen, mit welch schäbigen, miesen Tricks des MfS sie hereingelegt worden ist. Ihre Verlobung mit dem Stasi-Mitarbeiter Karl-Heinz Sch.: inszeniert. Das jahrelange Gerede von einer Lebenspartnerschaft: gelogen. Die Stasi-Kollegen, die sich als treue Freunde ausgaben: in Wahrheit ihre Führungsoffiziere.

Sollte sie jemals – wie andere Menschen in der Bundesrepublik auch – die Idee eines demokratischen, erneuerten Sozialismus nicht von vornherein verworfen haben, sollte sie vielleicht an ein anderes, besseres Deutschland „drüben“ geglaubt haben: untergegangen, verschwunden, aufgelöst alles. Auch die der Bindungsangst entsprungene Vorstellung von einem Leben mit dem unerreichbaren Partner.

Wie sind ihre Ängste vor Treulosigkeit, Verlassenwerden, vor Enttäuschung und all den Unwägbarkeiten im täglichen Zusammenleben mit einem Partner bestätigt worden! Sie hatte sich eingerichtet mit ihren Wünschen und Ängsten, sie hat alles so arrangiert, dass es zu einer Verbindung mit Sch. nicht kommen konnte. Nicht „aus Liebe“ hat sie spioniert, wenngleich sie sich mit dem MfS nur einließ, um Sch. immer wieder treffen zu können. Wie hat sie sich getäuscht. Als Betrogene, als Kriminelle stand sie vor Gericht.

Wegen geheimdienstlicher Agententätigkeit ist Gabriele Gast vom 3. Strafsenat des Bayerischen Obersten Landesgerichts zu einer Freiheitsstrafe von sechs Jahren und neun Monaten verurteilt worden. Ihr Liebhaber dagegen erhielt eine Bewährungsstrafe von 18 Monaten.

Der Oberst des MfS, der für die Organisation der Treffen zwischen Sch. und Gabriele Gast oder auch die Zusammenkünfte mit dem Geheimdienstchef Markus Wolf zuständig war, Karlheinz St., wurde zu einem Jahr auf Bewährung verurteilt. Der Helfer im Westen hingegen, Lothar M., der das von Gabriele Gast beschaffte Material auf den Weg in die DDR brachte, wurde mit dem Doppelten, mit zwei Jahren Bewährungsstrafe belegt.

Der 3. Strafsenat bekräftigte damit seine bereits im Urteil gegen den ehemaligen Generalmajor der Hauptverwaltung Aufklärung (HVA) im Ministerium für Staatssicherheit, Harry Schütt, erkennbare Linie, diejenigen, die für die DDR spionieren ließen, nur mit zur Bewährung aussetzbaren Strafen zu belegen. Schütt, der die Brüder Spuhler „führte“, kam mit zwei Jahren auf Bewährung davon. Und so konnte Sch., der Untergebene, im Fall Gast natürlich nicht, wie die Bundesanwaltschaft beantragt hatte, mit drei Jahren bestraft werden. Den Bundesbürger Alfred Spuhler aber, der „menschliche Quellen“ und Interna aus dem BND an die DDR verraten hatte, hatte das Bayerische Oberste im Schütt-Verfahren mit zehn Jahren Freiheitsstrafe bestraft.

Die Rechtslage ist nicht so eindeutig, wie die Münchner Urteile vermuten lassen. Können, müssen ehemalige Mitarbeiter des DDR-Geheimdienstes, solange sie nicht zusätzlich ordinär kriminelle Handlungen begangen haben, verfolgt und verurteilt werden? Der Bundesgerichtshof hat in zwei Haftentscheidungen ihre Strafverfolgung für rechtens erklärt. Das Berliner Kammergericht hingegen, mit einem „Pilotverfahren" gegen ehemalige hochrangige HVA-Angehörige im MfS befasst, voran der Nachfolger von Markus Wolf, Werner Großmann, hat Bedenken erhoben und die Frage dem Bundesverfassungsgericht vorgelegt.

Die Ratlosigkeit, die Verworrenheit im Umgang mit den Menschen aus der ehemaligen DDR sind groß. Nach Sühne, nach Wiedergutmachung, nach Gerechtigkeit wird immer lauter gefragt. Was tun mit Honecker? Warum werden erst die Mauerschützen angeklagt und nicht deren Befehlsgeber?

Doch unter all den juristischen Unklarheiten, den großen und kleinen Ungerechtigkeiten, inmitten der wirren Ratlosigkeit gibt es eine Gruppe von Personen, die darf bestraft, bestraft, bestraft werden. Wenigstens den Umgang mit den Alt-Bundesbürgern, die unserem Rechtsstaat Schaden zugefügt haben, und sei dieser Schaden inzwischen noch so abstrakt und imaginär, verwirrt keine Unsicherheit.

Aber hätten die – neuen – Bundesbürger, die für die DDR spionieren ließen, nicht gleichfalls erkennen müssen und können, dass sie einem Unrechtssystem dienten, wie es den in Berlin angeklagten Mauerschützen abverlangt wird? Dass die Gesetze nichts taugten, dass der Staat, dem sie geheimes Material aus der Bundesrepublik beschafften, diese Bezeichnung nicht verdiente?

Die Richter am Bayerischen Obersten Landesgericht plagen die Bedenken eines anderen Gerichts nicht. Für sie war die DDR ein souveräner Staat, ja, eine „fremde Macht" wegen der Zugehörigkeit zum Warschauer Pakt, mag auch in Festreden von dem „einen Volk" und der „einen Nation" und den „Brüdern und Schwestern" die Rede gewesen sein. Für den Vorsitzenden des bayerischen Staatsschutzsenats Brießmann haben HVA-Männer im MfS wie Schütt und Sch. ihre Pflicht getan im Auftrag der DDR. „Das ist von der Motivation her im Prinzip ehrenwert und erscheint dem Senat nicht ehrenrührig", so Brießmann im Gast-Verfahren. Selbst Sch.s „äußerlich schäbiges Verhalten" sei „vor dem Hintergrund seiner Diensterfüllung" zu sehen.

Der Senat, so Brießmann in der Urteilsbegründung gegen Gabriele Gast, rechne nicht mit einer Amnestie ehemaliger HVA-Mitarbeiter. Der Gesetzgeber hätte sie alle straflos davonkommen lassen können. „Dies aber hat er nicht getan."

Eher erwarte der Senat eine Opportunitätsvorschrift für die Bundesanwaltschaft, nach der im Einzelfall großzügig verfahren werden könne. „Wir werfen die Angeklagten nicht in einen Topf", fuhr Brießmann hinsichtlich der MfS-Angeklagten fort. „Denn es ist ein Unterschied, ob Agententätigkeit unter dem Schutz unseres Rechtsstaats geschah – das ist dann echte, gewöhnliche Kriminalität. Oder ob ein anderer für seinen Staat etwas getan hat."

Auch Gabriele Gast hat etwas für einen Staat getan, für den anderen deutschen Staat allerdings. Doch was haben diesem ihre Analysen und Kommentare über die politische Lage in Osteuropa genutzt? Welchen Schaden hat die Bundesrepublik durch sie erlitten? Welche „konkrete Gefahr" hat sie heraufbeschworen? Die politische Entwicklung hat diese Fragen längst beantwortet.

Es bedarf im Fall Gast weder einer Spezialprävention – eine Agentin, die aufgeflogen ist, ist ein für allemal „verbrannt" – noch der Generalprävention. Die Bundesanwaltschaft meinte zwar, es müsse „deutlich gemacht werden, dass dem Staatsdiener hohes Vertrauen entgegengebracht und Missbrauch dieses Vertrauens nicht hingenommen wird". Doch welcher Staatsdiener muss noch davon abgeschreckt werden, für die ehemalige DDR oder die nicht mehr existierende Sowjetunion zu spionieren? Generalprävention gegen Spionage für die Ukraine, für Kasachstan?

„Selbst wenn der Heilige Geist hier Verteidiger wäre…", entfuhr es Rechtsanwalt Amelung in seinem klugen und einfühlsamen Plädoyer für Gabriele Gast. Was kann Verteidigung in solch einem Fall ausrichten, in dem die Strafmaße wie auf dem Rechenschieber hin- und hergerückt werden? Zwei für Schütt, eineinhalb für Sch., eins für St. Aber halt, da sind noch die Sündenböcke, die für die rechtliche und moralische Ratlosigkeit und für die Lücken im Einigungsvertrag büßen können: zehn für Alfred Spuhler (Strafrahmen bis lebenslang) im November, sechsdreiviertel für Gabriele Gast (Strafrahmen bis zehn Jahre) im Dezember.

Was konnte Verteidigung mehr tun als den hohen, in sich ruhenden Senat ein wenig aufzuschrecken mit Gedanken über die Fragwürdigkeit menschlichen Richtens und die Zufälligkeiten, die das Leben eines Menschen in die eine oder die andere Richtung zwingen, wie es der Münchner Rechtsanwalt Andreas Grasmüller, auch ein Verteidiger im Gast-Prozess, getan hat? Er erinnerte an die Zeit, als nach dem Krieg in München die Todesstrafe wegen Schwarzschlachtens verhängt wurde, und an NS-Richter, die gleichwohl bis zu ihrer Pensionierung weiterjudizierten.

Rechtsanwalt Amelung hat Revision gegen das Urteil angekündigt. Es scheint sich anzudeuten, dass die Oberlandesgerichte, da sie für die Haftbedingungen und die Haftdauer zuständig sind, bei einer Rücknahme der Revision Halbstrafe zu gewähren geneigt sind. Deutet sich hier ein klammheimlicher Ausweg an?

Nach der Urteilsverkündung ging der Bruder Gabriele Gasts auf Brießmann zu und fragte, ob es eine Möglichkeit für seine Schwester gebe, die Weihnachtstage in seiner Familie zu verbringen. Der Senatspräsident sah keine Möglichkeit. Der Mann, den sie als ihren Lebenspartner angesehen hatte, verließ währenddessen das Gerichtsgebäude und ging hinüber zum Italiener, zum Mittagessen.

Die Revision der Verteidigung wurde zurückgewiesen. Gabriele Gast wurde 1994 vorzeitig aus der Haft entlassen und veröffentlichte 1999 eine Autobiografie mit dem Titel „Kundschafterin des Friedens“.

Bleibe fit in Moabit

Der Prozess gegen Erich Honecker

SPIEGEL 47/1992, 16. NOVEMBER 1992

Die Justiz, verbundenen Auges, verhandelt nicht ungern gegen Todgeweihte. Das Prinzip von der Gleichheit vor dem Gesetz, vom Nicht-Ansehen der Person – lässt es sich trefflicher darstellen als mit sterbenden Angeklagten?

Im Dezember 1986 wurde der 74 Jahre alte Otto Heidemann, der 1941 einen polnischen Häftling im Konzentrationslager Mauthausen getötet hatte, auf einer Bahre zur Urteilsverkündung in den Saal getragen, hier in Moabit. Zehn Jahre Freiheitsstrafe wegen Mordes. Zehn Tage später war Heidemann tot, gestorben an Herz- und Kreislaufversagen.

Solange er atmet, hat der Mensch sich zu rechtfertigen, kann er zur Rechenschaft gezogen werden. Es gibt kein Recht auf Straffreiheit, nur weil einer krank ist, sagte der ehemalige Berliner Justizsenator Rupert Scholz im Fernsehen, nach dem ersten Verhandlungstag gegen Honecker, Mielke, Stoph und andere am Abend des 12. November 1992. Dabei geht es nicht um Straffreiheit, sondern um Verhandlungsfähigkeit.

So saßen sie denn da, im fahlen Neonlicht des düsteren Saals 700 des Moabiter Kriminalgerichts, rechts und ganz unten, vom hohen Richtertisch aus gesehen: der krebskranke Erich Honecker, 80, mit Friedrich Wolff, seinem Anwalt aus dem Berliner Osten. Daneben der hinfällige Erich Mielke, 84, und Rechtsanwalt Stefan König; dann ein freier Platz, denn Willi Stoph, 78, in den letzten Tagen von Herzattacken heimgesucht, war nicht erschienen, und daneben dessen Verteidiger Henning Spangenberg.

Auf der gegenüberliegenden Längsseite des Saales, zur Linken des Gerichts, die jüngeren, verhandlungsfähigeren Angeklagten, die Mittäter der Großen: Heinz Keßler, 72, der ehemalige Verteidigungsminister der DDR. Sein einstiger Stellvertreter Fritz Streletz, 66, und Hans A., 72, einst Erster Sekretär der SED-Bezirksleitung Suhl, der vor kurzem wegen Anstiftung zur Untreue im schweren Fall und unerlaubten Waffenbesitzes zu 22 Monaten Freiheitsstrafe verurteilt worden ist.

Honecker ist unruhig, nervös und auffallend blass. Es ist nicht die Blässe eines Menschen, der aus der Haft kommt. Es ist eine feuchte, hitzige Blässe. Er rückt auf dem Stuhl hin und her, Mund und Lippen scheinen trocken zu sein.

Er spricht ein wenig mit Mielke, der, trainiert durch den Bülowplatz-Prozess und in seiner greisenhaften Hinfälligkeit wohl noch härter, bitterer als Honecker, Verachtung erkennen lässt ob des Geschehens rundum. Aber ist es Verachtung?

Was wissen wir über die Fähigkeit von Menschen über 80 Jahren, sich vor Gericht verantworten zu können? Die Verhandlungsfähigkeit wird von Juristen definiert als die „Fähigkeit, der Verhandlung zu folgen und sich entsprechend zu beteiligen, also den eigenen Standpunkt vernünftig zu vertreten". Wie steht es damit bei Greisen, die sich zwar eines Tageslaufs vor 70 Jahren genau erinnern, heute aber nicht mehr wissen, was sie und andere gestern gesagt und getan haben?

Die Bilder, die die Fernsehsender am Abend des ersten Verhandlungstages von Honecker ausstrahlten, die Kommentare, mit denen diese Bilder versehen wurden, haben ein falsches Bild gezeigt. Da hieß es: „Todkrank wirkte er nicht, sondern gelöst, fast heiter, fast fit." Die Akten habe er „fleißig" studiert. „Entspannt" und „angeregt" habe er mit seinem Verteidiger Nicolas Becker geplaudert.

Die Bilder zeigten nur kleine Ausschnitte aus der Wirklichkeit. Sie wurden aussortiert aus der Meterware Film. Es wurde gezeigt, was und wie es gezeigt werden sollte.

Wer zum Beispiel meint, die Bundesrepublik gegen den Vorwurf verteidigen zu müssen, gegen Honecker und die anderen Angeklagten werde ein politischer Prozess geführt, der zeigt den alerten, kampfbereiten Honecker und einen in dunkler Aggressivität lauernden Mielke. Denn zum Bild des „normalen" Strafprozesses gehören nun einmal Bilder verhandlungsfähiger Angeklagter.

Wenn Linsen sich auf ihn richten, wenn Blitzlichter zucken, strafft sich Honeckers Gestalt: Haltung zeigen, nicht Mitleid wecken. Er lächelt, reicht die Hand, blättert in einer Akte, als habe er einen Staatsvertrag zu unterzeichnen.

Das alles aber besagt nichts über seinen Zustand. Das wird noch auf dem Totenbett funktionieren.

Er überspielt seine Schwäche, selbst wenn kalter Schweiß auf die bleiche Stirn tritt. Der Staatsratsvorsitzende eines kommunistischen Staates ist nicht krank, nicht todgeweiht. Er hat Stärke und Sieghaftigkeit zu verkörpern. Vor den Kameras ist er für Minuten wieder der Vorsitzende des Verteidigungsrats. Hier in Moabit, das ist ja gewissermaßen auch ein Verteidigungsrat.

Im Publikum steigen einige Männer auf die Bank. Einer ruft: „Erich!" Honecker steht sogleich auf, wendet sich zum Zuschauerraum. Seine Rechte greift zu dem Knopf, der das Jackett schließt. Er lächelt. Wo ist der Kamerad, der jetzt „Rotfront!" schreit und die Faust hochreckt? Honecker erwidert die Geste.

Er setzt sich wieder, bleibt dem Publikum aber zugewandt, lächelnd mit den Augen um Solidarität heischend. Wie überhaupt dieses fast kindliche Lächeln, die hilflosen Bewegungen Wehrlosigkeit und Realitätsverlust signalisieren. Glaubt er sich tatsächlich von einer Welle der Zustimmung und Unterstützung getragen?

Er will mit dem „V", dem Victory-Zeichen, zurückgrüßen. Wie zum Eid erhebt er die Hand, betrachtet sie, stutzt, überlegt – und dann erst spreizt er langsam und unsicher Zeige- und Mittelfinger. Und wieder lächelt er.

Ein kranker Angeklagter ist der Öffentlichkeit und den Gerichten verdächtig. Vielleicht simuliert er nur, vielleicht schiebt er die Krankheit vor seine Schuld. Doch es gibt sie schon, die „medizinische Amnestie", die manchen besonderen Beschuldigten zuteil wird und wurde. Der 1989 verstorbene Dr. Werner Best zum Beispiel, zuletzt von 1942 bis 1945 „Reichsbevollmächtigter in Dänemark", musste sich wegen Mordes an 8723 Menschen durch ihm im Osten unterstellte „Einsatzgruppen" nicht vor Gericht verantworten, weil er 1983 nach zwei psychiatrischen Gutachten für verhandlungsunfähig befunden wurde. Man bescheinigte ihm erhebliche Merk- und Gedächtnislücken. Kurz vor seinem Tod bewies er als Zeuge in einem anderen NS-Prozess in Bonn allerdings eine erstaunliche Präsenz. Er war der ausführlichen Befragung durchaus gewachsen.

Der 1991 verstorbene Versicherungsunternehmer Hans Gerling, der im Zusammenhang mit der Pleite der Herstatt-Bank der schweren Verletzung der Aufsichtspflicht verdächtigt wurde, konnte zu diesem Verdacht nie gehört und schon gar nicht zum Zeugenauftritt im

Herstatt-Prozess bewegt werden. Ärztliche Atteste wiesen ihn stets als krank aus, wenn die Justiz an ihn herantrat.

Gegen den RAF-Terroristen Günter Sonnenberg jedoch, der bei der Festnahme einen Kopfschuss erlitt, wurde 1978 in Stammheim verhandelt, obgleich zahlreiche Sachverständige, darunter die Psychiater Wilfried Rasch und Achim Mechler, feststellten, dass der Angeklagte nicht ausreichend in der Lage sei, der Verhandlung zu folgen.

Honecker, Mielke und Stoph wird also keineswegs eine Sonderbehandlung zuteil. Oder anders ausgedrückt: Auch Verhandlungsfähigkeit kann, wie der Hochverrat, eine Sache des Datums sein.

Zu Honeckers Verhandlungsfähigkeit sind Sachverständige gehört worden, viele sogar. Es wäre eine Überraschung gewesen, wenn sie mit einer Stimme gesprochen hätten. Wie immer gibt es im Chor der Stimmen eine, die mit der Auffassung einer Strafkammer besonders gut harmoniert.

Die 27. Strafkammer des Landgerichts Berlin mit dem Vorsitzenden Hansgeorg Bräutigam, 55, stützte sich bei ihrer Entscheidung, Honecker in Haft zu behalten und den Prozess gegen ihn zu beginnen, auf das Gutachten von Professor Hans-Jörg Kirstaedter, Leiter der II. Inneren Abteilung am Krankenhaus Spandau. Just er ist der Sachverständige, der Honecker bis zu Beginn der Hauptverhandlung nicht selbst untersucht, sondern sich lediglich die Befunde anderer Ärzte angesehen hat.

Er untersuchte Honecker, wie dessen Verteidiger monieren, nicht auf neurologische Auffälligkeiten und Schwindelgefühle, woraus sich möglicherweise Hinweise auf Metastasen im Gehirn hätten ergeben können. Honecker klagt häufig über Schwindelgefühle.

Kirstaedter hält die Diagnose „Krebsherd im rechten Leberlappen" für „nicht absolut eindeutig". Er äußert sich unpräzise und widersprüchlich. Spekulationen, dass es vielleicht doch nicht so schlimm oder nicht so bald schlimm kommt, öffnet er Tür und Tor. Es ist Anfang Oktober, und der Tumor misst 7,3 Zentimeter im Durchmesser.

Einen Monat später ist der Tumor bereits 8,5 Zentimeter groß. Bei einer Anhörung am 2. November erklärt Kirstaedter dem Vorsitzenden Richter Bräutigam, Abweichungen im Millimeterbereich seien nicht aussagekräftig, eine Vergrößerung um einen Zentimeter könnten der „Tagesform" geschuldet sein. Schmerzen könne man mit Medikamenten relativ wirksam bekämpfen, „von einer rasanten Wachstumsgeschwindigkeit" könne keine Rede sein.

Am 29. Oktober teilt der Psychiater Dr. Werner Platz, Chefarzt in der Karl-Bonhoeffer-Nervenklinik in Berlin, dem Gericht mit, dass sich durch die auf Honecker einstürmenden Nachrichten über den Fortschritt der Tumorgeschwulst eine schwere depressive Verstimmung herausgebildet habe, die fortschreite, weil die Krankheit immer mehr die Aufmerksamkeit des Erkrankten beanspruche. Wenn Anfang Oktober noch von einer Verhandlungsfähigkeit von etwa drei Stunden die Rede gewesen sei, dann sei diese Einschätzung nicht mehr aufrechtzuerhalten. Die Verhandlungsfähigkeit Honeckers beschränke sich inzwischen auf eine Zeitspanne von durchschnittlich einer guten Stunde, mit Abweichungen nach oben und unten.

Kirstaedter dagegen hält eine kontinuierliche Zunahme der Depressivität nicht für zwingend. Vielmehr, so sagt er, sei ein Wechsel zwischen Phasen der Depression und solchen, in denen der Patient einen geradezu „aggressiven" Lebenseifer entwickle, möglich.

Er habe oft beobachtet, dass Patienten, die nur noch eine relativ kurze Lebenserwartung haben, feststellten, dass sie in der verbleibenden Zeit noch vieles unternehmen und manchen Plan in die Tat umsetzen könnten.

Gewiss, es gibt Sterbende, die sich in ihren letzten Tagen noch einmal eine Weltreise gönnen, selbst auf die Gefahr hin, dass diese Anstrengung früher zum Tod führt. Honeckers Richter aber – bis wenige Tage vor Beginn der Hauptverhandlung ließ Bräutigam sich mit diesem Prädikat widerspruchslos schmücken, sehr spät erst fand er die Gelegenheit zu korrigieren, dass er nur Primus inter pares ist – entfuhr bei der Anhörung des Psychiaters Platz die Frage, ob die Hauptverhandlung Herrn Honecker nicht neue Lebensgeister einhauchen werde. Bleibe fit in Moabit.

So ist zu erwarten, dass die Verteidigung, bevor es zur Sache und der Erörterung der vielfältigen rechtlichen Problematik des Honecker-Prozesses kommt, zunächst mit Ablehnungen die Besorgnis ihres Mandanten vorbringt, von befangenen Sachverständigen begutachtet worden zu sein und vor befangenen Richtern zu stehen.

Muss gegen einen Krebskranken um jeden Preis ein Prozess geführt werden? Ein Prozess, bei dem es offensichtlich gar nicht darauf ankommt, dass er je mit einem Urteil zu Ende geht. Nur begonnen musste er werden, trotz wuchernder Geschwüre, um wuchernder persönlicher Eitelkeiten willen, und selbstverständlich völlig unpolitisch.

Einer der Honecker untersuchenden Ärzte hat in eigener Initiative Professor Eckard Gerstenberg vom Auguste-Viktoria-Krankenhaus in Berlin zu Rate gezogen, einen anerkannten Radiologen mit onkologischen Erfahrungen. Dieser hat sich wissenschaftlich mit der Biodynamik tumoröser Prozesse in Organen wie der Leber beschäftigt und ein Gerät entwickelt, mit dem prognostische Aussagen möglich sind, wann eine solche Geschwulst dem Menschen den Tod bringt.

Gerstenberg sagt, die Lebensgrenze sei erreicht, wenn der Tumor ein Gewicht von einem Kilogramm erreicht habe. Ein Kilo – das entspricht einem Durchmesser von 12,5 Zentimetern. Bisher hat sich das Volumen der Krebsgeschwulst bei Honecker gleichmäßig alle zwei Monate verdoppelt. Das ist, wie es aussieht, eine Geschwindigkeit der höchsten Wachstumsstufe. Selbst wer die anregende Beschwerlichkeit einer Weltreise mit der Belastung einer Hauptverhandlung (für den Angeklagten!) gleichsetzt, kommt darüber nicht mehr hinweg. Wenn es so weitergeht, dann schlägt Honeckers letzte Stunde am 1. Juni 1993, sagt Gerstenberg, „plus/minus 20 Prozent Wahrscheinlichkeit“. Der Kranke weiß das. Er erfährt, was an ihm gemessen und in Lebenszeit umgerechnet wird.

Der Wettlauf mit dem Tod ist in vollem Gang, der Punkt, an dem sogar all jenen Genüge getan ist, die verständlichen Hunger nach juristischer Gerechtigkeit gegen Honecker in sich tragen, längst erreicht. Gleich, welches Urteil der Vorsitzende Bräutigam in diesem so furchtbar normalen Strafprozess verkünden würde – „Honeckers Richter“, der letzte, hat es dann schon vollstreckt.

Säßen da nicht die satisfaktionsunfähigen Uralten und Todkranken, es hätte ein historisches Gefecht werden können. Doch die Hoffnungen auf große Stunden, in denen sich vor einem deutschen Strafgericht erstmals ein ehemaliges Staatsoberhaupt rechtfertigt, sie werden nicht erfüllt werden. Man wird beschäftigt sein mit dem Messen des Tumors und den Überlegungen, was zu tun ist, damit der Hauptangeklagte noch ein paar Tage länger fit bleibt.

Den einzigen wahrhaft historischen großen Moment, das ist zu fürchten, wird der Justizbeamte erlebt haben, der, vom Vorsitzenden

Richter dazu aufgefordert, aus dem überfüllten Saal hinaus ins pompöse steinerne Treppenhaus trat und mit der Lautstärke der Trompeten von Jericho rief: „In der Strafsache Honecker und andere", hier machte er eine ganz kleine Pause, „bitte die Prozessbeteiligten eintreten!"

„Ich habe für die DDR gelebt"

SPIEGEL 50/1992, 7. DEZEMBER 1992

Den Beitrag der „Tagesthemen" über den sechsten Verhandlungstag in Berlin-Moabit kündigte die ARD-Moderatorin Sabine Christiansen mit folgenden Worten an: „Zur Sache, Herr Honecker! sagte der Vorsitzende Richter."

Nein, so war es nicht. Das hat der Richter nicht gesagt. Er gestattete dem 80-jährigen Erich Honecker („im Hinblick auf Ihre persönliche Befindlichkeit"), neben seinem Verteidiger Friedrich Wolff auf der Anklagebank Platz zu behalten. Er sorgte dafür, dass der Angeklagte ein Glas Wasser bekam. Er bedeutete Honecker, dass jederzeit unterbrochen werden könne. Daraufhin nahm Honecker sein Manuskript zur Hand, kauerte sich zusammen und begann. Seine Rede hörte sich besser an, als sie sich später las.

Die „Frankfurter Allgemeine" monierte tags darauf, der Gerichtsvorsitzende hätte den Angeklagten „mindestens zum Straffen anhalten sollen". Doch der Vorsitzende fiel Honecker nicht ins Wort. Er hat ihn nicht niedergeschrien wie weiland der Präsident des Volksgerichtshofs etwa den aus der Wehrmacht ausgestoßenen Generalfeldmarschall von Witzleben, der in schlotternder Hose ohne Gürtel und Hosenträger vor Gericht stehen musste, gefilmt von einer Kamera, die sich aus einem Loch im Vorhang hinter den Richtern auf den bloßgestellten Angeklagten richtete.

Es blieb einem Vertreter der Nebenklage vorbehalten, dem Berliner Rechtsanwalt Hanns-Ekkehard Plöger, zu verkünden, einer wie Honecker habe „seine Ehre verwirkt" und „die Verachtung aller verdient".

Es ging rechtsstaatlich zu, wie es Strafprozessordnung und Rechtsprechung vorsehen: Der Vorsitzende Richter Hansgeorg Bräutigam hat offenbar beschlossen, die Dinge hinzunehmen, wie sie kommen; Schärfen zwischen ihm und der Verteidigung sind Vergangenheit; die

Staatsanwaltschaft gab sich moderat. Das machte freilich nur noch deutlicher, wie fragwürdig es war, gegen Honecker zu verhandeln.

Denn was der alte, kranke Mann sagte, ist zum großen Teil unsinnig und grotesk und für die Ohren mancher aus einfühlbarem Grund auch unerträglich. Natürlich hat es, um nur einen Punkt herauszugreifen, den Honecker bestritt, Todesurteile aus politischen Gründen in der DDR gegeben: von den Waldheim-Urteilen in den fünfziger Jahren bis hin zu jenem Erwin Hagedorn, der drei Kinder getötet hat und 1972 im Alter von 19 Jahren heimlich hingerichtet wurde, weil einer wie er in die sozialistische Gesellschaft nicht hineinpasste.

Natürlich bereut Honecker nichts, natürlich begreift er nicht. Er hält an seiner Welt fest ähnlich wie die greisen Wortführer der Heimatvertriebenen. Er reckt die zittrige Faust empor, wenn im Publikum einige wenige ihm dies vormachen. Er sagt: „Ich habe für die DDR gelebt." Zur Hinterlassenschaft der untergegangenen Regime zählen auch die Menschen, die noch immer die Faust heben und eines Tages siegen wollen.

Natürlich versucht Honecker sich zu rechtfertigen, spricht von den Kindern, die in der DDR „sorgloser, glücklicher, gebildeter und freier" herangewachsen seien als die Kinder „in den von Gewalttaten beherrschten Schulen" der Bundesrepublik; von Kranken, die „trotz technischer Rückstände Patienten und nicht kommerzielle Objekte für das Marketing von Ärzten waren"; von Künstlern, die begreifen würden, „dass die angebliche oder wirkliche DDR-Zensur nicht so kunstfeindlich war wie die Zensur des Marktes". War anderes zu erwarten?

Natürlich beharrt Honecker auf der Ruine seiner Realität, und nicht einmal die nimmt er noch wahr. Er sagt, „dass die DDR-Bürokratie plus der Jagd auf knappe Waren nicht so viel Freizeit erforderte wie die Bürokratie der BRD". Er behauptet („Der Rechtsstaat BRD ist kein Staat des Rechts, sondern ein Staat der Rechten"), dass Kommunisten „heute aus den gleichen Gründen verfolgt werden, aus denen sie in Deutschland schon immer verfolgt wurden".

Der Tenor seiner Ausführungen passt auf alle untergegangenen Regime des Ostens: Wir haben für euch gedacht, für euch entschieden; bei uns wart ihr geborgen; eure neuen Machthaber benutzen euch; die Freiheit, die sie euch lassen, ist in Wahrheit keine. In welche Unmündigkeit die Bürger im Sozialismus geführt wurden, hat Honecker nicht begriffen.

Kein Wort zu dem Lebensstil, mit dem er und seine Funktionäre sich selbst dafür honorierten, dass sie für das Volk dachten und entschieden. Kein Wort, dass sie Verzicht forderten, den sie selbst nicht auf sich nahmen. Honecker hat die Wut der Bürger darüber nicht wahrgenommen, sie bis heute nicht begriffen. Er zeiht die Menschen in der ehemaligen DDR, eine falsche Wahl getroffen zu haben und von der Hoffnung auf Wohlstand korrumpiert worden zu sein. Je älter er wird und je verworrener die Welt, desto mehr hält er an seinen realitätsfernen Thesen fest.

In böser Verbitterung zitiert er die Situation 1933: „Kaum war Hitler Reichskanzler, erlebte Deutschland sein erstes Wirtschaftswunder. Die Arbeitslosigkeit wurde überwunden, die Anrechtscheine auf Volkswagen wurden verkauft...Das deutsche Volk war in seiner Mehrheit glücklich und zufrieden."

Er hält die Justiz, so wie er sie in der Nazi-Zeit kennengelernt hat und wie er sich ihrer später selbst bediente, noch immer für ein Machtinstrument der Politik.

Honecker habe nichts dazugelernt, nicht einmal in der Untersuchungshaft, kritisieren die Medien. Was hat man denn erwartet? Ein 80-Jähriger, der meint, Geschichte gemacht zu haben, soll ausgerechnet in der Untersuchungshaft etwas dazugelernt haben?

Mit dem Angeklagten Erich Honecker ist nicht nur ein alter, kranker Mann, am absehbaren Ende seines Lebens angelangt, vor Gericht gestellt worden. Indem er seine Erklärung abgibt, führt er sich selbst als Wrack vor. Die Öffentlichkeit darf sich an ihm weiden, an der Greisenhaftigkeit eines Gescheiterten, an einem Todkranken, seinem Starrsinn, seiner Verbohrtheit, Selbsttäuschung und Uneinsichtigkeit.

Er ist sozusagen ein Angeklagter, der erklärt: Ja, ich habe es getan, es war gut, dass ich es getan habe, lasst mich frei, ich werde es wieder tun.

Der sechste Verhandlungstag war wahrscheinlich der vorletzte, an dem Honecker teilnahm, vielleicht hält er noch eine Sitzung länger durch. Der Leberkrebs schreitet unaufhaltsam fort, der Tumor misst jetzt 10,3 Zentimeter im Durchmesser, drückt auf die Niere und ist bereits von außen tastbar.

Wer darüber räsoniert, dass in schauerlicher Offenheit Krankheitsbild und Lebenserwartung dargelegt wurden und werden, schilt den Überbringer der bösen Nachricht. Zu verantworten haben die inhumane Diskussion jene, die um der Wehrhaftigkeit der Rechtsordnung oder anderer Ziele willen, auch die Eitelkeit gehört dazu, vor Haft und Prozess nicht scheuten. Die Verteidigung hat den Gesundheitszustand ihres Mandanten zum Thema gemacht, nachdem sie den Eindruck gewonnen hatte, die zum baldigen Tod führende Erkrankung werde heruntergespielt. Sie hat die Besetzung des Gerichts gerügt und die Reduzierung der Anklage von ursprünglich 68 auf nunmehr 12 Fälle (nach welchen Gesichtspunkten wurde eigentlich vorausgewählt?).

Auch die Staatsanwaltschaft hat der Reduzierung auf nur 12 Fälle widersprochen. Sie konnte sich dabei eines Seitenhiebs nicht enthalten: Sie verstehe die Verteidigung nicht, der Mandant werde doch angeblich das Urteil ohnehin nicht erleben.

„Etappen auf dem Weg zum Tod“

SPIEGEL 2/1993, 11. JANUAR 1993

Es muss kein Unglück sein für einen Richter: Es muss ihm nicht ein schwerwiegendes, Ansehen und Karriere ruinierendes Fehlverhalten unterlaufen sein, wenn er erfolgreich wegen Besorgnis der Befangenheit abgelehnt wird. Den Maßstab setzt der Angeklagte. Es ist möglich, dass ein Angeklagter etwas subjektiv als ein Anzeichen von Befangenheit wertet, was ein anderer als hinnehmbar empfindet.

Es sind Richter von gerissenen Verteidigern schon in tückische Fallen gelockt, von kampfbereiten Anwälten der Nebenklage aufs Glatteis geführt worden. Der Richter Hansgeorg Bräutigam aber hat im Honecker-Prozess sein Unglück selbst angerichtet. Ihm ist grobes und törichtes Versagen vorzuwerfen, das bislang kein Beispiel hat.

Man tritt nicht auf Gestolperte. Doch es ist immer wieder daran zu erinnern, dass ein Vorsitzender Richter, so unerfüllbar hoch auch die Anforderungen an sein Amt erscheinen mögen, Distanz zu wahren hat, allen Verfahrensbeteiligten und auch sich selbst gegenüber, dem eigenen Ehrgeiz, der Neigung zur Hochfahrenheit und Selbstüberschätzung, der Eitelkeit zum Beispiel.

Bräutigams Autogrammaffäre und sein Herumdrucksen mit Halbwahrheiten im Anschluss waren Gesprächsstoff unter den Juristen der Bundesrepublik, nachdem die Vorgänge bekannt geworden waren. Nicht einmal Strafverteidiger, die für ihre Aggressivität Richtern gegenüber bekannt sind, erinnern sich eines Vorsitzenden, dem sie auch nur von ferne ein ähnliches Verhalten zutrauen.

Die beiden Berufsrichter neben Bräutigam haben ihrem Vorsitzenden beigestanden, solange es gerade noch ging und vielleicht sogar einen Augenblick zu lange. Wäre Bräutigam bereits anlässlich seiner Fernsehauftritte untergegangen, wäre sein Unglück wohl weniger beschädigend ausgefallen.

Erst nachdem Bräutigam in seiner dienstlichen Erklärung die haarsträubende Begründung angab: „Ich habe" – die Verteidiger – „um Vertraulichkeit gebeten, weil auch sonst nicht bekannt wird, wer Autogrammwünsche an den Angeklagten richtet", mussten die sich düpiert und getäuscht fühlen.

Der Beschluss über das Ausscheiden von Bräutigam ist von strengster Knappheit. Kein mildernder Hinweis, wie sonst oft, dass an der Objektivität des Abgelehnten kein Zweifel bestehe, jedoch dem Empfinden des Angeklagten Rechnung zu tragen sei oder ähnliches.

Man mag argumentieren: Ein Autogramm, was soll's. Der Wunsch nach der Unterschrift eines Prominenten muss nicht unbedingt bedeuten, dass dem Jäger der Gejagte besonders sympathisch ist. Doch wenn ein Richter für einen Ersatzschöffen, der sich auch nicht unbedachter verhalten darf als ein Mitglied des erkennenden Gerichts, ein Autogramm des Hauptangeklagten zu erjagen sucht, wenn er anschließend in der Sitzung erklärt, es habe sich nur um eine Postsache gehandelt, „etwas ganz Routinemäßiges", dann ist dieses Verhalten zumindest für die Angehörigen der Opfer unerträglich. Es bestärkt sie noch in ihrer Meinung, dass das Verfahren gegen Erich Honecker offensichtlich nur eine Inszenierung, seine Krebserkrankung nur ein Einfall der Verteidigung sei.

Denn zu falschen Schlüssen werden sie ohnehin immer wieder verleitet. Einer der Vertreter der Nebenklage, Hanns-Ekkehard Plöger, zweifelte zu Beginn des Prozesses, ob Honecker wirklich Honecker sei. Hat man vielleicht einen kranken Statisten auf die Anklagebank gesetzt? Inzwischen redet Plöger den Hinterbliebenen derer, die von

Deutschland nach Deutschland wollten und dabei im Kugelhagel zerfetzt wurden, ein, dieser Honecker – der echte? der falsche? – habe gar nicht Krebs, sondern einen Fuchsbandwurm.

Der 13. Verhandlungstag ist der erste mit dem neuen Vorsitzenden Hans Boß, 47. Ihm hat Hans Prüfer, langjähriger Vorsitzender der 27. Großen Strafkammer vor Bräutigam, richterliches Verhalten beispielhaft vorgeführt. Boß leitet die Sitzung souverän, es wird nicht geschrien, nicht gestichelt, nicht geschulmeistert, er lässt sich nicht provozieren. Boß reagiert nicht ungehalten, wenn die Sitzung anders als von ihm beabsichtigt verläuft. Er stellt sich dem, was sich unerwartet auftut, und kommt damit zurecht.

Das zeigte sich zum Beispiel, als bei Gericht ein Schreiben des Krankenhauses der Berliner Vollzugsanstalten einging. Es war ein Hilferuf, ein Notsignal eines Arztes, der nicht mehr weiß, wie er im Gefängnis einen Krebskranken im Endstadium behandeln soll. Der Erich Honecker seit Beginn der Untersuchungshaft betreuende Arzt Rainer Rex schreibt: „Unbeeinflussbare Entkräftung und Auszehrung sowie sich steigernde, schmerzmittelbedürftige Beschwerden sind die sich für die nächste Zukunft mit an Sicherheit grenzender Wahrscheinlichkeit abzeichnenden Etappen auf dem Weg zum Tod… Tiefe Depression und Mutlosigkeit, Selbstaufgabe und hochgradige Erschöpfbarkeit kennzeichnen den psychischen Habitus des todgeweihten Patienten…“ Die Fortdauer der Termine unter Untersuchungshaft beschneide „massiv die ärztliche Behandlung dieses Krebskranken“. Eine nochmalige computertomografische Untersuchung erscheine trotz der vergleichsweise geringen körperlichen Belastung unnötig, „da die mit dieser Untersuchung, an die der Schwerkranke keinerlei Genesungshoffnung knüpfen kann, verbundene Belastung durch Transport und Sicherheitsbedingungen eine nicht gering zu achtende zusätzliche seelische Belastung darstellt“.

Staatsanwaltschaft und Nebenklage bestehen dennoch auf weiteren Untersuchungen. Es wird noch ein Beleg und noch einer und noch einer verlangt. Es reicht nicht, dass sich die medizinischen Prognosen aufs unerbittlichste bestätigt haben. Es muss „Sicherheit“ herrschen, möglichst die letzte, dass Honecker bald stirbt. Und wenn er denn einst tot ist, wird Herr Plöger ihn gewiss nur für scheintot halten.

Die Verteidiger Honeckers haben vor dem Berliner Verfassungsgerichtshof (Berlins höchstem und jüngstem Gericht, es nahm erst am 27. März 1992 seine Arbeit auf) Verfassungsbeschwerde wegen Verletzung des Grundrechts der Menschenwürde erhoben und eine einstweilige Anordnung beantragt, das Verfahren einzustellen und die Haftbefehle aufzuheben. Sie könnte dem unwürdigen, den Rechtsstaat schädigenden Allotria ein Ende machen. Oder teilt noch jemand die Ansicht der „Frankfurter Allgemeinen Zeitung", die am Dreikönigstag schrieb: „Eine Rechtsstaatskatastrophe wäre es nicht, wenn Honecker im Haftkrankenhaus Moabit stürbe"?

Unterdessen ermittelt die Berliner Staatsanwaltschaft in Sachen Honecker unverdrossen weiter. Neuerdings wegen der Beteiligung der DDR am Einmarsch der Staaten des Warschauer Paktes in die ČSSR 1968. Das ergäbe eine hübsche Anklage: An allem war Honecker schuld. So wie es von 1933 bis 1945 nur einen Verbrecher gab, Hitler.

Gefangene der Geschichte

SPIEGEL 38/1993, 20. SEPTEMBER 1993

Der historische Augenblick verstrich fast unbemerkt. Die Szene, bar jeder Theatralik und publikumswirksamen Kalkulation, ging unter im Getümmel einiger unbelehrbarer Schreihälse. Gleichwohl, es geschah, und die Szene bleibt haften im Gedächtnis als eine, wie sie in einem deutschen Gerichtssaal wohl kaum je zu beobachten war: Alle Verteidiger der Angeklagten erhoben sich, nachdem der Vorsitzende das Urteil verkündet hatte, gingen nach vorn und reichten ihm, einer nach dem anderen, die Hand.

Es war die Verbeugung vor einem Mann, der mit seinen vier Mitrichtern dem Rechtsstaat seine Würde und der Berliner Justiz ihr Ansehen wiedergegeben hat: Hans Boß. Er ist der Mann für diesen Prozess gewesen.

Seine Aufgabe war die undankbarste. Nicht nur, dass er den Vorsitz hatte in einem Gericht über Personen, die ehedem eine Diktatur mittrugen und damit von den Kategorien des demokratischen Strafrechts nicht oder nur unzulänglich zu erfassen waren – er hatte auch einem Vorgänger im Gerichtsvorsitz zu folgen, der das Verfahren, das damals noch „Honecker-Prozess" hieß, zu einer bizarren Klamotte hatte verkommen lassen. Als der hochfahrende Vorsitzende Hansgeorg Bräutigam, „Honeckers Richter“, wegen einer Autogramm-Affäre von der Bühne stolperte, schien der Tiefpunkt in dem damals noch von der Weltöffentlichkeit beachteten Verfahren erreicht zu sein.

Doch es kam noch schlimmer. Nach entwürdigenden Diskussionen um die Frage, ob ein unheilbar Krebskranker, wenn er denn voraussichtlich schon nicht zu langer Haft verurteilt werden kann, so doch wenigstens noch für eine Weile in U-Haft gehalten werden könne, musste auch Erich Honecker entlassen werden. (Einige zählen jetzt die Tage, die er im fernen Chile statt im Moabiter Knast schmachtet, ohne zu bedenken, wie lange der Prozess mit Honecker, bei immer kürzerer Verhandlungszeit und damit ausufernder Beweisaufnahme, gedauert hätte.)

Die Abtrennung des Verfahrens gegen den Hauptangeklagten war die erste Tat der Kammer mit ihrem neuen Vorsitzenden Hans Boß. Besonderer Anstoß wurde an der Entscheidung des Berliner Verfassungsgerichtshofes genommen, die dazu führte, dass Honecker freikam. Der Verfassungsgerichtshof gebrauchte das Wort „Menschenwürde“ – Menschenwürde ausgerechnet für Erich Honecker. Das empfanden viele als unerträglich. Das beschwerte die Fortsetzung und den neuen Vorsitzenden. Die Scheinwerfer, die die drei mit Honecker ausscheidenden Verteidiger auf sich gezogen hatten, erloschen. Der Prozess, jetzt „gegen Keßler u. a.“, wurde grauer Moabiter Alltag.

Erst in der Urteilsbegründung ließ Hans Boß spüren, welch schwere Bürde seither auf dem Gericht lastete. Es wäre wünschenswert gewesen, so der Vorsitzende, die DDR selbst hätte sich vor der Vereinigung der strafrechtlichen Bewältigung ihrer Vergangenheit angenommen. Dann hätten sich im Gerichtssaal nicht Menschen gegenüberstehen müssen, die über Jahrzehnte in unterschiedlichen, sich feindlich gesinnten Gesellschaftssystemen gelebt haben; dann hätten die Angeklagten nicht befürchten müssen, die Richter wollten an ihnen Vergeltung üben.

„Das Gericht war sich jederzeit seiner geschichtlichen Befangenheit bewusst.“ So spricht nicht ein Gericht, das Siegerjustiz übt oder von dritter Seite unter Druck steht.

„Zu Gunsten der Angeklagten war zu berücksichtigen, dass sie Gefangene der deutschen Nachkriegsgeschichte sind wie wir alle.“ Und Boß fuhr fort, auch „Gefangene ihrer politischen, ideologischen Überzeugungen" seien sie gewesen – wie auch wir, könnte man hinzufügen.

Die Grenze zum Beispiel – die Machthaber im Osten nannten sie eine militärische Grenze, die Trennlinie zwischen zwei hochgerüsteten, feindlichen Machtblöcken. Im Westen sprach man von der innerdeutschen Grenze, als handle es sich um einen beliebigen Landstrich zwischen Bundesländern.

Überall auf der Welt, so die Angeklagten, dürfe in einem militärischen Sperrgebiet von der Schusswaffe Gebrauch gemacht werden. Eine militärische Grenze dürfe auch vermint werden. Das Gericht aber sagte jetzt durch Hans Boß: „Es war das Unnatürliche an der Grenze, dass sie sich gegen innen richtete. Sie stellte kein ernsthaftes Hindernis für eine Aggression von außen dar. Das Postulat von der Unverletzlichkeit richtete sich damit kurioserweise gegen den eigenen Souverän, das Volk der DDR. Das machte den Unrechtscharakter der Grenze aus."

Angeklagt waren zuletzt noch der ehemalige Verteidigungsminister der DDR Heinz Keßler, sein Stellvertreter Fritz Streletz und der ehemalige Suhler SED-Bezirkschef Hans A. Das Gericht hat die drei nicht für den Bau der Mauer oder die Errichtung des Grenzsystems verantwortlich gemacht. Aber es hat sie dafür zur Verantwortung gezogen, dass sie zum Fortbestand der tödlichen Grenze beigetragen haben. Sie haben an Beschlüssen mitgewirkt, die jedes Jahr von neuem eine Befehlskette in Gang setzten. „Ohne sie wäre der Grenzsoldat nicht vergattert worden, und der Pionier hätte nicht Minen installiert."

Wegen Anstiftung zum Totschlag sind Keßler zu siebeneinhalb, Streletz zu fünfeinhalb und A. wegen Beihilfe zu viereinhalb Jahren Haft verurteilt worden. Es war alles andere als Siegerjustiz, wenn das Gericht sagte: „Sie haben auf niemanden geschossen und auch nicht selbst Minen verlegt. Sie wollten keine Toten, aber sie rechneten damit und fanden sich damit ab."

Hätten sie den Unrechtscharakter der Grenze, die Verwerflichkeit des Schusswaffeneinsatzes gegen Menschen, die nichts anderes wollten, als das Land verlassen, erkennen können? Warum verhielten sie sich nicht wie einer der Verteidiger A.s, der Jenaer Anwalt Hans-Peter Richter, der in seinem Plädoyer sagte: „Ich schäme mich, dass die DDR genötigt war, um ihres Bestandes willen ein solches Grenzregime zu errichten"?

Sie schilderten ihre Lebensläufe. Keßler, in Schlesien als Sohn eines Arbeiters geboren, erlernte den Beruf eines Maschinenschlossers. Als Soldat, 1941, während des deutschen Vormarsches, desertierte er, führte wenig später eine Kampfgruppe deutscher Kommunisten im Raum Smolensk hinter die deutschen Linien. Als Mitglied des „Nationalkomitees Freies Deutschland" rief er Landsleute zum Überlaufen auf. Er war ein mutiger junger Mann. Warum hat er später keinen Mut gehabt?

Streletz, Absolvent einer Heeresunteroffiziersschule, geriet in sowjetische Kriegsgefangenschaft und ließ sich durch entsprechende ideologische Schulung von kommunistischen Ideen überzeugen. Entlassen, begann er seine Karriere bei der Volkspolizei.

A. entstammt einer Arbeiterfamilie aus Bochum und wurde Schlosser. Honecker ist gelernter Dachdecker, Stoph Maurer und Mielke Speditionskaufmann. „Die Angeklagten haben ihre Bedenken der Staatsräson geopfert", hieß es in der Urteilsbegründung. Eine Gesellschaftsordnung, in der der Koch zum König wird, wird nicht von Köchen gestürzt werden.

Der Vorsitzende Boß hat mit seinen Mitrichtern ein Strafmaß verkündet, das in seiner Symbolhaftigkeit den Sätzen Adolf Arndts entspricht, die er in seinem berühmten Vortrag über das „Strafrecht in einer offenen Gesellschaft" 1968 sagte: „Die Frage des Strafens entsteht dort, wo die Welt nicht mehr heil ist, weil von Menschenhand ein Unheil geschah, das sich von Menschenhand nicht wieder heil machen lässt. Die Frage des Strafens erhebt sich vor uns dort, wo uns Gerechtigkeit unerreichbar wurde."

Dem Vernehmen nach wird, wenigstens vorläufig, Hans Boß den Vorsitz der 27. Strafkammer wieder an Bräutigam abgeben und an seiner Seite wieder Beisitzer sein müssen. Bräutigam soll verlangt haben, dass ein anderer Beisitzer, den er für den Hauptschuldigen an seinem unrühmlichen Ausscheiden hält, die Kammer verlässt. Gelegentlich ist die Justiz, was die Qualität ihres Personals angeht, noch uneinsichtiger als manche ihrer Angeklagten.

Honecker verließ am 13. Januar 1993 das Haftkrankenhaus und flog am gleichen Tag nach Chile zu seiner Familie. Er starb am 29. Mai 1994 in Santiago de Chile.

II

Eine Tat ohnegleichen

Straftaten aus rechtsradikaler Gesinnung

„Deutschland den Deutschen…"

Prozess gegen einen Jungen aus Hoyerswerda

SPIEGEL 50/1991, 9. DEZEMBER 1991

Hoyerswerda ist zum Begriff geworden. Nicht für die Gewalt, die tagtäglich den dort in öden Plattenbauten zusammengetriebenen, in Betonbatterien eingepferchten Menschen durch ihre Lebensumstände angetan wird. Nein, Hoyerswerda steht seit dem Herbst dieses Jahres für Feindseligkeit und Gewalt, die Menschen dort Menschen antun.

Einige von ihnen haben Steine erhoben gegen Andersdenkende, Andersfarbige, gegen Personen, die nachts singen und tanzen, anstatt zu schlafen. Die angeblich Aids einschleppen. Die bessere Wohnungen bekommen als die Deutschen. Denen „Zucker in den Arsch geblasen wird".

Brandsätze flogen, Parolen gellten durch die Nacht. „Ausländerschweine raus!" „Bringt die Bullen um!" Einige schrien, andere, viele andere schauten schweigend zu oder klatschten Beifall. Vor allem dieser Beifall hat Hoyerswerda zum beschämenden Begriff werden lassen.

Nach den tagelangen Ausschreitungen in der Stadt am Ende des ersten, von zahllosen Überfällen auf Asylsuchende geprägten Jahres im vereinten Deutschland erschien in der „Süddeutschen Zeitung" ein Kommentar unter der Überschrift „Dem Rechtsstaat die Sporen geben". Es hieß darin: „Rechtsradikale Verbrecher müssen wissen und spüren: Der Staat schaut nicht zu, er schlägt zurück. Wenn Strafe je abschreckende Kraft hat, dann hier. Wenn Generalprävention je Sinn hat, dann bei jenen, die selbst Angst und Schrecken verbreiten wollen." Dem Rechtsstaat soll also die Zuchtrute in die Hand gegeben werden.

Vor dem Kreisgericht in Bautzen wurde jetzt dem ersten Jugendlichen der Prozess gemacht, der Ende September 1991 bei den Gewalttätigkeiten in Hoyerswerda mitgetan hatte. Kai, 19, ein Bürschchen mit rasiertem Schädel, in dessen Stirn eine Hitler-Tolle fällt, lümmelt sich neben seinen Verteidiger. Er gibt sich angeödet, will Selbstbewusstsein zur Schau stellen. Auf der Oberlippe kümmert ein Führer-Bärtchen.

Der Anwalt zieht ihn am Ärmel der Bomberjacke hoch. Dort prangen der schwarzrotgoldene Bundesadler und die Aufschrift „Treu dem vereinten deutschen Vaterland".

Der holzgetäfelte Gerichtssaal ist fast bis auf den letzten Platz besetzt. Nicht gewalttätige Rassisten, nicht Krawallmacher sind gekommen, sondern Hausfrauen, Rentner, Jugendliche drängen sich aneinander. Sie flüstern. Ein solcher Prozess ist etwas Neues für das Publikum. Gegen Rechtsextremisten, die man als „Rowdys" verharmloste, wurde in der DDR nicht öffentlich verhandelt.

Vor dem Gerichtsgebäude vertreten sich frierende Polizisten die Füße. Sie sind umsonst gekommen. Keine johlenden Gleichgesinnten, keine Transparente, kein Beifall der Menge, der den angeklagten Jugendlichen einst mitriss. Auch drinnen im Haus nur Handwerker und Auskunft Begehrende, vor Amtsstuben Wartende und auch ein paar Leute, die sich bloß aufwärmen.

Erwarten die Zuhörer im Saal markige Worte, eine stramme Haltung? Der Richter kommt aus dem Westen, Heinz Jockers, 44, aus Waldshut-Tiengen. Soll ihm demonstriert werden, dass man in den neuen Bundesländern erst selbst wieder Arbeit und eine anständige Wohnung haben will, bevor man sich Hilfsbereitschaft für „Neger" und „Fidschis" abverlangen lässt? Von verordneter Völkerfreundschaft und sozialistischer Solidarität haben viele Menschen die Nase voll.

Unwillig setzt Kai sich hin. Er bekommt den Mund kaum auf. Der Richter befragt ihn freundlich und bestimmt. Sein alemannischer Tonfall stößt auf das herausgewürgte Sächsisch des Angeklagten. Markthelfer sei er. „Socken." Aha, Socken und Strümpfe und Bekleidung hat er verkauft auf dem Markt von Hoyerswerda. „Regelmäßig." Wie viel hat er verdient? „Hat gereicht."

Hat er noch Eltern? „Ja." Und Geschwister? „Jüngere." Der Vater, stellt sich heraus, als ein Mitarbeiter der Jugendgerichtshilfe berichtet, hatte seit 1977 das Sorgerecht. Er lebt in dritter Ehe. Mit der dritten Mutter kommt Kai nicht gut aus. Seine leibliche Mutter wollte ihn nicht behalten, als sie sich von seinem Vater scheiden ließ. Da war er fünf. Er sollte in ein Heim gegeben werden.

Kais schaffte zwar den Abschluss nach der achten Klasse, aber in der Berufsschule versagte er. Eine Schlosserlehre, sein Vater ist Schlosser, brach er ab. Aber mit seinem Chef auf dem Markt von Hoyerswerda kommt er gut zurecht. Dass ihm das Verkaufen offenbar liegt, dass er sich da geschickt anstellt, damit hat er überrascht. Auf dem Markt fand er einen Platz für sich.

Dort gibt es aber auch einen Stand von Vietnamesen, auf die es zunehmend rechtsradikale Randalierer abgesehen haben. Mehrfach kommt es zu Prügeleien, die Vietnamesen flüchten in ihre Unterkunft, die Jugendlichen grölen hinter ihnen her. Allabendlich kommt es zu einer wilden Hatz, an der sich immer mehr Minderjährige und Heranwachsende beteiligen. Endlich war abends etwas los in Hoyerswerda, Nachtleben, Sensation.

Am 21. September 1991 gegen 19.30 Uhr zieht wieder eine Horde junger Leute zum Wohnheim im WK (Wohnkomplex) 5c, Albert-Schweitzer-Straße. „Wir haben uns getroffen. Nach der Arbeit. Rechte und normale Jugendliche. Aus Dresden welche und aus Hoyerswerda." Kai kratzt sich am Kopf. „Es ging um das Asylantenheim. Es war abgesperrt. Da haben wir uns dagegengesetzt. In einer Gruppe."

Der Richter fragt ihn, was er sich dabei gedacht habe. Es sei ja in den Tagen zuvor immer wieder zu Auseinandersetzungen zwischen der Polizei und Jugendlichen gekommen, die gewaltsam gegen Ausländer vorgingen. „Sollte was in Gang gesetzt werden. Ein Stopp", sagt Kai. „Ein Stopp?", fragt der Richter. „Dass keiner mehr reinkommt von den Asylanten. Wegschicken."

Wie er aus seiner Sicht dies bewerkstelligen wollte? Welchen Beitrag er dazu leisten wollte? „Es gibt so viele arme Leute. Dass Wohnungen frei werden. Arbeit für Deutsche", antwortet Kai.

Sie schrien „Deutschland den Deutschen" und schoben Mülltonnen vor ein Polizeifahrzeug. Steine flogen. Kai sagt, einer aus der Menge habe ihm dann einen Molotowcocktail in die Hand gedrückt. Und den habe er geworfen, über die Polizeikette in Richtung auf das Haus. „Ich hab' mich an mehreren drangehalten", stammelt er. Er habe sich den anderen angeschlossen, will er sagen.

„Haben Sie sich Gedanken gemacht, was da in Hoyerswerda passiert?", fragt der Richter. „Haben Sie überlegt, ob Sie sich strafbar machen?" „Nee." „Wie denken Sie heute darüber?" „Dass es teilweise richtig war, dass das anrollt. Es war ja erst nichts." Kai vergräbt den Kopf in den Armen.

Befragt, wie er sich politisch einschätzen würde, murmelt er: „Deutsche Volksunion. Rechtsradikal." Er ist nicht eingebunden in eine Jugendgruppe, er gehört keiner Partei an. Er geht nicht zu irgendwelchen Treffen. Ein, zwei Kollegen, sagt er, dächten ähnlich wie er. „Sind Sie ein Alleingänger?", fragt der Richter weiter. „Ich bin ja sonst auf Arbeit", sagt Kai.

„Wie denken Sie heute?" Er kratzt sich wieder. Hörbar bläst er die Luft aus der Nase und zieht die Augenbrauen hoch. „Das musste sein", druckst er und hebt den Kopf.

Sein Anwalt dreht sich zu ihm und erklärt dem Publikum, dass man nicht über politische Grundeinstellungen zu Gericht sitze, sondern über Gewaltanwendung. „Gewalt halte ich nicht für gut", sagt Kai endlich. Es klingt noch nicht überzeugt.

Er muss nicht, wie der junge Staatsanwalt aus Dresden sich ausdrückt, „auf den richtigen Weg zurückgeführt" werden. Jugendliche wie Kai sind nicht zurückzuführen, sondern zu führen. Sie kennen den richtigen Weg noch nicht. Sie spüren, dass das, woran sie glaubten, mit einem Mal nichts mehr gilt; dass andere Werte und Leistungen plötzlich gefragt sind; dass sie auswählen und sich entscheiden, sich unterscheiden sollen. So schlagen sie denn auf die ein, von denen sie fürchten, dass ihnen das erkämpfte Plätzchen auf dem Markt streitig gemacht werden könnte.

Es hat beschämende Szenen gegeben vor den Ausländer-Unterkünften in Hoyerswerda und anderswo. Nicht jeder aber, der sich mit Ausländern schwer tut, der den Ton verfehlt, der nicht gleich die „richtige" Meinung hat, ist schon eine Gefahr für den Rechtsstaat.

Kai ist in der vergangenen Woche nach dem Jugendstrafrecht zu einer Freiheitsstrafe von 15 Monaten verurteilt worden: wegen Landfriedensbruchs in einem besonders schweren Fall, Widerstands gegen Vollstreckungsbeamte und Volksverhetzung. Die Entscheidung, ob diese Strafe zur Bewährung ausgesetzt werden kann, stellte das Gericht für ein halbes Jahr zurück.

Kai darf also wieder auf den Markt zurückkehren. Sein Platz ist ihm nicht verlorengegangen. Allerdings wird er im nächsten halben Jahr unter der Aufsicht eines Bewährungshelfers zusätzlich 70 Stunden gemeinnütziger Arbeit verrichten müssen. Er darf sich nichts zuschulden kommen lassen, sonst muss er die Strafe absitzen. Er wird sich die Aussetzung zur Bewährung verdienen müssen – das kann ein Anfang auf dem Weg von der Hilfe zur Selbsthilfe sein.

An Kai ist nicht ein Exempel statuiert worden, wie energisch der Rechtsstaat zurückschlägt, wenn er von rechtsradikalen „Verbrechern" angegriffen wird. Es wurde besonnen, differenziert und überzeugend verhandelt. Und das Ergebnis ist ein vernünftiges, einleuchtendes Urteil, das den Rechtsstaat nicht mit Sporen oder Peitsche durchzusetzen versucht, sondern für ihn wirbt. Richter Jockers vermied es, die nach einem Bild von ihrer neuen Welt suchenden Jugendlichen anzuprangern oder ihnen vorzuschreiben, wie sie künftig zu denken hätten. Er wandte sich an die Zuhörer, unter denen Mütter und Väter waren: „Man muss ihm (Kai) deutlich sagen, dass er in Gefahr ist, in Gewalttaten hineinzugeraten, gerade weil er sich in der rechten Szene wohl fühlt und sich gern darin bewegt."

Kurt Reumann schrieb am 28. Oktober 1991 in der „Frankfurter Allgemeinen Zeitung" unter dem Titel „Mensch, nicht Wolf": „Mit Klagerufen wie ‚Schmach über Deutschland' können Journalisten und Politiker zwar diejenigen beeindrucken, die nicht rechtsradikal sind, also die große Mehrheit. Aber Rechtsradikale werden sie damit nur bockiger machen." Das gilt auch für die Justiz, sollte sie sich anschicken, Angst und Schrecken zu verbreiten.

Eine Tat ohnegleichen

Prozess um die Brandanschläge von Mölln

SPIEGEL 22/1993, 31. MAI 1993

Das Landgericht Stuttgart hat in diesem Monat sieben junge Männer verurteilt, die im Juli 1992 ein Arbeiterwohnheim in Ostfildern-Kemnat gestürmt und, blindwütig rasend, einen Kosovo-Albaner, der seit über 20 Jahren in der Bundesrepublik lebte, erschlagen hatten. Auch auf einen Landsmann des Toten hatten sie eingedroschen, bis dessen Schädel brach und er sich wimmernd in der hintersten Ecke unter der Dachschräge der Unterkunft verkroch.

Eigentlich hatte die „Horde", wie sie ein Sachverständiger bezeichnete, ein anderes Ausländerwohnheim im Sinn gehabt. Aber eine Tür stand offen, zufällig die jenes Arbeiterwohnheims, in dem sich zufällig die zwei den Tätern unbekannten Ausländer aufhielten. „Das war der ganz normale, dumpfe Rechtsradikalismus, wie Sie ihn jeden Abend zwischen 10 und 12 Uhr in jeder Kneipe hören", sagte der Sachverständige. Und ein Zeuge erklärte vor Gericht: „Sie haben eigentlich das gemacht, was alle denken. Gegen Scheinasylanten ist doch jeder. Das ist doch ganz normal."

Das Gericht hat streng gestraft: lebenslang wegen Mordes und versuchten Mordes für den Haupttäter, neun Jahre Jugendstrafe für den zweiten Angeklagten. Die anderen fünf wurden, je nach Tatbeteiligung wegen Körperverletzung mit Todesfolge und Beihilfe, zu Strafen zwischen sieben Jahren und sechs Monaten auf Bewährung verurteilt.

Die „Stuttgarter Zeitung" hat dieser Entscheidung der 2. Strafkammer mit dem Vorsitzenden Richter Hans-Alfred Blumenstein Respekt bezeugt: „Die Kammer hat harte Strafen verhängt, aber sie hat angemessen geurteilt und dem Druck widerstanden, ein Exempel zu statuieren und die Angeklagten in einer unruhigen Zeit ‚die ganze Härte des Gesetzes spüren zu lassen', wie dies törichterweise bisweilen gefordert wird – ganz so, als ob in anderen Fällen die halbe Härte ausreichen würde."

Zwei andere junge Männer, Lars Ch., 19, und Michael P., 25, ebenfalls angeklagt wegen Mordes und Mordversuchs, stehen zur Zeit in Schleswig vor Gericht: Sie gelten als die sogenannten Mölln-Attentäter, die zwei von Türken bewohnte Häuser angezündet haben sollen. Sie müssen sich nicht vor einer gewöhnlichen Strafkammer verantworten, sondern vor dem II. Strafsenat des Schleswig-Holsteinischen Oberlandesgerichts. Die Anklage vertritt nicht ein gewöhnlicher Staatsanwalt, sondern die Bundesanwaltschaft ist angereist.

Denn in Schleswig, so scheint es, soll nun endlich und endgültig geklärt werden, warum Ausländer in der Bundesrepublik verfolgt werden. Es soll auch geklärt werden, „wie und ob Menschen, die nicht die deutsche Staatsangehörigkeit haben, fürderhin in Deutschland leben können", kündigte der Rechtsanwalt Hans-Christian Ströbele als einer der Vertreter der Nebenklage an.

Medienvertreter aus dem In- und Ausland sind in hellen Scharen herbeigeeilt. Es wird jeden Tag von neuem hemmungslos fotografiert und gefilmt, ohne Pardon für die Angeklagten. Sie haben eine Tat ohnegleichen begangen, heißt es. Sie sind angeklagt wegen des „grausamsten und gemeinsten Verbrechens, das man sich in dieser Gesellschaft vorstellen kann", so Ströbele.

Die Ermordung von Millionen Menschen in den Konzentrationslagern der Nationalsozialisten war grausam; der Mord an Hanns Martin Schleyer und seinen Begleitern war grausam. Jede Gewalttat, die einem Menschen das Leben raubt, ist grausam. Aber dieses Verbrechen in Mölln, der Tod der 51 Jahre alten Bahide Arslan, der 10-jährigen Yeliz Arslan und der 14-jährigen Ayse Yilmaz in der Nacht zum 23. November vorigen Jahres – es muss das grausamste aller Verbrechen sein, damit sich daran deutsche Geschichte bewältigen lässt.

In gewöhnlichen Strafprozessen haben die Angeklagten bis zum Urteil als mutmaßliche Täter zu gelten. Aber dies ist nun das grausamste Verbrechen, und da braucht man nicht mehr so pingelig zu sein. „Bild" fragte vor Prozessbeginn: „Haben sie nichts dazugelernt? Noch im Gefängnis scheren sich die zwei Brandstifter von Mölln die Köpfe kahl. In 48 Stunden stehen sie so vor ihren Richtern."

Sie müssen im Besitz eines fabelhaften Haarwuchsmittels sein, denn nach diesen 48 Stunden werden sie mit normalen Frisuren in den Gerichtssaal gebracht. In „Bild" „lümmelt" sich der Angeklagte P. auf dem Zellenbett. Er sei 1,90 Meter groß, wird behauptet, und das Bett fast zu kurz. Tatsächlich misst P. 1,68 Meter, er war schon in der Schule der Kleinste. Das grausamste aller Verbrechen aber verlangt nach einem Riesen.

Oder ist es das Feuer, das den Rausch ausmacht? Rom hat gebrannt, auch der Reichstag. Die Attentäter von Mölln sollen nach ihren Taten bei der Polizei und der Feuerwehr angerufen und „Heil Hitler" gebrüllt haben. „... dies deutet darauf hin, dass die noch unbekannten Täter mit ihrer Straftat zur Wiedererrichtung einer nationalsozialistischen Diktatur in Deutschland beitragen wollten", teilte der Generalbundesanwalt am Tag nach der Mordnacht mit.

Worin liegt die „Einmaligkeit" (Ströbele), die „besondere Bedeutung" (Generalbundesanwalt) des Möllner Anschlags? Warum hat sich Karlsruhe nicht auch des totgeschlagenen Kosovo-Albaners in Kemnat angenommen? Der Fall hätte in der Festung Stammheim verhandelt werden können. Er hätte sich zu einer betörenden Demonstration der Wachsamkeit nach links und rechts gleichermaßen angeboten. Vielleicht, die Bundesanwaltschaft setzt doch gern auf Abschreckung, hätte ihr Eingreifen im Juli 1992 die Täter von Mölln im November 1992 sogar abgehalten.

Vor dem Gericht in Schleswig wird die Bundesanwaltschaft von dem Rechtsanwalt Ströbele, der so engagiert zu verteidigen weiß, dass er wegen seines Engagements für Angeklagte sogar einmal verurteilt wurde, unterstützt, ja übertroffen. Er zeigt dabei eine Fähigkeit, die ihm bisher wohl niemand zugetraut hatte.

Er ist nicht nur Vertreter der Nebenklage, er ist Ankläger vom Scheitel bis zur Sohle. Die Lust, einmal anklagen zu dürfen, hat ihn im Griff. Er schlürft die Bewunderung des jungen, jung machenden Publikums im Saal. Noch einmal darf er kämpfen gegen den rechten Feind, noch einmal bekennen. „Einen Mann auf der Seite aller Revolutionen dieser Welt" hat ihn die „Frankfurter Allgemeine Zeitung" einmal genannt.

Er genießt es, die Angeklagten in böse Fallen zu treiben, er führt sie vor, er macht sie lächerlich. Angesichts des grausamsten aller Verbrechen und durchdrungen von der Überzeugung, immer auf der richtigen Seite zu stehen, gibt er jede Position auf, die einem Strafverteidiger sonst heilig ist.

Ströbele hat angekündigt, in diesem Strafprozess nicht nur die deutsche Geschichte der Jahre 1990 bis 1992 zu „bewältigen". Er will mehr Dimension. Mölln, das hat für ihn Tradition, das ist seiner Auffassung nach das Kaiserreich, das sind die zwanziger Jahre, der Nationalsozialismus bis heute in Gestalt der Bundesrepublik.

Ob es nicht schon reicht, sich zum Beispiel der Sätze Herbert Wehners zu erinnern, die am 15. Februar 1982 in einer Sitzung des SPD-Parteivorstandes fielen? Wehner sagte damals: „Wenn wir uns weiterhin einer Steuerung des Asylproblems versagen, dann werden wir eines Tages von den Wählern, auch unseren eigenen, weggefegt. Dann werden wir zu Prügelknaben gemacht werden. Ich sage euch – wir sind am Ende mitschuldig, wenn faschistische Organisationen aktiv werden. Es ist nicht genug, vor Ausländerfeindlichkeit zu warnen – wir müssen die Ursachen angehen, weil uns sonst die Bevölkerung die Absicht, den Willen und die Kraft abspricht, das Problem in den Griff zu bekommen."

Ch. und P. sind vorverurteilt, wie es schlimmer nicht geht. Es gibt Geständnisse und Widerrufe. Von einem gewöhnlichen Straftäter hieße es, er habe bestritten. Die Mölln-Attentäter, die grausamsten aller Verbrecher, „leugnen" natürlich.

Ch. wird von dem Münchner Rechtsanwalt Rolf Bossi und dem Lübecker Wolfgang Ohnesorge verteidigt. Sie bringen vor, ihr Mandant sei gar nicht am Tatort gewesen. Sie zweifeln an seinem Geständnis, das er widerrufen hat und widerruft. Das ist das Recht einer Verteidigung, ja, es ist sogar ihre Pflicht, wenn der Mandant derart widersprüchliche Angaben gemacht hat wie im betreffenden Fall.

Neben Michael P. sitzt der Kieler Anwalt Manfred Goerke. Ob er ihn zu verteidigen gedenkt, ist noch unklar. Als P. – wie Ch. – sagt, er habe mit der Tat in Mölln nichts zu tun, versichert Goerke dem überraschten Gericht: „Dieser Widerruf überrascht auch mich."

Und er berichtet – in öffentlicher Verhandlung – über ein Gespräch mit seinem Mandanten: dass er den am ersten Verhandlungstag gefragt habe, ob er es war oder nicht. Zweimal, sagt P., habe ihn sein Anwalt während der sechs Monate U-Haft besucht. Zweimal – angesichts dreifacher Mordanklage.

In einer Pressemitteilung des Generalbundesanwalts vom 3. Dezember 1992 heißt es: „Nach eigener Auskunft im Ermittlungsverfahren prüfen gegenwärtig sowohl Michael P. als auch Lars Ch., ob sie ihre

Geständnisse widerrufen wollen." Der Widerruf vor Gericht war also keineswegs überraschend. Zudem gibt es Vermerke in den Akten, etwa, dass P. von einem Vernehmungsbeamten „eindringlich" ermahnt worden sei, die Wahrheit zu sagen und nicht aus Gefälligkeit ein Geständnis abzulegen.

P., als er von der Polizei und später vom Ermittlungsrichter beim Bundesgerichtshof vernommen wurde, hat mehrfach nach einem Rechtsanwalt verlangt. Es fand sich keiner.

P. hätte dringend einen Rechtsbeistand, einen Berater gebraucht. Vor Gericht sagt er, und es ist wirklich nicht zu befürchten, dass ihm dies von seinem mutmaßlichen Verteidiger eingeredet wurde, er habe zugegeben, was man von ihm hören wollte. Niemand habe ihm geglaubt. Es seien ihm Versprechungen gemacht worden.

Beide Angeklagte ernten für ihre Angaben Hohn und Spott. Sie „wollen freigesprochen werden", entrüsten sich die Zuschauer. Rechtsanwalt Bossi, was hat man an ihm schon gelitten, tut hier nichts anderes als verteidigen.

Er versucht zu verhindern, dass Vernehmungsprotokolle verwertet werden. Er stellt Anträge. Er zweifelt an Zeugen. Er prüft, ob es nicht auch Tatverdächtige aus ganz anderem Milieu gibt. Er hat die Stirn zu behaupten, die Schuld seines Mandanten sei nicht bewiesen. Vor dem Gerichtssaal fragt eine französische Journalistin, ob dieser Herr aus München vorwiegend Rechtsradikale vertrete.

Dem Vorsitzenden des Strafsenats, Hermann Ehrich, 59, wird vorgeworfen, er bemühe sich zu sehr um eine entspannte Atmosphäre. Das stört die Nebenklage. Beim grausamsten aller Verbrechen – was soll da eine demolierte Kindheit, eine Mutter, die sich umgebracht hat, als der Junge Lars neun Jahre alt war? Was sollen da Schulversagen, Saufen, Arbeitslosigkeit? Für P. zum Beispiel war die Zugehörigkeit zu einem Haufen ähnlich hoffnungsloser Jugendlicher bereits eine Verbesserung seines Lebensgefühls.

Man kannte ihn, weil er schreckenerregend aussah, den Arm zum Hitler-Gruß hob und die Reichskriegsflagge aus dem Fenster hängte. Wenn er das nicht gemacht hätte, wer hätte ihn dann gekannt?

Wie ein Anführer durfte er sich fühlen, wenn er mit ein paar anderen durch die Gegend zog, in der er sich auskannte. Als sie einmal nach Rostock fuhren, um zu sehen, was da los ist, kehrten sie schon am Stadtrand um. Irgendwie kamen sie nicht weiter. Er aber wusste, in welchen Dörfern im Lauenburgischen Asylbewerberunterkünfte waren. Damit hatten sich seine Führungstalente allerdings auch schon erschöpft.

Das grausamste Verbrechen wird immer im anderen Lager begangen, dort, wo der Feind steht. Der Tod der drei Türkinnen ist so schrecklich, wie jeder gewaltsame Tod es ist. Doch die Inkarnation der Ausländerfeindlichkeit in Deutschland ist er nicht.

Stefan Geiger, der Kommentator des Urteils gegen die Männer, die den Kosovo-Albaner erschlagen haben, schrieb in der „Stuttgarter Zeitung": „Das, was die Justiz zur Aufarbeitung der Gewalt gegen Ausländer leisten konnte, hat sie in diesem Fall geleistet. Für den Rest sind andere zuständig." So ist es auch in Schleswig.

Zum Vorwurf der „Bagatellisierung" von Gewalttaten Jugendlicher

SPIEGEL 25/1993, 21. JUNI 1993

Am Abend des 5. September vorigen Jahres, zweieinhalb Monate vor dem Anschlag in Mölln, marschierten etwa 30 Jugendliche von der Discothek „Dancing Hall" in Pritzier, einem Ort auf halber Strecke zwischen Lauenburg und Ludwigslust, zu Baracken, in denen Asylbewerber lebten. Viele der jungen Leute waren angetrunken.

Sie schleppten Ketten mit, abgesägte Rohre, Schlagstöcke, Schreckschusspistolen, Leuchtmunition und Knallkörper. Damit sie unerkannt blieben, trugen einige von ihnen Tücher vor dem Gesicht.

Zuvor hatten finstere Gestalten aus einem Moped Benzin abgezapft, in Flaschen gefüllt und Stoffreste als Lunten hineingestopft: Molotowcocktails.

Doch die Polizei hatte am Nachmittag bereits Wind von der Sache bekommen. Eilends wurden die Baracken geräumt. Um das Gelände bildeten Beamte einen Sicherheitskordon.

So grölten die jungen Leute nur „Deutschland den Deutschen", „Ihr seid grün, ihr seid weiß, ihr seid Deutschlands letzter Scheiß", „Sieg Heil" und „Zicke, zacke, zicke, zacke, hoi, hoi, hoi". Vermummte tauchten aus der Menge heraus und schleuderten die Molotowcocktails in Richtung der Beamten. Nach etwa einer Stunde zog der Haufen unbehelligt von dannen.

Einige der jungen Leute, die in Pritzier vor der Polizei zurückgewichen waren, hatten noch nicht genug. In derselben Nacht wurde ein Ausländerheim in Gudow bei Mölln und eine Woche später eine Unterkunft in Kollow bei Schwarzenbek angegriffen. Die Bewohner kamen mit dem Schrecken davon. Doch es hätte auch Tote geben können.

Zehn dieser Heranwachsenden und „Jugendlichen mit Verantwortungsreife" wird gegenwärtig von der Jugendkammer des Landgerichts Lübeck der Prozess gemacht. Sie sind angeklagt wegen versuchten Mordes, versuchter Brandstiftung und Landfriedensbruchs, während gleichzeitig zwei ihrer Kumpane, Lars Ch., 19, und Michael P., 25, als mutmaßliche Mörder von Mölln vor dem Oberlandesgericht Schleswig stehen.

Die zehn in Lübeck, darunter auch zum ersten Mal eine junge Frau, stammen im Gegensatz zu Ch. und P. in Schleswig allesamt aus einem neuen Bundesland. Keiner von ihnen bestreitet seine Beteiligung. Doch einer sagt: „Wir sind alle keine Killer."

Sie werden von ihren sorgengebeugten Vätern und Müttern ins Gericht gebracht, wo sie sich angstvoll in den Saal drücken. Dort, eingekesselt und umkreist von Männern in schwarzen Roben, Verteidigern, Staatsanwälten und Richtern, drängen sie sich auf eng stehenden Stühlen schuldbewusst aneinander. Manchmal kichert einer, vor allem der zur Tatzeit 15-Jährige. Von der Balustrade beugt sich das Publikum über sie.

Was sind das für Kinder? Eine Mutter hat gleich zwei Söhne auf der Anklagebank sitzen. Sven, 18, der ältere, sagt auf Fragen des Richters, ob er denn gewusst habe, welcher Nationalität die Asylbewerber in der angegriffenen Unterkunft gewesen seien: „Ich dachte Rumänen oder so Leute aus dem ostdeutschen Raum."

Er und sein 16-jähriger Bruder stammen selbst aus diesem „ostdeutschen Raum", aus Wittenburg in der ehemaligen DDR. Sven war Junger Pionier, dann Thälmann-Pionier und Mitglied in der FDJ. Er war Offiziersbewerber, durfte an „Manövern" und Wehrübungen teilnehmen. Er war Klassenbester im Gymnasium. Er sollte schon als Schüler Überzeugungsarbeit bei seinen Kameraden leisten.

Die Mutter, sagt er, sei „eher alternativ" eingestellt. „Daher sind wir wohl etwas zum Trotz nach rechts rübergeschwenkt."

„Haben Sie sich vor der Wende mit Ihrer Staatsform identifiziert?", fragt der Vorsitzende Richter Rolf Wilcken, 49. „Ja, damals fand ich's gut", antwortet Sven.

„Nun kommt die Wende. Was passierte da mit Ihrer politischen Einstellung, mit Ihren Idealen?"

„Da kam natürlich alles ins Wanken. Als das mit der Waldsiedlung in Wandlitz aufflog, da habe ich das sozialistische Wesen zu hassen begonnen, alles, was links ist. So bin ich von den Linken zu den Rechten gegangen. Das Rechtssein war eine Modeerscheinung, das zog einen rüber. Heute würde ich mich zur Partei der Nichtwähler zählen. Man weiß gar nicht, was man denken soll."

Sven und seine Kameraden sind an einfaches Denken gewöhnt, an klare Freund-Feind-Bilder, an übersichtliche Strukturen („Meine Offizierslaufbahn war vorprogrammiert"). Toleranz für Anderssein ist bei ihnen nicht entwickelt. Was ihnen Halt und Gemeinschaftsgefühl gab, die Jugendorganisationen, die Freizeitheime, die Programme, die Ideologie, es ist alles zerstört oder verschwunden.

Was stattdessen entstand: die Clique, eine oberflächliche, ständig wechselnde Zusammenrottung unreifer, sprachloser Individuen, berauscht von Parolen, Alkohol und der Lust an gemeinsam verübter Gewalt. Die Clique war eine neue Heimat.

Sven macht sich vor Gericht zum Sprecher der anderen. Er habe „es" ja eigentlich fürs Volk machen wollen, „weil ich fürs Volk gerade stehen will, Gutes tun will", sagt er.

Je mehr Sven redet, desto mehr Zweifel regen sich, ob tatsächlich Michael P., der mutmaßliche Mölln-Attentäter, der Anführer der Clique gewesen ist, wie die zehn von Lübeck es behaupten: ob es überhaupt eines Anführers bedurfte. P. gibt seinen Richtern in Schleswig zu verstehen, dass in der Gruppe nur seine Ortskenntnisse gefragt waren.

Oder war etwa Sandra, 18, das einzige Mädchen unter den Jungs, die Anführerin? Buhlten die Knaben, sich gewalttätig aufführend, um ihre Gunst? Hat gar Ch. heimlich in Mölln Feuer gelegt, um sich bei ihr hervorzutun? Ohne das Klischee von der anstiftenden Räuberbraut scheint nicht einmal die Schandtat von Mölln auszukommen. Bonnie lässt Clyde morden.

Die Tatbeteiligung der einzelnen ist offensichtlich weitaus verwickelter als zunächst angenommen. Die Umstände, aus denen heraus es zu den Taten kam, waren die verworrensten. Es genügt nicht, Exempel durch fixe, harte Urteile zu statuieren. In Lübeck kommt zur Sprache, was man auch in Schleswig wissen müsste. Was in Schleswig zu hören ist, wäre auch für Lübeck wichtig. Lars Ch. und Michael P. gehörten zu einem Haufen junger Leute. Es wird darüber zu urteilen sein, was geschehen ist. In einem fairen Prozess geht es auch darum, wie es dazu kam.

In Schleswig wird so gut wie nicht verteidigt. Heribert Prantl hat zu Recht in der „Süddeutschen Zeitung" geschrieben: „Der Rechtsstaat bewährt sich darin, wie er mit seinen Gegnern umgeht." Und: „Wann ist Verteidigung notwendiger als dann, wenn öffentliche Erregung über dem Angeklagten zusammenschlägt?"

Rechtsanwalt Hans-Christian Ströbele in der Rolle des Nebenklagevertreters gibt in Schleswig weiter den Ton als Starankläger an. Es sollte dem anerkannten Strafverteidiger, der er eigentlich ist, den Schlaf rauben, dass ausgerechnet die Bundesanwaltschaft rügt (was Sache des Vorsitzenden gewesen wäre): dass er, Ströbele, mit Erklärungen den Prozess zu beeinflussen sucht, die vorweggenommene Plädoyers sind (etwa: die Täterschaft der Angeklagten sei schon jetzt bewiesen).

In Lübeck stört sich nur der Hamburger Rechtsanwalt Johann Schwenn daran, dass seine Mandantin, die 18-jährige Sandra, offenbar in den Vernehmungen erheblich bedrängt wurde. Die anderen Verteidiger bleiben blass, zögern, halten Abstand. Wer einer rechtsextremen Gewalttat beschuldigt wird, scheint selbst aus der Gemeinde der Angeklagten als besonders widerliches Exemplar ausgegrenzt zu werden.

Sandra wirkt als einzige erwachsen in dem Kinderhaufen. Sie wuchs in einem Ausbildungslager der Nationalen Volksarmee (NVA) auf. Seit ihrem zwölften Lebensjahr hat sie einen Stiefvater, einen Taugenichts, wie sie sagt, der arbeitslos sei und vorwiegend herumlungere. Sie kennt das mit dem Alkohol und dem Rumbrüllen. Viele aus der Gruppe sind ihr vertraut. Mit Sven und mit Marko ging sie in eine Klasse. „Wir waren gegen alles, was fremd war."

Keiner der zehn in Lübeck Angeklagten ist ein Asozialer, die meisten kommen aus normalen Familien. Die Ehen mancher Eltern sind geschieden. Die Kinder sind Lehrlinge, einer wollte Bäcker werden und landete in einem Metallbaubetrieb. Andere sind Schüler, streben die mittlere Reife oder das Abitur an. Einer ist Betonierer, ein anderer will Fleischer werden und einer Koch.

Ihre Väter waren Grenzsoldaten, Offiziere bei der NVA, SED-Mitglieder. Heute verdienen diese Väter als Lagerarbeiter ihr Geld, als Warenausgeber, Tiefbauarbeiter, Kraftfahrer. Die Mütter – früher in einer Schweinemästerei beschäftigt, in einer Kinderkrippe oder als Buchhalterin zum Beispiel – sind inzwischen zumeist arbeitslos.

Alle Angeklagten sagen, sie hätten niemanden umbringen wollen; sie hätten die Ausländer nur „aufschrecken", allenfalls aus der Gegend vertreiben wollen. Es klingt billig, wie eine dumme Kinderausrede, wenn sie beteuern: Wir haben nicht gedacht, dass Mollis ein ganzes Haus in Brand setzen können. Das wissen wir erst seit Mölln.

Es sagt sich leicht: Das weiß man, das muss man wissen. Doch diese Jugendlichen haben die Feuerstürme der Bombennächte nicht erlebt. Von Rostock kennen sie nur die Bilder, die das Fernsehen brachte. Vom Feuer, das durch ein Treppenhaus fährt wie durch einen Schlot, von beißendem Qualm, versengender Hitze, Todesangst, elementarer Gewalt wissen 16-Jährige nicht viel. Entsetzen und Scham überfielen sie möglicherweise wirklich erst, als sie angeklagt wurden.

Was ist zu tun gegen diese unheimlichen Kinder? Was ist für sie zu tun? Öffentlicher Abscheu, die Forderung nach höchstmöglichen und höchst unmöglichen Strafen, als ließe sich der Rechtsstaat mal eben außer Kraft setzen, haben die Serie von Anschlägen nicht abreißen lassen, im Gegenteil. Es ereignen sich täglich neue Gewalttaten gegen Ausländer, aber genauso gegen ganz andere, gegen Stadtstreicher und Behinderte etwa.

Aus der Sintflut, der Inflation der Kommentare, Analysen und Patentrezepte zu Rechtsradikalismus, Ausländerhass und Gewaltakten jugendlicher, manchmal fast noch kindlicher Täter (der Geiger Menuhin ist für die Prügelstrafe, andere schlagen „Arbeitslager" vor) ragt ein Beitrag heraus, der das Irrenhaus, in dem sogar das Tragen von Glatzen mit Strafe bedroht werden soll, an die Vernunft appellierend beschreibt. Er ist im Juni-Heft der Zeitschrift „Strafverteidiger" erschienen. Professor Karl F. Schumann, Kriminologe in Bremen, setzt sich darin mit der Frage des Schutzes vor rechtsradikaler Gewalt durch die Instrumente des Strafrechts auseinander.

Er kritisiert die sachkundigen und wissenschaftlich hoch angesehenen Stimmen, die plötzlich im Strafen, im harten Zupacken und Flaggezeigen des Staats die letzte Hoffnung im Kampf gegen diese unheimlichen Kinder sehen. Gegen rechts könne man nicht nur, da müsse man strafen, heiße es jählings. Schumann schreibt: „Kaum jemand sagt: Gegen rechts eingestellte Jugendliche und junge Erwachsene muss, wie bei allen anderen Jugendlichen und jungen Erwachsenen, möglichst auf Strafrecht verzichtet werden, weil Strafe nur schadet und weiter desozialisiert." Dieser Satz wird heutzutage als Verharmlosung verstanden, als Bagatellisierung der Morde an Ausländern, Obdachlosen und Schwulen, der Brandanschläge gegen Asylbewerber-Unterkünfte. Und doch ist der Satz richtig.

Schumann weiter: „Der harte Einsatz des Strafrechts gegen rechtsradikale Täter wird den rechten Extremisten in gleicher Weise mehr Anhang zutreiben, wie seinerzeit die Nachwuchsrekrutierung der linken Terrorszene durch die massive Kriminalisierung der Sympathisanten und die Härte der Behandlung überführter Täter gefördert wurde... Wer vor dem Einsatz des Strafrechts gegen rechts warnt, wer nicht in den Chor der Ächtung um jeden Preis einstimmt, sich damit dieser naheliegenden linken Identitätssicherung verweigert, steht unter extremem Begründungszwang, will er nicht als verharmlosender Ignorant erscheinen. Dabei trifft alles, was sonst kriminologisch richtig ist, auch auf rechte Jugendliche zu. Sie sind nicht anders."

Das Urteil gegen die Brandstifter von Mölln

SPIEGEL 50/1993, 13. DEZEMBER 1993

Sie sind die Täter. Sie haben Häuser angesteckt, in denen eine türkische Frau lebendig verbrannte, als sie zwei Mädchen vor einem grausamen Tod vergebens zu retten versuchte; Häuser, aus denen schreiende Menschen in die Tiefe sprangen und mit zerschmetterten Gliedern auf dem Erdboden liegen blieben; Häuser, die zu Mahnmalen geworden sind für das, was Menschen einander zufügen können.

Bald nachdem Michael P., 26, und Lars Ch., 20, im November vorigen Jahres festgenommen worden waren, gestanden sie die Taten. Dann widerrief als erster Ch., P. folgte ihm.

In der Hauptverhandlung vor dem II. Strafsenat des Oberlandesgerichts Schleswig schrie Ch. in den Gerichtssaal: „Ich würde nicht mehr leben, wenn ich mit der Tat zu tun hätte." Alles wollte er anbieten, sagte er ein andermal, „meinetwegen zehn Hypnotiseure", um seine Unschuld zu beweisen. Und: „Hier wird doch alles nur verdreht. Man rutscht immer weiter den Bach runter und kann nichts machen."

In seinem Schlusswort beschwor er Gott. Der wisse, dass er unschuldig sei. „Ich bin froh, nicht das Gewissen von Tätern zu haben, die es gewesen sind."

P., der es schwerer hat im Umgang mit den Wörtern, auf die Frage, ob er noch ein Letztes sagen möchte: „Ja, dass ich mit Mölln nichts zu tun habe."

P. und Ch. sind nicht die ersten und nicht die einzigen jungen Leute, die etwas wegzureden versuchen. Etwas herbeiwünschen können mit Hilfe magischer Formeln oder wegreden, mit dem Zauberwort eine neue Wirklichkeit schaffen, ganz fest an etwas glauben, auf dass es eintreffe – das ist die Lust des fabulierenden Kindes, aber auch die letzte Hoffnung des ohnmächtigen und des völlig verzweifelten jungen Menschen. Es könnte alles anders sein, es muss, es wird alles anders sein, es ist alles anders.

Das Gericht hat überzeugend begründet, warum es P. und Ch. für die Täter von Mölln, für Mörder hält. Leugnen hier zwei Charakterlumpen? Oder zwei Angeklagte, von denen vor allem einer, Ch., wie der psychiatrische Sachverständige vortrug, noch besonders stark in kindlichen Vorstellungen verhaftet (verhaftet!) ist? Gerade er hat vehement bestritten.

Kurz nach seiner Verhaftung hat Ch. im Gefängnis versucht, sich umzubringen, es war nicht der erste Versuch. Während der ganzen U-Haft galt er als selbstmordgefährdet.

Seine Mutter hat sich umgebracht, als er neun war. Das hat der Junge nie verwunden. Der Vertreter der Bundesanwaltschaft, Oberstaatsanwalt Klaus-Ernst Pflieger, 46, sprach in seinem Schlussvortrag von der „entsetzlichen Zerrissenheit dieses jungen Menschen", der vor der Tat in einem Brief an sich selbst einen Vertrag auf Leben und Tod mit sich geschlossen habe: Wenn sich sein Leben bis zum 30. September 1992 Mitternacht nicht grundlegend ändere, werde er ein Ende machen.

In den Berichten über die Urteilsverkündung wurden allenthalben die „ungerührte“ Haltung der Angeklagten, ihre „reglosen“ Gesichtszüge bemängelt. Hätten sie fotogen zusammenbrechen oder hasserfüllt auf den Tisch trommeln sollen? Oder wenigstens ein bisschen grinsen, wie Mörder eben?

Oberstaatsanwalt Pflieger hat für die Angeklagten die Höchststrafe gefordert. Er hat es nicht getan, um dem In- und Ausland hysterisch die Entschlossenheit der deutschen Justiz im Kampf gegen den Ausländerhass zu demonstrieren. Er tat es, weil sich der Tatbestand nach sechs Monaten Hauptverhandlung entsprechend darstellte.

Das Oberlandesgericht Schleswig hat nach Recht und Gesetz geurteilt. Die Qualität seines Urteils hat nichts mit dem Lärm und der peinlichen Erleichterung derer zu tun, die es als das „bisher bedeutendste gegen die rechtsradikale Gewalt in Deutschland“, so die Nebenklage, rühmen. Der Senat mit dem Vorsitzenden Hermann Ehrich, 59, beugte sich in seiner Entscheidung und Begründung nicht irgendeinem Druck, auch nicht, als er dem Strafantrag der Anklage folgte.

Pflieger, ohne sich dem Verdacht der Verharmlosung oder zögerlicher Behutsamkeit gegenüber hartgesottenen Tätern auszusetzen, die die volle Härte des Gesetzes zu treffen habe, hatte nicht die besondere Schwere der Schuld eingefordert. Hätte er es getan und wäre das Gericht ihm gefolgt, so hätte das bedeutet, dass bei P. nach einer Verbüßung von 15 Jahren nicht die Möglichkeit einer bedingten Entlassung in die Freiheit überprüft würde.

Pflieger verzichtete darauf mit dem Hinweis, die Angeklagten hätten den Tod von Menschen nicht beabsichtigt; sie hätten ihn in Kauf genommen. Das ist juristisch die mildeste Form des Tötungsvorsatzes.

Der Vorsitzende in der Urteilsbegründung am vergangenen Mittwoch, mit einer angedeuteten Verneigung in Richtung der Anklage: Die bedingte Entlassung in die Freiheit nach 15 Jahren auszuschließen sei nicht beantragt worden. „Und wir haben es nicht getan.“

Klaus-Ernst Pflieger bagatellisierte nicht die Schuld und nicht das Leid der Opfer und ihrer Angehörigen, als er einfühlsam auf die verkrüppelten Biografien der Angeklagten einging. Das muss sein, das hat nichts mit unangebrachtem Mitleidsgejammere zu tun. Alles, was Kindern zugefügt wird, fügen nicht alle, aber viele wieder zu – wenn sie etwa Brandsätze werfen wie ein Lars Ch., dem das eigene Leben gleichgültig geworden ist wie das anderer Menschen, zumindest in der Tatnacht vom 22. auf den 23. November 1992.

Das Gericht hat sich auf die Geständnisse der Angeklagten gestützt. Auch wenn diese sie widerrufen hatten, enthielten sie doch Einzelheiten, die nur die Täter wissen konnten und die sich mit Beobachtungen von Zeugen und Feststellungen von Sachverständigen deckten. Vor allem bei Ch. gab es ein langes Hin und Her – Geständnis, Widerruf, neue Version, Widerruf und sofort. Das Gericht folgte dem psychiatrischen Sachverständigen Bernd Wieneke, der in dem wechselvollen Aussageverhalten den „Ausdruck eines inneren Kampfes" sah.

Die Schwierigkeiten, in die Ermittlungsbehörden und Gerichte durch derartiges Hin und Her geraten, ließen sich verringern, wenn den Festgenommenen angesichts so schweren Verdachts sofort ein Rechtsbeistand zur Seite stünde. Doch Beschuldigte in diesem Bereich von Taten haben damit Probleme. Für Michael P. fand sich zunächst überhaupt kein Anwalt. Und für Lars Ch. reiste dann Rolf Bossi an, der sich wieder davonmachte, als es schwierig wurde: Denn kaum hatte der Mölln-Prozess begonnen, geschah der Anschlag in Solingen.

Nur allmählich scheint sich unter Strafverteidigern durchzusetzen, dass auch Rechtsradikale, wenn sie Straftaten begangen haben, verteidigt werden müssen, und zwar nicht nur widerstrebend und schon gar nicht durch Gesinnungsgenossen, sondern mit dem gleichen Einsatz, der für andere Delinquenten selbstverständlich aufgebracht wird.

Bisher, so scheint es, wird oft nur engagiert verteidigt, wenn es die Unschuld zu beweisen gilt. Doch auch diese Schuldigen, gerade sie, bedürfen des Beistands.

Die Verteidiger im Mölln-Prozess, Wolfgang Ohnesorge, Lübeck, für Ch. und Manfred Goerke, Kiel, für P., fassten erst im Lauf des Prozesses Tritt – als deutlich wurde, dass das Gericht in den Angeklagten nichts anderes als junge Menschen sah wie sonst auch und dabei von der Bundesanwaltschaft unterstützt wurde.

Noch einmal ist Klaus-Ernst Pflieger zu zitieren mit seinem Schlussvortrag, diesmal auf den Berliner Strafverteidiger Hans-Christian Ströbele, hier in der Rolle des Nebenklagevertreters, blickend: „Wer meint, es sei Aufgabe eines Strafprozesses, einen Anstoß zur Veränderung des politischen Klimas zu geben, irrt. Ein Prozess darf nicht zum Werkzeug der politischen Auseinandersetzung verkommen." Denn Ströbele hatte vorgehabt, deutsche Geschichte zu „bewältigen". Er musste sich von Pflieger vorhalten lassen, dass gerade jene eine Verschärfung der Strafvorschriften bei rechtsradikalen Tätern befürworteten, „die früher für Linksradikale die Abschaffung des Strafrechts forderten".

Ströbele gehörte immer zu den engagierten Verteidigern. Die Rollen im Gerichtssaal sind ihm durchaus geläufig, sogar die des Angeklagten, als er sich einmal allzu sehr für seine Mandanten einsetzte. Man muss sich, die Antragsrechte der Verteidigung sollen ja gerade wieder beschnitten werden, den Satz auf der Zunge zergehen lassen, den er noch am vorletzten Sitzungstag, in der Rolle des Anklageunterstützers, anbrachte: „Ich bitte das Gericht sich durchzuringen, ein einziges Mal einen Beweisantrag der Verteidigung abzulehnen."

Die gesellschaftlichen Ursachen des Rechtsradikalismus in der Bundesrepublik kann ein Strafprozess nicht „aufarbeiten". Er kann allenfalls Umstände nennen, die eine Tat möglich gemacht haben. Das können ganz persönliche sein, zum Beispiel, wie der Vorsitzende sagte, dass hier zwei Menschen zusammentrafen, die, weil sie beide nicht mit dem Leben zurechtkamen, füreinander zum Verhängnis wurden.

Es können auch äußere Umstände sein wie „die Ereignisse im Osten", die den Anschlag von Mölln zu einer Nachfolgetat von Rostock werden ließen, oder die Asyldebatte. „Die Tatsache, dass diese Debatte stattfand, ließ möglicherweise Menschen den Eindruck gewinnen, sie seien nur die radikale Spitze einer Bewegung", sagte der Vorsitzende.

Vier Tage vor dem Urteil, am 4. Dezember, erschien in der „taz" der Aufsatz zweier Jugendstaatsanwälte aus Magdeburg, Frank Baumgarten und Klaus Breymann. Sie schreiben: „Diese Jugendlichen – begreifen wir es! – stammen aus unserer Mitte. Wesentliche Übereinstimmung herrscht unter ihnen, dass die Erwachsenenwelt ihnen eine

Welt überlässt, in der Gewalt – in jeder ‚Tagesschau' zu besichtigen – effizient ist, in der Zukunftsressourcen heute verfrühstückt werden und Zukunftsprobleme nicht mehr lösbar erscheinen."

Um die gesellschaftlichen Ursachen der Anschläge und Ausschreitungen, so die Jugendstaatsanwälte, „haben sich andere Verantwortliche zu kümmern, statt diese Last aus Unfähigkeit der Justiz zuzuweisen. Die Justiz tut ihren Job, sie schützt die strafrechtlichen Grenzen mit Augenmaß und Konsequenz. Sie sperrt ein, wo es aus Gründen des Opferschutzes unabdingbar ist... Dabei muss es bleiben. Beugte sie sich dagegen öffentlichem Druck oder denunziatorischen Verdächtigungen, stünde sie wieder in der Handlangertradition."

„Vor der Weltöffentlichkeit“

Das Urteil gegen die „Schänder von Buchenwald“

SPIEGEL 42/1994, 17. OKTOBER 1994

Der Staatsanwalt hatte strenge Strafen gefordert – wegen Landfriedensbruchs, wegen der öffentlichen Verwendung von Kennzeichen verfassungswidriger Organisationen, wegen gemeinschädlicher Sachbeschädigung, Bedrohung, Nötigung, auch wegen der Störung des öffentlichen Friedens. Denn die Taten hätten einen „Ansehensverlust Thüringens und der Bundesrepublik weltweit“ zur Folge gehabt, wie es allenthalben hieß.

Die Angeklagten seien bewusst nach Buchenwald gefahren, „um eine Gedenkstätte antifaschistischen Charakters zu entweihen“, so der Staatsanwalt. Sie hätten „bewusst die Interessen anderer Menschen verletzt“, um ihrer Gesinnung Ausdruck zu verleihen.

Seit dem Auftritt von 23 zumeist angetrunkenen Jugendlichen und jungen Männern am 23. Juli dieses Jahres im ehemaligen Konzentrationslager Buchenwald bei Weimar ist nichts unversucht gelassen worden, das deutsche Ansehen wiederherzustellen: Fast die gesamte Truppe, die, teils glatzköpfig, mit blankem Oberkörper und in Schnürstiefeln über die Steinwüste des Lagergeländes gestolpert und getorkelt war, wurde wenige Tage darauf eingesperrt. Bis zum Ende des Prozesses, der den ersten acht jetzt vom Amtsgericht Weimar gemacht wurde, blieben sie in Haft. Funkstreifen und Mannschaftswagen umlagerten an den Sitzungstagen das Gerichtsgebäude. Straßen wurden gesperrt, wenn sie gebracht und weggefahren wurden. In Handschellen und an einen Polizeibeamten gekettet, mussten die 16- bis 24-Jährigen vor Passanten und vor allem vor Kameras Spießruten laufen. Es fehlten nur Fußketten. Einer der Pflichtverteidiger, befragt, warum er sich nicht um die Aufhebung des Haftbefehls bemühe, sagte hilflos: „Aber die Presse hat doch solchen Druck gemacht.“

Zuletzt war vom „Tierschutz für Motten“ die Rede, wenn Verteidiger sich für Angeklagte aus der linken Szene einsetzten. Wenn sie etwa protestierten, dass Verdächtige wie bereits überführte Verurteilte behandelt würden, ohne Rücksicht auf die Unschuldsvermutung. Ein unstillbarer Hunger nach Symmetrie produziert gegenwärtig die gleichen Fehler, wenn es um rechtsgerichtete Verdächtige geht. Der Umgang mit den Angeklagten war demonstrativ.

Als im Juli die Nachricht von der „Schändung Buchenwalds" bekannt wurde, fuhr der israelische Botschafter in Bonn umgehend an den Tatort. Und Ignatz Bubis empörte sich: „Ich würde sie einsperren, bis sie zu sich kommen." Der thüringische Landtag befasste sich auf zwei Sondersitzungen mit dem „ruchlosen" Vorfall. Die SPD forderte den Rücktritt des CDU-Innenministers. Internationale Häftlingsverbände äußerten sich besorgt. Sinti und Roma forderten eine Bannmeile.

Anlässlich der Verleihung des Friedenspreises des deutschen Buchhandels beschrieb der spanische Schriftsteller Jorge Semprun, selbst ehemaliger Buchenwald-Häftling, in der Frankfurter Paulskirche die vielschichtige Problematik der Gedenkstätte auf dem Ettersberg bei Weimar, wo unverbunden verschiedene Gedächtnisse nebeneinander existieren: Da sind die mehr als 50000 Ermordeten und Gequälten des Nazi-Terrors bis 1945. Da liegen aber auch die Verhungerten und dem Tod Überlassenen des „Speziallagers 2", des stalinistischen Internierungslagers von 1945 bis 1950. Sind es 7000 oder doppelt so viele Tote? Nazis sind darunter, aber auch Jugendliche aus der Hitler-Jugend, Frauen und Kleinkinder, Menschen, die ein Gerücht oder böser Zufall dorthin brachte, andere, die vorher schon im KZ gesessen hatten. Erst 1989 kamen ihre Massengräber ans Licht.

Und da ist noch die Erblast politischer Instrumentalisierung der Gedenkstätte aus DDR-Zeiten. 1950 beschloss das Politbüro der SED, das Lager bis auf das Eingangstor und die Wachtürme links und rechts davon, den Stacheldrahtzaun und das Krematorium als Ermordungsstätte Ernst Thälmanns zu schleifen. 1954 begann der Aufbau der „Nationalen Mahn- und Gedenkstätte Buchenwald". Ihr Paradeplatz unter einem riesigen Glockenturm diente seitdem für Massenkundgebungen.

Semprun sagte in seiner Rede: „Deutschland ist nicht das einzige europäische Land, das ein nicht gelöstes Problem mit seinem kollektiven Gedächtnis, mit seinem historischen Gedächtnis hat. Frankreich hat es, wie in diesen Tagen von neuem deutlich wird, da es seinen Politikern, seinen Intellektuellen, generell seinem ganzen Volk bislang nicht gelungen ist, sich ein kritisches, von den Passionen der einen oder anderen Seite gleich weit entferntes und in die Tiefe reichendes Urteil über die Vichy-Zeit und die Resistance zu bilden. Auch Spanien hat es, das sich mit erdrückender Mehrheit und zu Recht für eine kollektive und gewollte Amnesie entschied, um das Wunder eines friedlichen Übergangs zur Demokratie zu schaffen. Aber eines Tages wird es auch den Preis für diesen Prozess zu zahlen haben. Das Problem des deutschen Volkes mit seinem historischen Gedächtnis hingegen betrifft uns Europäer alle ganz direkt. Das deutsche Volk ist nämlich seit seiner Wiedervereinigung... das einzige Volk Europas, das sich mit den beiden totalitären Erfahrungen des 20. Jahrhunderts auseinandersetzen kann und muss: dem Nazismus und dem Stalinismus."

Welcher Ort symbolisiert die Verschlingungen und Verstrickungen der Kreuzwege deutscher Geschichte – bis in die Gegenwart – so massiv wie Buchenwald? Wissenschaftler, Politiker, Überlebende, Engagierte liefern sich seit der Wiedervereinigung ob der „dreifachen Hinterlassenschaft" (so der Historiker Eberhard Jäckel) brutale Auseinandersetzungen. Es tobte ein Meinungskampf um die Neugestaltung der Anlage, aus der jetzt ein Mahnmal gegen den doppelten Totalitarismus werden soll. Der Wettbewerb unter den Opfern, wer wo und wie geehrt werden soll und mahnen darf, weist quälende Züge auf.

Dies alles gilt nicht als „Schändung". Es wird auch hingenommen, dass es seit Mai 1994 ein „Bistro" in Buchenwald gibt, das, wie die „Süddeutsche Zeitung" spitz vermerkte, vom thüringischen Wissenschaftsminister Fickel persönlich eröffnet wurde. Über die geschmacklosen Exzesse jugendlicher Skinheads aber erregt sich die Weltöffentlichkeit.

Was die jungen Leute aus Gera und aus Erfurt an jenem 30 Grad heißen Juli-Samstag vom frühen Morgen an alles angerichtet haben, gibt einen traurigen Einblick in ihre Lebensumstände. Sie wollten eigentlich mit einem Bus ins Allgäu fahren zu einem Skin-Konzert. Doch dieses fiel aus. Der Bus war gemietet, der Fahrer wollte Geld, und also beschloß man eine „Thüringen-Rundfahrt". „Das war doch noch immer besser, als wieder ein Wochenende in Erfurt rumzugammeln", sagte einer der Angeklagten. Saufen, herumhängen, Unfug anrichten und weitersaufen, das ist das Übliche am Wochenende.

Sie haben sich unerträglich aufgeführt: den Bus versaut, an einem Rastplatz herumgepisst, denn voll waren sie schon morgens wie die

Haubitzen. Einem türkischen Blumenhändler riss einer die Geldkassette weg, so dass alles Geld zu Boden fiel. Mittags am Hohenwarte-Stausee, wo der Bus für mehrere Stunden haltmachte, grölten sie herum, einer griff sich den Sonnenschirm eines Imbissstandes und sprang damit von der Staumauer ins Wasser. Andere beschädigten ein Boot. Wieder andere legten sich mit einem 20-jährigen Österreicher an, der ihnen auch für Geld von seinen Zigaretten nichts abgeben wollte („Für euch nicht").

Weil einer aus der Truppe diesem jungen Mann einen Schlag mit Faust oder Handrücken versetzte und vier bis fünf Zigaretten (Wert etwa 1,20 Mark) aus der Schachtel nahm, wurde er wegen Raubes in einem minder schweren Fall verurteilt.

Mittlerweile war es gegen 16 Uhr. Was nun? Abends sollte eine Fete in der Nähe von Weimar steigen. Da fiel das Wort „Buchenwald". Die einen wollten dorthin, „um die Zeit zu überbrücken", anderen war es egal, wieder andere schliefen im Bus ihren Rausch aus. Der Busfahrer hatte Bedenken bei dieser Kundschaft, aber schließlich gab er nach, da alle beteuerten, sich ordentlich zu benehmen.

Die Gedenkstätte kannten sie. Als Junge Pioniere hatten sie dort antreten müssen, auch „zur Belohnung" antreten dürfen. „Das war langweilig. Ich dachte mir, vielleicht gibt es jetzt mehr zu sehen", sagte einer vor Gericht. „Wir wollten nur Spaß haben an diesem Tag."

Das einzige Mädchen, das mitgefahren war, sagte auf Befragen, von Buchenwald wisse sie, dass dort „nach dem Krieg viele Jugendliche gestorben" seien. Was die Russen mit den Jugendlichen gemacht hätten, das habe sie berührt. Vor dem Krieg sei dort ein KZ gewesen. „Es müssen ziemlich viele dort gestorben sein. Wer, außer Thälmann, weiß ich nicht."

Ein 22-Jähriger sagte: „Für manche war es ein Ereignis, jetzt da mal hinzugehen. Viele wussten ja gar nicht, dass da Massengräber von deutschen Gefallenen sind. Ich hatte das bei der Bundeswehr gehört."

Etwa 17 Kerle also zogen in Grüppchen über das weite Feld des ehemaligen Lagers. Einige setzten sich oder stiegen auf einen Steinekarren der KZ-Häftlinge, der darauf aus seiner verrosteten Halterung brach und nach hinten kippte. Angeblich haben sie „Heil Hitler" gerufen und die Hand hochgereckt. Sie warfen mit Steinen, die dort in Überfülle liegen. Sie warfen ziel- und gedankenlos. Ein Stein traf eine Scheibe.

Es hatte „den Charakter eines Sonntagnachmittagsausflugs, nicht das, was ich immer in der Presse lese", beschrieb eine Historikerin, die in Buchenwald an einer Ausstellung arbeitet, den Auftritt der jungen Leute. „Ich ging später zur Lagerzentrale, wo sich der Einsatzleiter der Polizei befand. Es wurde deutlich, dass man nicht so recht wusste, was man den Jugendlichen vorwerfen sollte."

Sie habe sich angeboten, denjenigen zu identifizieren, der einen Stein gegen die Scheibe eines Ausstellungskastens geworfen hatte. Bei dreien hielt sie es für möglich. Die wurden abgeführt. Unter den Augen von etwa 40 Polizeibeamten rief ihr einer der jungen Männer daraufhin zu: „Dich verbrenn' ich eigenhändig." „Hier oben" hatte er wohl noch hinzufügen wollen, aber da hielt ihm der Nebenmann bereits den Mund zu.

Der, der den bösen Satz gesagt hatte, wurde jetzt zu 15 Monaten auf Bewährung verurteilt. Er hat einen Entschuldigungsbrief an die Frau geschrieben, der in der Sitzung verlesen wurde. Das Gericht glaube ihm, sagte der Vorsitzende, er habe Reue gezeigt „vor der Presse, vor Thüringen, vor der Bundesrepublik und vor der Weltöffentlichkeit".

Anlässlich der Einweihung eines jüdischen Mahnmals auf dem Ettersberg im November 1993 rief die Bundesministerin für Familie und Senioren Hannelore Rönsch die Schulen auf, Gedenkstätten wie Buchenwald zu besuchen, um „schreckliche Verwirrungen und Verirrungen in den Köpfen der jungen Leute zu verhindern". Das ist Trend.

Detlef Garbe, der Leiter der Gedenkstätte Neuengamme bei Hamburg, hat sich in einem Aufsatz (erschienen in dem Band „Holocaust: Die Grenzen des Verstehens", herausgegeben von Hanno Loewy) mit der Vergangenheit beschäftigt, die immer noch als die jüngste gilt, es aber für die Jugend längst schon nicht mehr ist. Er beschreibt darin, wie Gedenkstätten inzwischen zum Kanon öffentlicher Pflichten und Aufgaben gehören, damit demonstriert werde, dass Deutschland sich von seiner schrecklichen Vergangenheit abgekehrt habe. Doch was sagt dies Schülern? Ihre Eltern sind bereits nach dem Krieg geboren. Immer weniger Jugendliche kennen Menschen, die die NS-Zeit noch selbst mitgemacht haben. Konzentrationslager, Verfolgung und Vernichtung von Menschen erscheinen ihnen eher wie ein unwirklicher, schauriger Gruselfilm als ein Abschnitt ihrer eigenen Geschichte.

Das Grauen, die Sinnlosigkeit des Tötens, die unvorstellbaren

Todeszahlen, die Leichenberge – das hat mit der Lebenswelt der Jugendlichen nichts zu tun. Sie können sich in das, was ihnen da vorgeführt wird, nicht hineinversetzen, dazu reichen ihre Alltagserfahrungen nicht. Der Gang über steinige, dem Gedenken geweihte Felder erleichtert das Begreifen nicht. In dem Aufsatz heißt es weiter: „Wenn die Unterrichtseinheit, die Filme, die Appelle nicht gefruchtet haben, wenn die rechtsextremen Jugendlichen in der Klasse nicht klein beigeben, wenn sich die gewünschte antifaschistische Begeisterung nicht einstellt, dann wird die Exkursion zur Gedenkstätte oft genug als nachgeschobenes Argument, als letzte Wunderwaffe eingesetzt ... Nach rechts tendierende Jugendliche reagieren mit ihrem Verhalten zunächst auf Erfahrungen in ihrem sozialen Umfeld und greifen angesichts undurchschaubarer komplexer Problemlagen nach den vermeintlich einfachen Lösungen ... Der Bezug auf das Dritte Reich dient ihnen gewöhnlich allenfalls als Medium, um die ihnen begegnenden Autoritäten beispielsweise durch Hakenkreuzschmierereien zu provozieren ... "

„Ich habe gelernt" – Garbe zitiert einen Mann, der jahrelang Besuchergruppen durch das KZ Dachau führte – „diese Eigenschaft von Jugendlichen zu schätzen. Eigentlich ist es ja gerade dieser Widerstandsgeist, den wir in unserer Arbeit fördern möchten ... und es ist natürlich desaströs ... wenn sich dieser Widerstandsgeist gerade gegen unsere antifaschistische Aufklärung wendet, weil wir uns des ‚moralischen Imperialismus' nicht enthalten konnten."

Das Amtsgericht Weimar hat leidlich differenziert verurteilt. Es hat vier Jugendlichen einen Arrest verpasst, es hat zwei junge Männer freigesprochen und nur den einen, der die Zigaretten „geraubt" hatte, zu 20 Monaten ohne Bewährung verurteilt (aber da kamen noch andere Vortaten hinzu). Die eindrucksvollen Ausführungen der Jugendgerichtshilfe – über die Folgen der überbordenden Anklage, über die Arbeits- und Lehrverhältnisse der Angeklagten, die durch die U-Haft zerstört wurden, die labilen und demolierten Lebensumstände, die wuchernde Arbeitslosigkeit – haben denn doch Spuren hinterlassen.

Noch eines: Die Würde eines Orts wie Buchenwald hängt nicht am Maulwerk rechter Halbstarker und nicht an den Ferkeleien Betrunkener. Diese Stätten sind der Dummheit und der Tollheit entrückt. Sie sind und bleiben unberührbar über unserem hilf- und ratlosen Gedenken und Mahnen.

Wer sind eigentlich „wir"?

Zum Prozess anlässlich der Lübecker Brandkatastrophe

SPIEGEL 49/1996, 2. DEZEMBER 1996

Als in der Nacht zum 18. Januar die Asylbewerberunterkunft Hafenstraße 52 in Lübeck brannte, als 10 Menschen starben und 38 zum Teil schwer verletzt wurden, hielt die Stadt den Atem an und das Bundesland Schleswig-Holstein auch. Zwei Anschläge auf die Lübecker Synagoge hatte es in jüngster Zeit schon gegeben, dazu den Brand im nahen Mölln mit drei Toten. Hielt die braune Pest den Norden in ihren Fängen?

Rasch wurden vier junge Männer als Tatverdächtige festgenommen, die der rechtsradikalen Szene zugerechnet werden konnten. Sie stammten gottlob nicht aus Lübeck und auch nicht aus Schleswig-Holstein, sondern aus Grevesmühlen, aus Mecklenburg also.

Da man sich der Täter habhaft wähnte, wurde anfangs gelassen ermittelt. Beobachtungen, die nicht zum Bild eines rassistischen Anschlags passten, wurden beiseite geschoben. Die Ermittler radebrechten mit den Überlebenden ohne Dolmetscher und fertigten Protokolle an, die bestenfalls das enthielten, was man als Antwort verstanden zu haben meinte.

Dann kam die Nachricht, dass die Grevesmühlener – polizeibekannte Autoknacker, die nach Spritztouren die Fahrzeuge abfackeln – ein Alibi hatten. Es stellte sich heraus, dass zur vermuteten Zeit des Brandausbruchs der Wartburg der jungen Männer (auffällig durch einen breiten gelben Aufkleber über der Heckscheibe) an einer von der Hafenstraße sechs Kilometer entfernten Tankstelle von der Polizei beobachtet worden war.

Als der erste Verdacht entfiel, brach der nächste herein, ein fataler Verdacht. Ein Rettungssanitäter, der den Vorfall nicht ernst genommen hatte, solange rechtsgerichtete junge Leute als Tatverdächtige galten, meldete sich bei der Polizei. Ihm gegenüber habe Safwan E., Sohn einer in der Asylbewerberunterkunft untergebrachten libanesischen Familie, unmittelbar nach seiner Rettung vom Dach des brennenden Hauses eine Art Geständnis abgelegt: „Wir warn's."

Der Libanese habe ihm erzählt, Benzin sei an eine Tür gekippt und angezündet worden, und plötzlich habe die Treppe gebrannt. Was der

Rettungssanitäter von Safwan gehört haben wollte, wurde von den Ermittlern als Täterwissen gedeutet, waren doch damals die Ergebnisse von Gutachtern über den Ort der Brandlegung noch lange nicht bekannt. Ein Hausbewohner, ein Asylbewerber als Täter?

Einigen Medien war ein gewisses Aufatmen anzumerken, tröstete doch die neue Version ein wenig das deutsche Gewissen. Für die schleswig-holsteinische SPD aber musste ein verdächtiger Safwan E. ein spezielles Unglück sein. Um sich an der Macht zu halten, hatte sie eine Koalition mit den Grünen eingehen müssen, auch wenn sich die Ministerpräsidentin im Wahlkampf massiv gegen ein solches Bündnis erklärt hatte. Im Bund hat die SPD dem Asylkompromiss zugestimmt, die Grünen nicht. Es war abzusehen, dass ein tatverdächtiger Asylbewerber zu einem weiteren Reibungspunkt zwischen den Koalitionären werden würde.

Einmal in ihrer Geschichte, 1363, haben die Lübecker ihren Bürgermeister, Johann Wittenborg, enthaupten lassen. Er hatte sich dem Dänenkönig Waldemar Atterdag geschlagen gegeben. Der 227. Bürgermeister, Michael Bouteiller (SPD), muss nicht um seinen Kopf fürchten bei seinem Kampf gegen das „unmenschliche Asylgesetz". Doch viel Kritik hat er schon hinnehmen müssen für seine immer wieder jähen Impulse zur Mitmenschlichkeit, für seine Gefühlsausbrüche, denen er sich allemal lieber hingibt als dem Respekt vor dem Rechtsstaat.

Bouteiller ist eine Schlüsselfigur, was die innenpolitische Dimension des Strafverfahrens gegen Safwan E. angeht. Denn er hat auch Zustimmung gefunden, vor allem als er in die Nähe eines Disziplinarverfahrens geriet. Pastoren und Gewerkschafter, Publizisten und Richter sagten ihm öffentlich ihre Unterstützung zu. Ende September wurde der Bürgermeister mit der „Clara-Immerwahr-Auszeichnung" geehrt, und auch der Präsident des Lübecker Landgerichts, Hans-Ernst Böttcher (ein ÖTV-Mitglied), aus der SPD wegen des Asylkompromisses ausgetreten, hielt eine Rede. Wie mögen sich Richter und Schöffen in der Hauptverhandlung gegen Safwan E. fühlen, wenn ihr Gerichtspräsident öffentlich das geltende Asylrecht als „moderne Barbarei" anprangert?

In rasendem Überschwang guten Willens hatte Bouteiller nach dem Brand die Bürger zum Rechtsbruch, zum „zivilen Ungehorsam" aufgerufen, um Ausländer, die sich illegal hier aufhalten, vor der

Abschiebung zu schützen. „Wenn der Staat sich entfernt von der Gesellschaft, ist es dieser Staat, den wir abschaffen müssen." Er weckte Hoffnungen bei Asylbewerbern, für immer und unter den von ihnen gewünschten Bedingungen in Deutschland bleiben zu dürfen – wenn nur Safwan E. freigesprochen wird. Nicht nur die Überlebenden würden dann bleiben dürfen, so verstand man den Bürgermeister, nein, alle Asylbewerber überall in Stadt und Land.

Die Verteidigung des angeklagten Libanesen hat die politische Instrumentalisierung des Verfahrens gestiftet und gefördert. Der Verdacht gegen E. soll als ein derart ungeheures rassistisches Attentat überführt und vorgeführt werden, dass sich angesichts dieses Frevels eine totale Wende im Umgang mit den Asylbegehrenden fordern und durchsetzen lässt. Ein „Bündnis gegen Rassismus" hat sich zusammengetan, ein „Anti-Repressionsbüro" ist am Werk, Kundgebungen und Informationsforen in Universitäten und Kirchen wurden und werden abgehalten. Selbsternannte internationale unabhängige Kommissare traten mit Getöse auf Wunsch der Verteidigung zur Prozessbeobachtung an.

Was die Presse im Prozess zu beobachten hat, wie Zeugenaussagen zu bewerten und einzuordnen sind, schreiben „Prozessinfos" vor: Safwan ist unschuldig; die Staatsanwaltschaft hat einseitig rassistisch ermittelt; die verdächtigen Grevesmühlener wurden leicht- und eilfertig freigelassen; trotz ihres Alibis hätte weiter gegen sie ermittelt werden müssen.

Ehemalige Hausbewohner aus der Hafenstraße berichten, „Leute aus Hamburg" hätten für sie eine gemeinsame Erklärung verfasst: dass es eine kriminelle Tat von außen gewesen sein muss; dass es niemand aus dem Haus war. Die Familie O., die bei dem Unglück einen 17 Jahre alten Sohn verloren hatte, hat diese Erklärung nicht unterschrieben. Trotzdem steht ihr Name darunter.

Was ist der Sinn solcher Denkgebote und -verbote? Welchen Zweck hat diese organisierte Meinungsmache? Die Verteidigung hat nach wie vor Anlass zu Gelassenheit. Eine Verurteilung ihres Mandanten ist nicht in Sicht.

Der Angeklagte bestreitet. Gegen ihn stehen allenfalls Aussagen, dass er nach seiner Rettung eilends die Kleidung gewechselt und sich gereinigt habe. Gegen ihn steht das auffällige Verhalten seines Vaters.

Marwan E. verwickelte sich nicht nur in Widersprüche, sondern versuchte auch Hausbewohner von einem Unglücksablauf zu überzeugen, der von Sohn Safwan abzulenken geeignet ist.

Doch das reicht für eine Verurteilung Safwans nicht aus. Ebenso wenig reicht der Satz „Wir warn's", selbst wenn der Rettungssanitäter ihn so gehört hat. Denn: Wer sind „wir"? Sind das Safwan und seine Brüder? Der Vater mit seinen Söhnen? Hausbewohner? Besucher? Zusammen mit Safwan? Ohne Safwan? Hat er selbst etwas getan? Zugeschaut? Hat er eine grob fahrlässige Zündelei nicht verhindern wollen oder nicht verhindern können?

Die Verteidigung behauptet, da sie an der Version eines rechtsgerichteten Anschlags von außen festhält, der Brand sei im hölzernen Vorbau des Anwesens entstanden. Brandexperten, nicht alle, sollen den Brandherd aber im Flur des ersten Stocks lokalisiert haben. Zeugen, die als erste am Unglücksort eintrafen, sahen Flammen und Flammenschein zunächst nur hinter zwei Fenstern im ersten Stock.

Von da an muss sich das Feuer in rasender Geschwindigkeit nach allen Seiten ausgebreitet haben. Ein, zwei Minuten später brannten das zweite Obergeschoss, das Dach, auch der Vorbau. In Bruchteilen von Sekunden änderte sich das Bild.

Entsprechend unterschiedlich sind die Wahrnehmungen später und aus verschiedenen Richtungen eintreffender Feuerwehrleute, Polizisten und Passanten. Die Differenzen in den Aussagen sind ohne große Bedeutung. Wer hat schon auf die Uhr geblickt, wer mit kriminalistischem Scharfsinn die Frage der Täterschaft erwogen angesichts der Toten, der mit zerschmetterten Gliedern auf der Straße liegenden Verletzten, der nach ihren Kindern schreienden Mütter?

Aufgabe der Feuerwehr ist es nicht, den Brandherd zu orten. Sie hat, in dieser Reihenfolge, Leben zu retten, zu löschen und zu sichern.

Die Berichte der Hausbewohner geben wenig Anhaltspunkte für eine Rekonstruktion des Ablaufs. Wie sie ihre Todesangst schildern, was sich an Wahrnehmung von Zeit, Geräuschen und Gerüchen in ihre Erinnerung eingegraben hat – das ist erkennbar häufig auch gefärbt von der Angst, Safwan oder seine Familie zu belasten und damit das Bleiberecht in Deutschland zu verwirken. Jeder hat etwas anderes wahrgenommen, und all das soll bedeuten, dass es sich um einen Anschlag von außen gehandelt hat.

Selbst wenn die Staatsanwaltschaft einen Zeugen beibringen sollte, dessen Beobachtungen über den Ausbruch der Flammen genauer sind als alles Bisherige – es reicht nicht für eine Verurteilung des Angeklagten. Denn: Wer sind „wir"?

Hinzu kommt, dass die Staatsanwaltschaft sehr wenig unternimmt, die Anklage, die sie ja immerhin einmal erhoben hat, auch durchzusetzen. Michael Böckenhauer, 40, seit 13 Jahren im Landesvorstand der Arbeitsgemeinschaft sozialdemokratischer Juristen, hält sich nach eigenem Bekunden für „ziemlich links", gemessen am „Mainstream in der SPD". Ihm scheint seine Rolle im Gerichtssaal peinlich zu sein. Böckenhauer schämt sich sichtlich, er leidet an jeder Frage, die er Zeugen stellen muss. Seine Fragen sind zaghaft, er fasst nicht nach.

Die Anträge der Staatsanwaltschaft sind ungeschickt formuliert. Ihre Repliken auf Attacken der Verteidigerinnen wirken meist lachhaft. Einmal hat die Staatsanwaltschaft angeregt, die Hamburger Verteidigerin Gabriele Heinecke entpflichten zu lassen. Dieser Versuch einer Unternehmung erntete nur Hohn.

Warum hat man gerade Böckenhauer und nicht einen der erfahrenen Oberstaatsanwälte mit der Leitung der Ermittlungen und mit der Sitzungsvertretung beauftragt? Warum steht ihm nur ein junger Staatsanwalt auf Probe, Axel Bieler, 32, zur Seite?

Die Verteidigung kämpft einen Kampf, der nicht in den Gerichtssaal gehört. Sie will um jeden Preis andere Angeklagte und einen anderen Brandherd. Sie sieht in Böckenhauer einen „vorsätzlich rassistisch" ermittelnden Staatsanwalt und in dem Rettungssanitäter-Zeugen einen Neonazi. Sie bezichtigt die Libanesin Assia O., die als Nebenklägerin an dem Prozess teilnimmt, der „Eindimensionalität des Denkens". In ihrer „krassen seelischen Not" könne diese Zeugin nicht mehr die „Realität von den über viele Monate der Trauer verzerrten Bildern" unterscheiden.

Frau O., Mutter von acht Kindern, kann nicht lesen und nicht schreiben. Das ist kein angenehmer Zustand in einer Welt wie der unseren. Der Tagesablauf dieser Frau wird nicht nach Terminen von ihr erinnert. Ihr Zeitempfinden orientiert sich an nichts anderem als am Tod ihres Jungen. Der politische Kampf interessiert sie nicht. Doch dieser Kampf ist das Thema der beiden selbstbewussten Frauen der Verteidigung. Ihnen geht es um einen totalen Sieg über die Asylgesetzgebung. Was sich dem entgegenstellt, wird überrollt.

Der Vorsitzende Richter Rolf Wilcken, 52, in seiner mal missmutigen, mal kauzigen Art lässt den Dingen ihren Lauf. Ab und zu ein sarkastischer Scherz, vor allem immer wieder Hiebe für die Staatsanwaltschaft oder eine Neckerei mit Verteidigerin Barbara Klawitter. Der Vorsitzende sagt: „Bislang sind wir mitten in der Beweisaufnahme und haben nicht allzu viel an Klärung erreicht." Da hat er recht, und daran wird sich auch nach menschlichem Ermessen nichts ändern.

Irgendeine strafverfolgerische Anstrengung um die Aufklärung ist nicht zu spüren. Es geht demonstrativ darum, dass man nicht rassistisch verhandelt und dass die Beschuldigungen, die gegen die Lübecker Justiz vorgebracht werden, unzutreffend sind. Alles, was dahingehend interpretiert werden könnte, dass die Opfer zu Tätern gemacht werden sollen, wird ausgelassen.

Ein Zeuge etwa hatte kurz nach dem Brand ausgesagt, er habe Flammen im ersten Stock gesehen. In der Hauptverhandlung sagt er nun, der Vorbau habe zuerst gebrannt. Niemand fragt ihn, warum er sich heute besser und anders erinnert als ein paar Tage nach dem Brand.

Das Gericht hat sich auch nicht bemüht, das von der Staatsanwaltschaft nachlässig angepackte Problem des Dolmetschens in den Griff zu bekommen. Darüber, was nicht deutsch sprechende Zeugen gesagt haben sollen, lässt sich mühelos streiten, muss sogar gestritten werden. Doch hier wird eine Absicht deutlich, die den Zielen des Strafprozesses entgegensteht.

Würde die Verteidigung nur im Interesse ihres Mandanten operieren, so könnte sie gelassen sein. Aber sie will mehr, sie will einen Sieg, für den die Hauptverhandlung eines Strafgerichts kein Tatort ist.

Safwan E. wurde 1997 freigesprochen, wobei der Schatten eines Verdachts bestehen blieb. Auf die Revision von sieben Nebenklägern – Angehörigen von Getöteten und selbst Verletzten – hin hob der BGH 1998 den Freispruch auf und verwies die Sache nach Kiel. Dort wurde E. am 2. November 1999 erneut freigesprochen.

III

„Bei aller Liebe zum Umsturz“

Altlasten der Justiz

Fegefeuer der Vergangenheiten

Der Mordprozess gegen Erich Mielke

SPIEGEL 8/1992, 17. FEBRUAR 1992

Irgendetwas musste passieren. Der Lederhut im Käfig, die zuckende Gestalt, einst Inbegriff der Terrorherrschaft, listig zum kindischen Greis geschrumpft. Vor diesem Zerrbild ein ehemaliger Handlanger des Schreckens, in der untergegangenen Welt der DDR ein gefürchteter Richter – und nun bereits eine glänzende Erscheinung im Gewand des Verteidigers. Eine Szene wie erwartet und doch: Wer war gelassen, wer unberührt? Jeden Augenblick konnte etwas passieren.

Als Jürgen Wetzenstein-Ollenschläger, Wahlverteidiger Erich Mielkes, den Gerichtssaal verlässt, als sich Scheinwerfer auf ihn richten, Reporter ein paar Worte, einen Blick zu erhaschen suchen, drängt sich eine junge Frau durch die Menge um den Berühmten. Sie schreit ihn an. Sie wirft sich gegen ihn, zerrt am blütenreinen Hemd, am dunkelblauen Anzug. Sie bekommt die weiße Krawatte zu fassen.

Der Anwalt ruft nach Hilfe. Zwei Justizwachtmeister drängen die Frau ab und bringen den Anwalt zur Haupttreppe des Moabiter Kriminalgerichts. Es sieht aus, als würde er abgeführt.

Wetzenstein-Ollenschläger, 50, war früher Direktor des Stadtbezirksgerichts Lichtenberg in Ost-Berlin. Die Berliner Staatsanwaltschaft ermittelte gegen ihn in mehreren Fällen wegen des Verdachts der Rechtsbeugung. Juristen wie er achten darauf, den Anschluss nicht zu verpassen. Wetzenstein-Ollenschläger war im Frühjahr 1989, rechtzeitig vor der Vereinigung der beiden Teile Deutschlands, aus dem Richteramt ausgeschieden und Anwalt geworden.

Die Frau, die, als sie seiner ansichtig wurde, sich nicht mehr zügeln konnte, war von ihm am 4. November 1977 zu einer Haftstrafe von einem Jahr und vier Monaten ohne Bewährung verurteilt worden, nachdem sie als 16-Jährige in eine Demonstration Jugendlicher auf dem Alexanderplatz geraten war. Man nannte das damals „Rowdytum in Tateinheit mit teils in Gruppe begangenem Widerstand gegen staatliche Maßnahmen“ und „Herabwürdigung staatlicher Organe“.

Als die Frau 1980 schwanger wurde, so sagt sie, habe ihr das Jugendamt zur Abtreibung geraten, da das Kind „politisch nicht einwandfrei“ werde. Ihr Leben sei zerstört, sagt sie.

Viele Menschen in der ehemaligen DDR empfinden ihr Schicksal ähnlich. Sie fühlen sich betrogen und gedemütigt, sie erkennen, dass man sich ihrer skrupellos bediente. Wo bleibt nun die Gerechtigkeit, der Ausgleich für das menschenverachtende Unglück?

Zu Beginn des Prozesses gegen Erich Mielke wurde von vielen Seiten Kritik laut, dass ausgerechnet dieser Angeklagte sich nicht wegen der ungezählten Schandtaten verantworten muss, die während seiner 32 Jahre dauernden Tätigkeit als Chef der allmächtigen Staatssicherheit verübt wurden. Denn Mielke ist angeklagt einer Tat, die mit der Stasi-Herrschaft überhaupt nichts zu tun hat. Sie geschah vor mehr als 60 Jahren, am 9. August 1931: die Tötung der Polizeihauptleute Paul Anlauf und Franz Lenk und die versuchte Tötung des Oberwachtmeisters August Willig am Berliner Bülowplatz.

Mielke war damals 23 Jahre alt, gelernter Expedient, Mitglied der Kommunistischen Partei und arbeitslos. Er gehörte dem „Parteiselbstschutz" an, einer Truppe junger Kommunisten, die sich gegen Sozialdemokraten und Nationalsozialisten organisierte. Am Bülowplatz, vor der Parteizentrale der KPD, kam es immer wieder zu gewalttätigen Auseinandersetzungen zwischen Polizei und Demonstranten. Besonders verhasst, so heißt es heute, seien Anlauf und Lenk gewesen. Sie wurden aus kurzer Entfernung erschossen, Willig überlebte schwer verletzt.

Die Ermittlungen damals begannen schleppend. Erst 1934 – unter Hitler – wurde das Verfahren zu Ende gebracht, Erich Mielke und sein Genosse Erich Ziemer als Mörder ausgemacht. Beide hatten sich inzwischen in die Sowjetunion abgesetzt. 15 Personen kamen vor das Berliner Schwurgericht, drei wurden zum Tode verurteilt, einer hingerichtet. Der Hauptbelastungszeuge wurde von Hitler begnadigt. Götz Aly hat in der „taz" zur Beweislage im Jahr 1992 deutliche Worte gesagt: „Alle Zeugenaussagen wurden rechtswidrig, unter ‚tätiger Mithilfe der SA', in einer Situation fast ‚vollständiger Rechtlosigkeit' erpresst. Die 1933 und 1934 in Berlin verhafteten Kommunisten, Sozialdemokraten und Gewerkschafter durchlebten in den damaligen Gefängnissen und Konzentrationslagern, Lagern und SA-Kellern die nackte Todesangst... Die Urkunden im Mielke-Prozess sind Verhörprotokolle von Polizei- und Gestapo-Schergen, eine Anklageschrift und ein Urteil jener Karrierejuristen, die gerade glücklich und strebsam in die besser dotierten Stellen ihrer entlassenen jüdischen und sozialdemokratischen Kollegen eingerückt waren und bald zu höheren Weihen im System furchtbarer Juristerei aufstiegen.“

1933 schaltete sich der Deutsche Richterbund selbst gleich. Sein Vorsitzender, der Senatspräsident am Reichsgericht Karl Linz, schrieb in der „Deutschen Richterzeitung“: „Hohe Verehrung, aber auch unverbrüchliche Treue schlingen ein unauflösliches Band zwischen dem, der die Geschicke des deutschen Volkes leitet, seinem Führer, und den deutschen Richtern. Eng um ihn geschart, wie der Heerbann um seinen Herzog, werden wir im Kampfe ihm zur Seite stehen und das Schlachtfeld entweder nie oder erst dann verlassen, wenn der Sieg errungen ist: die Rettung des deutschen Volkes.“

Hitler fuhr in die deutsche Justiz nicht wie der Teufel in die Säue. Auf dem Weg zur Unterwerfung war sie schon lange. Das Bekenntnis zu dem neuen „nationalen“ Staat, der mit der „Verwirrung in den Köpfen“ aufräumte, fiel nicht schwer.

Zu der Groteske, als die sich der Mordprozess gegen Erich Mielke vor der 23. Strafkammer darbietet, gehört auch, dass ausgerechnet der ehemalige DDR-Richter Wetzenstein-Ollenschläger, selbst bis vor kurzem noch ein williger Gehilfe eines totalitären Regimes, die „Pervertierung des Rechts“ in einer Diktatur anprangert. Ausgerechnet er, einer der führenden Vertreter der DDR-Justiz, führt die NS-Justiz zur Entlastung seines Mandanten vor.

Dennoch: Was er vorbringt, ist zu beachten, es hat Gewicht.

In einem Antrag auf Einstellung des Verfahrens (wegen eines Verfahrenshindernisses) zählt er eine lange Reihe von Verordnungen auf, die die längst bereite Justiz schon 1933 widerspruchslos hinnahm, obgleich diese das bis dahin geltende Strafprozessrecht zum Nachteil von Angeklagten nachhaltig veränderten.

Wetzenstein-Ollenschläger reiht den Prozess ein in eine ganze Kette von Verfahren, die den Nationalsozialisten Material liefern sollten für einen großen KPD-Prozess, vor allem gegen den damaligen Vorsitzenden Thälmann. Der Reichstagsbrand-Prozess als erster Versuch war gescheitert, obwohl man das Recht gebeugt und die Todesstrafe verhängt hatte: „Ziel war es nunmehr nachzuweisen, dass die KPD den bewaffneten Aufstand geplant und für 1932 bis 1933 organisiert habe, wobei nur der Nationalsozialismus Deutschland vor der Bolschewisierung gerettet habe. Diese hochpolitische Ausrichtung hat Ermittlungen und schließlich auch die gerichtliche Verhandlung geprägt."

Das Argument, dass Geständnisse erpresst, Aussagen durch Folterung erzwungen wurden, müsste das Gericht beschäftigen. Auch die Frage, die Mielkes Pflichtverteidiger Hubert Dreyling, 45, aufwarf, ob die Tat – Mord? Totschlag? – nicht längst verjährt sei.

Wie der Vorsitzende Richter Dr. Theodor Seidel mit solchen Anträgen verfährt, ist hinlänglich aus dem ersten Mauerschützen-Prozess bekannt: abwarten, einen ganzen Haufen zusammenkommen lassen und dann weg damit. Gott befohlen, mögen es die Obergerichte anders sehen.

Und Mielke? Der kauert in seinem Stuhl, wie ein Tier im Zoo neugierig beobachtet, von einigen höhnisch verlacht, der kriecht in sich hinein, verschließt Augen und Ohren vor einer Welt, von der er nichts weiß und nichts wissen will. Er ist unrasiert. Der braune Glattlederhut, von dem er sich nicht trennen will. Hin und wieder wackelt der Hut, hin und her. Eine Stimme kräht mitten in den Vortrag der Verteidiger hinein: Sie wolle raus hier. Sie halte das nicht aus. Weiß der greinende Greis nicht, wo er ist? Er versucht nicht einmal aufzustehen, als das Gericht einzieht. Theater? Realitätsverlust? Könnte es sein, dass es zum Alter auch gehören kann, schwächer und hinfälliger zu tun, als man ist?

Die Versuchung, die Hilflosigkeit gegenüber einem Mielke zu bemänteln (eine Hilflosigkeit, die in der Natur des Rechtsstaates liegt), ist groß. Zuerst verurteilt man die Kleinen, damit man an die Großen herankann (Mauerschützen); man verurteilt Harry Tisch wegen Belanglosigkeiten (mal muss man ja anfangen); man verurteilt einige Bürgermeister und ehemalige SED-Funktionäre wegen Wahlfälschung (in einem Staat, in dem so total betrogen und gefälscht wurde, dass Wahlfälschung kaum noch eine Rolle spielte).

Man klagt einen Mielke wegen Mordes an, auch wenn kein Mensch je mehr herausfinden wird, was 1931 wirklich geschah (aber es klingt blutiger als die lächerliche „Untreue zum Nachteil sozialistischen Eigentums" oder „Anmaßung staatlicher Befugnisse" oder „Anstiftung zur Rechtsbeugung").

Es kann auf dem Weg zu einem Rechtsstaat besser sein zuzugeben, dass es Grenzen gibt, über die hinaus zu verurteilen den Rechtsstaat schlimmer schädigt als das Eingeständnis, einen rechtlich begründbaren Weg zu einer Verurteilung nicht zu finden. Ein Gericht muss sich zu einem Verfahrenshindernis bekennen können, ohne dass man ihm vorwirft, es sei faschistisch oder ignoriere, was etwa Mielke den Menschen in der DDR angetan hat. Die Bundesrepublik durchwandert gegenwärtig ein Fegefeuer der Vergangenheiten.

Esel auf dem Eis der Geschichte

SPIEGEL 34/1992, 17. AUGUST 1992

Einen Schiebetermin nennt man im Strafprozess eine Sitzung, die nur zur Wahrung der Unterbrechungsfristen stattfindet. Die Hauptverhandlung gegen Erich Mielke, 84, ist eine einzige Schieberei.

Die angeklagte Tat, die Tötung der Polizeihauptleute Paul Anlauf und Franz Lenk sowie die versuchte Tötung des Oberwachtmeisters August Willig am 9. August 1931 auf dem Berliner Bülowplatz, liegt weit genug zurück. Sie hätte, als die Anklage zugelassen wurde und die Hauptverhandlung schließlich am 10. Februar dieses Jahres in Berlin begann, eigentlich im notwendigen Umfang ermittelt, die rechtliche Problematik hinreichend diskutiert sein müssen.

Einer der drei Verteidiger, der ehemalige Stasi-Richter Jürgen Wetzenstein-Ollenschläger, verschwand rechtzeitig nach Kuba, ohne dem Verfahren Schaden zugefügt zu haben. Mielke wurde weiterhin von den Rechtsanwälten Hubert Dreyling, Gerd Graubner und nun auch Stefan König verteidigt. Der Angeklagte legte schließlich seinen Hut ab.

Zunächst scheiterten alle Versuche der Verteidigung, es sind zahllose, eine Verfahrenseinstellung zu erzielen: zum Beispiel wegen der damals behaupteten Verhandlungsunfähigkeit des greisen Angeklagten. Inzwischen wirkt Mielke wach und rege. Er scheint den auf eineinhalb Stunden begrenzten Sitzungen folgen zu können.

Die Verfahrenseinstellung wurde auch beantragt, weil die Sache Bülowplatz nach Ansicht der Verteidigung als Totschlag zu werten und damit längst verjährt sei; weil die Altlast eines ersten Nazi-Prozesses um die Vorgänge auf dem Bülowplatz im Jahr 1934 die heutige Beweislage vergifte. Der anfängliche Trubel um den Angeklagten, da führt man endlich einen der ganz Großen des SED-Regimes vor, wich rasch peinvollen und endlich peinlichen juristischen Debatten.

Doch Rechtsanwalt Dreyling, Traumfigur und „Hubsi" für jeden Fotografen, er füllt die Bühne des Strafverfahrens, er bietet Statements, Interviews und Überraschungen von der Tragödie bis zur Posse, nie unwirsch oder scheu – er kündigt der Öffentlichkeit für den vierten Verhandlungstag eine Sensation an. Der Mandant („der schwierigste meines Lebens") wolle sein Schweigen brechen und nicht mehr den „kranken alten Mann" markieren. Schon der nächste Sitzungstag werde die „totale Wende" bringen. Und er, Dreyling, wolle ihn ermutigen, „sein einzigartiges Wissen preiszugeben".

Ist das anwaltlicher Sittenverfall? Oder ein Beleg, dass für einige Angeklagte die Unschuldsvermutung noch weniger zu gelten scheint als für andere? Wer vermutet bei einem Mielke schon Unschuld, wenn sogar einer seiner Verteidiger so daherredet?

Das Gericht mit dem Vorsitzenden Richter Seidel ficht öffentliches Spektakel nicht an. Von der Verteidigung lässt er sich das Zugeständnis abringen, zunächst nur Dokumente zu verlesen, alte Urkunden und Gutachten und die Aussagen längst verblichener Zeugen. Banale Details reihen sich an banale Details. Je nach Einschätzung bieten sich vielfältige Möglichkeiten der Deutung an. Wie in einem historischen Seminar geht es zu, nicht aber wie in einer Hauptverhandlung, in der die persönliche Schuld eines einzelnen bewiesen werden muss.

Dann gelingt es der Verteidigung nach einigem Drängen zu verhindern, es ist bislang ihr einziger Erfolg, dass Vernehmungsprotokolle von vier im ersten Bülowplatz-Prozess Mitbeschuldigten Mielkes als Beweismittel verwertet werden. Sie seien höchstwahrscheinlich unter Druck, womöglich Folter, auf jeden Fall nicht nach rechtsstaatlichen Prinzipien zu Stande gekommen. Die Verteidigung hält dem Gericht überdies eine BGH-Entscheidung vom 1. April dieses Jahres über die fallweise Nicht-Verwertbarkeit von Aussagen aus DDR-Zeiten vor, die gleichermaßen auf die NS-Zeit zutreffe. Die Kammer entscheidet mürrisch und so lakonisch wie der BGH laokoonisch begründete.

Der nachgerückte Verteidiger Stefan König, 36, erweist sich immer mehr als ein Glücksfall für den Strafprozess, wie er sein sollte, hier aber nicht ist. Er hat seine Doktorarbeit über Strafverteidigung im

Nationalsozialismus geschrieben („Vom Dienst am Recht“, Berlin 1986, Verlag De Gruyter), er zeichnet sich also auch durch historisches Wissen aus.

Und es ist ihm die Fähigkeit eigen, uneitel glänzende Anträge zu formulieren. Er hält gegen Seidels Überzeugung, in der NS-Zeit, zumindest anfangs, habe es noch anständige Kriminalpolizisten und Richter gegeben und nichts deute darauf hin, dass andere als solche mit der Bülowplatz-Affäre befasst gewesen seien.

König schleppt Material herbei, zitiert, argumentiert. Doch ein Gericht mit dem Vorsitzenden Seidel lässt sich nicht beirren. Es scheint sich höchstens wieder belästigt zu fühlen.

Verschollen geglaubte Akten tauchen auf, andere bleiben vermisst. Das Verfahren sickert dahin. Von Mai an wird nur noch einmal in der Woche verhandelt. Draußen halten immer wieder ratlose, verwirrte Demonstranten Transparente hoch. Sogar für Erich Mielke und Markus Wolf wird demonstriert.

Die Sitzungen werden unterbrochen, kaum dass sie begonnen haben. Das Gericht schiebt auf, schiebt weg, es gibt nur noch Schiebetermine. Nur so ist der Anflug von Stolz zu verstehen, mit dem der Vorsitzende eine kleine Meldung aus der einstigen deutschen Emigrantenzeitung „Pariser Tageblatt“ verliest, nach der sich im Exil die „wahren Täter“ zu den Polizistenmorden bekannt hätten, unterschrieben von Mielke und dem Genossen Erich Ziemer.

Ungewöhnlich, entgegnet die Verteidigung, seien solche Erklärungen keineswegs gewesen, dienten sie doch der Entlastung derer, die sich nicht wie Mielke und Ziemer ins Exil hatten retten können. „So half man damals den Freunden und Genossen, die in das mörderische Räderwerk der NS-Justiz geraten waren.“

Hie und da ist ein Zeuge geladen, das ist dann schon ein Höhepunkt. Doch die meisten dieser Personen wissen nur etwas vom Hörensagen, und das, was sie vom Hörensagen wissen, sind nur Gerüchte. Als Kronzeuge taugt keiner von ihnen.

Alfons F., 73, „Rentner, früher Bühnenbildner bei Film und Fernsehen“, behauptet, sich an Erich Mielke genau zu erinnern. Am Tag nach der angeklagten Tat, am 10. August 1931, der Zeuge war elf Jahre alt, habe Mielke vor den Kindern und Jugendlichen im Parteilokal der Kommunisten geprahlt: „Ich will euch mal ein Ding erzählen von gestern!“ Hilde Benjamin habe in einer Ecke gestanden und gesagt: „Erich, was willste machen, wenn es mal andersrum geht?“

Der Zeuge Bühnenbildner steht auf und deutet auf eine imaginäre Theke und die gezapfte „Fassbrause“ darauf, die er und seine Kameraden damals tranken. Der Vorsitzende indigniert: „Aber nach Auskunft der Brauerei Schultheiss gab es 1931 noch gar keine gezapfte Fassbrause.“

Außer den Akten des NS-Prozesses von 1934 gibt es möglicherweise weitere Dokumente über die Bülowplatz-Affäre. Jochen von Lang, Autor eines dürftigen Buches über Mielke, hat herausgefunden, in Moskauer Archiven befänden sich Dokumente. Journalisten, darunter ein promovierter Historiker, sind dort vorstellig geworden und haben einzelnes zu Gesicht bekommen, kopieren und fotografieren dürfen. Sie haben sich, möglicherweise im Überschwang der Entdeckerfreude, ihren persönlichen Reim auf die Funde gemacht, haben gemeint, auf Beweise gestoßen zu sein, die der Staatsanwaltschaft entgangen waren. Sie schleppen ihre Beute herbei, es ist ihnen kaum vorzuwerfen.

Verteidiger König widerspricht der Verlesung solcher „Dokumente“: „Die Probleme, die sich vor dem Hintergrund der jüngsten BGH-Rechtsprechung bei der Verlesung von Vernehmungsprotokollen aus der NS-Zeit ergeben, stellen sich aber ebenso, wenn es um die Verlesung von Dokumenten geht, die für amtliche Stellen in der Sowjetunion in den dreißiger Jahren unter stalinistischer Herrschaft entstanden sind... Ich weise hier nur darauf hin, dass die nach den NS-Ermittlungen für die Bülowplatz-Aktion verantwortlichen KPD-Funktionäre Kippenberger und Neumann in der Sowjetunion hingerichtet worden sind.“

König will erst die historischen Bedingungen im deutschen Exil in der Sowjetunion unter der Herrschaft der stalinistischen Geheimpolizei aufgeklärt wissen, soweit sie für das Verfahren gegen Mielke von Interesse sein müssen. „Das Gericht kann sich nicht wie ein Esel auf das Eis der Geschichte begeben, um dann in der dünnen Decke der Verwertungsverbote einzubrechen, wenn möglicherweise die Beweismittel bereits eingeführt sind.“

Dokumente aus der NS-Zeit oder aus dem stalinistischen Exil sind anders zu lesen als Dokumente von heute. Sie wurden in Sprachen abgefasst, die auch Dolmetscher nicht übersetzen können: Tarnsprachen, die nicht genau benennen, sondern eine Umdeutung des Gesagten für den Fall einer willkürlichen, nicht vorhersehbaren Änderung der Verhältnisse zulassen.

Mielkes Richter weigern sich, auf derlei einzugehen. Der Abstand zwischen der Welt der Richter und der eines Angeklagten ist schon im normalen Strafprozess groß. Hier ist er, politisch und zeitlich, extrem. Am 9. August 1931, als der Kommunist Mielke geschossen haben soll, war Theodor Seidel gerade elf Tage alt.

So wird denn weiter geschoben, geschleppt und gestreckt. Es wird Zeit überbrückt – bis ein Gesuch um Rechtshilfe an Russland beschieden ist, das vor einem Vierteljahr endlich schon gestellt wurde.

Ob er 1931 geschossen hat, wird voraussichtlich nie mehr zu klären sein. Mielkes Verteidiger hoffen „mittelfristig" wenigstens in dieser Sache auf Freispruch. Ob Honecker je der sogenannte Schießbefehl nachzuweisen sein wird, ist fraglich. Ob er und Mielke und die anderen Greise das Ende der Prozesse erleben werden, ist zweifelhaft.

Heinrich Böll hat in der Satire „Nicht nur zur Weihnachtszeit" eine Familie beschrieben, die vor der Wirklichkeit ins ewige Feiern flüchtet. So ließe sich auch gegen Mielke und Honecker verhandeln. Jahre um Jahre. Wenn die Angeklagten dann einst gestorben sein werden, sitzen auf den Anklagebänken Schauspieler, später Puppen, die sie darstellen, und auf der Richterbank Richterpuppen. Es geht immer weiter. Wir lassen die Großen nicht entkommen, damit uns die vielen Kleinen nicht entgehen.

Am 26. Oktober 1993 erging das Urteil. Das Gericht hielt unter Berücksichtigung der Tatzeit und des hohen Alters des Angeklagten eine Freiheitsstrafe von sechs Jahren für angemessen. Das Urteil wurde 1995 vom BGH bestätigt. Am 1. August 1995 wurde Mielke nach Verbüßung von zwei Dritteln der Strafe entlassen, 1998 wurden sämtliche Ermittlungen und Strafverfahren gegen ihn wegen dauerhafter Verhandlungsunfähigkeit eingestellt. Mielke starb am 21. Mai 2000.

Durch überlange Haft geprägt

Über Dimitr Todorov, der fast 22 Jahre in Haft saß, obwohl er niemanden getötet hat.

SPIEGEL 5/1998, 26. JANUAR 1998

Dimitr Todorov geriet früh an den Rand, ins Abseits. Das ist für viele, die das hören, ein altes Lied. Denn wer hat nicht als Kind oder Jugendlicher Probleme gehabt und ist trotzdem nicht kriminell geworden. Man weiß nicht, warum einigen misslingt, was die meisten schaffen. Vielleicht findet man es eines Tages heraus. Die Erkenntnis aber, dass einigen Menschen in Kindheit und Jugend Schreckliches zugefügt wurde und dies nicht folgenlos blieb, sollte in jedem Fall zu einem sorgsameren Umgang mit Kindern und Jugendlichen führen.

Seinen Vater, einen staatenlosen Diplom-Ingenieur aus Bulgarien, kennt der in Graz geborene Todorov nicht. Die Mutter war Bardame. Zunächst wohnte sie mit dem Kind allein in Kufstein, dann zog sie zu ihren Eltern nach München. Der herrische, jähzornige Großvater hielt ihre Tätigkeit für unmoralisch, es gab Streit und Schläge. Der Junge war hin- und hergerissen und ohne Orientierung.

Die Schule besuchte er mit nur mäßigem Erfolg. Weiter als bis zur 8. Klasse Volksschule brachte er es nicht. Mutter und Großvater steckten ihn in eine Werkzeugmacherlehre, die er nach neun Monaten abbrach. Eine kaufmännische Lehre beendete er ebenfalls nicht.

„Ich habe mir damals eine Antihaltung zugelegt", sagt Todorov heute, „ich habe in der Phantasie eine Abenteuer-Gegenwelt erschaffen." Dazu gehörte, da war er 16, zum Beispiel das „Planspiel", den Wirt des Hofbräuhauses zu überfallen und auszurauben. Es trug ihm zwei Wochen Jugendarrest ein „wegen eines Verbrechens der Verabredung zu einem Verbrechen". Im Arrest lernte er Leute kennen, die ihm beibrachten, was er sich bis dahin noch nicht einmal vorgestellt hatte: Autos knacken, stehlen, einbrechen. Es folgen Jugendstrafen, 13 Monate, für einen Autoaufbruch 15 Monate und schließlich drei Jahre drei Monate.

Am 4. August 1971 überfallen Todorov, damals 24, und der vorbestrafte Chemigraf Hans Georg Rammelmayr, 31, die Filiale der Deutschen Bank in der Münchner Prinzregentenstraße und nehmen 17 Geiseln. Es ist die erste Tat dieser Art in der Bundesrepublik. Sie wollen es Tätern im südfranzösischen Toulouse gleichtun, die die Polizei der Geiseln wegen hatte ziehen lassen. „Ich kam gar nicht auf die Idee, dass es Tote geben könnte“, sagte Todorov.

Rammelmayr wurde zum Ergötzen eines grölenden Publikums, das mit Kind und Kegel in der Sommernacht an den Tatort wie zu einem Volksfest geströmt war, auf der Straße erschossen. An den Fenstern des gegenüber der Bank liegenden Restaurants „Käfer“ hingen die Gäste, darunter Franz Josef Strauß und der damalige Innenstaatssekretär Erich Kiesl.

Rammelmayr erreichte noch das Fluchtauto, in dem die 20-jährige Geisel Ingrid Reppel saß, ehe unsichere Scharfschützen zu spät auf ihn feuerten. Er brach beim Einsteigen zusammen – Bravorufe –, und dann schoss auch er. Ob er absichtlich auf Ingrid Reppel zielte oder die Kugeln sich in einem Reflex des Todeskampfes lösten, war nicht mehr zu klären.

In der Bank hält Todorov die Stellung. Als die Polizei zu stürmen beginnt, kommt es zu einer wilden Schießerei. Jeder hat Angst vor jedem: die Polizisten vor Todorov, die Geiseln vor der Polizei. Todorov behauptet seit 1971, nie auf einen Menschen gezielt zu haben. Es wird ihm nicht geglaubt. Er hätte ein Blutbad anrichten können, wenn er gewollt hätte.

Am 13. Oktober 1972 wurde Todorov unter anderem wegen versuchten Mordes zu einer lebenslangen Haftstrafe verurteilt. Auf der Verhandlung lastete der blutige Schatten des Anschlags palästinensischer Terroristen auf die israelische Olympia-Mannschaft am 5. September 1972. Elf Sportler waren dabei ums Leben gekommen, ein deutscher Polizist und fünf Männer des Killerkommandos. Wieder hatte es ein Desaster gegeben bei den Einsatzkräften, etwa auf dem Militärflughafen Fürstenfeldbruck, wo nur fünf Präzisionsschützen acht Terroristen gegenüberstanden (21 weitere warteten in der Nähe auf einen Einsatzbefehl, der nie kam, weil der Einsatzleiter nicht wusste, wo sie waren). Wieder waren Fehlentscheidungen gefallen, die Leben kosteten – als hätte es die Geiselnahme in der Prinzregentenstraße nie gegeben.

Der Münchner Bürgermeister Hans Steinkohl, von Beruf Chirurg, der die tödlich verletzte Ingrid Reppel aus dem Auto barg, warnte nach dem Banküberfall: „Dieses Verbrechen hat gezeigt, dass wir mit

Vorgängen rechnen müssen, die bei uns noch vor wenigen Jahren undenkbar gewesen waren." Man hätte schleunigst lernen müssen – und hat es versäumt.

Auch für diese Fehler büßte Todorov mit. Seine Schuld musste herhalten, Versäumnisse von Polizei, Staatsanwaltschaft und Politik zu verdecken. Todorov saß länger in Haft als je ein wegen versuchten Mordes Verurteilter in Deutschland: 21 Jahre und acht Monate.

Anfangs widersetzte er sich, wollte ausbrechen. Die ersten Jahre wurde er in eine Einzelzelle gesperrt. „Dann bin ich da nicht mehr rausgegangen." Er lernte auf eigene Faust für das Abitur, ohne Hilfe eines Lehrers. Die Prüfung bestand er 1989. Er merkte, dass er es nicht mehr gewohnt war, mit anderen zusammen in einem Raum zu arbeiten. Er begann ein Fernstudium an der Universität Hagen. „Ich habe mich nicht um eine vorzeitige Entlassung gekümmert. Ich lebte in einer eigenen Welt und wollte mich nicht beunruhigen lassen."

Anträge seines Anwalts Jürgen Arnold auf Wiederaufnahme, auf Besuchsausgang und Vollzugslockerungen werden über die Jahre ausnahmslos abgelehnt: „Sein bisher gezeigtes, durch Undurchsichtigkeit und Absonderung gekennzeichnetes Vollzugsverhalten ist kein Hinweis darauf, dass Todorov seine rechtsfeindliche Einstellung auf Dauer geändert hat." Zum Jahreswechsel 1992/93 plötzlich ein Beschluss des 1. Strafsenats des Oberlandesgerichts München: Todorov soll in drei Monaten, im März 1993 auf Bewährung entlassen werden.

Er ist völlig unvorbereitet. „Wenn man so lebt, wie ich gelebt habe, verändert sich der Mensch. Man erlebt ja nichts in der Zelle. Das Geringste saugt man auf wie ein Staubsauger. Man wird furchtbar empfindlich. Man hat kein Zeitgefühl mehr, nichts." Das große Glücksgefühl bleibt aus.

Er verlässt mit seiner Mutter die Anstalt, sie hängt sich bei ihm ein. Irritiert macht er sich frei. Er hatte sich so sehr in sich zurückgezogen, um die Haft zu überstehen, dass er nun nicht mehr aus sich heraus-, nicht mehr unter die Menschen findet.

Seine Mutter hat eine kleine Eigentumswohnung für ihn. Er richtet nichts ein, es sieht aus bei ihm wie in der Zelle. Für ehemalige Mithäftlinge wird er zur Anlaufstelle, wenn sie nicht wissen, wohin in der Freiheit. Aidskranke, Asylbewerber, Strafentlassene gehen ein und aus, nutzen ihn aus. Er kennt die Not der Gestrandeten. Die ist ihm so nah, wie ihm andere Nöte fremd sind. „Ich habe während der Haft etwa 40 Selbstmorde erlebt.“

Es kommt zum Streit mit der Mutter. Auch sie ist nicht mehr dieselbe wie vor 22 Jahren. Sie behandelt ihn wie den 17-Jährigen, als der er ihr abhanden kam, kontrolliert seinen Schrank, seine Wäsche. Sie droht, die Wohnung zu verkaufen, wenn er nicht Ordnung ins Leben (und die Wohnung) bringt. Er begreift ihre „Bürgerlichkeit“ nicht, missversteht ihre Verärgerung als Hass.

1994, sagt er, sei er auf einem Tiefpunkt angelangt gewesen. Er habe nicht mehr gewusst, ob es sich in der Zelle, in der inneren Isolation, in die er sich während der Haft gerettet hatte, nicht doch besser leben lässt als draußen. Ein alter Bekannter aus der Vollzugsanstalt Straubing überredet ihn, 300 Gramm Kokain nach Salzburg zu einem Abnehmer zu bringen. Spontan sagt er zu. Weder der Lohn habe ihn interessiert noch das Risiko besonders abgeschreckt. Später geht es um 200 Gramm, da will er sich eigentlich drücken, tut dann aber doch mit. Die Sache kommt auf, als der Initiator des Kokainverkaufs 1997 festgenommen wird und Todorov als Kurier benennt.

Am vergangenen Freitag wurde er von der 9. Strafkammer des Landgerichts München I zu einer Freiheitsstrafe von drei Jahren und drei Monaten verurteilt. Das ist der „Normaltarif“ für eine solche Straftat. Der Vorsitzende Richter Heinz Alert sagte in der Urteilsbegründung, „die durch die überlange Haft geprägte Persönlichkeit“ Todorovs habe zu seinen Gunsten berücksichtigt werden müssen. Um ein Missverständnis jedoch hat es sich wohl gehandelt, als der Vorsitzende meinte, auch der Wunsch nach „Rache an der Justiz“ habe bei der Tat eine Rolle gespielt. Nicht nur Todorovs Einlassung, auch die Zeugenaussagen und die Plädoyers der Verteidiger Arnold und Hartmut Wächtler zeigten, dass es keine Rachegedanken gab.

Wenn die Haftzeit für Todorov über die drei Jahre und drei Monate hinaus durch eine Fortsetzung des Lebenslang ausgedehnt würde – bis zum 60. Lebensjahr vielleicht –, dann hätte die Strafe ihn endgültig zerstört. Er selbst ist nicht mehr gefährlich. Doch sein Schicksal bleibt es – für das Ansehen der bayerischen Justiz.

Todorov verbüßte bis zum 15. Mai 2000.

„Niemand setzt mich unter Druck“

Prozess gegen Hans-Joachim Klein, der vor 25 Jahren die Wiener Opec-Konferenz überfallen hat

SPIEGEL 45/2000, 6. NOVEMBER 2000

Vieles irritiert an diesem Angeklagten. Er macht seine Zuhörer erst einmal ratlos. Was soll das, was er hier vorbringt?

Er sieht schlecht aus. Grau und bitter das zerfurchte Gesicht. Oft presst er die Arme an den Körper, kriecht in eine dicke Jacke hinein wie in einen Panzer. Ein Mensch in seinem Kerker. Man findet nicht spontan Zugang zu ihm.

Am 21. Dezember 1975 hat er mit fünf anderen die Konferenz der Organisation Erdöl exportierender Länder (Opec) in Wien überfallen. Drei Tote blieben zurück: ein Polizist, ein irakischer Sicherheitsbeamter und ein libyscher Opec-Mitarbeiter. Als einziger der Täter wurde er durch einen Bauchschuss schwer verletzt.

Die Teilnahme an jenem Überfall war seine erste und letzte Gewalttat. Das Bild des Verletzten ging damals um die Welt.

Im April 1977 schickte er dem römischen SPIEGEL-Korrespondenten seinen Revolver samt Munition, warnte in einem Brief vor Mordanschlägen gegen zwei jüdische Gemeindevorsteher in West-Berlin und Frankfurt und erklärte seinen Ausstieg aus der Terrorszene. Er sei „zwar nicht vom Saulus zum Paulus geworden. Aber vom Saulus zum wieder vernünftig politisch denkenden und handelnden Menschen“.

Zu dieser Zeit galt er in der arabischen Welt noch als Held, der selbst im Angesicht des Todes für die Palästinenser kämpfte. Ungeachtet dieses Ruhms stieg er aus.

Fast ein Vierteljahrhundert hat Hans-Joachim Klein, heute 52, anschließend in der Illegalität gelebt, die meiste Zeit in Frankreich. Mit einer Französin hat er zwei Kinder.

Ein echter Terrorist war er im Frankfurt der siebziger Jahre nicht lange gewesen, ein paar Monate allenfalls. So rasch und entschlossen wie er hat sich kaum einer seiner ehemaligen Gesinnungsgenossen vom Terrorismus abgewandt. Er war der erste prominente Aussteiger. Ein Mann mit klarer Linie also?

Seit dem 17. Oktober wird ihm in Frankfurt am Main vor der 21. Strafkammer des Landgerichts der Prozess gemacht. Und dort ist nun ein Angeklagter zu erleben, der sich keineswegs eindeutig und geradlinig darstellt.

Das Gericht kennt natürlich Kleins Buch „Rückkehr in die Menschlichkeit" von 1979, mit dem er Sympathisanten der Terrorszene zur Umkehr zu bewegen suchte. Darin kommt manche Beschwernis des Jungen aus desolaten Verhältnissen auf dem Weg in die linke Polit-Szene zur Sprache. Zum Beispiel: „Ich versuchte mich am Anfang zwei- oder dreimal in die laufenden Diskussionen einzubringen. Das geschah alles sehr hilflos, auch und vor allem, weil ich so große Artikulationsschwierigkeiten hatte und z.T. noch habe, und hastig, weil ich ungeheure Sprachhemmungen hatte, vor so vielen Genossen zu reden. Ich brauchte auch etwas Zeit, um auf das zu kommen, was ich ausdrücken/sagen wollte. Und nachdem einige Genossen anfingen zu lachen oder Aufhören! zu rufen, ließ ich mich mit feuerroter Birne – wegen der Blamage – wieder auf den Stuhl sinken und hielt künftig das Maul."

Der Vorsitzende Richter Heinrich Gehrke, 61, versucht, Klein bei der Schilderung seines Lebenswegs an diese früheren Äußerungen zu erinnern. Er baut eine Brücke. „Sie hatten doch keinerlei theoretische Kenntnisse wie die Studenten. Hatten Sie denn das Gefühl, mitreden zu können, oder eher, dass man Ihnen vorgab, was Sie denken sollten? Haben Sie überhaupt verstanden, worüber debattiert wurde? Hatten Sie nicht Minderwertigkeitsgefühle?"

„Nö", sagt Klein und betritt die Brücke nicht. Er habe damals angefangen, die „Frankfurter Rundschau" und den SPIEGEL zu lesen. Er habe sich informiert. Nur an Mitscherlichs Schriften habe er schwer zu kauen gehabt. Doch „zugehörig habe ich mich durchaus gefühlt".

Kleins Angaben nach der Festnahme in Frankreich haben dazu geführt, dass einer der einstigen Genossen, Rudolf Günter Schindler, 57, jetzt neben ihm auf der Anklagebank sitzt. Klein hat auch eine frühere Kampfgefährtin schwer belastet – er, der nie zu einem „Verräter" hatte werden wollen, wie er inbrünstig schrieb und sagte.

Auch in diesem Punkt weicht er in der Hauptverhandlung hinter das, was er vor der Polizei und Staatsanwaltschaft schon zu Protokoll gegeben hat, zurück. Er wisse allenfalls etwas vom Hörensagen.

Gehrke ist erstaunt: „Was hat diesen Wandel bewirkt? Haben Sie Angst? Fühlen Sie sich bedroht? Sie hatten das ‚Verraten' doch eigentlich schon hinter sich, Sie hatten den Namen Schindler doch schon genannt, Sie kennen doch die Fragen! Sie haben sich mit Ihrer Vergangenheit länger und intensiver auseinander gesetzt als manch anderer!" „Niemand setzt mich unter Druck", ist die Antwort.

Klein bestreitet, mit der Tötung der drei Männer im Opec-Gebäude etwas zu tun gehabt zu haben. „Ich bin doch kein Mörder. Ich habe keinen Menschen umgebracht – nicht einmal auf einen geschossen."

Spätestens an dieser Stelle seiner Aussage stellt sich die Erinnerung an einen anderen „berühmten" Aussteiger aus der Terroristenszene ein: Peter-Jürgen Boock. Sein Schatten beschwert seitdem jeden Angeklagten, selbst den reuevollsten Aussteiger, der sich wegen linksterroristischer Straftaten vor Gericht verantworten muss.

Boock sagte sich 1979 von der RAF, der Roten Armee Fraktion, los. Im Januar 1981 wurde er verhaftet. Im ersten Prozess in Stuttgart-Stammheim bestritt er, an Gewalttaten direkt beteiligt gewesen zu sein. Gleichwohl wurde er zu dreimal Lebenslang und zusätzlich 15 Jahren Haft verurteilt.

Dieses Urteil wurde im Strafmaß aufgehoben. Im zweiten Stammheimer Boock-Prozess wurde nur ein Lebenslang verhängt. In seinem Schlusswort sagte Boock: „Ich bin kein Mörder. Ich habe niemals auf einen Menschen geschossen. Ich war niemals dabei, als Menschen getötet wurden oder als auf sie geschossen worden ist."

In einer Erklärung von Häftlingen der RAF, die im Oktober 1988 in „Konkret" veröffentlicht wurde, hieß es: „Seine Geschichte ist ein hochgebauter Dom auf verlogenen Stelzen."

Das Bild von Boock wurde noch brüchiger, als im Zug der Wende RAF-Aussteiger, die in der ehemaligen DDR Unterschlupf gefunden hatten, auszusagen begannen. In dieser neuen Situation legte er im Frühjahr 1992 gegenüber der Bundesanwaltschaft eine „Lebensbeichte" ab: Er war an den Beschlüssen der RAF beteiligt. Er hat als eine von vier Personen an der Entführung von Hanns Martin Schleyer in Köln mitgewirkt – er war für einen nachgerückt, der nicht mittun wollte. Man wusste, dass das Attentat nur gelingen konnte, wenn alle Begleiter Schleyers erschossen würden.

Boock hat geschossen. Drei Polizisten und Schleyers Fahrer starben. Boock hat das Fluchtfahrzeug gefahren und Schleyer später bewacht. In „Konkret" wurde Boock ein „moralisch leerer Mensch" genannt.

Und seine Ex-Ehefrau schrieb: „Typ, du hast ein taktisches Verhältnis zur Wahrheit."

Boock lebt heute in Freiheit, in im besten Sinn geordneten Verhältnissen. Wie Klein hatte er eine desolate Kindheit und Jugend hinter sich, als er den Weg in den Terrorismus beschritt. Seine verkrüppelte Biografie entlastet ihn nicht, sie macht aber seinen Umgang mit der Wahrheit verständlicher. Im Zwang von Erziehungsheimen erfuhr er die Prägungen, die ihn erst so spät sprechen ließen. Im Heim hatte er gelernt, sich herauszuschwindeln. Er hatte gelernt, wie man sich verstellen kann, wenn man nicht an den nächsten Tag denkt, sondern nur an den Augenblick.

Auch Boock hat, als er sich öffentlich lossagte, keine Namen preisgegeben. Sein Ausstieg und dieses Schweigen wurden rasch zu einem Bild besonderer Gnadenwürdigkeit stilisiert. Ob er vielleicht mehr zu bereuen hatte, hat keiner derer, die sich für ihn einsetzten, gefragt.

Der Versuchung des Bildes, das man über ihn stülpte, konnte er nicht widerstehen. Er war ein Niemand gewesen. Erst die Straftaten hatten etwas aus ihm gemacht. Nun genoss er plötzlich Respekt.

Sein taktischer Umgang mit der Wahrheit erschien immer wie ein schnurgerader Weg. Er fuhr nicht Kurven wie Klein. Er ist intelligenter, geschickt und wortgewandt. Er muss nicht, wie Klein, von sich sagen: „Ich hab meine Grenzen mit dem Intellekt." Boock spielte perfekt den Idealmenschen, der sich ehrlich aus den Verstrickungen des Terrorismus gelöst hat und es verdient, dass man ihm die Chance einer Rückkehr gewährt.

Klein ist dieses Talent nicht gegeben. Er ist auch nicht so beweglich, einen schnurgeraden Weg einhalten zu können. Was ihn so schwer zugänglich und widersprüchlich wirken lässt – es ist dieser kurvenreiche, steinige Weg von einer Wahrheit zur nächsten. Das ist nicht Taktik.

Kleins Mutter hat sich drei Monate nach der Geburt des Kindes umgebracht. Sie erschoss sich zu Hause mit der Dienstwaffe des Vaters, der Polizeibeamter war. Im Krieg hatte man sie wegen „Rassenschande" ins KZ Ravensbrück gesperrt. Der unterernährte Junge kam ins Krankenhaus, ins Heim, dann zu einer Pflegefamilie. Das war wohl noch die beste Zeit im Leben des Hans-Joachim Klein. Dann heiratete der Vater wieder und nahm den Sohn zu sich.

„Sie wollten wohl lieber bei Ihrer Pflegemutter bleiben", sagt der

Vorsitzende. „Meinen Sie, dass ich gefragt wurde?", antwortet Klein. Es waren die fünfziger Jahre. Da wurden Kinder nicht gefragt.

Es ging von Beginn an schief. Der Junge rannte von zu Hause weg, er wollte in ein Erziehungsheim. Diesen Jungen hat niemand gemocht.

Er beginnt eine Lehre als Automechaniker. Eine kurze Jugendstrafe wegen Beteiligung an Autodiebstählen. Es wird ihm ein Job in einer Gaststätte im Frankfurter Westend vermittelt, wo die linke Szene verkehrt. Er sperrt die Ohren auf. Worüber da geredet wird!

Er geht zu Teach-ins, zu Demonstrationen. Er liest Flugblätter. Er lernt „Straßenkämpfer" und „Hausbesetzer" kennen und die Rote Hilfe, die gegen die Hochsicherheitstrakte in den Gefängnissen kämpft. Er bewundert die Cohn-Bendits und Joschkas. Wenn der heutige Bundesaußenminister über diese Zeiten damals in Frankfurt spricht, klingt das so: „Im übrigen habe ich nie bestritten, dass ich fast zehn Jahre lang auch unter Einsatz von Gewalt die verfassungsmäßige Ordnung der Bundesrepublik umstürzen wollte. Wir haben uns nicht an die Regeln des Strafgesetzbuchs gehalten. Zu dieser Zeit wurde manchmal sehr wild geredet..."

Der Tod von Holger Meins, der im Gefängnis verhungerte, war für Klein wie für viele andere eine Zäsur gewesen. Als er von Mitgliedern der „Revolutionären Zellen" angesprochen wurde, war er außer Stande, die Situation intellektuell zu bewältigen. Er ließ sich anwerben. Anders der Bundesaußenminister: „...von dieser Phase revolutionärer Politik haben wir uns abgewandt, weil wir erkannt hatten, dass sie letztendlich in den Terrorismus führt."

Nennt Klein den Namen Schindler heute, weil dieser es war – zusammen mit anderen, die inzwischen tot sind –, der ihn damals in den Untergrund lockte? Nachdem er ausgewichen ist und abgeschwächt hat, lässt er seine Anwälte vor Gericht eine Erklärung verlesen, die noch über das hinausgeht, was er der Staatsanwaltschaft gesagt hat: Er habe Schindler in Wien nicht nur „mit Sicherheit" gesehen, sondern sich mit ihm auch in Cafés getroffen, um Details über das Innere des Opec-Gebäudes zu erfahren. Taktisch unklug? Er hat keine Taktik. Ihn prägen die Spuren des Eingesperrtseins in der Illegalität.

Hat er in Wien auf Menschen geschossen? Viele Zeugen von damals leben nicht mehr, andere wollen nicht nach Frankfurt kommen. Einer, damals Chauffeur für die Opec, weiß noch, dass ein maskierter

Täter – Klein war als einziger vermummt – „wie narrisch“ um sich geschossen habe. Ob jemand getroffen wurde? Das weiß er nicht.

„Carlos“, seinerzeit Anführer des Kommandos und zu Lebenslang verurteilt, wird kommissarisch vernommen werden, Paris will kein Risiko beim Transport eingehen. Was wird er aussagen? Er wird den „Verräter“ vermutlich um jeden Preis belasten wollen.

Spuren vom Tatort? Zusammen mit dem Erkennungsdienst, so berichtet ein Hofrat a. D., damals Einsatzleiter der Polizei, sei ein Putzgeschwader der Opec eingetroffen. „Wir standen da auf verlorenem Posten.“

Und sonst? Die „Frankfurter Allgemeine Zeitung“ berichtete über einen Entlastungszeugen, der belegen soll, dass Schindler Opfer einer Verwechslung sei. Ob diese Hoffnung der Verteidiger Schindlers, Hans Wolfgang Euler und Jürgen Fischer, aufgeht? Sie bezweifeln massiv Kleins Glaubwürdigkeit. Für die aber stehen gelassen die Klein-Verteidiger Eberhard Kempf und Eva Dannenfeldt.

Klein, dieser Angeklagte aus einer Gespensterwelt, in der es noch Verräter gab, heute outet man sich in einer Talkshow, hat sich ehrlich aus den Verstrickungen des Terrorismus gelöst. „Für zehn Minuten Opec hab ich mein ganzes weiteres Leben ruiniert“, resümiert er. Die drei Toten sind in seinem isolierten Leben immer größer, immer mächtiger geworden. Sie haben Besitz von ihm genommen.

„Bei aller Liebe zum Umsturz“

SPIEGEL 4/2001, 22. JANUAR 2001

Zu Beginn seiner Aussage hat sich der Zeuge zu seiner Person zu erklären. Name, Vorname, den richtigen bitte“: Joseph Martin, Alter 52. Beruf? „Bundesminister des Auswärtigen“. Das ist aber kein Beruf. Das ist ein Amt.

Daniel Cohn-Bendit hat als Zeuge auf die Frage nach seinem Beruf zwar auch geantwortet: „Mitglied des Europäischen Parlaments“. Doch er hätte ebenso und richtiger sagen können: Diplomsoziologe. Das Gericht war so taktvoll, beim Zeugen Fischer nicht nachzufragen.

Warum wurde der Außenminister der Bundesrepublik in einem Mordprozess als Zeuge geladen? Ausgerechnet „FAZ“-Leitartikler

Thomas Schmid, in den Jahren der Schlachten um das Frankfurter Westend einer der Köpfe, manche sagen „das Gehirn" der Szene, meint, dem Vorsitzenden Richter sei „der Genuss des Ministervernehmens deutlich anzumerken". Und in anderen Blättern hieß es, der Vorsitzende habe eine Neigung, von ihm geleitete Hauptverhandlungen mit prominenten Zeugen zu schmücken.

So einfach ist das: ein genußsüchtiger, eitler Richter. Hätte sich die Strafkammer des Landgerichts Frankfurt mit dem Vorsitzenden Heinrich Gehrke im Prozess gegen den Hasardeur Jürgen Schneider etwa den Zeugen Hilmar Kopper, den ehemaligen Vorstandssprecher der Deutschen Bank, versagen sollen angesichts der haarsträubenden Rolle seines Instituts in dieser Affäre? Die Kammer hatte gute Gründe für die Ladung des Zeugen Fischer.

Für die Beurteilung Hans-Joachim Kleins und Rudolf Schindlers, die sich wegen des Terrorüberfalls auf die Konferenz der Organisation Erdöl exportierender Länder (Opec) in Wien 1975 verantworten müssen, ist es unumgänglich, jene Personen anzuhören, die damals im Umfeld der Angeklagten eine Rolle spielten, und deren Aussagen hinsichtlich des Klimas jener Jahre zu prüfen. Das Gericht hat sich ein Bild zu machen von den Umständen, die den einen – wie Joschka Fischer – wenige Zentimeter vor der Schwelle zur mörderischen Gewalt innehalten und andere wie Klein diese Grenze überschreiten ließen.

„Jetzt, da wir unter uns sind", beginnt der Vorsitzende die Vernehmung, nachdem die Fotografen den Saal verlassen haben. „Sie sehen ja nicht, was hinter Ihnen liegt, sondern nur, was vor Ihnen ist."

Fischer weiß nicht viel über Klein damals, und das ist typisch. Klein war zwar groß gewachsen, wurde aber dennoch „Klein-Klein" genannt. Nicht, wie die Staatsanwaltschaft mutmaßt, weil er alles zu Kleinholz schlug. Sondern weil er trotz seiner Länge in der Szene ein Kleiner war, der übersehen wurde, um den sich die intellektuellen Debattierer nicht scherten.

Was Fischer über Klein sagen kann, will er „einbetten" und dafür „ausholen". Er skizziert ein Bild der Frankfurter Sponti-Szene, dem in vielem zu widersprechen wäre – wie auch die Erinnerungen Kleins in manchen Punkten zu widerlegen sind, je nach Perspektive und Blickfärbung nach 25, 30 Jahren.

So schreibt Fischer etwa die Gloriole der nicht völligen Zerstörung des Frankfurter Westends dem Häuserkampf der Sponti-Szene zu. Hat er die AG Westend, die erste große Bürgerinitiative zur Erhaltung eines ganzen Stadtteils, vergessen? Sattelten die Spontis nicht doch nur auf dieses Thema auf, nachdem sie mit ihren Revolutionsbemühungen („Wir waren Freiheitskämpfer“) bei den Arbeitern von Opel nicht weit gekommen waren?

Der Vizekanzler malt seine damalige Einstellung zur Gewalt: „Meine Haltung war immer klar. Ich sah den Weg in Selbstzerstörung, in Mord und Zerstörung all dessen, was man anstrebte.“ Das klingt staatsmännisch, passt aber nicht so recht zu der Äußerung Cohn-Bendits in der „Frankfurter Allgemeinen Sonntagszeitung“, der über sich sagt: „Ich war, glaube ich, damals einer der Konsequentesten. Mir war die Militanz, auch die Straßenmilitanz... immer zu blöd. Deswegen ist meine Biografie mit der von Joschka nicht total identisch.“ Fischer war zeitweise vom Abgrund nicht weiter entfernt als Klein.

Doch heute zieht er klare Grenzen für sich und andere, von einem Minister wird das ja auch erwartet, wo es eine Fülle unmerklicher, zufälliger, diffuser Übergänge vom rabaukenhaften Hinlangen zum mörderischen Terrorismus gab. Er spricht von Trennwänden, als hätten die keine Türen, Ritzen und Löcher gehabt, durch die ungefestigte Personen wie Klein wechselten.

Fischer will von der Existenz Revolutionärer Zellen im damaligen Frankfurt nichts gewusst und damit auch das Abdriften Kleins nicht mitbekommen haben. Taktik? Der Vorsitzende hält ihm seine Aussage im SPIEGEL (2/2001) vor: „Sie outeten sich ja selbst als jemand, der eine zentrale Rolle spielte.“ Überblickt eine Zentralfigur nicht die Szenerie? Fischer: „Ich kann eine Vorbildrolle nicht ausschließen auf Grund stärkerer Diskussionskraft.“

Doch auch der Zeuge Matthias Beltz, 55, heute Kabarettist, damals Kumpan von Fischer und Klein, der im Dezember vom Gericht gehört wurde, erinnerte sich nicht an Revolutionäre Zellen. Vielleicht war deren klandestines Gehabe – man wusste nie, wer zur „Familie“ gehörte, man erfuhr nur Decknamen und das, was man unbedingt wissen musste – für Leute, die des „Pflasterstrands“ zur Verbreitung ihrer Debatten bedurften, nicht das richtige Milieu.

„War Klein Mitglied in Ihrer Putztruppe?“, fragt der Vorsitzende. Fischer begehrt auf: „Das war nicht meine Putztruppe!“ „Aber es war

Ihr Verein, auch wenn Sie nicht gerade Vereinspräsident waren." Hat Klein sich da besonders hervorgetan? Alles, was Fischer „beim besten Willen" – beim Erinnern hat Fischer stets den „besten Willen" – dazu sagen kann, ist, dass Klein „sehr aktionistisch argumentiert" habe. Er sei aber nicht der einzige gewesen und schon gar kein Scharfmacher.

Immerhin bestätigt Fischer, was auch andere Zeugen sagten: Intellektuell sei Klein hoffnungslos unterlegen gewesen. Beltz: „Er zog sich von den Leuten zurück, die radikal redeten und nichts taten, denn er merkte, dass da etwas nicht stimmt. Die einen haben sich hingesetzt und Artikel geschrieben oder sich mit ausländischen Revoluzzern getroffen. Diese Kompensation hatte Klein natürlich nicht."

Der Vorsitzende fragt auch bei Fischer nach: „Die Szene war ja intellektuell stark geprägt. Viele, die auf die Straße gingen, haben da sicher nicht alles verstanden. Ist dieses Bild richtig?" Fischer zögert mit der Antwort: „Grundsätzlich ist das Bild sicher nicht falsch. Ob viele nichts verstanden haben...", er stockt. Gehrke: „Sie müssten das doch beurteilen können!" „Sagen Sie das nicht", Fischer hat sofort begriffen, „ich, ich hab viel gelesen!"

Klein beschreibt in seinem Buch, wie er die Ohren zugemacht habe bei den ausufernden, ergebnislosen Diskussionen über Sinn oder Unsinn des bewaffneten Kampfes, wie er sich faszinieren ließ von geheimnisvollen Terrorgrößen wie „Carlos". Beltz erinnerte sich so: „Bei uns gab es ein Gefühl der Bedrohung, wenn man lange Haare hatte und bestimmte Autos fuhr. Man wurde bei jeder Gelegenheit durchsucht. Auf der Straße sagten die Leute: Dich hat man vergessen zu vergasen. Die Situation war hassgeladen. Ich persönlich sah den Guerillakampf als Blödsinn an – bei aller Liebe zum Umsturz. Aber es sollte doch etwas mit der Mehrheit zu tun haben. Es ist schwer zu erklären, was damals los war. Es war nichts organisiert. Bei uns schmiss man Leute raus – einer ist heute Chef des Frankfurter Flughafens –, nur weil sie aussahen wie Zivilbullen."

Das Bild, das Cohn-Bendit, er trat im November als Zeuge vor Gericht auf, von der Frankfurter Szene entwarf, war das lebendigste. Er sprach an, überzeugte, wühlte auf. Er hatte den meisten Mut, offen zu sprechen. Jedermann im Saal begriff, dass es ein Klein ohne seine Hilfe wohl nicht geschafft hätte, sich nach dem Opec-Attentat so entschieden vom Terrorismus loszusagen, und dass viele andere junge Menschen ohne ihn auf Irrwege geraten wären, auch ein Joschka Fischer vielleicht. Denn das Milieu für die Rekrutierung gewaltbereiter junger Leute war sehr wohl vorhanden.

Klein war, anders als Fischer, aber nicht in der Lage, Cohn-Bendits großbürgerlichen Esprit, seine Lebensart und seine Intellektualität aufzunehmen. Er hatte nicht das intuitive Vermögen eines Fischer, vielleicht war ihm auch der Zufall nicht so hold. Klein hatte in der Szene das Image eines Menschen, der nicht auf der Sonnenseite stand, ein Verlierer eben. Cohn-Bendit brach in Tränen aus an der Stelle, an der er beschrieb, wie Klein ihn 1998 bat, noch einmal ein paar Tage mit seinen Kindern zusammen sein zu dürfen, ehe er sich stellt. Einer Journalistin, ausgerechnet der Ehefrau von Thomas Schmid, ist es zuzuschreiben, dass Klein diese Tage nicht mehr blieben.

Zum Schluss ist Fischer ganz Staatsmann: „Die Summe meiner Erfahrung ist, dass Gewalt nur das alleräußerste Mittel sein darf. Ich kann sie für mich nicht ausschließen, wenn es um Leben und Freiheit geht, dann aber nur in institutionell gefestigter Form.“ „Gut“, sagt Gehrke. „Ich denke, das sind die Schlussworte, die zeigen, dass wir einen Außenminister vernommen haben.“

Ja, und dann geht der tatsächlich zu Klein hin. Man gibt sich kurz die Hand. Dann Fischers Abgang. Mit ihm fliegen die Medien auf und davon wie ein Vogelschwarm. Kaum eine Zeitung berichtet am nächsten Tag, dass der Vorsitzende am Nachmittag bekannt gibt, die Kammer halte das Verfahren für entscheidungsreif.

Was liegt vor: Die Erinnerungen der Tatzeugen von Wien, beeinträchtigt durch die dramatischen Vorgänge und die lang verstrichene Zeit, gehen weit auseinander. Jeder der Dabeigewesenen hat sich in eine Vorstellung, eine Erinnerung hineingewickelt – auch Klein – und dann in die Behauptung geflüchtet: So muss es gewesen sein.

Die Tatortsicherung in Wien verdiente ihren Namen nicht. Beweisstücke wurden als Souvenirs mit nach Hause genommen. Eine Putztruppe der Opec reinigte den Tatort, ehe die Kripo kam. Fingerabdrücke: Fehlanzeige und so fort.

Eine zusätzliche Fatalität besteht darin, dass Schindler neben Klein auf der Anklagebank sitzt. Schindler ist nicht nur wegen Kleins Angaben in Haft. Doch in diesem Prozess angeklagt ist er allein deswegen. Er bestreitet den Anklagevorwurf. Klein hat ihn belastet. Dann hat er diese Belastung reduziert, um zur Belastung wieder zurückzukehren. Lügt oder irrt Klein?

Cohn-Bendit, Beltz und Fischer schildern ihn als einen emotionalen Menschen, auch als einen, dessen Wort nicht besonders ernst zu nehmen ist. Ihn überwältigt eine Empfindung, ein Gefühl, er stürzt hinein. Er sorgt sich nicht darum, ob das, was er sagt, zu dem passt, was er früher gesagt hat oder noch sagen wird. Das heißt aber nicht, dass er eine Unwahrheit an die andere reiht. Nur der Ton, die Nuanciertheit wechseln (und vermitteln den Eindruck, nichts passe zusammen, stimme also nicht).

Klein hofft auf die Anwendung der Kronzeugenregelung, für die er durch seine Abkehr vom Terrorismus und seine Warnung vor dem Irrweg der Gewalt viel getan hat. Er war der erste Aussteiger. Verbrechen des Top-Terroristen Ilich Ramírez Sánchez alias Carlos wurden durch ihn sichtbar, ebenso die internationale Vernetzung der Revolutionären Zellen und die palästinensischen Verstrickungen. Bundesanwalt Peter Morré bestätigte als Zeuge dem Gericht die Bedeutung von Kleins Buch und seinen späteren Aussagen. Wie sehr Klein den Ex-Genossen durch seine Abkehr geschadet hat, macht deutlich, dass Carlos, der in Paris als Zeuge vernommen wurde, ihn heute um jeden Preis zu belasten versucht.

Thomas Schmid befand in einer Leitglosse der „Frankfurter Allgemeinen Zeitung“, Fischers Zeugenauftritt habe in Wahrheit mit dem juristischen Kern des Verfahrens nichts zu tun gehabt. Das ist ein Angriff auf die Unabhängigkeit eines Gerichts. Richter haben eine Aufklärungspflicht. Es könnte sein, dass sie sich Gedanken zur Strafzumessung machen – Grund genug, einen Zeugen zu laden, gleich, ob der „berühmt“ ist oder Außenminister.

Klein wurde im Februar 2001 wegen Mordes in drei Fällen, versuchten Mordes und Geiselnahme zu einer Freiheitsstrafe von neun Jahren verurteilt. Das Gericht machte dabei von der Kronzeugenregelung Gebrauch. Schindler wurde mangels Beweisen freigesprochen. Die Frankfurter Staatsanwaltschaft zog wegen fehlender Erfolgsaussichten die Revision zurück. Matthias Beltz starb am 29. März 2002. Am 22. Dezember 2003 wurde Klein vom hessischen Justizminister begnadigt.

Wie versteckt man Entsetzen?

Mordprozess gegen Julius Viel, der bei der Waffen-SS war

SPIEGEL 10/2001, 5. März 2001

Julius Viel ist im Februar 83 Jahre alt geworden. Er hat Krebs. Nur die Einnahme schwerer Medikamente richtet ihn dazu her, stundenweise verhandlungsfähig zu sein. Über die Verhandlungsfähigkeit alter Menschen befinden immer Personen, die ihre Kinder sein könnten.

Viel soll vor 56 Jahren, im März oder April 1945, als Untersturmführer (Leutnant) der Waffen-SS an einem Panzergraben zwischen Theresienstadt und Leitmeritz sieben Häftlinge des Gestapo-Gefängnisses Kleine Festung „mutwillig und unter Ausnützung des Rassenhasses der Nationalsozialisten" erschossen haben.

Es muss gegen ihn verhandelt werden. Denn 1979 beschloss der Deutsche Bundestag, dass Mord und Völkermord nicht verjähren. Es ist nach den Regeln des Strafprozesses zu verhandeln, auch wenn der Angeklagte ein NS-Täter gewesen sein sollte.

1960, Adolf Eichmann war aus Südamerika nach Israel gebracht worden und sein Prozess stand bevor, überschrieb Rudolf Augstein unter dem Namen Moritz Pfeil einen Kommentar mit den Worten: „Recht auch noch für den Henker". Auch der leiseste Anschein sollte vermieden werden, mahnte Moritz Pfeil, „als hätten sich die Juden an ihrem Henker und Mörder gerächt".

Der Prozess gegen den Organisator des Holocaust wurde nicht zum Schauprozess. Und als ein Vierteljahrhundert später der Exil-Ukrainer John Iwan Demjanjuk, angeblich der Oberhenker „Iwan der Schreckliche" im KZ Treblinka, in Jerusalem vor Gericht kam, bewies die israelische Justiz eine Unabhängigkeit, die in die Geschichte eingegangen ist.

Demjanjuk wurde 1988 zum Tode verurteilt, legte Berufung ein und wurde am 29. Juli 1993 mangels Beweisen freigesprochen. „Iwan der Schreckliche" war offensichtlich ein anderer gewesen.

Diesem Prozess vorausgegangen war eine öffentliche Diskussion darüber, dass die Erinnerung der jungen Generation in Israel wieder geweckt und geschärft werden müsse. Denn „erschütterndes Unwissen" über die Gräueltaten der Nazis habe sich breit gemacht. Dem sollte der Prozess abhelfen.

Der Freispruch löste in aller Welt Proteste von Überlebenden und Angehörigen der Ermordeten aus. Doch das Oberste Gericht in Israel stand zu seiner Entscheidung. Demjanjuk konnte in die Vereinigten Staaten zurückkehren, die ihn an Israel ausgeliefert hatten.

Im Sinn von Moritz Pfeil ist heute davor zu warnen, aus dem Prozess gegen Viel ein Fanal des Abscheus über die NS-Verbrechen zu machen. Ein Strafverfahren darf nicht als Beleg dafür herhalten, mit welcher Entschlossenheit NS-Täter in Deutschland verfolgt und bestraft werden und dass dafür kein Preis zu hoch ist.

War Viel, sollte ihm die Tat nachgewiesen werden, ein Exzesstäter? Hat er aus Mordlust gehandelt, aus Mutwillen, wie es die Anklage beschreibt? Der Begriff Exzesstäter kam auf in der heillos verspäteten Auseinandersetzung mit den Verbrechen des Dritten Reiches. Er stiftete das Gefühl, alles, vielleicht sogar die „Endlösung der Judenfrage", wäre vernünftig abgelaufen, hätte es nur nicht die Exzesstäter gegeben.

Das Ravensburger Verfahren beruht auf den Angaben des Donauschwaben Adalbert Lallier, 75, der 1951 nach Kanada auswanderte. Auch er war bei der Waffen-SS, als Junker, also Offiziersanwärter an der Nachrichtenschule Leitmeritz Untergebener von Viel. Zweimal hat Lallier vor dem Landgericht Ravensburg als Zeuge erscheinen müssen. Verteidiger Ingo Pfliegner fragte ihn, ob sich die Opfer, die im Panzergraben standen, nicht geduckt hätten, als die ersten Schüsse fielen. Pfliegner ist völlig unverdächtig, rechtsgesinnt zu sein. Als Verteidiger aber muss er fragen. Ob die Häftlinge wie Zielscheiben stehen geblieben und nicht davongelaufen seien?

„Sie fragen schändlich!", schrie der Zeuge Lallier. „Sie sprechen über einen Moment in der Geschichte des deutschen Volkes, in dem sechs Millionen Juden umgebracht wurden! Und Sie fragen mich, warum sechs Millionen Juden nicht davongelaufen sind!"

Im überfüllten Gerichtssaal brach daraufhin Beifall aus. Der Vorsitzende ließ es geschehen. Jedermann durfte seine fabelhafte Gesinnung demonstrieren. Im Schatten des Rechtsradikalismus denn doch eine erbauliche Kundgebung, mag der Vorsitzende gemeint haben.

Der Lebenslauf Viels, einer von unzähligen ähnlichen. Er war überall dabei, wo es brannte: im Polenfeldzug, an der Westfront, im Russlandfeldzug. Im September 1944 Bauchschuss im Kampf gegen die Amerikaner. Dann die Nachrichtenschule in Nürnberg, bis die Stadt zerbombt wurde. Danach die Nachrichtenschule in Leitmeritz. In den letzten Kriegstagen wurde er nach Linz abkommandiert, doch da war schon alles vorbei.

Die Zugehörigkeit zur Waffen-SS verschwieg er später. „Damals war das üblich“, sagt er vor Gericht. Wie wahr. Es herrschte das große Schweigen von Globke bis Maunz.

Lalliers Lebenslauf ist unübersichtlicher. Er sagt, er sei im Juni 1942 mit 17 gegen seinen Willen zur Waffen-SS gekommen. „Ich sprach sehr wenig Deutsch. Einmal führte ich einen Befehl nicht aus, weil ich ihn nicht verstand. Dafür wurde ich zum Mulifführer degradiert.“ Wie wurde er vom Mulifführer zum Offiziersanwärter?

Nach dem Krieg geriet Lallier in englische Kriegsgefangenschaft, aus der er 1946 entlassen wurde. Er landete beim US-Militärgeheimdienst CIC und bekam dort auch Spezialaufträge: „Ich ging in die Schweiz und entdeckte dort ein Kloster, das hohen Nazis als Schleuse nach Südamerika diente“, sagte er der „Süddeutschen Zeitung“. Gegenüber der „Neuen Zürcher Zeitung“ spricht er von „höheren Waffen-SS-Offizieren“.

1948 habe er in Bamberg zu studieren begonnen, dann folgten Wien und Paris, New York und London. Er lehrte später an der Columbia University Volkswirtschaft und internationale Politik. Damals, 1950, habe er vom kanadischen Generalkonsul in Salzburg ein Visum bekommen, „da ich christlich war und gegen die Bolschewisten, okay“. Nur Juden und Kommunisten waren unerwünscht.

Der Vorsitzende: „Hat man Ihnen geraten, Ihre Waffen-SS-Zugehörigkeit zu verschweigen?“ „Herr Vorsitzender! Wir reden jetzt über etwas, was kanadische Staatsräson ist! Ich bin nicht befugt, über die Einwanderungsräson zu sprechen!“

1997 wurde Lallier als Professor emeritiert. Just in jenem Jahr flammte in Kanada die Diskussion darüber auf, dass Nazis problemlos Unterschlupf im Land gefunden hätten. In den Zeitungen erschienen Berichte über den umstrittenen amerikanischen Privatdetektiv und Nazi-Jäger Steven Rambam, kein Mann von der Integrität Simon Wiesenthals. Rambam, hieß es, habe bereits zahlreiche Kriegsverbrecher in Kanada aufgespürt. Am 2. Februar 1997 lief im kanadischen Fernsehen ein Film über Nazi-Verbrecher in Kanada mit entsprechender Resonanz in der Presse.

Ist es verwunderlich, dass sich Lallier ausgerechnet in jenen Tagen an den Rechtsanwalt Steven Korda in Montreal wandte, der zugleich Mitglied einer alten jüdischen Loge ist? Offensichtlich war Lalliers Vergangenheit bereits bekannt, denn als Zeuge sagt er: „Ich hatte berufliche Nachteile, ich wurde als Kriegsverbrecher bezeichnet! Ich sollte von der Universität entfernt werden! Ich habe nie ein festliches Abendessen zum Abschied gekriegt!“ Er weint fast bei diesen Worten.

Nach dem Gespräch mit Anwalt Korda setzt bei Lallier plötzlich ein Erklärungsbedürfnis ein. Er bekennt seine Zugehörigkeit zur Waffen-SS fortan immer im Zusammenhang mit Viels angeblicher Untat. Die jüdischen Gemeinden sind tief beeindruckt. Er trifft mit Rambam zusammen: „Es war für mich der Moment des Erwachens meines Gewissens.“ Er lässt sich interviewen, beschreibt mit kakanischem Redeschwall, wie ihn mehr als ein halbes Jahrhundert lang Alpträume plagten, wie das Gewissen an ihm nagte, wie Scham und Schmerz über das Verbrechen Viels sein Herz beschwerten. Ein literarischer Stoff.

Als Zeuge in Ravensburg nennt er einen anderen Grund für die seltsam späte Offenbarung: Er habe nicht gewusst, ob er noch an den Treueid der Waffen-SS gebunden sei. „Ich fragte mich, ob ich nicht moralisch-intellektuell darüber hinausgewachsen bin. Als Mensch und Akademiker habe ich Pufendorf gelesen. Sollte ich ein Verräter sein oder schweigen? Ich entschied, als moralischer Mensch im Pufendorfschen Sinn mich vom Eid und dem Schweigegebot zu befreien.“

Keiner bestätigt Lalliers Geschichte: wie Viel am Panzergraben, an dem die Junker Häftlinge beim Graben zu bewachen hatten, ohne jeden Anlass einen Karabiner nahm und sieben Menschen nacheinander buchstäblich abknallte. Der „Süddeutschen Zeitung“ sagte Lallier: „Ich habe das Entsetzen auch bei den Kameraden gesehen. Denn: Wie versteckt man Entsetzen?“

Lallier als Zeuge: „Wir sahen zu, wie die halb verhungerten Menschen – ein schrecklicher Anblick für einen, der Offizier werden sollte – starben. Wir konnten nicht glauben, was da geschah. Ein edler deutscher Offizier! Viel war ein sehr geehrter Vorgesetzter! Wir gingen zum Chef. Der sagte, wenn der Krieg gewonnen werde, redet keiner mehr drüber. Wenn nicht, müsse lebenslang geschwiegen werden.“

Die Verteidigung hat eine Fülle gravierender Widersprüche in Lalliers Aussage herausgearbeitet. Das beginnt mit dem Tatzeitpunkt.

Erst nannte Lallier den 6. oder 7. April 1945. Nachdem er mit einem Fernsehteam in Theresienstadt war und die Todeslisten einsehen durfte, korrigierte er sich. Es müsse Ende März gewesen sein (denn am 6. und 7. April sind nicht mehrere Tote eingetragen).

Er variiert Entfernungsangaben, beharrt darauf, dass ohne Unterbrechung zehnmal mit dem Karabiner 98 geschossen wurde (der nur fünf Schuss hatte), er will den Leichenkarren mal am Grabenrand, mal im Graben gesehen haben. Er nennt Augenzeugen, die aber damals gar nicht vor Ort waren, er zitiert Mitglieder der Delegation zum Chef, die als Zeugen vehement bestreiten, dass es etwas Derartiges gegeben habe. Und so fort.

Er schwelgt vom „edlen deutschen Offizier“ und muss sich von Verteidiger Pfliegner vorhalten lassen: „Nach allem, was wir wissen, haben deutsche Offiziersanwärter Häftlinge als Ziele bei Schießübungen gebraucht!“ Wieder braust Lallier auf: „Nein! Das gab es nicht bei der Waffen-SS!“

Er stellt Viel als einzelnen, einzigen Exzesstäter dar und erinnert sich an düstere Todesgesänge der Häftlinge. Andere Zeugen beschreiben ein tägliches Inferno am Panzergraben. Wie Häftlinge in aller Öffentlichkeit bei sadistischen Spielen abgeschossen wurden von den Jungen der Nachrichtenschule, wie sie erschlagen und malträtiert wurden, auch von Kapos, mit Stöcken und Gewehrkolben ins kalte Grundwasser getrieben und ertränkt. Als der Gestapo in Prag die Zustände zu Ohren kamen, wurden am 28. März die Häftlinge abgezogen.

Verfasser und Vertreter der Anklage ist Oberstaatsanwalt Kurt Schrimm, zugleich der Leiter der Ludwigsburger Zentralstelle zur Aufklärung nationalsozialistischer Verbrechen. Er hat auch die Anklage gegen den damals 80 Jahre alten ehemaligen SS-Mann Josef Schwammberger in Stuttgart vertreten, der 1992 wegen vielfachen Mordes Lebenslang erhielt. Schwammbergers Verteidiger erinnern sich an Schrimm als einen fairen Ankläger. Warum ist er in Ravensburg so reizbar und aggressiv?

Die Anklage liest sich wie ein Geschichtsbuch. Von der Neuordnung Europas 1918 geht es über die Waffen-SS bis zu den Mindest- und Höchstmaßen beim Stellungsbau. Das historische Konvolut verdeckt, was die Anklage alles nicht weiß. Was sie sogar als nicht feststellbar zugeben muss. Was in einem normalen Strafverfahren für eine Anklage nicht genügen würde.

„Der Umstand, dass keiner der zahlreichen anderen Zeugen die Täterschaft des Angeschuldigten bestätigt und ein Teil von ihnen das Geschehen als solches in Abrede gestellt hat", ändere nichts an Lalliers Glaubwürdigkeit, heißt es lapidar in der Anklageschrift. Kann man diese Aussagen allesamt damit abtun, dass diese Zeugen „alte Kameraden" sind?

Herr Schrimm muss sich keine Sorgen machen. Viel sitzt seit 17 Monaten in U-Haft, und das Gericht scheint der Meinung zu sein, es gebe keinen Grund für Lallier, eine Geschichte zu erfinden. Beweisanträge der Verteidigung werden mit zum Teil skurrilen Begründungen abgetan, etwa: Lallier sei immerhin Professor, Geisteswissenschaftler.

Die Medien, auch der SPIEGEL, sind in die gar zu schöne Geschichte eingestiegen. Der Berliner „Tagesspiegel" schmückte sich mit der „Enthüllung" von Viels Zugehörigkeit zur NSDAP (doch der Beleg dafür befand sich bereits in den Gerichtsakten). Die emotionalen Ausbrüche und Beschwörungen des Professors mochte man einfach nicht in Frage stellen.

Und so schreit Herr Schrimm nicht in der Sitzung, nein, „es schreit aus ihm heraus". Er kann nicht anders, die Empörung überwältigt ihn so, wie die Geschichte von Lallier alle in ihren Bann zieht. Die Zeugen von der Waffen-SS – sie sind „unwürdige Greise", verlogen, verstockt. Der Angeklagte – „Tag für Tag wie aus dem Ei gepellt". Welche Unverschämtheit. Er will den Eindruck „eines vertrauenswürdigen Opas" machen. Warum trägt er nicht eine blutige Metzgerschürze?

Den Vorsitzenden beeindruckt das Interesse der Medien an der Geschichte eines Bekenners (der sich mit einer Beschuldigung bekennt, die ihn entlastet). Als Lallier in die laufende Sitzung hereingerufen wird, dürfen ihn die Kameras begleiten und den Helden mit dem Verbrecher aufs Bild bannen. Normalerweise sind wir ja korrekt und halten uns an die Vorschriften. Aber es gibt Situationen, da muss man Mut haben. Da muss man auch mal was ignorieren. Zum Beispiel die Strafprozessordnung, wenn es um Schuld aus der NS-Zeit geht.

Nachruf auf ein Urteil

SPIEGEL 9/2002, 25. FEBRUAR 2002

Zwölf Jahre Freiheitsstrafe wegen Mordes in sieben Fällen – so lautete am 3. April vergangenen Jahres das Urteil des Landgerichts Ravensburg gegen den ehemaligen Untersturmführer der Waffen-SS Julius Viel, damals 83. Die Richter erkannten nicht auf Lebenslang, weil der unbestrafte Angeklagte ein alter Mann ist, an Darmkrebs leidet und die angebliche Tat inzwischen 56 Jahre zurückliegt.

Gegen das Urteil wurde Revision beim Bundesgerichtshof (BGH) in Karlsruhe eingelegt. Der Hamburger Revisionsspezialist Johann Schwenn rügte, dass der einzige angebliche Tatzeuge Adalbert Lallier auf Antrag der Staatsanwaltschaft vereidigt worden war, obwohl er als möglicher Tatbeteiligter einem Vereidigungsverbot unterlag. Auf diesem Verfahrensfehler beruhe das Urteil, so Schwenn.

Die Staatsanwaltschaft, die sich so angestrengt um eine möglichst hohe Verurteilung Viels bemüht hatte – sollte sie in ihrem Eifer einen Verfahrensfehler selbst erzeugt haben, der ein Urteil zu Fall bringen kann?

Die Ankläger begehrten daraufhin ebenfalls die Revision des Urteils, weil ihrer Auffassung nach zwölf Jahre zu wenig sind. Auf Lebenslang hätte erkannt werden müssen, da keine außergewöhnlichen Umstände zur Strafmilderung gegeben seien.

Zur Erinnerung: Der Ravensburger Prozess gegen Viel beruhte allein auf den Angaben des ehemaligen Junkers der Waffen-SS Adalbert Lallier, heute 76, dessen Ausbilder Viel 1945 in Leitmeritz war.

Lalliers Auftritt vor dem Ravensburger Gericht – er war ein Skandal. Es durfte geklatscht werden, im engen Saal saßen die Zuschauer auf- und übereinander, sie quetschten sich auf Fensterbrettern. Jeder wollte einen echten NS-Verbrecher sehen.

Auf die Frage, warum er mehr als 50 Jahre mit seinem Bekenntnis gewartet habe, teilte Lallier in einer schäumenden Wortkaskade mit, er habe sich immer noch an den Treueeid der Waffen-SS gebunden gefühlt und erst die Erlaubnis des höchsten noch lebenden Waffen-SS-Offiziers einholen müssen. Gleichwohl machte er auf das Gericht offenbar tiefen Eindruck. Ausdrücklich wird in den Urteilsgründen ein Polizeibeamter erwähnt, der beschrieb, wie „überaus korrekt“ Lallier sich bei einer Gegenüberstellung mit dem Angeklagten verhalten habe. Er habe „zunächst sogar spontan eine korrekte Körperhaltung gegenüber dem Angeklagten eingenommen und diesen mit Herr Untersturmführer angesprochen".

Die Richter nahmen daran und an vielen weiteren Befremdlichkeiten der Lallier-Aussage keinen Anstoß. Im schriftlichen Urteil wird hingegen die „anschauliche – überaus plastische – präzise – plausible – sehr bildhafte – detaillierte – klare – sehr eindrucksvolle – lebhafte – eindringliche – nachvollziehbare – prägnante – glaubhafte – überzeugende" Darstellung Lalliers gerühmt, eines „weit überdurchschnittlich intelligenten" Mannes „ohne jegliche Theatralik".

Anstoß nahm das Gericht nur an den Zeugen, die seinerzeit auch in Leitmeritz waren und sich an eine Untat Viels nicht erinnerten. Diese Zeugen beschrieben, ganz anders als Lallier, ein tägliches Inferno. Wie Häftlinge von Nachrichtenschülern der Waffen-SS abgeschossen wurden, Karnickeln gleich, weil man ihnen eingetrichtert hatte, Abschaum vor sich zu haben. Wie Häftlinge ertränkt wurden, wie man ihnen den Schädel spaltete und sie zu Tode quälte. Aus den Urteilen gegen den Kommandanten der „Kleinen Festung" Heinrich Jöckel und den Wachmann Rojko geht dasselbe hervor. Die Aussagen dieser betagten Zeugen werteten die Ravensburger Richter als „phrasenhaft – inhaltsleer – dreist".

35 Sitzungstage vergingen bis zur Urteilsverkündung. Wegen des desolaten Gesundheitszustands Viels war jeweils nur vier Stunden verhandelt worden, trotz des erbitterten Protests der Verteidigung, die immer wieder darauf hinwies, dass ihr Mandant der Verhandlung nicht folgen könne. Wahrscheinlich glaubte man den Anwälten deshalb nicht, weil Viel immer ordentlich gekleidet erschien.

Dem Prozess vorausgegangen waren 14 Monate Untersuchungshaft. Mit dem Urteil wurde Haftfortdauer angeordnet. Viels Zustand verschlechterte sich von Monat zu Monat. Einen ersten Antrag der Verteidigung auf Haftverschonung im September 2001 wies das Ravensburger Gericht zurück: Gerade bei der eingeschränkten Lebenserwartung des Angeklagten, so die Richter, bestehe die Gefahr, dass er – käme er jetzt auf freien Fuß – mit allen Mitteln versuchen würde, eine erneute Inhaftierung zu verhindern.

Eine erste Krise tritt ein. Viel kommt ins Vollzugskrankenhaus Hohenasperg, er sitzt im Rollstuhl oder muss geführt werden. Nach

14 Tagen wird er wieder ins Gefängnis zurückgeschafft. Fortan ist er bettlägerig. Im Oktober muss er als Notfall zum zweiten Mal ins Gefängniskrankenhaus. Eine Rückverlegung kommt nicht mehr in Frage, weil seine Versorgung nur noch mit Hilfe von Mitgefangenen möglich wäre. Ein Häftling säubert jeden Morgen Viels Bett, da er Stuhl und Urin nicht halten kann.

Eine Beschwerde der Verteidigung gegen den Ravensburger Beschluss bescheidet das OLG Stuttgart abschlägig: „Alters- und gesundheitsbedingte Beeinträchtigungen seiner Bewegungsfreiheit sind nicht so gravierend, dass sie die Fluchtgefahr beseitigten oder entscheidend minderten, zumal der Angeklagte nicht auf sich allein gestellt wäre, sondern auch auf die Hilfe ‚alter Kameraden‘ bzw. von sonstigen Sympathisanten hoffen könnte, die das Verfahren gegen ihn – als einen ehemaligen Offizier der SS – mit Missbilligung verfolgen.“

Im Dezember bittet die Verteidigung erneut um Haftverschonung. Das Landgericht Ravensburg ist anderer Meinung: „... leidet der Angeklagte zwar an einer Krebserkrankung im fortgeschrittenen Stadium, so dass im weiteren Verlauf der Krankheit auch mit dem Ableben gerechnet werden muss“. Doch haftfähig sei Viel. Weiterhin Fluchtgefahr.

Am 9. Januar teilt das Vollzugskrankenhaus Hohenasperg mit: „... muss mit dem Versterben des Patienten im Laufe des Jahres 2002 gerechnet werden.“ Haftfähig? Aber ja doch.

Neun Tage später verwirft das OLG auch die nächste Beschwerde der Verteidigung als unbegründet. Der Angeklagte, heißt es sinngemäß, habe ja ein hohes Alter erreicht, da entspreche „nachlassender Lebenswille dem natürlichen Verlauf“.

Viel ist mittlerweile nur selten noch ansprechbar, unverändert nicht in der Lage, sich fortzubewegen, und völlig auf die Hilfe von Pflegepersonen angewiesen. Dennoch Fluchtgefahr. Mitte Februar verschlechtert sich der Zustand erneut. Viel wird in eine normale Klinik verlegt. Als der BGH vom Zustand des Angeklagten erfährt, hebt er sofort den Termin der Revisionsverhandlung – es wäre der vergangene Dienstag gewesen – auf. Karlsruhe verhandelt nicht über Sterbende.

Am 15. Februar wurde der Haftbefehl gegen Julius Viel aufgehoben. Am 21. Februar durften ihn seine Angehörigen mit nach Hause nehmen. Vier Tage später, am 25. Februar 2002, starb er.

IV

„Habe mich hinreißen lassen“

Gewaltverbrechen und Straftaten gegen das Leben

„…dann gibst ihm halt was“

Prozess gegen vier Hilfskrankenschwestern in Wien

SPIEGEL 11/1991, 11. März 1991

Am Abend des ersten Verhandlungstages gegen die „Mordschwestern“ vom Wiener Großkrankenhaus Lainz sendet das österreichische Fernsehen einen Film über die Abteilung der Klinik, in der die vier Angeklagten gearbeitet haben. Es ist ein Film über den dortigen Zustand heute. Man sieht einen nackten Greis, wie er sich in seinem Gitterbett zu waschen versucht, wie der Nachbar nach der Schüssel ruft, eine verwirrte Frau, wie sie sich an der Wand entlangtastet. Krankenschwestern, wie sie rennen, wie es schnell gehen muss bei Notaufnahmen. Hinter schweren Fällen schließen sich die Türen. Der Geruch, der dabei aus den Krankenzimmern strömt, teilt sich über den Bildschirm mit.

Eine hilflose alte Frau klammert sich an den Arm einer Schwester. Eine Gelähmte soll das Gehen wieder lernen. Doch mehr als höchstens zehn Minuten, sagt die Schwester, habe sie am Tag nicht Zeit pro Patient.

Das Problem mit der Überbelegung sei inzwischen gelöst, Betten auf dem Gang gebe es nicht mehr: Man schicke die Leute heute eben früher nach Hause, erklärt ein Arzt. So lasse sich der Betrieb gerade noch aufrechterhalten.

Doch wie soll sie den 93-jährigen Angehörigen zu Hause pflegen, ihn umbetten, heben, säubern, wie soll sie sein Wundliegen verhindern, wie soll sie Schleim absaugen, Schmerzen lindern – da sie selbst fast erblindet und nicht mehr gut auf den Beinen sei, fragt eine Besucherin. Sie habe nicht einmal ein Bett für ihn zu Hause, in dem er sich aus eigener Kraft hochziehen könne. Sie ist die nächste Verwandte des Mannes und 70 Jahre alt.

Dann bringt das Fernsehen, rückblendend, noch eine kurze Stellungnahme des Wiener Bürgermeisters Helmut Zilk, der sagt, nachdem im April 1989 öffentlich bekannt geworden war, was die Schwestern getan haben sollen: „Die Todesengel von Lainz erinnern mich an den Todesengel von Auschwitz.“

Lainz gilt in Wien als Endstation für alte Leute. Die Unheilbaren, die unrettbar Verlorenen, die Hoffnungslosen, bei denen nichts mehr zu machen ist und nichts mehr lohnt, sie kamen und kommen auf die 1. Medizinische Abteilung, die interne, im Pavillon V. Bis 1987 gab es dort zwei Säle, einen für Männer, einen für Frauen, mit jeweils 36 Betten, dazu mindestens fünf bis zehn Betten auf dem Flur oder „irgendwo". Drei der Angeklagten fingen mit 17, 18 in Lainz an. „Wir waren alle", sagt eine von ihnen später, „begeisterte Schwestern."

Am längsten ist Stefanija, geboren 1939 in Slowenien, in Lainz. Sie hatte zuvor in einer Fabrik für Fischdosen gearbeitet, dann als Kindermädchen, dann als Bedienerin in einem Krankenhaus. Nach einem „kleinen Kurs" rückte sie zur Stationsgehilfin auf. Als ihre Ehe scheiterte, ging sie mit ihrer zweijährigen Tochter 1967 nach Österreich, ohne ein Wort deutsch zu sprechen.

Wieder arbeitete sie als Bedienerin, um sich und das Kind durchzubringen. 1973 fing sie in Lainz in der Chirurgie an, 1978 wechselte sie in den Pavillon V. Sie arbeitet gern, sie ist aufmerksam, sie erkennt die Mängel in der Organisation und beobachtet das Verhalten der Vorgesetzten. Sie soll, weil es mit dem Personal immer knapper wird, Hauptdienst wie eine diplomierte Krankenschwester verrichten, Spritzen geben, Medikamente verteilen – immer mehr Arbeiten, für die sie nicht ausgebildet und denen sie nicht gewachsen ist. Die Devise der Oberschwester lautet: „Ihr müsst."

Es soll laufen wie am Schnürchen. Der Chef, Primar Professor Franz Xaver Pesendorfer, ein ehrgeiziger Mann, erwartet einen tadellosen Betrieb. Wenn er erscheint, richtet er das Wort nur an die Oberschwester. Er allein entscheidet über die Verabreichung von Morphium. Er sagt: „Unsere primäre Aufgabe ist es, Leben zu verlängern."

Keiner, auch nicht die jüngeren Ärzte, erklärt den Hilfskräften, warum bei dem einen Patienten Schmerzen gelindert werden, bei dem anderen nicht. Sie sehen nur, dass es so ist. Sie hören von anderen, dass Chef Pesendorfer seinem schwerkranken Bruder eine schmerzlindernde, lebensverkürzende Injektion gegeben haben soll.

Keiner spricht mit ihnen darüber, wie man mit Sterbenden umgeht. Keiner sagt ihnen, dass es Krankheiten gibt, die das Wesen eines Menschen verändern. Die Ärzte kommen zur Visite, zum kurzen Akuteingriff, dann verschwinden sie wieder. Zurück bleiben wimmernde, schreiende, röchelnde, dem Tod ausgesetzte Menschen, deren Versorgung zu klappen hat.

Beschwert hat sich keine der Hilfsschwestern. Bei wem auch? Es drohte die Versetzung auf eine andere Station, zum Beispiel auf die „Haut“, wo die Aids-Fälle lagen. Keine wollte dorthin.

Ein Jahr nach Stefanija kommt Irene 1979 in den Pavillon V. Sie ist gerade 18. Im Jahr davor hat sie ein uneheliches Kind geboren und aus Angst, damit nicht fertig zu werden, zur Adoption gegeben. In der Schwesternschule fällt sie in Gynäkologie und Chirurgie durch.

Ihr Vater war damals schwer krank, er litt an einer Art Krebs der Speicheldrüse und wurde zu Hause gepflegt. Er bat die Tochter, die nekrotischen Teile an der Hautoberfläche wegzuschneiden. Sie habe sich furchtbar geekelt, es aber, weil es dem Vater zumindest seelisch gut tat oder sie das Gefühl hatte, es tue ihm vielleicht gut, dann doch getan. Kurz vor dem Ende bekam er noch eine Magensonde, da er sich nicht mehr ernähren konnte. Da habe sie sich angewöhnt, „einfach abzuschalten“.

Bei einem Gutachter beschreibt sie später, dass in Lainz nie über das Sterben gesprochen worden sei, sondern nur, wer gestorben sei und um welche Zeit. Sie habe Alpträume von offenen Gräbern. Sie träume oft von ihrem Vater. Sie sagt, Außenstehende wüssten gar nicht, wie das ist, wenn ein Mensch im Sterben liege und nicht sterben könne.

Zehn Jahre hat sie im Pavillon V gearbeitet. Sie kann sich erinnern, dass mit der Stationsschwester über die Belastung gesprochen wurde, aber die sei selbst überarbeitet gewesen. Jede einzelne hat immer wieder gesagt, es geht nicht mehr. Doch es hat gehen müssen. Und es war natürlich auch eine Selbstbestätigung, wenn man nicht schlappmachte.

Irene freundete sich im Lauf der Zeit mit Waltraud an, auch sie Stationsgehilfin und seit 1975 schon in Lainz, auf der Lungenabteilung zunächst. 1982 wechselte Waltraud in den Pavillon V. Sie wurde von den anderen Hilfsschwestern, auch von den diplomierten und den Ärzten, anerkannt, sie sei die „bessere Schwester“ gewesen, sagt Irene vor Gericht. „Sie war eine Persönlichkeit“, sagt Stefanija über die um 19 Jahre Jüngere. „Sie war a Chef.“ Aber sie sei auch eine „Hexe“ genannt worden, weil während ihres Dienstes so viele alte Patienten gestorben seien. Und weil man sich gegen sie nicht wehren, nicht durchsetzen konnte.

Waltraud, heute 32, gilt als die Haupttäterin. Sie und Irene haben Patienten, von denen sie annahmen, der Tod sei nicht mehr weit, das

Beruhigungsmittel Rohypnol gespritzt, unverdünnt und in einer Dosis, die laut Anklage tödlich wirkte. Waltraud gibt zu, einem nicht Zuckerkranken Insulin verabreicht zu haben, was ihn das Leben hätte kosten können, wäre nicht eine Ärztin zufällig auf seinen unerwarteten Zustand aufmerksam geworden. Dieser Mann, der heute noch am Leben ist, „das Faktum Kohout", dient dem Staatsanwalt als Beweis dafür, dass keineswegs nur Sterbende starben.

Die medizinischen Kenntnisse der Hilfsschwestern sind nicht groß. Waltraud berichtet, sie habe einmal beobachtet, wie es bei einer alten Frau zu einem Herzstillstand kam, nachdem ihr vor einer Operation von einem Oberarzt Rohypnol zu rasch injiziert wurde. Sie dagegen habe immer ganz langsam gespritzt. Dass sie die drei- bis sechsfache Dosis spritzte, rechtfertigt sie mit der Meinung, viel helfe auch viel.

Die berüchtigte „Mundpflege", bei der wehrlosen komatösen Patienten mit einem Spatel die Zunge niedergedrückt und Wasser durch die Luftröhre in die Lunge geschüttet wurde („Es war doch nur a Schluckerl"), habe sie früher einmal bei einer anderen Schwester abgeschaut.

Waltraud ist Tochter eines Bauern. In der Volksschule blieb sie einmal sitzen, weil sie wegen ihrer Kurzsichtigkeit beim Lesen nicht mitkam. Auch sie fiel bei der Schwesternprüfung an einer Klosterschule durch. Anstelle eines Praktikums, berichtet sie später, hätten die Schülerinnen in der Großküche arbeiten oder bügeln müssen. Als sie danach in Lainz eine Stelle fand, wurde sie jedoch sehr bald eingesetzt wie eine diplomierte Schwester.

Und nicht nur das: Es war nie Zeit zum Reden, zum Luftholen, zum Fragen. Man ist „g'rennt", Hauptdienst, Beidienst, Nachtdienst. Wenn eine in Urlaub war oder krank, dann machten die Hilfsschwestern alles allein. Es reichte oft nicht mal fürs Klo oder eine Tasse Kaffee. Wenn ein Arzt außer der Zeit angefordert wurde, kam er nicht oder unwillig. Vor dem Nachtdienst, berichtet eine der Angeklagten, hieß es manchmal: „Wenn der oder der heut nacht stirbt, brauchst mich ned zu wecken. Dann mach' ma das morgen früh."

So bildete sich eine verschworene Gemeinschaft unter den Schwestern, die niemand daran hinderte, ständig Grenzen zu überschreiten. Ja, es wurde erwartet, es wurde verlangt, dass sie mehr tun, als sie dürfen und können. So kam es 1983 zum Beispiel dazu, dass Maria die Kollegin Waltraud fragte, was sie mit einem von Schmerzen gepeinigten, schreienden alten Mann tun solle. Es sei nicht mehr auszuhalten.

„Ich war so verzweifelt“, sagt sie vor Gericht, „das geht einem doch durch und durch.“ Waltraud habe geantwortet: „Dann gibst ihm halt was.“ Doch als Hilfsschwester habe sie das nicht gedurft. Das sei ausdrückliches Verbot von Professor Pesendorfer gewesen. Aber, sagt sie weiter, sie sei oft ausgelacht worden von Ärzten und Schwestern, wenn sie so etwas gesagt habe. Sehr oft hätten Ärzte, wenn sie gerufen wurden, am Telefon gesagt, die Schwestern sollten selbst spritzen, sie schliefen schon.

Waltraud zog damals für den Patienten von Maria eine Spritze auf, es waren zwei bis drei unverdünnte Ampullen Rohypnol. „Ich hab' schon gesehen, dass mehr drin war, aber ich hab' gedacht, das wirkt dann besser. Was es war, wusste ich nicht.“ Sie hat nur gesehen, dass der Patient dann friedlich schlief, dass er auf diese Weise schneller schmerzfrei wurde. Drei Tage später sei er gestorben. Dass sein Tod mit dieser Spritze etwas zu tun gehabt haben könnte, auf diesen Gedanken sei sie nicht gekommen.

Wenige Wochen später sei sie wieder zu Waltraud gegangen und habe ihr erzählt, wie gut die Spritze damals gewirkt habe. Sie hatte wieder einen „schlechten Patienten“. „Aber warum haben Sie einem Patienten eine Beruhigungsspritze gegeben, wenn er angeblich Schmerzen hatte?“, fragt ungläubig der Gerichtsmediziner. „Ich hab' denkt, wenn er schlaft, dann spürt er auch die Schmerzen nicht mehr“, antwortet Maria vor Gericht. Außerdem sei man an schwere Schmerzmittel, an Gifte also, nicht herangekommen.

Maria, die „wegen Lernschwierigkeiten“ die Schwesternausbildung nicht beendet hatte, war ebenfalls erst 18, als sie nach Lainz kam. Sie bekennt sich „nicht schuldig“, denn: „Wenn die Waltraud mir gesagt hätte, gib ihm das, damit er stirbt, hätte ich das nie getan.“

Vor der Polizei allerdings hatte Maria zugegeben, gewusst zu haben, dass die Spritzen tödlich wirken. Sie hat alles zugegeben, wenn man es nur mit genügend Nachdruck von ihr forderte. Sie versucht, dem Gericht klarzumachen, dass sie nie im Leben gedacht hätte, je ins Gefängnis zu müssen, und was ihr heute dreijähriger Sohn einst dazu sagen werde.

Sie ist verzweifelt, sie weint, sie bringt wieder alles durcheinander. Der Staatsanwalt glaubt ihr nichts. Man gesteht doch nicht, Menschen umgebracht zu haben, wenn man sie nicht umgebracht hat – das ist seine Logik. Doch Maria gehört zu jenen, die das doch tun. Die gestehen und nochmals gestehen und wieder gestehen, die nachsagen, was man ihnen vorsagt, die durcheinanderbringen, verwechseln, die in Fußangeln hängen bleiben, die sie selbst auslegen – und dann widerrufen, wenn keiner ihnen mehr glaubt.

Waltraud hat Irene, die Freundin, eingeweiht. Sie hat es Maria gesagt, auch die Sache mit der Mundpflege. Sie hat Stefanija aufgefordert, ihr zu helfen. Vor Gericht sagt sie, abwechselnd hätten sie „die Schluckerl" eingeflößt, bei den Patienten mit Lungenödem, die daran Stunden später erstickten. Sie hatte Mitwisser, Mittäter.

Im steinernen Schwurgerichtssaal des Wiener Landesgerichts sitzen die Angeklagten elf Geschworenen gegenüber. Sie haben vorzutreten und stehend in der Mitte des Saals auszusagen. Auf einen Stuhl setzen dürfen sie sich erst, wenn sie gar nicht mehr anders können.

Die Anklage am ersten Verhandlungstag – nicht ein paar dürre, juristische Vokabeln, sondern ein prächtiges, schreckenerregendes Plädoyer. Es kommt über die Geschworenen wie das Jüngste Gericht. Staatsanwalt Ernst Kloyber beschreibt den „Nährboden für die Saat der Gewalt" in den düstersten Farben: die schlechten Arbeitsbedingungen, die tausenderlei Schlampereien in den Kliniken, das Problem des Umgangs mit alten, siechen Menschen.

Kloyber sieht jedes Argument, das den Geschworenen in den Sinn kommen könnte, voraus. Und er zieht das Fazit: „Gleichwohl macht dies alles die Begehung der Taten nicht einmal im Ansatz verstehbar." Er fragt rhetorisch: „Wozu muss man Sterbende töten?"

Die Verteidiger sitzen hinter den Angeklagten. Sie stehen ihnen nicht zur Seite. Sie setzen dem Staatsanwalt nichts entgegen. Sie sprechen von „purem Mitleid mit den armen Kranken, die so viel mitgemacht haben, bis sie sterben durften". Sie sagen, „es kommt auf den Charakter und die Disziplin an bei diesen jungen Damen, wenn man die auf die Schwerstkranken loslässt". Und dass „die etwas primitive Angeklagte" schließlich unter dem Druck der Polizei gestanden habe…

Die Verteidigung hätte die Pflicht, dem Gericht deutlich zu machen, dass hier ganz normalen jungen Frauen etwas abverlangt wurde, woran sie scheitern mussten. Dass sie gegen Grenzen verstießen, weil man sie ständig dazu zwang. Doch Strafverteidigung hat in Österreich keine Tradition. Man ist bekannt, man hat einen Namen in der Hauptstadt. Von der Verantwortung der Ärzte ist nicht die Rede. Dafür um so mehr von dem mangelnden Gewissen der Hilfsschwestern. „Ja, haben Sie denn gar keine Gewissensbisse gehabt?“ wird gefragt. Pesendorfer sprach bei Waltraud von Hinweisen auf eine „entmenschte Persönlichkeit“. Die vier seien „wahnsinnige Einzeltäterinnen“ gewesen.

Die Angeklagten sind von zwei Psychiatern und einem klinischen Psychologen begutachtet worden, was immer das in Österreich heißen mag. Auf der Bühne des Gerichts haben die Professoren Walter Spiel, Rudolf Quatember und Heinz Pfolz dazu ein Stegreif-Stückl hingelegt, über dessen unfreiwillige Komik zu spotten der Anlass der Aufführung verbietet.

Natürlich sind diese Frauen normal, keine hat einen wasserkopfgroßen Tumor im Gehirn, sie halten sich auch nicht für Hitler oder Saddam. Sie sind so „normal wie Zehntausende anderer Frauen auch“, erklärt der Psychologe Quatember den Geschworenen mit bühnenreifer Geste. Von seinen „computergestützten“ Tests halte er selbst nicht viel. „Schau’n Sie sich diese Angeklagten halt an“, rät er. „In unserer Gesellschaft, da sticht halt der Ober den Unter und der den Zehner...“

„Ja, wenn ich ihren Charakter noch beschreiben soll“ – Spiel schaut fragend zu den Richtern – „a bissl a keppelnde Person is sie halt.“ So Spiel über eine der Angeklagten. Von einem der Verteidiger auf den Fall Michaela R. in der Bundesrepublik angesprochen, weist Spiel eine umfänglichere Begutachtung weit von sich: „Also acht Monate halt ich für unzumutbar. Wir in Österreich haben die Aufgabe, nach organischen, neurotischen oder psychotischen Ursachen für die Einschränkung der Zurechnungsfähigkeit zu fragen. Ende! Wenn ich noch was aus dem Leben dazuerzähle, dann ist das für mich Fleißarbeit.“

Karl Kraus schrieb 1904 über die österreichische Gerichtspsychiatrie: „Sie ist von allen Gesellschaftsspielen doch das unterhaltendste... Die Justiz spielte früher Blindekuh, aber das Spiel der blinden Esel ist aparter. Sie werden hereingeführt, sollen den Angeklagten durchschauen und sagen j-a, wie der Ankläger es will. Da sie aber die Aufgabe, die sie in fröhlicher Runde zu leisten haben, das ‚Wegputzen' schwieriger Fälle nennen, so scheinen sie sich nicht für Esel zu halten, sondern den Vergleich mit einer intelligenteren Haustiergattung zu arrogieren. Es gibt nun in der Tat treue Psychiater, die mitunter sogar einen Hof beschützt und dem ‚Herrl' die schwierigsten Knochen ‚weg'putzt' haben …"

Auch heute noch sind die Sachverständigen treu am Wegputzen. Die Normalität der Wiener Hilfsschwestern haben sie herausgestellt, damit sich das Gericht nicht mit der Persönlichkeitsstruktur der Angeklagten plagen musste. Über das Zusammenbrechen dieser biografisch vorgeschädigten Frauen, über jenen aushöhlenden Prozess, der hier die festgefügte Ordnung durcheinanderbringen musste, haben sie gesagt, das gehe sie nichts an.

Waltraud und Irene wurden am 29. März 1991 zu lebenslangen Freiheitsstrafen verurteilt. Die beiden anderen Hilfsschwestern, Stefanija und Maria, erhielten 20 und 15 Jahre Haft. Der Oberste Gerichtshof verkürzte 1992 die Strafe für Maria auf zwölf Jahre. Sie ist seit 1999 auf freiem Fuß. Ihre Kolleginnen können theoretisch 2004 ihre vorzeitige Entlassung beantragen. Um nicht mit dem negativen Image von „Lainz" in Verbindung gebracht zu werden, wurde 1994 das direkt nebenan liegende „Pflegeheim Lainz" in „Geriatriezentrum Am Wienerwald" umbenannt, wo 2000 Pflegebedürftige untergebracht waren. Im Jahr 2003 wurden dort schwere Mißstände bekannt. Die Patienten seien unter kaum als menschenwürdig zu nennenden Umständen untergebracht, würden nicht oder höchst unzureichend versorgt und litten Höllenqualen, kritisierte die Presse.

„Bescheißt du mich eigentlich?"

Der Prozess um den Tod des Volksschauspielers Walter Sedlmayr in München

SPIEGEL 49/1992, 30. NOVEMBER 1992

Der Tod macht nicht alle Menschen gleich. Es bleibt ja etwas von jedem Menschen über den Tod hinaus. Je nachdem, welche Rolle der Mensch gespielt hat, bleiben Erinnerungen, Spuren, Bilder im Gedächtnis weniger oder vieler. Ein vollendetes Leben lässt sich betrachten.

Was bleibt von dem Münchner Volksschauspieler Walter Sedlmayr? Seine „Spaziergänge durch München", die er fürs Fernsehen drehte? Die Rolle des Inspektor Schöninger in der Serie „Polizeiinspektion 1"? Seine Auftritte auf Münchens heiligem Berg, dem Nockherberg, beim Starkbieranstich?

Die unverwechselbare Stimme? Die opulente, kultivierte Mundart? Der Typ des bayerischen Städters, des Urmünchners, den er nicht spielen musste, denn er war einer – granteInd, reizbar, äußerlich robust und innen drin empfindsam und empfindlich, lebensfroh und tief melancholisch zugleich?

Das Bild des rundschädeligen, schnauzbärtigen, „wamperten" Mannsbildes, mit dem sich der Herr Jedermann identifizieren konnte? Denn gerade, weil er kein geschniegelter Beau war, haben die Leute ihn gemocht.

Das wird schon bleiben. Doch vor allem wird es vom Sedlmayr heißen, dass er umgebracht wurde und dass das Ärgste daran nicht einmal dieses trostlose Umgebrachtwerden war, sondern was die Leute danach alles über ihn gesagt haben. Denn Walter Sedlmayr war schwul.

In seinem Leben und seinem Ende wird das Elend jener sichtbar, die entweder ihren besonderen Lebensweg so hysterisch leben und aggressiv verteidigen, dass sie weiterhin im höhnischen Gespräch bleiben, oder die sich schamvoll verbergen und hinter ihrer öffentlichen Existenz ein einsames, dunkles Leben führen, um dessentwillen sich viele von ihnen insgeheim selbst hassen und verachten.

In seinen jungen Jahren, Sedlmayr war Jahrgang 1926, als er unbedeutende Rollen an den Kammerspielen oder am Gärtnerplatztheater spielte – in den kargen Nachkriegsjahren als einer der dünngesäten „Dicken" –, war Homosexualität noch verdammt. Was bei dem großen Gründgens akzeptiert oder diskret übersehen wurde, konnte sich ein kleiner Sedlmayr nicht erlauben.

Mit Heimatschnulzen brachte er sich in den fünfziger Jahren durch, in lausigen lederhosigen Rollen als Herrgottschnitzer oder Dorftrottel. Die einzige Frau in seiner Nähe war seine Mutter, die bis zu ihrem Tod 1988 bei ihm lebte. Er hatte niemanden, denn auch die Mutter wird's nicht gewusst haben, der ihn so liebte, wie er nun einmal war. In der Gosse musste er sich kurze, heimliche Vergnügen holen.

Später, ab 50, als er sich zunehmend zum Typ des städtischen Kleinbürgers auswuchs, als sich Bierkrüge, Lodenjoppen und Gamsbärte seiner bemächtigten, gab es kein Entrinnen mehr. Wer die Wahrheit kannte, profitierte davon, dass sie verborgen blieb.

So begann die Freundschaft mit Wolfgang Werle, den Sedlmayr später seinen „Ziehsohn" nannte. Werle, ein geborener Lauber, entstammt einer zerrütteten Familie mit sechs Kindern aus dem bayerischen Odelzhausen, kam mit fünf Jahren ins Heim, lernte dort, was es heißt, schwul zu sein, und vor allem, wie man sich am besten verkauft.

Er lernt ein wenig Friseur, arbeitet als Kellner, als Beifahrer, an einer Tankstelle, deren Besitzer ihn adoptieren wollte. Tatsächlich adoptiert hat ihn wenig später aber eine wohlhabende, kinderlose Witwe, eine Freundin von Sedlmayrs Mutter, daher der Name Werle. Da war er 24 Jahre alt.

Wolfgang Lauber, nun Werle, längst auf der schiefen Bahn, beerbt die Witwe, ist auf einen Schlag ein gemachter Mann und Sedlmayr stets zu Diensten. Wieder gelingt es ihm, einen einsamen Menschen für sich einzunehmen. „Da Bua" nannte ihn Sedlmayr.

Seitdem der Schauspieler sich nicht mehr selbst ins Milieu begibt, weil ihn jeder kennt, besorgt ihm Werle junge Männer. Auch für Kunstgegenstände und Antiquitäten – Sedlmayr hatte gern schöne, teure Dinge um sich, die das Schmutzige überglänzen – weiß der umtriebige Werle stets gute Quellen. Er schickt ihm bewundernd Blumen, er beeindruckt Sedlmayr. In dessen Augen hat der Junge sich selbst aus dem Dreck gezogen. Wie viel Hoffnung mag der Ältere da hineingesehen haben?

Sedlmayr, in seinen letzten Jahren der klassische bayerische „Realitätenbesitzer", Erbe eines Millionenvermögens und Nutznießer einträglicher Werbeverträge, dem nachgesagt wird, fast unerträglich geizig, misstrauisch und pedantisch gewesen zu sein, lässt sich auf Geschäfte mit Werle ein. Er gibt zum Schluss eine halbe Million Mark und seinen Namen für eine Gaststätte am Münchner Viktualienmarkt, die Werle betreiben soll. „Beim Sedlmayr“ heißt sie.

Es geht nicht lange gut. Im Frühjahr 1990, wird berichtet, habe Sedlmayr Werle gefragt: „Sag, Wolfi, bescheißt du mich eigentlich?“

Sedlmayr waren Klagen des Personals aus der Gaststätte zu Ohren gekommen. Er hatte erfahren, dass Ware für das Lokal am Viktualienmarkt laufend in den „Freisinger Hof“ verschoben worden war, den Werle in eigener Regie betrieb. Auch Chefkoch und Hausmeister waren mal hier, mal da. Die Ertragslage stellte sich als undurchsichtig dar.

Es geht Sedlmayr nicht gut. Er klagt über Herzschmerzen. Sein letzter Auftritt beim Starkbieranstich auf dem Nockherberg missglückt. Er sitzt danach allein und erschöpft in einem Vorraum des Salvator-Kellers.

Es kommt zu Verstimmungen, zu Zerwürfnissen. Werle zahlt das Personal nicht mehr aus. Sedlmayr lässt schließlich die Tageseinnahmen abholen, um die Angestellten persönlich zu entlohnen. Werle erteilt Sedlmayr daraufhin Hausverbot. Die Münchner Zeitungen haben längst Wind von der Sache. Sedlmayr fürchtet, um 150000 bis 200000 Mark betrogen worden zu sein.

Am 16. Juli 1990, einem Montag, hatte er Strafanzeige stellen, die Kommanditgesellschaft auflösen und sich aus dem Geschäft zurückziehen wollen. Einem Rechtsanwalt wollte er eidesstattliche Versicherungen des Personals übergeben, was „Beim Sedlmayr“ so alles üblich war.

Doch am Tag zuvor, am 15. Juli 1990, wurde der Schauspieler erschlagen in seiner Wohnung gefunden. Der Tod sei am Samstag, 14. Juli, zwischen Mittag und Mitternacht eingetreten, sagen die Rechtsmediziner.

Angesichts dieser die Staatsanwaltschaft und die Öffentlichkeit gleichermaßen beeindruckenden „Motivlage“ muss sich seit der vergangenen Woche Wolfgang Werle, 37, wegen Mordes vor der 1. Strafkammer des Landgerichts München I verantworten. Wer, wenn nicht Werle, hätte sonst etwas gehabt vom Tod des Walter Sedlmayr?

Auch Werles älterer Bruder Manfred Lauber, 39, ist angeklagt. Was hat er damit zu tun? Lauber verkehrte nicht bei Sedlmayr. Er durfte bei Bruder Wolfgang im „Freisinger Hof" arbeiten, für lumpige 1500 Mark monatlich, und wurde von dem, wie Zeugen sagen, für einen „Deppen" gehalten, „der ständig am Saufen ist".

Lauber, schon äußerlich nicht so glatt und elegant wie der Bruder, sondern eher der Typ des armseligen Münchner „Strizzi", mangelt es an dem Geschick, sich gut zu verkaufen. Er hat nie eine reiche Witwe oder einen Ziehvater gefunden. Ihm hat keiner etwas geschenkt.

Lauber geriet im Sog seines Bruders in Verdacht. Er ist einer jener Menschen, die, ungeschickt und unelegant, für jeglichen Verdacht gut sind. Seine Vorstrafenliste ist lang. Er hat sich nicht aus dem Dreck heraus-, sondern nur immer weiter hineingeschafft.

In der Vernehmung vom 26. März 1992 bezichtigte er, anders als bis dahin, plötzlich seinen Bruder sowie einen Jugoslawen der Tat. Am Tag darauf wiederholte er dieses „Geständnis".

Was war geschehen? Es war ihm die Aussage seines Bruders vorgehalten worden, er, Lauber, habe Sedlmayr getötet, während Wolfgang im Nebenzimmer gewartet habe. Es wurde ihm allerdings nicht gesagt, dass diese angebliche Aussage nicht von Werle selbst, sondern nur von einem Mithäftling stammte.

Vor Gericht sagt Lauber, der Oberstaatsanwalt Manfred Jungnik von Wittken habe damals auf ihn eingeredet: „Begreifen Sie denn nicht, was das heißt, was Ihr Bruder da sagt? Der geht in zwei Monaten, und Sie bleiben!" Er sei fix und fertig gewesen. Und dann habe es geheißen: „Wenn Sie jetzt nichts sagen, sind Sie für mich der Täter gewesen." Wenige Tage später hat Lauber widerrufen.

Ein paar rote Fasern an der Kleidung der Brüder, wie sie auch in der Wohnung Sedlmayrs vorkamen – sie können weiß Gott woher stammen. Dass der Todeszeitpunkt ausgerechnet in der kurzen Zeitspanne lag, für die beide Brüder kein Alibi haben, konnte der Rechtsmediziner Professor Wolfgang Eisenmenger nicht bestätigen. Ein Fingerabdruck Werles auf der Unterseite eines Tisches (die Haushälterin will auch von unten mit Möbelpolitur gewienert haben), was besagt er schon?

Der Privatsekretär, die Notärztin, die Rettungssanitäter, befragt, was sie bei ihrem Eintreffen in der Sedlmayrschen Wohnung bemerkt hätten, geben schöne Beispiele für die Unzuverlässigkeit von Zeugenaussagen. Da sah einer Blut, der andere roch es, der dritte sah überhaupt kein Blut und so fort.

Andere Täter? Unter Sedlmayrs Bett lagen der Hammer, mit dem ihm der Schädel zertrümmert worden war, und eine Peitsche. Auf dem Nachtkästchen befanden sich Kondome (mit einem Taschentuch bedeckt) und eine Dose Gleitcreme. Seine Fußknöchel waren mit Klebeband umwickelt, er war also gefesselt worden. Irgendwer hatte die Fesseln durchgeschnitten. Warum?

Auch seine Hände waren gefesselt, diese Fesseln wiederum waren durchgerissen. Der oder die Täter hatten ihrem Opfer am Hals eine 24 Zentimeter lange Schnittwunde zugefügt und Stiche in die Nieren: links einen, rechts acht. Sieben dieser Stiche, sagt Eisenmenger, sähen aus, als ob das Opfer gepikst worden sei, bevor der eine äußerst schmerzhafte Stich in die Tiefe gesetzt wurde. Sedlmayr hat gelebt, als er gestochen wurde. Er hat sogar noch weitergelebt, als die ersten Schläge niedergingen.

Die Verteidigung (Peter C. A. Krauss und Hans-Dieter Gross für Lauber, Sieghardt Ott und Thilo Pfordte für Werle) fragt, ob ein Täter, der es auf Wertgegenstände abgesehen hat, nicht doch eher rasch tötet, um mit der Beute schnellstmöglich zu verschwinden. Werle soll gewusst haben, wo sich Tresor und Schlüssel befanden; er hätte nichts aus Sedlmayr herauspressen müssen.

Also ein Täter aus dem Homosexuellen-Milieu vielleicht? Schließlich fand sich unter einer Tischdecke im Flur ein 500-Mark-Schein, möglicherweise das Honorar für einen Strichjungen.

Ein Täter mit Erfahrung im Foltern, im Quälen? Die Münchner Zeitungen haben nach dem Tod des Volksschauspielers nichts ausgelassen. Dass Sedlmayr sich in einen Sack stecken und peitschen ließ, dass er sich, während er mit einem Mann beschäftigt war, von einem anderen beschimpfen ließ und ähnliches. Das Intimleben wurde von den Journalisten ausgeweidet wie die Leiche von den Rechtsmedizinern. Das war fast schlimmer als das Umgebrachtwerden.

Der Rechtsmediziner zeigt im Gerichtssaal Sedlmayrs geborstenes Schädeldach. „Was liegt denn nun im Grab?“, fragen Journalisten schaudernd. Der Sachverständige beruhigt: „Sedlmayrs Kopf sah bei der Beerdigung ganz normal aus. Wir haben sein Schädeldach mit einer formbaren Masse aus Papier nachgebildet und damit ersetzt. Dies geschieht schon aus Gründen der Pietät.“ Na, immerhin.

Der Tod des Walter Sedlmayr ist ein besonders elender und grausamer. Was sich nach ihm und seinetwegen öffentlich abspielte, widerlegt all jene, die meinen, heutzutage seien gleichgeschlechtliche sexuelle Beziehungen etwas Selbstverständliches. Die Sudelflagge „schwul“ weist die Betreffenden noch immer in die Isolation.

Manche von ihnen heften sie sich demonstrativ selbst ans Revers, beschweren sich mit hysterischen Vorurteilen, indem sie sich krampfhaft verbergen oder wie wild wehren. Verurteilen sich manche heute nicht selbst härter als jene, die früher Kübel über ihnen ausschütteten? Warum nicht ein Wort, das nicht so derb beschmutzt ist wie „schwul“?

Unter Künstlern, gerade unter Schauspielern, gibt es zahlreiche Homosexuelle. Das mag der Grund dafür sein, dass so viel vorgespielt und vorgetäuscht wird, im Verbergen und im zu schrillen Widerstand.

Es kann sein, dass der Tod des Volksschauspielers mit seiner Homosexualität nichts – oder nur indirekt – zu tun hat. Vielleicht ging es nur um Geld, um ein Testament. Möglicherweise wiegte sich Werle in dem Gefühl, Erbe eines Millionenvermögens zu sein, ähnlich wie bei der Witwe damals. Vielleicht hatte Sedlmayr ihm Versprechungen gemacht. Oder ihn auch nur hingehalten.

Auch einem anderen, seinem 29 Jahre alten Privatsekretär hatte er das Erbe versprochen. Wem hat er noch etwas versprochen?

Hat er versucht, sich durch Versprechungen vor Erpressern zu schützen, die mit Enthüllungen drohten? Dass er durch Werle in unsaubere Geschäfte verwickelt wurde, konnte er hinnehmen, das schadete seiner Reputation nicht. Doch ein Pracht-Bayer, der mit Strichern herummacht? Das hätten ihm wohl nicht einmal jene verziehen, die sich jetzt um seines gnadenlosen Endes willen erbarmen.

Hat der Schauspieler mit der Abhängigkeit anderer gespielt? Hat er versucht, sich auf diesem Weg seine Ungebundenheit, seine Selbstachtung zu wahren, er, der sich immer wieder der kleinen Ganoven bediente und sich dafür verachtete? Hat er sich Freunde, eine Familie, Söhne gekauft wie Sexualpartner?

Der Privatsekretär, Vater von inzwischen drei kleinen Kindern, hat in der Nacht, als er ihn fand, noch ein Testament zu eigenen Gunsten zusammengeschustert und mit Sedlmayrs Unterschrift versehen. Er sagte später vor Gericht, er habe gemeint, im Sinne des Verstorbenen zu handeln. Heute sagt er, er sei völlig durcheinander gewesen.

Später hat er auch noch den Mietvertrag gefälscht, der ihm auf 99 Jahre das Wohnen in einer Sedlmayr-Villa sichern sollte. Er hat verzweifelt versucht, etwas von dem zu retten, was durch vier Hammerschläge verloren war.

Der Tod macht nicht alle Menschen gleich. Manchmal enthüllt erst er das ganze Unglück, die entsetzliche Traurigkeit einer menschlichen Existenz.

Werle und Lauber wurden im Mai 1993 zu lebenslanger Freiheitsstrafe verurteilt. Werles Schuld wiege besonders schwer, urteilte das Gericht, weil er zur Tat angestiftet und seinen Bruder hineingezogen habe. Die Revisionen gegen das Urteil wurden 1994 verworfen. Wiederaufnahmeanträge lehnte das Oberlandesgericht München ab. Auch das Bundesverfassungsgericht und der Europäische Gerichtshof wiesen die Beschwerden der Brüder zurück. Zur Zeit bemühen sie sich ein drittes Mal über ihren langjährigen Wiederaufnahmeverteidiger Professor Dr. Edgar Weiler um eine Wiederaufnahme.

„Habe mich hinreißen lassen"

Prozess gegen Hooligans, die den Gendarmen Nivel bei der Fußball-WM zum Krüppel schlugen

SPIEGEL 21/1999, 24. MAI 1999

Die Fotos von der Tat gingen um die Welt. Am 21. Juni vergangenen Jahres attackierten acht bis zehn Gewalttäter den 43-jährigen Gendarmen Daniel Nivel im französischen Lens. Bleischwer lasten diese Bilder noch heute auf der Erinnerung an die Fußball-WM.

Kaum dass die Anklage gegen vier an den Ausschreitungen beteiligte Deutsche fertiggestellt war, erschien am 6. Januar in der „Welt" ein Vorbericht, der die angeführten Tatbestände auswertete und beschrieb, welch „bitterböses Bild...entfesselter Gewalt" die Staatsanwaltschaft zeichnet.

Auch der Prozess, Hooligan-Prozess genannt, der nun seit dem 30. April vor dem Landgericht Essen stattfindet, erfährt totale Öffentlichkeit. Das qualvolle Überleben des Tatopfers hat weit über Frankreich hinaus Bestürzung hervorgerufen.

Die vier Angeklagten sind in Wort und Bild vorgestellt worden. Dass ihnen wegen schwerer Körperverletzung und schweren Landfriedensbruchs, möglicherweise sogar wegen versuchten Mordes eine überaus empfindliche Freiheitsstrafe droht, wurde ebenfalls in den Medien schon breit erläutert.

Entsetzen und Empörung der deutschen Öffentlichkeit über die „Schande von Lens" schlugen über den zwischen 24 und 31 Jahre alten Angeklagten zusammen. Im Kommentar der „Hamburger Morgenpost" hieß es zu Prozessbeginn: „Hoffen wir nur, dass nicht wieder mal die Idee aufkommt, ‚die Gesellschaft' sei schuld. Es ist egal, wie sie so geworden sind. Sie sind so und sie müssen so behandelt werden."

Ungeachtet dieser Berichterstattung und wie zum Trotz gegenüber der entsetzten Öffentlichkeit kam es am Himmelfahrtstag beim Regionalligaspiel in Offenbach, wo der Traditionsverein der Kickers gegen den Traditionsverein Waldhof Mannheim 0:0 spielte, erneut zu einer blutigen Stadion- und Straßenschlacht. Weit über 100 Personen, darunter 27 Polizeibeamte, wurden verletzt. Die Polizei war mit 500 Mann vor Ort, hatte aber nicht damit gerechnet, dass sogar Rowdys aus Düsseldorf, Braunschweig, Leverkusen, Hamburg und

Basel zum Randalieren anreisen würden. In der Hooligan-Szene verabredet man sich heute via Internet.

Wie in Lens hätte es kommen können: Ein Streifenwagen wurde angegriffen, die beiden Beamten wurden herausgezerrt, einer ging zu Boden und wurde getreten. Ihn rettete vor dem Schicksal des Gendarmen Nivel, dass sein Kollege einen Warnschuss abgab.

Die Offenbacher Schlacht geschah im Schatten des Essener Prozesses. Oder, geradezu herausfordernd, in seinem Scheinwerferlicht. Auch in Berlin und in Leipzig kam es zuletzt zu Gewalt. Randalierer lassen sich weder von harter Strafandrohung abschrecken noch vom Zorn der Bürger. Im Gegenteil: Die empörte Darstellung von Straftaten, die einhellige Ablehnung der Gewalttäter, die Forderung nach immer härteren Strafen scheinen manchen zu bösen Heldentaten erst anzustacheln.

Die vier in Essen sind noch nicht verurteilte Täter, sondern mutmaßliche. Drei von ihnen haben sich zu Beginn der Hauptverhandlung entschuldigt. André Z.: „Ich möchte schon jetzt sagen, dass ich zutiefst bedaure, was in Lens geschehen ist, vor allem die Folgen für Herrn Nivel und seine Familie.“ Frank R.: „Es tut mir wirklich sehr, sehr leid für die Familie Nivel.“ Tobias R.: „Ich möchte sagen, dass es mir unendlich leid tut und ich mich unendlich schäme, daran teilgenommen zu haben.“

Tobias R. beschrieb, wie man schon am Vortag des Spiels Deutschland gegen Jugoslawien im Leihwagen zu mehreren nach Lens fuhr, die Nacht durchfeierte, wie man keine Karten bekam fürs Spiel, wie man von der Polizei auseinander- und zurückgetrieben wurde. „Ich fand mich in einer Gruppe von ungefähr 50 Leuten, die ich nicht kannte. Wir kehrten zurück zu den Absperrungen. Da sind Leute in eine kleine Seitenstraße reingelaufen, ich mit. Ich habe gesehen, dass da Gerangel und heftige Bewegung war. Ich dachte, da seien jugoslawische Fans.“

Dann habe er einen Polizisten auf dem Boden liegen gesehen. „Ich war nahe an ihm dran, an seinen Beinen und am Gesäß. Habe mich hinreißen lassen zu Tritt gegen die Beine oder das Gesäß. Muss dann noch einen Schritt weitergegangen sein, noch ein Tritt in den Rücken. Dann war jemand an mir dran von der Seite und zog mich am Hemd. Meine, dass ich das Gleichgewicht verlor und über den Polizisten sprang.“

Genau gesehen haben will er nichts. Der Vorsitzende Richter Rudolf Esders, 59, erstaunt: „Man sieht doch, was in unmittelbarer Nähe geschieht! Es klingt so, als hätte keiner was getan. Ich will wissen, ob jemand getreten oder geschlagen hat!" R. druckst herum. „Ja schon, aber nicht so konkret" habe er etwas gesehen. Und schnell fügt er hinzu: „Ich war jedenfalls nicht allein."

Frank aus Gelsenkirchen, verheiratet, fragte erst seine Frau: „Schatz, hast du was dagegen, dass ich fahre?" Er habe nach dem Spiel zum Stadion gewollt, „um wenigstens Fotos zu machen". Doch die Polizei habe begonnen, einen Kessel zu bilden. An einer Seitenstraße habe irgendwer gerufen: „Hier sind nur drei, da kommen wir durch!" Frank sah, wie einem der Polizisten der Helm wegflog. „Wie elektrisiert habe auch ich zugetreten. In Richtung Beine. Ich weiß es nicht genau. Eine Person kniete auf dem Polizisten und schlug mit einem Holzbrett auf ihn ein. Ich wollte nichts damit zu tun haben und rannte total geschockt weg."

Frank dachte, „die Polizisten hauen ab, wenn so eine Meute kommt. Es war nie geplant, einen Polizisten niederzuschlagen. Möglich ist, dass ich auch gegen den Kopf oder den Oberkörper getreten habe. Ich weiß es nicht, es ging alles so schnell". „Warum haben Sie überhaupt mitgemacht?", fragt der Vorsitzende. „Ich weiß nicht. Vielleicht war es der Frust, weil die Polizei so hermetisch abgeriegelt hat. Aber es war nicht geplant. Es war halt so, als träte man gegen einen Fußball."

Auch Z. will noch aussagen. Christopher R. aber, der vierte Angeklagte, gelernter Elektriker und Sohn aus nicht unvermögendem Haus, schweigt. Er hat drei Anwälte, sie schirmen ihn ab. Zu Prozessbeginn tritt er in blauem Anzug, Weste und Krawatte auf, so dass man ihn für einen Referendar hält. Er trägt Brille, einen flotten Haarschnitt und eine auffallende Uhr. Er sitzt nicht wie die anderen auf der Anklagebank hinter den Anwälten, sondern neben ihnen an einem herangerückten Tisch. Er senkt nicht schuldbewusst den Blick, sondern nimmt häufig Blickkontakt mit seiner hübschen Verlobten im Zuschauerraum auf. Was sucht einer, der aussieht wie er, in der Hooligan-Szene? Einer der Rädelsführer der Hooligans des FC Berlin soll er sein. Neuerdings heißt sein Verein wie zu Mielkes Zeiten BFC Dynamo.

So wie er sich gibt, bietet er Spekulationen derer, denen nicht genügt, was sich in einem Gerichtssaal abspielt, ausreichend Stoff. In

Untersuchungshaft sitzt er in erster Linie wegen des Verdachts, mit Kokain gehandelt zu haben. Von seiner Nähe zur rechtsradikalen Szene wird gemunkelt, was seine Verteidigung bestreitet. Er soll als gewalttätiger Fußballfan polizeibekannt sein; 1993 habe er an einer Schlägerei unter Berliner Hooligans teilgenommen (das Verfahren wurde eingestellt, weil sich die Ermittlungen so lange hinauszögerten). Auch in Fürstenwalde soll er wegen Körperverletzung während eines Fußballspiels schon einmal vor Gericht gestanden haben, ohne jedoch verurteilt worden zu sein.

Sein Schweigen ist nicht ohne Risiko. Ist er vielleicht der Anführer? Der Schlimmste von allen – nur weil er nicht redet? Ist er Drogenboss? Boss der Hools? Die Berichterstattung über Angeklagte, die aussagen, die sich entschuldigen und Reue zeigen, ermutigt nicht gerade zum Sprechen. Zeigt sich ein Angeklagter bewegt oder weint er gar: Er hat Selbstmitleid, seine Reue ist „vorgeblich“. Versucht er, seinen Tatbeitrag zu beschreiben: Er sagt, was seine gewieften Anwälte ihm raten. Schweigt er, ist er höchstwahrscheinlich der Boss.

Am zweiten Sitzungstag berichten zwei szenekundige deutsche Polizeibeamte als Zeugen über die Auseinandersetzungen der militärmäßig aufgerüsteten französischen Polizei mit den Hooligans. Bei den Spitzenspielen in Deutschland gehe es anders zu: Man kenne sich, man habe Rituale miteinander entwickelt, die Polizei gelte nicht als Feind der Fans.

In Frankreich aber gab es vor dem Spiel massive Absperrungen an jenem Kreisverkehr, von dem aus mehrere Straßen zum Stadion Félix Bollaert führen. Wer keine Eintrittskarte hatte und nicht 2000 Mark, um auf dem Schwarzmarkt noch eine zu kaufen, hatte keine Chance, durchgelassen zu werden. Da blieben nur die Fernseher in den Kneipen mit französischem Kommentar. Die Polizei blieb unerbittlich, rückte gefechtsbereit vor, um Problemfans einzukesseln. Das Auftreten der Polizei habe die Aggressionen der Zukurzgekommenen noch angeheizt, sagte der Zeuge.

Während des Spiels kam es nur zu kleineren Vorfällen. Bei Halbzeit, Spielstand 0:1, verschlechterte sich die Stimmung. Nach Spielende, die Deutschen erreichten mit Glück ein 2:2, versuchten die Hooligans erneut, zum Stadion vorzudringen, zum Prügeln und zum Fotografieren. Doch nichts fand statt. Unüberwindlich die Polizei, die eine

Ordnung aufrechterhielt und repräsentierte, die für manchen Fan keine Ordnung, sondern eine Provokation war.

Rund 200 Hooligans wurden in Richtung Bahnhof abgedrängt, machten aber auf nächstem Weg kehrt, um wahllos randalierend wieder zu den Sperren zurückzukehren. In der Rue Romuald Pruvost schrie dann einer den unseligen Satz: „Da kommen wir durch, da sind nur drei."

20 oder 50 Mann stürmten durch die kleine Straße voran. Einer der dort postierten Gendarmen ergriff gleich die Flucht, ein zweiter rannte nach einem Handgemenge auf und davon. Warum halfen sie nicht? Acht, zehn Mann fielen über Nivel her.

Wäre nicht fotografiert worden von Hooligans – es hätte wohl kein öffentliches Entsetzen, keine Anklagen, keinen Prozess gegeben. So aber sind da die Fotos und die Aussagen zweier Augenzeugen, so vieldeutig und unzuverlässig sie jeweils sein mögen. Auch die französische Polizei hat fotografiert, wenn auch nicht die Szene mit Nivel. Es werden vor Gericht noch viele Bilder zu erörtern sein.

Der Angeklagte Christopher R. wird, was den Anklagevorwurf angeht, nur von einem der fotografierenden Hooligans belastet, ausgerechnet von dem, der von dem Geschehen geschockt gewesen sein will. Der, geschockt, wie er war, auf die Stoßstange eines Autos kletterte, um zu fotografieren. Der sich an exakt vier Schläge R.s gegen Nivel erinnert. Andere Beteiligte haben ihn nicht gesehen.

Der Foto-Zeuge, ein 18-Jähriger „ohne Beschäftigung", genießt es, vor Gericht im Mittelpunkt zu stehen. Er fühlt sich durch seine Aussage gefährdet, erscheint mit drei Polizisten aus Österreich zu seinem Schutz. Auch er möchte sich ins Bild setzen, wie jene Hooligans, die ihm ihre auf Fotos verewigten Heldentaten abkaufen. Auch er ist nun wer.

Der szenekundige deutsche Polizeibeamte hingegen, der mit neun Kollegen nach Lens geschickt worden war, um sich anbahnende Ausschreitungen zu verhindern, schildert vor Gericht, wie schwierig sich das Erkennen von Tätern und Taten gestaltete: „Das ging so schnell, die Gruppen vermischten sich so rasch – ich habe versucht, mir wenigstens ein, zwei Leute zu merken. Es ging nicht."

Der Vorsitzende Esders hat in diesem Prozess eine schwere Aufgabe zu bewältigen. Gegenüber neun Verteidigern hat er die Autorität des Gerichts zu wahren. Dazu kommt die Nebenklage der Nivels; ein angesehener Essener Anwalt nimmt sie wahr. Ihn beschäftigt zum Beispiel, dass Nivel der Gendarm war, der ein Funkgerät bei sich hatte, also Hilfe hätte holen können. War es also doch eine gezielte, planmäßige Aktion unter Inkaufnahme schlimmster Folgen? Die Öffentlichkeit, ohne Verständnis für Beweislage und Rechtsprobleme, erwartet härteste Bestrafung. Das Mitgefühl mit dem Opfer schreit nach Ausgleich.

Das Gericht hat zudem das Problem, dass Hooligan-Zeugen reihenweise die Aussage verweigern. Esders belehrt sie fast flehend über ihre Rechte. Nun sollen Kripo-Beamte, die sie vernommen haben, über die Aussagen berichten.

Für den 26. Mai hat das Gericht den Psychiater Norbert Leygraf und die Psychologin Sabine Nowara geladen. Man erhofft von ihnen Erkenntnisse über Massen- und Gruppenpsychologie. Es gibt eine prächtige Literatur über die Ursachen des Hooliganismus. Eine klärende Antwort sucht man vergebens. Es genügt nicht zu sagen, diese Leute suchten „den Kick“, sie seien „erlebnisorientiert“. Das einzige, was seriöse Sachverständige bieten können, ist die Begutachtung jedes einzelnen Angeklagten. Wie verhält dieser sich in einer rasenden Menge? Macht das die Verteidigung mit?

Dieser Prozess wird voraussichtlich lange dauern, und sein Ausgang ist ungewiss. Als am 29. Mai 1985 im Brüsseler Heysel-Stadion beim Spiel zwischen Liverpool und Turin 39 Menschen zu Tode kamen, hatte man nicht nur Fotos als Beweismittel, sondern ganze Filme, die den Ablauf der Katastrophe zeigten. 500 Millionen Zuschauer wurden am Bildschirm zu Augenzeugen. Dennoch schuf das Urteil keine Klarheit. Es gab 14 Verurteilungen, von denen nicht jede überzeugte, und 11 Freisprüche, die ebenfalls nicht durchweg einleuchteten.

Das Weltgeschäft Fußball ist nach wie vor auch das Brot der Armen – keineswegs nur der sozial Benachteiligten, sondern vor allem der seelisch Armen, die daran leiden, dass sie nicht beachtet werden, die einmal im Mittelpunkt stehen wollen, und sei es auch inmitten einer Horde von verachteten Außenseitern.

In den „Lübecker Nachrichten“ erschien zu Prozessbeginn ein nachdenklicher Kommentar. Die anonyme Truppe der Hooligans bekomme in den Angeklagten ein Gesicht, hieß es. „Das Märchen, dass es sich bei Hooligans um Dumpfbacken und primitive Schläger handelt, wird endlich als Lügengebilde entlarvt. Hooligans sehen aus wie du und ich. Auch wenn es wehtut: Die Täter von Lens sind welche von uns."

Das Opfer Daniel Nivel im Hooligan-Prozess in Essen

SPIEGEL 25/1999, 21. JUNI 1999

Die Hinterbliebenen eines Menschen, der getötet worden ist, tragen ihr Leben lang an dem Verlust. Es gibt mitunter ein noch unentrinnbareres Lebenslang: wenn das Opfer die Straftat überlebt hat, unheilbar gezeichnet, nur dem Namen nach noch der Mensch von ehedem.

Der Gendarm Daniel Nivel, 44, sitzt nicht im Rollstuhl. Er kann gehen, wenn auch unsicher, Treppen steigen hat er wieder erlernt. Doch sonst ist nichts von ihm geblieben. Er ist nur noch am Leben.

Er kann nicht mehr lesen, nicht schreiben. Sein Sehvermögen ist schwer beeinträchtigt, er hört nicht mehr richtig. Er schmeckt nichts mehr und riecht fast nichts.

Selbst denen, die ihm am nächsten sind, ist er fremd. Er kann nicht mehr Verantwortung tragen, nichts mehr entscheiden. Er kann nicht ohne Hilfe leben. Immer muss jemand bei ihm sein, ihn führen. Was früher war, weiß er nicht mehr. An jenen 21. Juni 1998, als aus ihm ein Behinderter wurde, hat er keine Erinnerung.

Mit seiner Frau Lorette und dem ältesten Sohn ist er für zwei Tage nach Essen gekommen, wo sich vor dem Landgericht vier Hooligans gegen den Vorwurf des versuchten Mordes an Nivel verteidigen. „Haben Sie den Eindruck, dass er Sie versteht?", fragt der Vorsitzende Esders die Zeugin, Nivels Ehefrau. Zögernd sagt sie: „Ja, doch." Kompliziertere Sätze erschließen sich ihm nicht. Man müsse ganz einfache Worte gebrauchen. „Versteht er Witze?", fragt der Vorsitzende. Einen Moment lang ist die Zeugin verblüfft über die Frage. Sie überlegt. Nein, so etwas versteht er nicht.

Dass Nivel den Wunsch gehabt haben soll, den Angeklagten „ins Gesicht zu sehen", wie es in den Medien heißt – man mag es nicht glauben. Er geht hinter seiner Frau her. Er setzt sich nieder, wo sie es ihm bedeutet. Wenn sie aufsteht, steht auch er auf und nestelt ängstlich an Hemd und Hose. Wenn sie geht, geht er wieder hinterher.

Einmal versucht seine Frau, ihn anzusprechen. Sie lacht dabei. Er verharrt regungslos. Noch einmal versucht sie es nicht. Sie hat ihn mitgebracht zum Beweis dafür, dass er nur noch am Leben ist.

Hinter Frau Nivel sitzt der 21-jährige Sohn. Mitunter meint man sein Unbehagen an dem Auftritt zu spüren. Dass es ihm wohl lieber gewesen wäre, man hätte den Vater nicht mitgebracht und vorgeführt.

Die Gerichtsverhandlung in Essen ist durch die Dramatik des Besuchs der Familie Nivel nicht vorangekommen. Es sind nur die tragischen Folgen des Krawalls in Lens, die bekannt sind, vor Augen und Kameralinsen geführt worden. Der Abstand zwischen den Erwartungen der Öffentlichkeit – es ist wieder von Mordversuch und lebenslanger Vergeltung gesprochen worden – und dem, was als Beweis individueller Schuld gelten könnte, hat sich nicht verringert. Hier die Katastrophe, der zerstörte Mann, die Frau, der gequälte Sohn. Dort junge Kerle, die allenfalls zwei Fußtritte zugeben.

Stehen Angeklagte vor Gericht, die sich im Nachbarland strafbar gemacht haben, kommen auf ein Gericht zusätzliche Probleme zu, ohne dass dies der einen oder der anderen Seite vorzuwerfen wäre. Jedes Rechtssystem hat seine Geschichte, seine Besonderheiten. Was am Gerichtsort für das Urteil wichtig ist, spielt in den Ermittlungen am Tatort im Nachbarland nur eine untergeordnete Rolle. Die Verfahrensweisen sind unterschiedlich, mancher Tatbestand lautet bei den Nachbarn anders.

Das Essener Gericht bemüht sich um Beweismaterial. Noch immer steht vieles nicht zur Verfügung. Der Vorsitzende hat ständig Kontakt mit Jean-François Bohnert, dem französischen Verbindungsrichter beim Bundesjustizministerium. Esders ist zu erfahren, als dass ihm nicht das Ausmaß an Komplikationen vor Augen stünde.

In Frankreich hat man das Tatgeschehen unter Beteiligung von Verdächtigen und Tatzeugen rekonstruiert und Nivels Verletzungen entsprechend interpretiert. Die Verteidigung in Essen gibt sich damit nicht zufrieden. Sie besteht auf medizinisch neutralen Befunderhebungen, auf Röntgenbildern, auf Sachbeweisen. Es ist ihre Pflicht zu fragen: Welche Verletzungen gehen auf welche Einwirkungen von Hooligans zurück? Welche Schäden sind Folgen des Sturzes, als Nivel, vor Hooligans zurückweichend, umfiel und mit dem Kopf auf den

Bordstein prallte? Denn am Hinterkopf Nivels befand sich die einzige, äußerlich sichtbare offene Verletzung. War sein Helm ordnungsgemäß festgeschnallt?

In der vergangenen Woche wurden in Essen – taktvoll und zurückhaltend – die beiden französischen Gendarmen als Zeugen vernommen, die unter dem Befehl Nivels die kleine Seitenstraße in Lens abgesperrt hatten, bevor sie zum Schauplatz des Ansturms von Hooligans wurde. Einer der Gendarmen ging damals wie Nivel zu Boden, raffte sich aber wieder auf, weil der Helm ihn schützte. Der andere Kamerad verkroch sich unter einem Auto.

Neben Helm, Beinschützern und Schutzweste hatten alle drei ein Gewehr dabei. „Mit scharfer Munition?“, fragt der Vorsitzende. „Ja“, antwortet der Gendarm, „im Etui.“ „Warum war die Waffe nicht geladen?“, fragt Esders. Die Erklärung ist wortreich: „Wenn man bei der Gendarmerie für Ordnung sorgt, darf man das nicht mit geladener Waffe tun. Die Patronen müssen am Gurt angebracht sein. Sie werden nur benutzt, wenn man auf uns schießt. Man soll nicht die Ordnung wiederherstellen, sondern aufrechterhalten.“

„Hatten Sie eine Pistole dabei?“ „Nein.“ „Hatten Sie einen Schild?“ „Nein.“ „Hatten Sie einen Gummiknüppel?“ „Nein.“ Den Helm wollen die Gendarmen nur zum Essen abgesetzt haben. „War es nicht warm an jenem Tag?“ Doch, aber die Anweisung befahl das Tragen. „Na ja“, sagt Esders, „über eine Anweisung setzt man sich auch mal weg.“ „Bei uns nicht. Wir sind beim Militär. Wir hatten einen Helm auf.“ Ein Foto zeigt es anders.

Eine deutsche Besonderheit bei den Ermittlungen arbeitet der Vorsitzende anlässlich der Vernehmung eines Kripo-Zeugen besonders gründlich heraus, wohl, um das Thema nicht den neun Verteidigern zu überlassen. Es geht um Fotos, die einzelnen Beschuldigten aus der Hooligan-Szene vorgelegt wurden. „Der Ausschnitt hier zeigt junge Männer in einer unverfänglichen Situation“, stellt Esders fest. Der Zeuge nickt. „Wollten Sie, dass der Beschuldigte erst zugibt, dabei gewesen zu sein?“ Der Zeuge nickt wieder. „Später dann zeigten Sie ihm das Bild in Gänze?“ Nun sieht man, wie nahe der so Befragte bei Nivel steht. „Einen konkreten Anhalt hatten wir nicht“, räumt der Zeuge ein, „aber wer so in der Nähe war, war meines Erachtens auch am Geschehen beteiligt.“

Wer von den Angeklagten in welcher Weise beteiligt war, ist nach wie vor unklar. Der Ablauf ist unklar. Was beweisen die Fotos? Sie lassen sich so oder so interpretieren. Der Angeklagte André Z. soll mit Nivels Gewehraufsatz auf ihn eingedroschen haben. Wo sind Z.s Fingerspuren? Wo sind Haar-, Haut-, Blutspuren? Dass Nivel das Teil in der Hand hatte, lässt sich feststellen. Auch Fingerabdrücke von Unbekannten gibt es. Keine Spuren aber von Z., der bereits als der am stärksten belastete Angeklagte gilt.

Den Vorsitzenden scheint die Kluft zwischen öffentlicher Emotion und der Beweislage zunehmend zu bedrücken. Die „Schande von Lens“ erweist sich in der multimedialen Welt als ein kaum noch einzudämmendes Thema.

Die Angeklagten Frank R. und Tobias R. haben sich bei den Nivels entschuldigt für das, „was nicht zu entschuldigen ist“. Frank R. sagte, er schäme sich sehr dafür, was er Herrn Nivel und seiner Familie angetan habe. Öffentliche Reue und Scham helfen Angeklagten heute aber nicht mehr. Die Welt der Medien mag solche Bekenntnisse nicht. Brutalen Schlägern auch noch ehrliches Entsetzen zugestehen?

Hohe Strafen im Essener Hooligan-Prozess

SPIEGEL 46/1999, 15. NOVEMBER 1999

Der Generalsekretär des Deutschen Fußball-Bundes (DFB) Horst Schmidt hofft, das Essener Urteil werde in der Hooligan-Szene als „eindeutige Botschaft“ begriffen. Und der beim DFB für die Medien zuständige Wolfgang Niersbach setzt auf die „abschreckende Wirkung“ des Richterspruchs. Die Gerichte, so sehen es die Funktionäre der Weltmacht Fußball, richten es schon.

Die Auffassung, hohe Strafen schreckten ab, hat ein zähes Leben. Nicht einmal von der Todesstrafe haben sich Mörder oder Totschläger aufhalten lassen. Dass die Essener Angeklagten des versuchten Mordes an dem französischen Gendarmen Daniel Nivel beschuldigt wurden, dass hohe Haftstrafen drohten – die Krawallmacher trieben bis heute unbeeindruckt ihr Unwesen. Und sie treiben es weiter.

Die 2. Große Strafkammer des Landgerichts Essen ist mit ihrem Urteil zwar unter den Strafanträgen der Anklage geblieben. Doch milde gestraft hat sie nicht: für André Z., 28, zehn Jahre Freiheitsstrafe statt der beantragten 14 Jahre. Für Tobias R., 25, sechs Jahre, beantragt waren acht Jahre. Für Frank R., 31, fünf statt sieben Jahre. Für Christopher R., 24, drei Jahre und sechs Monate statt sechs Jahre. Z. wurde wegen versuchten Mordes und wie alle Mitangeklagten wegen gefährlicher Körperverletzung verurteilt.

Das Gericht hat kein Exempel statuiert, weil dies die Achtung vor der Würde auch des Menschen verbiete, der sich schuldig gemacht hat. Die Angeklagten wurden daher auch nicht für die „Schande" bestraft, die sie angeblich über die Fußballnation Deutschland gebracht haben, was die Öffentlichkeit, von den Medien in beispielloser Weise munitioniert, gern gesehen hätte. Die Anklageschrift war schon weit vor Prozessbeginn in einer Zeitung ausgebreitet worden. Es gab Filme und Fotos ohne Ende von den Schreckensszenen im französischen Lens, wo am 21. Juni 1998 anlässlich der Fußball-WM Deutschland gegen Jugoslawien spielte. Das Foto des in seinem Blut liegenden Nivel kennt jeder.

Auch ein paar Haftjahre mehr „hätten an der Sache nichts geändert", sagte Lorette Nivel, die mit ihrem Ehemann und einem der Söhne zur Urteilsverkündung gekommen war, weil sich die Medien, so der die Nebenklage vertretende Anwalt, an ihrer Anwesenheit und Reaktion interessiert zeigten. Nivel, er ist jetzt 44, wird für sein Leben schwerstbehindert bleiben, ein Mensch, der nicht mehr aufnimmt, was geschieht, und mit dem man sich nicht mehr austauschen kann. Ein Journalist fragte den Sohn, ob er den Tätern verzeihen könne.

Er kann es nicht, welch eine Frage. Eine unerträgliche Frage wegen ihrer kalkulierten Publikumswirksamkeit. Drei der Angeklagten haben bereut, einer hat die schrecklichen Folgen bedauert. „Was haben Sie von den Angeklagten erwartet?" „Ich glaube nicht, dass ich etwas von ihnen erwarte", sagt Frau Nivel leise. „Hatten Sie schon Zeit, mit Ihrem Mann über das Urteil zu sprechen? Wie ist seine Reaktion?" Jeder weiß, dass er nicht mehr reagieren kann. „Ich habe ihn gefragt, ob es ihm gut geht", antwortet sie.

Die Angeklagten sind nicht Monster, sondern Menschen, auch wenn sie sich an jenem unseligen Tag wie Monster verhalten haben, sagte der Vorsitzende in der Urteilsbegründung.

Wie soll ein Gericht solche Menschen bestrafen?

Bedrückt, nicht ohne Resignation fuhr er fort: „Sie werden ein paar Jahre weggesperrt. Das kann ein Strafgericht erledigen. Wir können dann mit dem Finger auf sie zeigen und ihr Tun und ihren Charakter beschimpfen und zur Tagesordnung übergehen im Gefühl, besser zu sein als sie.“ Unüberhörbar die Ratlosigkeit und die schmerzlichen Erfahrungen, die auch ein erfahrenes Gericht und einen Richter auf dem Höhepunkt seines Ansehens nicht loslassen.

Was fasziniert so an Gewalt? Warum erliegen ihr gerade junge Menschen? Warum suchen sie Geborgenheit ausgerechnet unter Gewalttätern? Welche Instinkte werden dabei angesprochen? Müssen wir uns abfinden damit, dass Gewalt Spaß macht? Dass es eine Lust gibt am Abbau von Hemmungen, an der Missachtung von Tabus und Normen? Manche Fragen, die Esders ausspricht, sind schon die Antwort.

Die Strafgerichte befinden sich heute in einer prekären Situation. Eine populistische Politik, die sich den von Medien allzu oft geschürten Ängsten vor dem Verbrechen zu empfehlen sucht, indem sie Strafmaße erhöht, überfüllt die Strafanstalten. In denen geschieht nichts, was der Einsicht und Reue der Verurteilten, und damit dem Leid der Opfer, dient. Die Gerichte werden bedrängt von Erwartungen, sie werden dazu angehalten vom Gesetzgeber, immer höhere Strafen zu verhängen – doch dem Hooliganismus und anderen Fehlentwicklungen stehen nur dürftige Bemühungen entgegen. In Essen etwa kamen erhebliche Zweifel am Nutzen von Fanprojekten, Szenebeobachtern und Betreuern auf.

Das Fußballspiel ist schon längst nicht mehr die schönste Nebensache der Welt und auch keine bloß sportliche, friedliche Veranstaltung. Die Geschichte der Krawalle rund um den Fußball und ihrer Opfer wird verdrängt: 1964 in Lima – mehr als 300 Tote nach einem Länderspiel zwischen Peru und Argentinien. 1971 in Glasgow – 66 Tote anlässlich eines Spiels zwischen den Ortsrivalen Rangers und Celtic. Mai 1985, Brüssel, Heysel-Stadion – 39 Tote bei einem Spiel zwischen einer britischen und einer italienischen Mannschaft. Die Liste lässt sich vorwärts wie rückwärts verlängern.

Die Niederlande und Belgien, Gastgeber der EM im Jahr 2000, werden immer wieder von schwersten Krawallen mit Toten und Schwerverletzten heimgesucht, die Polizei greift zu Schusswaffen. Während des Essener Prozesses wusste sich Borussia Dortmund vor einem Spiel in Rotterdam nicht mehr anders zu helfen, als die dem Verein zustehenden Karten zurückzuschicken, nachdem vor einem Großangriff auf die Fans gewarnt wurde.

Die Gewalt ist mittlerweile bis in den Jugendfußball vorgedrungen, wo sich Eltern auf den Zuschauerplätzen prügeln. Michael Eder hat in der „Frankfurter Allgemeinen" beschrieben, wie Spieltag für Spieltag „hoch bezahlte Bundesligaprofis ihre Aggressivität zu Markte" tragen. „Die Tendenz zur Gewalt auf dem Platz wird verharmlost statt verurteilt." Es ist kein Kavaliersdelikt, wenn ein Spieler dem anderen ins Gesicht tritt und wenn dieser Ausschnitt dann in Großaufnahme auf dem Bildschirm zu konsumieren ist.

Man wolle nicht dem Druck einer „verschwindend kleinen Gruppe" von Tätern nachgeben, heißt es von den Funktionären des Millionengeschäfts Fußball. Doch die Lust an der Gewalt fährt nicht wie ein biblischer böser Geist in eine Herde verabscheuungswürdiger Säue. Die Gefahr, dass es im Zusammenhang mit dem robusten Kampfsport Fußball zu Katastrophen kommt, wird auch genährt von dem, was immer wieder ungerügt im Spiel und danach geschieht. Der Nationalstürmer Enrico Chiesa vom AC Parma jubelte im Mai nach dem Sieg über Olympique Marseille: „Marseille wurde massakriert!" Zu sich endlos wiederholenden Untaten – der Ton, der dazu passt.

Das Essener Urteil wird voraussichtlich die Revision zu bestehen haben. Die Verteidiger Peter Kruse und Henning Plähn haben rechtliche Argumente für ihre Mandanten vorgebracht, die sie für nicht ausreichend berücksichtigt halten. Man mag kritisieren, dass in der mündlichen Begründung nicht auf die schwierige Beweislage eingegangen wurde, nicht auf die verwirrende Wirkung der Fotos, nicht auf die vielen schweigenden Zeugen, die an dem Unglück von Lens auch ihren Anteil haben, nicht auf den aus unserer Sicht seltsamen Umgang mit Asservaten in Frankreich.

Doch dies mindert, so oder so, nicht den Appell des Gerichts, nachzudenken, wieso Menschen sich so schwer schuldig machen. Und ob es genügt, sich damit abzufinden – dass gestraft wird, wenn es zu spät ist.

Das Urteil wurde im August 2000 insgesamt rechtskräftig.

„Der Schatten Gottes auf der Erde"

Der „Kalif von Köln" und die Frage, wie gefährlich radikale Muslime sind

SPIEGEL 23/2000, 5. JUNI 2000

Ein solches Spektakel vor Gericht hat es noch nicht gegeben. Selbst die 68er-Prozesse, als sich Fritz Teufel nur widerwillig vor dem Gericht erhob und die geflügelten Worte sprach: „Wenn es der Wahrheitsfindung dient" – es waren Spielereien im Vergleich zu dem, was der 6. Strafsenat des Oberlandesgerichts Düsseldorf im Hochsicherheitstrakt an der Tannenstraße seit Monaten erträgt.

Angeklagt ist Muhammed Metin Kaplan („Kalif von Köln"), 47, in dem die Schar seiner Anhänger, es sollen um die 1200 sein, das Oberhaupt aller Muslime auf der Welt sehen – das sind ungefähr 1,2 Milliarden Menschen. Neben ihm auf der Anklagebank sitzen seine engsten Mitarbeiter, der islamische Theologe Hasan Basri Gökbulut, 34, und der Medizinstudent Harun Aydin, 28, alle untereinander verschwägert.

Die Bundesanwaltschaft beschuldigt die drei Männer, „spätestens von Mitte Mai 1995 bis zum 25. März 1999 in Köln und anderen Orten der Bundesrepublik", Kaplan als Rädelsführer, die beiden anderen Angeklagten „als Mitglied, sich an einer Vereinigung beteiligt zu haben, deren Zwecke und Tätigkeit darauf gerichtet sind, Straftaten zu begehen". Kaplan und Gökbulut sollen in Tateinheit hiermit „in einer Versammlung zu einer rechtswidrigen Tat aufgefordert" haben.

Kaplan ist als Asylberechtigter anerkannt. Das Kölner Verwaltungsgericht urteilte: Ihm drohe bei einer Rückkehr wegen seiner „extrem exponierten Position innerhalb der fundamentalistischen Bewegung" strafrechtliche Verfolgung.

Gökbulut wurde eine Aufenthaltsbefugnis bis 1999 erteilt, weil er in der Türkei „zum gegenwärtigen Zeitpunkt" mit Verfolgung zu rechnen habe. Aydin, der Medizinstudent, lebt seit 1977 in Deutschland und besitzt auch die deutsche Staatsbürgerschaft.

Kern der Strafsache ist, dass in der Nacht zum 8. Mai 1997 ein Konkurrent Kaplans, der Berliner Arzt Halil Ibrahim Sofu, Vater von sechs Kindern, in seiner Wohnung von drei Vermummten erschossen wurde. Unter Sofus Führung hatte sich ein Teil des Gebietsemirats Berlin von der Gemeinde getrennt.

Beide Führer bezichtigten sich wechselseitig des Verrats und der Unfähigkeit. Kaplan enthob Sofu seiner Ämter, Sofu wiederum ließ sich 1996 selbst zum Kalifen wählen und erklärte, dem Widersacher in Köln dürfe man nicht mehr gehorchen.

Anlass zu der Mordtat könnte ein Aufruf Kaplans und Gökbuluts gewesen sein, vorgetragen bei einer Hochzeitsfeier in Berlin am 1. September 1996 und abgedruckt im verbandseigenen Wochenblatt „Ümmet-i Muhammed" – ein sogenanntes Todesfetwa, in dem es unter Berufung auf den Propheten heißt: „...wenn ein zweiter Kalif auftaucht, während es bereits einen Kalifen gibt, schlagt dem zweiten Kalifen den Hals ab..."

Gökbulut kommentierte diese Worte des Propheten: „Als Strafe für dieses Vergehen zahlt man nämlich mit seinem Kopf... Was ist seine Strafe? Sie ist der Tod. Sogar das weltliche Recht schreibt es so vor."

War das ein Aufruf zum Mord? Wer sonst wollte Sofu ans Leben? Zwei weitere ungeklärte Morde gibt es: 1996 wurde die Ehefrau Gökbuluts erschossen, ebenso ein von der Gemeinde Abtrünniger.

Da die Täter bis heute nicht gefasst wurden, argumentieren Kaplan-Anhänger: Jeder, wirklich jeder Muslim wisse, dass erst das zwischen Staat und Religion scharf trennende „verbrecherische Regime" in der Türkei beseitigt und der islamische Gottesstaat wieder auf anatolischem Boden errichtet sein müsse, ehe solche Strafen vollstreckt werden können. So wolle es der Prophet. Ein rhetorischer Trick, um die Strenggläubigen und die Justiz gleichermaßen zufrieden zu stellen?

Der von starker Polizeipräsenz begleitete Prozess begann im Februar mit Getümmel: Presse, Fernsehen, dazwischen bärtige Männer im Chardaf, dem traditionellen Gewand der Muslime, mit Turbanen und Gebetsschnüren. Dazu schwarz verschleierte Frauen, die in den Reihen hinter den Männern sitzen müssen.

Als der inhaftierte Kaplan in den Saal geführt wurde, erhoben sich seine Anhänger, die Arme in die Luft stoßend. Als dann der Senat einzog, setzten sie sich demonstrativ.

Dann die Vereidigung der sechs Dolmetscher. Wieder verweigerten sich die Muslime. Vor Ungläubigen aufstehen? Der Vorsitzende Richter Ottmar Breidling, 53, bot Entgegenkommen an: Wer aus religiösen

Gründen glaube, nicht aufstehen zu können, solle den Saal verlassen. Plötzlich wilde Gesten. Der „Kalif“ schrie: „Hier wird dem Islam der Prozess gemacht!“

Inzwischen haben sich Rituale entwickelt. Die Zuschauer werden erst in den Saal gelassen, wenn die Verhandlung begonnen hat. Auf dem Zugangsweg zum Gerichtsgebäude, er gehört zum Gelände einer Polizeikaserne, dürfen die Männer Planen und Teppiche ausbreiten, um darauf zu beten. Ein Imam beschallt mit Megafon die Gegend. Am Eingang wehen die grünen Fahnen des „Kalifatsstaates“.

Die Frauen lassen sich zum Gebet hinter einem Tresen an der Garderobe nieder. Man erschrickt, wenn man den Mantel aufhängen will und beinahe auf eine der Schwarzverschleierten tritt.

Überhaupt der Schleier: Der Vorsitzende bittet die Frauen immer wieder darum, nicht den Mund zu verhüllen. Es müsse zu erkennen sein, wer Zwischenrufe mache. Tagelang geht es gut. Dann schreit einer „Drecksau“ zum Vorsitzenden. Eine Schlägerei, drei Polizisten werden verletzt. Die Schleier wandern wieder hoch.

Ein anderer Reibungspunkt sind die rituellen Waschungen auf der Toilette. Man habe die Sanitärräume mit einem Hochdruckreiniger säubern müssen, sagt der Vorsitzende. Die Justizbeamten wollten dort schließlich ihr Kaffeewasser holen. „Wir haben durchaus Achtung vor Ihren religiösen Gepflogenheiten, aber darauf sind wir hier nicht eingerichtet.“

Anfangs irritierte diese Inszenierung kultureller Fremdheit. An manchen Sitzungstagen kam sie daher wie ein Wasserfall auf die Mühlen jener, die Ausländer ablehnen. Jetzt hält man sich leidlich an die Spielregeln. Doch jederzeit können Animositäten wieder aufflammen.

Die Zeugen – es sind entweder Anhänger der Angeklagten, dann zitieren sie blumig den Koran und den Propheten. Oder es sind Abgefallene, die alles vergessen haben, was sie vor der Polizei oder der Bundesanwaltschaft jemals preisgaben. Aus Angst um Leib und Leben? Abtrünnige sind schon zusammengeschlagen worden.

So quält sich der Senat durch die Sitzungstage. Was ist ein Fetwa? Ist der Gläubige dem Kalifen gegenüber zu absolutem Gehorsam verpflichtet? Konnte oder musste die Aufforderung, Sofu den Kopf abzuschlagen, als Befehl zum Mord verstanden werden? Zwei Islamwissenschaftlerinnen wurden schon gehört. „Ich habe nicht an Mord gedacht", sagt einer der geschmeidigeren Zeugen, „aber was andere denken, weiß ich natürlich nicht."

Man will von jedem Zeugen wissen, wie er es mit den Gesetzen hält. Der Vertreter der Bundesanwaltschaft, Oberstaatsanwalt Volker Brinkmann, fragt den Jugendemir von Hessen, ob ein Mitglied des „Kalifatsstaates" nur der Scharia, dem islamischen Recht, verpflichtet sei.

Der Zeuge: „Wenn eine Gesetzesbestimmung analog der Scharia ist, wird sie befolgt. Wenn nicht, wird sie nicht befolgt." Brinkmann: „Sie befolgen dann das deutsche Recht nicht, auch wenn Sie in Deutschland leben?" Zeuge: „Selbstverständlich nicht! Der Koran ist das Maß aller Dinge. Denn er beinhaltet Gottes Gesetz. Alle anderen Gesetze sind nur von Menschen gemacht."

Brinkmann: „Also weil die deutschen Gesetze von Menschen gemacht sind, braucht man sie nicht zu befolgen?" Zeuge: „Ein Muslim kann sich nicht an Gesetze halten, die nicht von Gott sind."

Der Vorsitzende: „Wie soll das gutgehen – wenn eine Gruppe strenggläubiger Muslime in ein anderes Land geht und alle sozialen Wohltaten dort in Anspruch nimmt, aber nicht das Recht achtet? Oder verlangen Sie, dass die Deutschen ihre Gesetze der Scharia anpassen?" Zeuge: „Unser Bestreben ist, dass Sie es mit Nachsicht behandeln, wenn wir Ihre Gesetze nicht einhalten."

Brinkmann: „Noch mal! Wer muss Nachsicht üben?" Zeuge: „Sie!" Brinkmann: „Wir müssen Nachsicht haben, wenn Sie unsere Gesetze nicht achten?" Zeuge: „Ja." Vorsitzender: „Haben Sie eigentlich mal nachgedacht, ob Sie nicht dem, was man hier unter Ausländerfeindlichkeit versteht, vielleicht Vorschub leisten?"

Eine solche Haltung spricht allen Bemühungen um ein verträgliches Miteinander Hohn, für das kürzlich etwa Bundespräsident Rau warb: „Wer dauerhaft in Deutschland leben will, braucht seine Herkunft nicht zu verleugnen. Er muss aber bereit sein, eine offene Gesellschaft nach dem Leitbild unseres Grundgesetzes mitzugestalten. Das ist unser Angebot an alle. Wir können nur dann eine offene Gesellschaft sein und bleiben, wenn sich keine Inseln bilden, die außerhalb des gesellschaftlichen Grundkonsenses liegen." Die Kaplan-Gemeinde ist eine solche Insel. Sie lehnt die Demokratie, den

Parteienstaat strikt ab. Sie will auch nicht Integration, wie sie hier zu Lande verstanden wird: „Man geht nicht auf dem Weg des Kompromisses", heißt es in ihren Schriften.

Die Kaplan-Anhänger sehen sich als eine verfolgte Minderheit an, deren Territorium in der Türkei von Ungläubigen besetzt gehalten wird und das es zurückzugewinnen gilt. Wie Freischärler rücken sie zusammen, verstrickt im eigenen Zirkel selbst unter den rund drei Millionen Muslimen, die friedlich in Deutschland leben.

Von Professor Werner Schiffauer, 48, einem herausragenden Kenner der Türkei, er lehrt in Frankfurt an der Oder vergleichende Kultur- und Sozialanthropologie, ist in diesem Jahr eine Arbeit erschienen, die zur Vorgeschichte der in Düsseldorf verhandelten Anklage und zum Verständnis der befremdlichen Vorgänge in der Hauptverhandlung einen – geradezu rettenden – Beitrag darstellt. Er hat in der Türkei in dem bitterarmen Dorf gelebt, aus dem einige der späteren Anhänger des Verbandes stammten. Er hat den Weg dieser Autodidakten ohne Schulbildung im fremden Deutschland verfolgt: „Diese Männer fanden in Kaplan jemanden, der öffentlich artikulierte, was sie schon immer geahnt hatten: Das islamische Ideal einer allumfassenden Einheit ist mit Parteienwirtschaft und demokratischer Konfliktkultur unvereinbar."

Schiffauer hält die Kaplan-Gemeinde, 1984 gegründet vom Vater des Hauptangeklagten, Cemaleddin Kaplan, für eine der schillerndsten Bewegungen, die der politische Islam in den letzten Jahren hervorgebracht hat. Sie steht im Ruf, die radikalste, „die reinste" unter den islamistischen Gruppierungen der türkischen Arbeitsmigranten in Deutschland zu sein.

Vater Kaplan hatte es einst vom Imam in einem ostanatolischen Dorf bis zum Mufti von Adana gebracht. Er kandidierte als Abgeordneter der Nationalen Heilspartei, wurde aber nicht gewählt. Insgesamt arbeitete er 15 Jahre lang für den laizistischen Staat und gleichzeitig gegen ihn. Er tat alles, um als Hardliner aufzufallen, bis er aus diesem Grund 1981 in den vorzeitigen Ruhestand geschickt und 1985 ausgebürgert wurde.

Er bewunderte Ajatollah Chomeini (was ihm den Beinamen „Chomeini von Köln" bescherte). Offensichtlich wurde für Vater Kaplan die iranische Revolution zum Vorbild für eine erfolgreiche islamische

Staatsgründung, hatte Chomeini doch aus dem Exil in Paris den Schah gestürzt.

Anfangs relativ offen, nahm die Bewegung mehr und mehr sektiererische Züge an. 1991 erklärte sie den Ungläubigen den Glaubenskrieg, 1992 wurde eine Exilregierung gegründet. In seinen besten Zeiten nannte Vater Kaplan an die 70 Moscheen sein Eigen. 1994 erhob er sich selbst zum Kalifen. Auf dem Sterbebett bestimmte er 1995 Sohn Metin zum Nachfolger.

Kalif – „der Schatten Gottes auf der Erde", das war der Titel der Nachfolger Mohammeds, die als weltliche und geistliche Führer seit dem Jahr 632 über die Muslime herrschten. Erst 1924, unter Mustafa Kemal Pascha (Atatürk), schaffte die türkische Nationalversammlung das Kalifat ab – eine für Strenggläubige noch heute ungeheuerliche Tat. Kemal gilt daher auch als Todfeind all jener, die wie Vater Kaplan der archaischen, Absolutheit beanspruchenden Vorstellung des Islam als gottgegebener Ordnung anhängen.

Die frommen „Männer der ersten Stunde" gingen zunehmend auf Distanz zu dem Verband, vor allem weil Sohn Kaplan das Charisma seines Vaters fehlt. Dies versuchte er offenbar hinter um so radikaleren Äußerungen zu verbergen.

Schiffauer: „An ihre Stelle traten junge Migranten der zweiten Generation, nicht selten Akademiker, die an deutschen Universitäten studiert hatten. Sie waren fasziniert von dem Anspruch, elitäre Vorhut einer islamischen Revolution zu sein ... In manchem erinnert diese Klientel an die Studenten hier, die sich in den siebziger Jahren zu den marxistisch-leninistischen Splittergruppen hingezogen fühlten."

„Die Islamisten sind uns nicht so fremd, wie es zunächst scheint", heißt es weiter. „Wie wir alle suchen sie eine Antwort auf die neue Unübersichtlichkeit zu Beginn des neuen Jahrtausends. Wir alle stehen hilflos vor einer Situation, die durch die Entfesselung ökonomischer Kräfte, den Zerfall nationalstaatlicher Souveränität, wachsende Ungleichheit und die Zerstörung der natürlichen Ressourcen des Planeten gekennzeichnet ist. Dabei ist uns das Vertrauen in die große Vision der Moderne abhanden gekommen, nämlich der Glaube, durch wissenschaftlichen Fortschritt zu einer Überwindung von Ungleichheit, Elend, Ausbeutung zu gelangen ..."

Schiffauers Studie nimmt der Kaplan-Sekte die Ausländerhass stiftenden Züge. Sie ermöglicht einem Gericht zu urteilen, ohne die aggressive Intoleranz zu fördern. Sie ordnet dieses Häuflein ein unter Phänomene, die nichts mit dem Islam zu tun haben – und denen überall begegnet werden muss, wenn die demokratischen Regeln nicht respektiert werden.

Kaplan wurde vom Oberlandesgericht Düsseldorf zu einer Haftstrafe von vier Jahren, Gökbulut, der während des Verfahrens untertauchte, zu drei Jahren verurteilt. Der BGH verwarf die Revision der Verteidigung gegen das Strafmaß. Kaplan hätte nach Verbüßung von zwei Dritteln der Strafe im November 2001 vorzeitig aus der Haft entlassen werden können, lehnte dies aber ab, um nicht in die Türkei abgeschoben zu werden. Im Dezember 2001 verbot Bundesinnenminister Schily den „Kalifatsstaat“. Das Kölner Verwaltungsgericht beschloss im gleichen Monat, dass Kaplan vorläufig nicht ausgewiesen werden dürfe. Im Januar 2003 wurde gegen Kaplan ein Auslieferungshaftbefehl erlassen, so dass er auch nach Verbüßung der Strafe im März nicht auf freien Fuß kam. Im Mai 2003 jedoch wurde er dann doch entlassen, nachdem das Düsseldorfer OLG eine Auslieferung Kaplans verboten hatte, da zu vermuten sei, dass in der Türkei unter Folter erpresste Aussagen von Kaplan-Anhängern einem Verfahren zu Grunde gelegt würden. Das Kölner Verwaltungsgericht untersagte im August 2003 seine Abschiebung, um die sich das Bundesinnenministerium weiterhin bemüht. Ende Mai entschied das Oberverwaltungsgericht Münster, einer Abschiebung stehe nichts im Weg. Daraufhin drohte sie die Stadt Köln für Anfang Juni an, das Verwaltungsgericht Köln setzte sie jedoch für drei Monate aus und die Münsteraner Oberverwaltungsrichter stimmten zu. Kaplan darf inzwischen bis 27. Oktober 2004 in Köln bleiben, muss sich aber täglich melden. Seiner Beschwerde dagegen wurde nicht stattgegeben.

„Sag, dass du Jude bist!“

Prozess in Neuruppin gegen drei junge Männer, die einen 16-Jährigen umbrachten

SPIEGEL 24/2003, 7. JUNI 2003

Worte versagen. Die Feder sträubt sich. Als die Staatsanwältin die Anklage verliest – man sieht wie betäubt das Ungeheuerliche vor sich.

„Viehisch“ nannte der Leitende Oberstaatsanwalt von Neuruppin, Gerd Schnittcher, vor der Presse das, was drei junge Menschen einem der Ihren zugefügt haben. Viehisch – ein Wort, das hohe Juristen normalerweise nicht gebrauchen. Doch hier reicht es nicht. Kein Vieh täte einem anderen so etwas an.

Die Tat ist das eine. Vier Stunden lang haben Marcel und Sebastian, heute 18, und Marcels älterer Bruder Marco, 24, in den frühen Morgenstunden des 13. Juli 2002 in Potzlow, einem Dorf in der Uckermark, einen Jungen gequält, zusammengeschlagen, getreten, immer wieder, haben ihm gewaltsam Alkohol eingeflößt, bis er erbrach, immer wieder, haben auf ihn uriniert, als er schon wehrlos am Boden lag, haben ihn angebrüllt: „Juden saufen doch Pisse!“, haben ihn, den Halbtoten, in einen Schweinestall geschleppt, dann in eine Jauchegrube gestoßen, um zu sehen, ob er untergeht, und wieder herausgezerrt und weiter getreten und geprügelt, bis Marcel dem Geschundenen den „Bordsteinkick“ gab: Marinus Schöberl, fast ein Kind noch mit seinen 16 Jahren, musste in die Betonkante eines Futtertrogs beißen, worauf Marcel, in genagelten Springerstiefeln, ihm mit beiden Füßen mit voller Wucht auf den Hinterkopf trat.

Marinus sackte röchelnd weg. Sein Gesicht war jetzt so entstellt, dass Marco, der ältere Bruder, gesagt haben soll, den brauche man nun nicht mehr einem Arzt vorzustellen, der werde nicht mehr, der müsse weg. Oder: Den müssen wir jetzt umbringen. Die Brüder sollen daraufhin einen Gegenstand zum Töten gesucht haben. Und Marcel soll einen Gasbetonstein gefunden und den zweimal auf Marinus' Kopf geworfen haben. Dann schleppten sie das Bündel Mensch wiederum zur Jauchegrube. Wie einen Hund verscharrten sie es.

Die Tat ist das eine. Das andere ist, was alles sonst noch geschah.

Nachdem sie Marinus beseitigt und die Blutspuren im Schweinestall mit Kies verdeckt hatten, gingen Marco, Marcel und Sebastian nach Hause, um sich schlafen zu legen. Ihr Opfer, jüngstes von acht Kindern (sieben ältere Schwestern), war seitdem „verschwunden“. Seine Eltern beunruhigte dies nicht, da Marinus oft tagelang wegblieb. Erst nach zwölf Tagen meldeten sie ihn als vermisst. Im Dorf wusste angeblich niemand etwas.

Was ist los in diesem Dorf? Marco, Marcel und Sebastian waren in jener Nacht in Strehlow mit Marinus gewaltsam in das Haus dreier Dorfbewohner eingedrungen. Sie wollten weitersaufen, nachdem sie Nachschub organisiert hatten. Als sie angetrunken im Schlafzimmer der Leute standen, ließen die sich nicht lange bitten. Man nahm auf der Veranda Platz. Diese Erwachsenen bekamen mit, wie die Situation eskalierte. Marinus sollte sagen, dass er ein Jude ist. Erste Schläge ins Gesicht. Marinus erbrach sich auf den Tisch.

Die Erwachsenen müssen mitbekommen haben, wie der Junge hinausgeschleift wurde, sich wieder erbrach, wie er dann erneut zum Trinken gezwungen und mit Fäusten traktiert wurde. Sie müssen gehört haben, wie er hinklatschte und vor Schmerzen schrie, wie er nicht mehr auf die Beine kam. Sie müssen das Blut gesehen haben, das ihm übers Gesicht lief. Und immer wieder: „Sag, dass du ein Jude bist!“ Ein Judas, ein Jude, ein Asi.

Gegen eine Frau, eine ausgemergelte 42-Jährige, der der Alkohol schon heftig zugesetzt hatte und die das alles mit ansah, wird wegen unterlassener Hilfeleistung ermittelt. Sie soll Marinus bedrängt haben: „Nu sag schon, dass du Jude bist, dann hören die auf.“ Jetzt erklärt sie als Zeugin vor der 2. Großen Strafkammer des Neuruppiner Landgerichts: „Ick sag gar nischt, ansonsten allet über meine Anwälte.“

Die Vorsitzende Richterin Ria Becher fragt trotzdem. „Was haben Sie denn eigentlich getrunken?“ „Na, Bier, ein oder zwei. Det kann einem ja keener verbieten. Alkohol is ja zwar nich jut, aber manchmal und an eem Kasten is ja ooch nich ville dran! Die Mutti vom Nachbarn trinkt janz schön. Aber ick nich, hundertprozentig!“

Ihr Lebensgefährte, der im Bett geblieben war, erinnert sich, dass Marinus auf der Couch lag, als die anderen loszogen. Er weiß auch noch, dass Marinus kaum laufen konnte und nicht mitwollte, als das Trio zurückkam. „Stank seine Kleidung?“ „Ja, nach Urin.“ Ob die drei betrunken waren? „Nee, janz normal, nach so ’ner Nacht.“

Seitdem war Marinus „verschwunden". Und keiner hat eine Ahnung? Dass bei den ehemaligen Schweineställen der früheren LPG in Potzlow eine Leiche liegen soll, erfuhr die Polizei erst am 17. November, vier Monate nach der Tat. Bis dahin hatte Marcel mindestens acht Personen gegenüber gesagt, er habe einen umgebracht, „einen alten Asi", „einen Penner", einen „Juden", das „Scheißjudenschwein", den Marinus.

Ein 18-jähriger Zeuge: „Ick wollte nischt davon wissen. Dachte, der spinnt rum." „Wie hat Marcel das erzählt?", fragt die Vorsitzende. „Lustig, locker, janz normal", sagt der Zeuge. Ob ihm schon mal „verbale Aggressionen" bei einem der Angeklagten aufgefallen sind, fragt die Staatsanwältin. Verbale Aggressionen! Der Zeuge ist Sonderschüler. Sebastian sei immer „jut druff" gewesen, mehr kann er nicht sagen.

Ein anderer, der mit Marcel ein Zimmer im Heim für Auszubildende in Buckow bewohnte, berichtet: „Er kam rin und sagte, ey, ick muss dir wat sagen, dass er mit Sebastian und Marco den een, den Marinus, umgelegt hat." Marcel sei „locker" wie immer gewesen. „Hat er ein Motiv genannt?", fragt die Vorsitzende. „Weil der ihnen in die Quere kam."

Der Nächste erinnert sich besser: „Weil der die falschen Klamotten anhatte und die falsche Haarfarbe." Marcel habe „rumgeprahlt". Dieser Zeuge sagt aber auch, Marcel sei immer „so eine Art Klassenclown" gewesen, habe sich „aufgeführt wie ein Achtjähriger".

Am 15. November kam im Jugendclub von Strehlow wieder einmal die Rede auf Marinus. Ein Mädchen: „Marcel sagte, er weiß, wo der is. Ick hab ihm det nich jegloobt und hab dann fünf Euro dagegen gewettet. Der Marcel hat eine Axt und eine Taschenlampe geholt und is los, da hat er jesagt, hier isses nich, is zweemal durch den Morast, und dann war da der Schädel. Und er hat jesagt ‚Scheißschädel' und hat mit der Axt zugehauen. Dann sind wir zurückgegangen. Marcel hat die Axt sauber gemacht und erzählt, dass sie den Bordsteinkick gemacht haben. Dann sind wir heimgegangen."

Ach ja: „Er hat noch gesagt, wenn ihr was erzählt, dann seid auch ihr dran. Da hab ich ihm die Axt weggenommen. Weil ich dachte, dass er irgendeine Scheiße damit macht." Ein Mädchen, immerhin.

Warum haben sich die Jugendlichen keinem Erwachsenen anvertraut? Wer kümmert sich eigentlich um diese Kinder, wer gibt ihnen

Halt, wer vermittelt ihnen die Werte, ohne die eine zivilisierte Gesellschaft nicht auskommt? Wer bringt ihnen bei, dass es „unwertes Leben“ nicht gibt, ebenso wenig wie „Untermenschen“? Wer lebt ihnen vor, dass auch der ein vollwertiger Mensch ist, der eine HipHop-Hose trägt und gefärbte Haare wie Marinus oder eine andere Hautfarbe hat oder eine andere Meinung? Niemand offenbar. Arbeitslosigkeit und Alkohol reichen nicht zur Entschuldigung.

Die Antworten der jungen Zeugen auf Fragen des Gerichts oder des psychiatrischen Sachverständigen Dr. Alexander Böhle, wenn es um den Eindruck vom Verhalten der Angeklagten geht – sie belegen, dass diese Jugendlichen entweder nie gelernt haben, Mitmenschen wahrzunehmen, oder dass ihnen die Worte und Gefühle fehlen: „Immer locker, gut druff, ganz normal.“ Alles ist normal, lustig und locker, selbst das Abscheuliche, das Grausame und Unerträgliche. Sind diese Kinder, für die niemand Verantwortung zu tragen scheint, Produkte einer total entzivilisierten, verwahrlosten Gesellschaft? Eine verlorene Generation? Sebastian wird schon Vater.

Der Staatsanwalt, der bei der richterlichen Vernehmung zugegen war: „Keine Gefühlsregung, keine Tränen. Das schockte mich, weil ich bis dahin dachte, dass bei so jungen Menschen wenigstens hinterher Emotionen hochkommen.“ Der Ermittlungsrichter: „Wie ein Kindergartenkind, das sich freut, etwas mitteilen zu können, hat Marcel erzählt.“

Matthias und Volkmar Schöneburg, Brüder, die das Brüderpaar Marco und Marcel behutsam und werbend verteidigen, fragen: „Marco kam sicher nicht an jenem Tag erst zu seiner rechten Einstellung. Und Marinus lief auch früher schon als HipHopper herum – ohne dass etwas passierte. Sie kannten sich. Marcel und Marinus waren oft zusammen, es gab keinen Streit, keinen Anlass zu Hass oder Erniedrigung. Erst an jenem Abend.“ Warum?

Auch das Gericht hat diese Frage zu klären. Das Verhältnis der Brüder zueinander wird dabei eine Rolle spielen. Stimmt es, dass Marcel den Älteren bewunderte und zugleich fürchtete? Dass er, der sich wie Marinus gern als HipHopper gab und kleidete, sich von einem Tag auf den anderen zum Rechtsradikalen verwandelte, wenn der Bruder mal wieder aus dem Knast kam? Stimmt es, dass Marcel „ausrastete“ beim Bordsteinkick? Welche Rolle fiel Sebastian zu, der als „megarechts“ galt und jetzt nur zugibt, „letztendlich nichts“ getan zu haben?

Vorbild für die Tat ist der Film „American History X“ aus dem Jahr 1999, freigegeben ab 16, der die Unmenschlichkeit rechter Gesinnung anprangert. Die Jugendlichen in Potzlow und Umgebung kennen ihn alle. Sie haben ihn auf Video gesehen, manche mehrfach, viele sahen ihn am 29. Juni bei ProSieben. Zu Beginn gibt es eine Szene, die die jungen Leute offenbar fasziniert: Ein Neonazi zwingt einen Farbigen, in die Bordsteinkante zu beißen, holt mit dem Fuß aus und tritt sein Opfer tot.

Beim Trauergottesdienst für Marinus schlug sich ein Mitglied der Gemeinde an die Brust: „Warum haben wir nicht gemerkt, was sich da zusammenbraute? Warum haben wir nichts bemerkt, als Marinus vermisst wurde?“ Ministerpräsident Matthias Platzeck erschien mit Blumen und forderte die Eltern auf, sich mehr um ihre Kinder zu kümmern. Es war schließlich ein Fototermin gegen rechte Gewalt.

Die Brüder Marco und Marcel wurden im Oktober 2003 wegen versuchten Mordes und Mordes zu 15 Jahren Haft beziehungsweise zu acht Jahren und sechs Monaten Jugendstrafe verurteilt. Sebastian erhielt zwei Jahre Jugendstrafe wegen Nötigung und Körperverletzung. Die Staatsanwaltschaft legte gegen alle drei Strafaussprüche, die nach ihrer Auffassung zu niedrig seien, Revision ein.

„Es passt halt alles so gut"

Ein Autobahn-Raser wurde wegen fahrlässiger Tötung zu einer Haftstrafe ohne Bewährung verurteilt

SPIEGEL 9/2004, 21. FEBRUAR 2004

Selten ist ein Urteil mit solcher Spannung erwartet worden. Selten waren die Meinungen am Ende eines Strafprozesses in der Öffentlichkeit noch so gespalten. Die Vorsitzende Richterin Brigitte Hecking beschrieb die Bandbreite der Erwartungen an das Gericht: Sie reichten von Freispruch bis zu einer Verurteilung wegen Mordes. „Denn wer mit Tempo 250 auf der Autobahn unterwegs ist", so Hecking, „der ist in den Augen mancher Leute ja schon ein potentieller Mörder."

Noch eine Seltenheit: die Beweislage, dürftig wie kaum je in einem Strafprozess. Trotzdem verurteilte das Schöffengericht am Amtsgericht Karlsruhe den 34 Jahre alten Rolf F., Versuchsingenieur bei DaimlerChrysler, zu einer Freiheitsstrafe von eineinhalb Jahren – wegen fahrlässiger Gefährdung des Straßenverkehrs und fahrlässiger Tötung in zwei Fällen. Wenn das Urteil von der Verteidigung nicht erfolgreich angefochten wird, muss F. die Strafe verbüßen.

Das ist auffallend. Die Gerichte lassen es offensichtlich nicht mehr mit Bewährungsstrafen bewenden. Ganz unabhängig vom öffentlichen Druck geschieht das nicht.

Oberstaatsanwalt Matthias Marx: „Der Angeklagte steht bis heute nicht zu seiner Schuld. Durch den Vollzug muss ihm deutlich gemacht werden, dass er zu büßen und zu sühnen hat." Es solle zwar kein Exempel statuiert werden. Trotzdem „soll die Öffentlichkeit sehen, dass der Staat reagiert. Jeder soll wissen: Wenn ich mich so verhalte, droht mir ähnliches".

Der Fall eignet sich dafür wie selten einer. Kaum je haben sich so viele Menschen entweder mit dem Angeklagten oder den Opfern identifiziert. Denn es ging um den Verkehr, den Wahnsinn auf der Straße, vor allem auf den Autobahnen, der, wie ein Zeuge es nannte, langsam zum „Krieg" werde. Jeder, der oft hinter dem Steuer sitzt, muss zugeben, dass auch er Kriegsteilnehmer ist. Und dass er zum Glück oft einen Schutzengel hat.

Jasmin A., 21, aber und ihre zweijährige Tochter Rebecca kamen am 14. Juli 2003 gegen sechs Uhr früh auf der A5 zwischen Karlsruhe und

Bruchsal ums Leben – weil, wenn Staatsanwalt und Gericht recht haben, der angeklagte Rolf F. mit einem Mercedes CL 600 Coupé, einem 500-PS-Geschoss, auf der linken Spur so dicht auf den Wagen der Frau auffuhr, dass sie ihr Auto nach rechts riss. Dann wieder nach links. Dann drehte sich der Wagen um die eigene Achse und schleuderte in den Wald, wo er an einem Baum zerschellte. Mutter und Kind waren sofort tot.

Rolf F. ist nicht das todbringende Ungeheuer, zu dem ihn eine emotionalisierende Berichterstattung aufgebaut hat. „Todesdrängler" wurde er in fetten Schlagzeilen wieder und wieder genannt. „Bild" beschrieb ihn als einen „Lebemann", einen „Prahler", der einen goldfarbenen Mercedes SLK fahre und „stets braun gebrannt" sei. Im Prozess saß da ein blasser, hagerer Mann, sichtlich mitgenommen vom Spießrutenlauf durch die gaffende Menge, gezeichnet vom Medienrummel und von hasserfüllter Vorverurteilung.

Natürlich fuhr F. schnell, zu schnell. Natürlich hat er den Sicherheitsabstand nicht gewahrt, wie es vorgeschrieben ist. Natürlich fühlt sich ein Vorausfahrender dadurch bedrängt. Anders als Jasmin A. in ihrem Kleinwagen, saß F. in einem schweren Auto, das dahinschnurrte wie auf Schienen. Für ihn war die Situation weder kritisch noch bedrohlich, noch gar lebensgefährlich.

„Ich habe weder gedrängt noch etwas von einem Unfall bemerkt", sagt er zu Beginn des Prozesses. Kann schon sein, dass er nichts gemerkt hat. Er passierte damals den Unfallwagen, wenn er denn der Fahrer war, wie das Gericht glaubt, dass es nur so staubte. Volle Kraft voraus. Er wäre nicht Versuchsingenieur bei DaimlerChrysler, wenn er Angst vorm Autofahren oder vor Geschwindigkeit hätte.

Jasmin A. aber saß in einem kleinen Kia. Sie fuhr geschätzt Tempo 150, viel mehr ist aus dem Auto nicht herauszuholen. Da kommt von hinten der Mercedes, immer näher, immer näher. Bis auf 20 Meter sei er aufgefahren, sagt das Gericht. Die Sachverständigen berechnen für den Mercedes zu jener Zeit eine Geschwindigkeit von etwa 184 Stundenkilometern.

Hat Jasmin A. nicht in den Rückspiegel geschaut? Eben hatte sie einen auf der mittleren Spur fahrenden Transit überholt. Hat sie den schnellen Wagen nicht bemerkt wie die anderen Fahrer, die auch mit 200 und mehr dahinjagten, ihm aber souverän Platz machten? Vielleicht ist sie zu Tode erschrocken und hat die Kontrolle über den Kia verloren.

Vielleicht war sie einen Lidschlag lang unaufmerksam, weil, zum Beispiel, ihr Kind quengelte. Wegen des grauenhaften Unfalls wagte es offenbar niemand, an eine möglicherweise unglückliche Verkettung von Zufällen auch nur zu denken. Damit es in den Schlagzeilen nicht heißt: „War das Opfer selbst schuld?“

Jeder Autofahrer, auch der geübte, macht Fehler. Man ist gerade abgelenkt. Man verschätzt oder überschätzt sich – und löst etwas aus, das in keinem Verhältnis zum Anlass steht. Egal, ob man „Täter“ oder „Opfer“ ist.

Zu Recht appellierte die Vorsitzende am Ende der Urteilsbegründung an alle Autofahrer: „Auf unseren Straßen gibt es keine generelle Geschwindigkeitsbegrenzung. Daher ist besondere Rücksicht geboten.“ Rücksicht auf Fahrer mit wenig Praxis, auf ältere Menschen, die nicht die Nerven haben, aggressivem Drängeln standzuhalten. Die sich vor Rasern ängstigen und nicht jeder Situation gewachsen sind.

Nach den Feststellungen des Gerichts verließ F. spätestens gegen 5.29 Uhr das Werksgelände in Sindelfingen. Er fuhr auf die A 8, von dort bei Karlsruhe auf die A 5, denn er wollte nach Papenburg im Emsland zur Testanlage von DaimlerChrysler. Um sechs Uhr war er an der Unfallstelle.

F.s Verteidiger Ulrich Schweizer hält es für unmöglich, die 78 Kilometer lange Strecke Stuttgart–Karlsruhe, eine der unangenehmsten im deutschen Autobahnnetz, in knapp 30 Minuten zurückzulegen. Zum Teil nur zwei Spuren, Berg und Tal, Kurven, dazu Lastwagen über Lastwagen. Man darf aus gutem Grund oft nur 120 Stundenkilometer fahren. Zügig kommt man kaum voran.

Schweizer fragte: „War nicht auch F.s Vorgesetzter zu dieser Zeit dort unterwegs?“ Auch der fuhr einen dunklen Mercedes, jedoch nicht die S-, sondern die E-Klasse. Die Modelle unterscheiden sich äußerlich durch die Art der Scheinwerfer. Zeuge M., der „fast 160 000 Kilometer im Jahr“ zurücklegt, behauptet, hinter Karlsruhe Gas gegeben zu haben bis auf Tempo 225 oder 230. „Dann kam ein Mercedes mit Böblinger Kennzeichen und überholte mich beeindruckend.“ Es sei eine S-Klasse gewesen, wegen der Scheinwerfer.

Zeugen in Verkehrssachen sind sich gern sehr sicher. Und doch sind ihre Aussagen längst nicht so zuverlässig wie etwa Bremsspuren, die sich messen und fotografieren lassen. Jeder Richter kennt das: Der eine Zeuge sieht ein rotes Auto, der andere ein grünes. Der eine sieht das rote von rechts kommen, der andere von links und so fort. Jeder Zeuge hat ein höchst subjektives Bild im Kopf, das er als Wahrheit verteidigt.

Da hielt sich einer für den Schnellsten, und dann kam tatsächlich ein noch Schnellerer. Mag sein, dass Zeuge M. diesem Auto besondere Aufmerksamkeit widmete. Rolf F.s Wagen war zwar bei 250 abgeregelt. Doch das Potential zu höchst „beeindruckendem" Überholen hat ein solches Monstrum an Auto allemal.

„Etwa 500 Meter vor mir sah ich den Kleinwagen ausbrechen. Klar übersteuert und nicht mehr abzufangen. Ich rechnete mit einem Überschlag. Aber er schoss in den Wald", so M. „Mein Bauch sagte mir, dass der Mercedes damit zu tun hatte."

Der nächste Zeuge, auch er fuhr 200 oder mehr, wurde ebenfalls von dem dunklen Wagen überholt. Für ihn sah es so aus, „als ob der Mercedes den Kleinwagen von der Fahrbahn schubst". Etwa 30 bis 40 Stundenkilometer sei der große Wagen schneller gewesen.

Der Zeuge will gesehen haben, dass der Mercedes beim Überholen des Kleinwagens auf den Grünstreifen geriet. Ein Sachverständiger widersprach: Von hinten könne man erstens nicht sehen, wie groß der Abstand zwischen zwei Autos sei, und zweitens, wäre der Mercedes an die Mittelleitplanke geprallt, hätte er den Grünstreifen berührt. „Für mich war es eine bedrohliche Situation", sagte der Zeuge. Denn der Kleinwagen sei „schreckhaft und abrupt" nach rechts ausgewichen.

Sowohl das Auffahren – man hat sich getäuscht, der Vordermann räumt doch nicht so rasch die Fahrbahn wie erwartet – als auch das Erschrecken, weil man plötzlich einen anderen im Rückspiegel sieht, der zuvor nicht da war, es passiert auf der Autobahn ständig. Die Drängler aus Egoismus, Jux oder Selbstüberschätzung sind allgegenwärtig.

Vielleicht ist Rolf F. tatsächlich ein Rambo. Vielleicht aber ist er auch nur einer jener Mitarbeiter der großen Autohersteller, für die die Fahrzeuge Versuchsobjekte sind. Sie beherrschen Maschinen von 500 PS, fahren entsprechend selbstbewusst, und es ist ihnen nicht mal unheimlich dabei.

Die Vorsitzende fragte F.s Kollegen, welchen Ruf er als Fahrer habe. Ganz normal, sagt der eine. Doch was ist normal unter Testfahrern und Versuchsingenieuren? „Turbo-Rolf“ war F.s Spitzname. „Weil er auf solche Motoren stand“, sagt sein Vorgesetzter. Böse Zungen reden anderes.

In Papenburg fiel F.s Verhalten auf. Zu oft fragte er nach dem inzwischen bekannt gewordenen Unfall und den tragischen Folgen. Schlecht sei ihm geworden, sagen Kollegen mit Unterton. „Wenn man nichts zu tun hat mit einer Sache“, fragt die Vorsitzende Richterin, „warum macht man sich dann immer wieder Gedanken?“

Dann fallen fatale Sätze: „Natürlich wäre es uns lieber gewesen, wir hätten schöne, klare Beweise gehabt.“ Doch auch „die Puzzleteile, die wir zusammensetzten“, ergäben für das Gericht ein Bild. Vorsicht: Für ein Puzzle gibt es eine genaue Vorlage. Ein fertiges Bild schon vor Prozessbeginn?

In dem Roman „Die Zeugen“ von Georges Simenon geht es um einen Richter, dem schlagartig bewusst wird, wie leicht ein Mensch, nämlich er selbst, in ein falsches Licht geraten kann. Und wie er, der Richter, mit einem Angeklagten umginge, wenn der eine Geschichte erzählte wie die, die er, der Richter, gerade erlebt hat. „Es passt halt alles so gut“, meinte ein Anwalt der Nebenklage in Karlsruhe.

Die Verteidigung kündigte Rechtsmittel an. Und DaimlerChrysler, sich von diesem Mitarbeiter zu trennen.

In der Berufungsverhandlung vor der 11. kleinen Strafkammer des Landgerichts Karlsruhe wurde im Juli 2004 die Strafe gegen Rolf F. auf ein Jahr, ausgesetzt zur Bewährung, gemildert. Außerdem muss er 12000 Euro an gemeinnützige Vereine zahlen. Sein neuer Verteidiger Georg Prasser kündigte Rechtsmittel auch gegen dieses Urteil an.

V

„Noch gefährlicher durch Therapie"

Sexualtäter und sexuell motivierte Taten

…sexuelle Dürrezeit unterstellt

Zum Urteil des Landgerichts Stade über den Grafiker Thomas Holst

SPIEGEL 37/1992, 7. SEPTEMBER 1992

Welch ein fairer Prozess, ein Urteil „in dubio pro reo“, wie es anderen Angeklagten oft zu wünschen wäre. Im Zweifel für den Angeklagten, nicht gegen ihn. Was ein Gericht dem Angeklagten in der Beweiswürdigung an Zweifeln zugute halten kann, hat die 1. Große Strafkammer des Landgerichts Stade für den mutmaßlichen „Heidemörder“ getan.

Die Verhandlungsführung des Vorsitzenden Richters Hartmut Voß, 48, souverän und taktvoll, das Strafmaß besonnen. Ein rechtsstaatliches Prunkstück rundum.

Doch, mit allem Respekt: Beweis zugleich dafür, dass die Strafgesetze, die Strafprozessordnung und die Beweisregeln von Männern erfunden wurden, dass die Regeln für einen fairen Strafprozess Männersache sind.

Beweis überdies für die Ohnmacht einer Frau, wenn sie einem Gewalttäter in die Hände fällt. Denn kämpft sie nicht vom ersten Augenblick des Angriffs durchweg bis zu ihrem Tod so, wie Männer kämpfen (oder meinen, wie sie kämpfen würden, mit aller Kraft nämlich und bis zum Ende), kratzt, beißt, schlägt sie nicht, wehrt sie sich nicht ums Leben, sondern hält sie still, um wenigstens nicht umgebracht zu werden – dann kommt der Täter glimpflich davon.

Männer halten es für möglich, dass ein Mann mit einer völlig fremden Frau, die er gerade als Anhalterin in eine Falle gelockt, jählings angegriffen und mit einer Waffe bedroht hat, sexuell verkehrt und dabei meint, sie tue es freiwillig. Nur weil sie stillgehalten hat.

Männer halten es sogar für möglich, dass eine Frau (in Todesangst!) Sympathie für ihren Peiniger vortäuscht.

Männer halten es auch für möglich, dass ein Mann so verblendet, so mit sich selbst beschäftigt sein kann, dass er den inneren Widerstand einer Frau (in Todesangst!) nicht bemerkt. Dass er sich täuscht, die Situation verkennt.

Liegt nach einem solchen Geschlechtsverkehr eine erdrosselte, weibliche Leiche am Tatort, an der massive Abwehrverletzungen nicht festgestellt werden (aus welchen Gründen auch immer), dann muss dies nach den von Männern erfundenen Strafgesetzen und ihrer Auslegung in der Rechtsprechung nicht als Verdeckungsmord gewürdigt werden. Zu Gunsten des Täters kann auch angenommen werden, seine Empfindungen seien urplötzlich, spontan und aus unerfindlichen Gründen in Aggression umgeschlagen.

Bei allem Respekt: Auf diese Weise ist im Fall des Grafikers Thomas Holst, 27, aus Buchholz, eine Verurteilung wegen Vergewaltigung und Mordes weggerichtet worden. Holst wurde nur wegen Nötigung und Totschlags an der 22 Jahre alten Kosmetikschülerin Lara zu einer Freiheitsstrafe von zwölf Jahren und sechs Monaten verurteilt. (Die Nötigung ist nach dem Strafgesetzbuch eine Straftat gegen die persönliche Freiheit; die Vergewaltigung eine Straftat gegen die sexuelle Selbstbestimmung. Eine Vergewaltigung kann als Nötigung gedeutet und damit abgeschwächt werden.)

Der Angeklagte ist einschlägig vorbestraft. 1988 hatte ihn das Amtsgericht Hamburg-Wandsbek wegen Nötigung, Freiheitsberaubung und vorsätzlicher Körperverletzung zu einer Freiheitsstrafe von eineinhalb Jahren auf Bewährung verurteilt. Warum die Staatsanwaltschaft damals nur vor dem Amtsgericht anklagte, ist angesichts des festgestellten Tatgeschehens kaum zu begreifen.

Am 16. Januar 1988, gegen 18.15 Uhr, hatte er in Hamburg eine 19 Jahre alte Gymnasiastin, „deprimiert, weil seine Freundin ihn in der Nacht zuvor zurückgewiesen hatte", wie es im Urteil heißt, auf der Straße verfolgt und ihr plötzlich ein Messer an den Hals gesetzt.

Dass er es ernst meinte, darüber gab es für die Schülerin keinen Zweifel. Wie ernst, konnte sie daraus schließen, dass das Messer ihren Hals ritzte. Holst befahl ihr mitzukommen.

In dem in Stade verlesenen Urteil heißt es: „Nachdem die Zeugin den ersten Schreck überwunden hatte, versuchte sie wegzurennen. Der Angeklagte holte sie aber nach wenigen Schritten ein und hielt sie an ihrer Jacke fest. Als die Zeugin weiter zu entkommen versuchte, glitt sie aus dieser Jacke und einer weiteren Jacke, die sie darunter trug... Dem Angeklagten gelang es aber, die Zeugin festzuhalten. Die Zeugin gab ihren Fluchtversuch auf, weil sie auch große Angst davor hatte, dass der Angeklagte gegen sie das Messer erneut einsetzen könne..."

Die junge Frau schrie um Hilfe, versuchte sich loszureißen, fiel hin. Niemand kam ihr zu Hilfe. Holst hielt ihr den Mund zu und drängte sie in das Haus, in dem er wohnte. „Vergeblich versuchte sie noch, das Schließen der Tür von innen zu verhindern, indem sie ihren Fuß zwischen Tür und Angel stellte.“ Wie im Urteil des Amtsgerichts Hamburg-Wandsbek beschrieben, geht Holst offenbar vor. Wie dort beschrieben, reagieren überfallene Frauen.

„In dieser Situation ging der Zeugin durch den Kopf, dass in ihrer ausweglosen Lage nur noch Besonnenheit helfen könne. Sie entschloss sich deshalb, den Angeklagten nicht zu reizen und auf seine Forderungen und Wünsche einzugehen. Sie versuchte deshalb, mit ihm ins Gespräch zukommen. Ihre Fragen, was er denn mit ihr vorhabe, beantwortete er zunächst ausweichend. Er holte zwei Bademantelgürtel und führte die Zeugin in das Wohnzimmer im Erdgeschoss des Hauses. Dort musste sie sich auf den Bauch legen. Dann fesselte er ihr mit einem Gürtel die Hände auf den Rücken... Auf erneute Frage, was er eigentlich mit ihr vorhabe, sagte er ihr nun, dass er sie ‚ficken‘ wolle...“

Holst behauptete damals, er habe zu keinem Zeitpunkt die Frau gewaltsam zum Geschlechtsverkehr zwingen wollen. Und das Amtsgericht führte dazu aus: „Zwar kann im Rechtssinne zweifelhaft sein, ob sich die Zeugin freiwillig dem Geschlechtsverkehr hingegeben hat oder gezwungenermaßen durch fortwirkende Gewalt der vorausgegangenen Ereignisse. Jedoch muss man dem Angeklagten glauben oder kann ihm zumindest nicht widerlegen, dass er in seiner Verblendung ernsthaft gemeint hat, die Zeugin bringe ihm Sympathie entgegen und wolle aus freiem Entschluss mit ihm den Verkehr ausführen.“

Die Gymnasiastin hielt durch, bis sie zu Hause war. Erst dort brach sie zusammen. In ihrer Angst vor dem Täter bat sie ihre Mutter zunächst flehentlich, die Polizei aus der Sache herauszuhalten. Sie konnte erst gar nicht sagen, was geschehen war.

Das Landgericht Stade distanzierte sich vom Spruch der Hamburger Kollegen als „nur schwer nachvollziehbar“. Aber dann glitt es in die gleiche männergerechte Argumentation.

Hat der Angeklagte im Fall der Kosmetikschülerin Lara die Situation vielleicht ebenso „verkannt“ wie bei der Gymnasiastin zwei Jahre zuvor? Die damalige Verurteilung, so die Stader Richter, hätte ihn einerseits dafür „sensibilisiert haben müssen, dass Frauen anders empfinden". „Andererseits", fuhr der Vorsitzende Voß fort, „hatte der Angeklagte eine sehr lange Zeit sexueller Askese hinter sich."

Vielleicht war er deshalb „derart mit sich selbst beschäftigt, dass er die innere Abwehr der jungen Frau nicht bemerkte". Vielleicht habe eine „völlige Fehleinschätzung als Mann" spontan zur Tat geführt. Ein Jahr soll diese angebliche, dem Angeklagten zu seinen Gunsten unterstellte sexuelle Dürrezeit gedauert haben. Erklärung für eine Vergewaltigung oder Nötigung? Männer scheinen bei Männern wirklich nichts für unerklärbar zu halten.

Zum Tathergang im Fall Lara sagen die Stader Richter: Der Angeklagte nahm die Kosmetikschülerin, die am 26. November 1990 bis kurz nach 18 Uhr vergeblich auf der Canteleu-Brücke in Buchholz als Anhalterin gewartet hatte, in seinem Auto mit. „Sie verhielt sich ihrem Wesen nach aufgeschlossen und unbefangen." Sie war in Eile, ihre Mutter wartete mit dem Abendessen, ein Referat war noch vorzubereiten.

Doch nach Auffassung des Gerichts, und zu Gunsten Holsts, „ist nicht auszuschließen, dass sie bereit war, sich das Haus des Angeklagten anzusehen". Das Haus liegt im Wald, es war dunkel, die Zufahrt nicht einsehbar. Ob Lara freiwillig folgte oder ob auch ihr ein Messer an den Hals gesetzt wurde, kann das Gericht nicht feststellen.

In den nächsten zwei Stunden kam es dort zum Geschlechtsverkehr und zur Tötung, dann zum „Ablegen" der Leiche neben der Fahrbahn der Kreisstraße 72. Was im einzelnen geschah, weiß keiner außer dem Täter. Doch Holst gab in einer Art Teilgeständnis an, sich just daran nicht zu erinnern.

Gleichwohl befand die Strafkammer, Lara hätte sich trotz körperlicher Unterlegenheit durchaus wehren können. Aber: „Keinerlei Abwehr- oder Fixierverletzungen". Sie hat sich also nicht gewehrt. Wirklich?

Der Rechtsmediziner Friedrich Schulz, Hamburg, fand „Druckspuren durch Festhalten" an den Armen des Opfers. Er wies auch darauf hin, dass eventueller Schmutz unter den Fingernägeln nicht habe untersucht werden können, da der Täter Lara die rechte Hand abgehackt und an der linken die Finger abgetrennt hatte. Welche Spuren,

Abwehr- und Fixierspuren möglicherweise, wurden dadurch beseitigt? Die abgetrennten Körperteile wurden nie gefunden.

Der Täter hatte auch das Ober- und das Unterlid eines Auges ausgeschnitten. Die Spur eines Faustschlages etwa? Auf eine Verdeckungstat, wie es denn doch einige andere Gerichte in so einem Fall getan hätten, wollten die Stader Richter nicht schließen.

Nach dem Geschlechtsverkehr, den der Angeklagte für einverständlich gehalten haben soll, schlug die Stimmung bei ihm nach Auffassung der Richter um. Er tötete. Warum? Das Opfer, meinen die Richter, habe wohl nichts dazu getan. Ernüchterung nach dem Verkehr? Die Einsicht, sein Leben verpfuscht zu haben, wenn herauskommt, was er gemacht hat? Der „naheliegende Gedanke“, das Opfer zu beseitigen?

Für keines der vielen „denkbaren Motive“ fanden die Richter zwingende Anhaltspunkte: „Die nicht aufzuhellenden Tatbereiche verhindern die Feststellung von Mordmerkmalen.“ Auch dies ist rechtsstaatlich gedacht, wieder in dubio, in dubio – pro reo. Ebenfalls zu Gunsten des Angeklagten nahmen die Richter an, dass das Opfer bewusstlos war, als es erdrosselt wurde. Denn jedes zur Gegenwehr fähige Opfer wehre sich in Todesgefahr „mit aller Kraft“.

Doch es hat Tötungen junger Frauen nach Vergewaltigung gegeben, da haben sich die Opfer wie Lämmer zur Schlachtbank führen lassen. Die 18-jährige Gordana und die 21-jährige Gabriele aus Quadrath-Ichendorf, getötet von den Brüdern Gilles und Sieben, haben nicht geweint, nicht gefleht, nicht geschrien, nicht gekratzt, nicht geprügelt. Sie waren wie gelähmt. Ein wenig haben sie mit den Beinen gestrampelt, als sie gewürgt wurden, ein paarmal gezuckt. Dann war es vorbei.

Die Stader Richter haben das Verhalten von Frauen in Situationen, in denen es um Leben und Tod geht, nicht begriffen. Sie begründeten akribisch, rechtsstaatlich unübertrefflich, warum sie Holst für den Täter, nicht aber für einen Mörder halten, und verhehlten im übrigen nicht ihre Unzufriedenheit über den eigenen Urteilsspruch. „Es fehlt eine ausreichende Basis, auf die von der Öffentlichkeit und dem Angeklagten gestellte Frage zu antworten, ob er ein kranker Mensch oder ein gefühlskalter Killer ist.“

Dem psychiatrischen Sachverständigen Professor Hans Jürgen Horn, 57, Hamburg, hatte Holst sich nicht geöffnet, was die Tat angeht. Vor

Gericht hat er geschwiegen. Gegenüber dem Psychologen Professor Hermann Wegener, 71, Kiel, beteuerte er, bei der Polizei, wo er kurz nach seiner Festnahme gestanden hatte, Lara mitgenommen, umgebracht und weggeschafft zu haben, sei er derart unter Druck gesetzt worden, dass er alles Mögliche zugegeben habe, was nicht stimme.

Wegener war auf Antrag des Verteidigers Ladislav Anisic, Hamburg, geladen worden. Er sollte Stellung nehmen zum psychischen Zustand Holsts während der Vernehmungen. Mit einem Gutachter dieses Ranges geht die Verteidigung ein Risiko ein. Wegener trug mit der Kompetenz jahrzehntelanger Gutachtertätigkeit vor. Von da an war nicht mehr die Rede von einem falschen Geständnis. Im Gegenteil: Das Teilgeständnis Holsts geriet zum Fundament der Verurteilung.

Andere, objektive Spuren, die auf Holst hindeuteten, wie Fasern, eine kleine Blutspur, Haare, etwas Sperma an Laras Slip, erschienen dem Gericht im Vergleich dazu „von untergeordneter Bedeutung". Doch mehr als solche Spuren werden voraussichtlich nicht zur Verfügung stehen, wenn nächstens vor dem Hamburger Landgericht wieder gegen Holst verhandelt wird. Diesmal wegen Mordes an zwei Frauen.

Eine der angeklagten Taten, die Vergewaltigung und Erdrosselung der Studentin Andrea, 21, geschah am 23. November 1987. Sie liegt also noch vor dem Überfall auf die Gymnasiastin in Hamburg.

Die Hausfrau Petra, 28, wurde am 12. Februar 1988 vergewaltigt und erdrosselt. Diese Tat liegt zwischen dem Überfall auf die Gymnasiastin und der Tötung von Lara.

Sollte Thomas Holst auch in diesen Fällen als Täter verurteilt werden, stellt sich die „Nötigung" der Gymnasiastin im Nachhinein nicht mehr nur als Resultat einer „narzisstischen Selbstwertkrise" dar, wie sie der Sachverständige Horn („bei meinem Kenntnisstand") genannt hatte. Dann hat die Frau Riesenglück gehabt. Dann hat der Angeklagte damals, in seinen Augen, einen Fehler gemacht, der ihm nicht mehr passieren sollte.

Dem, der sich mit einer platten Formel wie „gefühlskalter Frauenkiller" nicht abfinden mag, weil er überzeugt ist, dass kein Mensch Frauen reihenweise „nur so" tötet, stellt sich dann aber umso drängender die Frage: Ist Thomas Holst einer jener fast perfekt unauffälligen kranken Triebtäter, die halbwegs ins Normalleben eingebunden sind – Holst hatte eine Verlobte –, außerhalb dessen sie aber eine unheimliche Schattenexistenz führen?

Anders als das einzige Foto des mutmaßlichen „Heidemörders“ kurz nach seiner Festnahme Ende 1990 glauben macht, ist er zu beschreiben als ein unauffällig gefälliger blasser junger Mann. In der Hauptverhandlung in Stade saß er, kaum bemerkt, hinter seinen Verteidigern, den Kopf meist seitwärts geneigt, die Wange auf einem Zeigefinger leicht abgestützt. Man sah nur Kopf, die Hand, die Schulter.

Wie gesagt: ein Urteil, erhebend rechtsstaatlich zu Gunsten des Angeklagten und niederschmetternd zugleich. Denn eine Lehre, Schwestern, haben wir daraus zu ziehen: Unsere Tugend müssen wir mannhaft und spurenreich verteidigen, und koste es uns das Leben, auf dass hinterher nicht Männer kommen und sagen, na ja, vielleicht hat sie es doch gewollt.

Im April 1993 wurde Holst in Hamburg wegen Mordes an zwei jungen Frauen zu einer lebenslangen Freiheitsstrafe verurteilt und in die Psychiatrie eingewiesen. Im September 1995 brach er mit Hilfe seiner Therapeutin Tamar S. aus der geschlossenen Abteilung des Hamburger Krankenhauses Ochsenzoll aus. Drei Monate später, nach der Verhaftung seiner Helferin, stellte er sich freiwillig. Frau S. wurde 1996 zu einer Bewährungsstrafe von zwei Jahren verurteilt. 1997 heirateten Holst und Tamar S.

„Dann hast du es gemacht"

Ronny Rieken hat immer wieder Gelegenheit gehabt, Mädchen zu jagen, zu vergewaltigen, zwei hat er getötet

SPIEGEL 48/1998, 23. November 1998

In dieser Woche wird das Schwurgericht des Landgerichts Oldenburg das Urteil über Ronny Rieken, 30, verkünden. Ob es den Angeklagten zu lebenslanger Freiheitsstrafe mit allen Verschärfungen verurteilt, so dass Lebenslang auch bis zum Ende des Lebens dauert, ob es ihn in die Psychiatrie einweist: Das Gericht wird alle zur Verfügung stehenden Vorkehrungen treffen, dass der Mann, der zwei Mädchen vergewaltigt und getötet hat, nicht noch einmal vergewaltigen und töten kann.

Das Gericht wird nur über Riekens Schuld entscheiden. Die Frage, wer schuld daran ist, dass ihm über Jahre immer wieder Gelegenheit zum Vergewaltigen und schließlich auch zum Morden gegeben wurde, hat das Gericht nicht zu beantworten. Aus dem Urteil wird sich auch nicht zwingend ergeben, was unverzüglich zu geschehen hat, damit ein Fall Rieken nie mehr passiert. Es gibt nicht einzelne Schuldige, kein genau zu bezeichnendes Versagen wie in der Potsdamer Untersuchungshaftanstalt, aus der ein gefährlicher Häftling für vier Tage ausbrechen konnte. Im Rückblick lässt sich ein ganzes Geflecht von Umständen erkennen, von im Nachhinein leicht zu beklagenden Versäumnissen und Fehlentscheidungen, die Rieken den Weg ebneten.

Vor der ersten Vergewaltigung liegt eine Strecke von Taten, wie sie unter Jugendlichen aus schlechten sozialen Verhältnissen nicht unüblich sind: Einbrüche, Diebstähle, Prügeleien. 1986, da hatte Rieken in der Binnenschifffahrt angeheuert, notiert sein Strafregister die erste schwere Aggressionstat. Mit einem Kumpel schlug er auf einem Schiff einen Matrosen und den Schiffsführer brachial zusammen.

Dann, am zweiten Weihnachtstag 1987: Maria (Name geändert), sie ist 15, Ronny 19. Die beiden kennen sich seit mindestens zehn Jahren, eine Bekanntschaft aus Kindertagen, mehr nicht. Ronny prügelte sich früher oft mit ihrem Bruder, Maria war inzwischen mit Ronnys Schwester Ramona befreundet.

Ronny und Maria gehen am Spätnachmittag nach einem Besuch zusammen heim, man wohnt im selben Block. Ronny schlägt einen unbeleuchteten Weg ein. Maria ist es unbehaglich wegen der Dunkelheit, nicht Ronnys wegen. Plötzlich nimmt er sie in den Würgegriff. Sie schreit. Er schlägt zu.

Sie soll ihn mit dem Mund befriedigen. Sie muss sich übergeben. Dann vergewaltigt er sie. Sie ist so fassungslos, dass sie es über sich ergehen lässt. Als er fertig ist, steht er auf und droht ihr, falls sie ihn verrate. Man werde ihr ohnehin nicht glauben.

Marias Mutter geht aufgebracht zu den Riekens. Ronnys Mutter erklärt, ihr Sohn würde so etwas niemals tun. Auch seine Schwester glaubt der Freundin nicht. Daraufhin erstattet das Opfer Anzeige.

Die Staatsanwaltschaft stellt die Sache ein, nachdem Rieken behauptet, der Geschlechtsverkehr habe einverständlich stattgefunden. Die Akte wird vernichtet.

Marias Vergewaltigung, die 1987 nicht angeklagt wurde, kam noch einmal zur Sprache, als sich Rieken 1989 vor dem Landgericht Oldenburg wegen Vergewaltigung seiner jüngeren Schwester verantworten muss. Die junge Frau sagt aus, sie habe ihren Bruder, als er nicht von ihr abließ, angeschrien: „Dann hast du es auch mit Maria gemacht!“ Doch die Sache war eingestellt, durfte für das Gericht also keine Bedeutung mehr haben. Im Urteil findet sich nur eine Andeutung: „Zumindest die Vorverurteilung vom 25. Juni 1986“ – die Gewalttat auf dem Schiff – „offenbart, dass Gewaltanwendung und rücksichtsloses Vorgehen gegen Dritte dem Angeklagten nicht fremd ist.“ Zumindest.

Im Prozess schwieg Rieken. Der Psychiater Heinz Winterscheid, beauftragt, Riekens Schuldfähigkeit zum Tatzeitpunkt zu beurteilen, konnte sich nur zu dem äußern, was ihm der Angeklagte sagte und was in der Hauptverhandlung zu erfahren war: dass Riekens Vater trank, prügelte und sich an einer von der Mutter in die Ehe mitgebrachten Tochter vergriff; dass der Junge schon in der Schule durch seine Aggressivität auffiel; dass es mit einer ordentlichen Berufsausbildung trotz guter Intelligenz nichts wurde.

Eine verminderte oder gar aufgehobene Schuldfähigkeit war nicht festzustellen, eine Beeinträchtigung durch Alkohol (Rieken hatte vor der Tat zwei bis drei kleine Biere getrunken) ebenfalls nicht. Auf sexuelle Abnormität wies nichts hin.

Das Urteil, das am 15. Dezember 1989 verkündet wird, ist hart. Die 5. Große Strafkammer des Landgerichts Oldenburg mit dem Vorsitzenden Richter Rolf Otterbein, heute 55, und den Richtern Braun und Heiß sowie zwei Schöffen verhängt eine Freiheitsstrafe von zehn Jahren. Sie bewertet die außergewöhnliche Brutalität der Mehrfachvergewaltigung, die besonders krasse Erniedrigung des Opfers und auch die bösen Folgen. Riekens Schwester hatte gegen den Willen der Familie die Tat angezeigt. Mutter und Geschwister wandten sich von ihr ab und wiesen schließlich ihr die ganze Schuld zu.

Die schriftliche Begründung dieses Urteils war von ungewöhnlicher Sorgfalt. Allein auf zehn Seiten wurde der grausame Tatablauf in allen Einzelheiten dargestellt. Auf 13 Seiten ging es allein um die uneingeschränkte Glaubwürdigkeit der Schwester und ihrer Angaben. Die Tatrichter bemühten sich unübersehbar, ihren Eindruck von der Gefährlichkeit dieses Angeklagten deutlich zu machen.

Doch Rieken legte Revision ein. Vor dem 5., damals in Berlin residierenden Strafsenat des Bundesgerichtshofs (BGH) mit den Richtern Laufhütte, Fleischmann, Fuhrmann, Häger und Horstkotte wird der Angeklagte von dem bekannten Strafverteidiger Nicolas Becker vertreten. Becker erreicht, dass das Urteil im Strafausspruch aufgehoben wird. Der Schuldspruch hingegen bleibt bestehen. Im Urteil des BGH heißt es: „Bedenklich ist aber der Hinweis des Tatrichters, dass die Folgen der Tat für den Angeklagten voraussehbar gewesen seien, weil das Opfer seine Schwester sei. Dies lässt besorgen, dass der Tatrichter sich bei der Bemessung der Strafe vorwiegend von dem Umstand hat leiten lassen, dass der Angeklagte seine Schwester vergewaltigt hat."

Auch das gehört in das Geflecht, das Riekens Weg zu zwei Kindermorden möglich machte. Ein BGH-Senat bekommt den in U-Haft befindlichen Angeklagten nicht zu Gesicht, er kennt nichts außer den Akten. Die Oldenburger Tatrichter erlebten Rieken dagegen zehn Sitzungstage lang. Sie wussten von Maria. Sie hatten sich ein Bild von Rieken machen können.

Nur einen Sitzungstag benötigte die 6. Große Oldenburger Strafkammer, an die die Sache zurückverwiesen wurde, nach der unmissverständlichen Anweisung des BGH für die neue, mildere Strafzumessung: fünf Jahre sechs Monate. Rieken wurde zugute gehalten, dass er nun ein Geständnis abgelegt, bereut – spät, aber immerhin – und einen zweifelhaften Zeugen beigebracht hatte, der größeren Alkoholkonsum am Vortag bestätigte. Zum Sachverständigen Winterscheid hatte Rieken in der Vorinstanz noch gesagt, dass er zur Tatzeit nicht erheblich unter Alkohol stand.

„Auch musste zu Gunsten des Angeklagten“, so heißt es in dem Urteil, „bei der Strafzumessung sein junges Alter berücksichtigt werden. Er war zur Tatzeit gerade 21 Jahre alt“ – Sätze, die sich oft finden, auch hier, wenn die Gefährlichkeit eines jungen Straftäters unterschätzt wird. Man will einem jungen Menschen nicht das Leben zerstören. Man gibt ihm eine Chance. Und dann ist das Leben anderer zerstört.

Rieken kommt nach dreieinhalb Jahren Haft 1993 auf freien Fuß. Er hat sich gut geführt, hat eine Umschulung zum Maschinenbauer mit dem Gesellenbrief abgeschlossen. Der stellvertretende Anstaltsleiter von Vechta vermerkt vor Riekens Entlassung auf Bewährung lobend, der Häftling verbringe seine arbeitsfreie Zeit mit der Betreuung der Vögel in der Anstaltsvoliere.

Wieder das Geflecht: Die Strafanstalt bekommt die Akten. Sie hält sich an das zweite, milde Urteil, das den extrem brutalen Tatablauf nicht vorführt, es war ja auch nur ein niedrigeres Strafmaß zu finden. In Vechta befasste man sich also mit einem „dissozialen“ jungen Mann, der ein Alkoholproblem hatte. Vergewaltigung? Na klar, der Vater hatte doch schon mit Sittlichkeitsgeschichten zu tun. Da gibt es doch den bösen Witz: Wie lange bleibt ein Mädchen Jungfrau? Solange es schneller rennen kann als seine Brüder.

Das Überfliegen von Akten, der kurze Blick ins letzte Urteil reicht nicht. Es hätte ein Gespräch mit dem vor Gericht tätigen Sachverständigen geben müssen. Vielleicht hätte noch ein weiterer, mit der Sache bisher nicht befasster Sachverständiger bemüht werden sollen. Vielleicht hätte sich dann schon damals erörtern lassen, dass Rieken kein Sexual- oder Triebtäter ist, sondern dass seine Entwicklungsstörungen zu lebensgefährlichen Aggressionstaten führen können. Zu Taten, bei denen Mädchen unterworfen und gedemütigt werden, damit der Täter das geprügelte Kind in sich überwindet.

Die Psychologen in den Haftanstalten sind durchweg überlastet. Es gibt keine zusätzliche Spezialisierung und Qualifizierung für sie. Dazu würde auch gehören, dass sie sich laufend einer Supervision unterziehen, so nah, wie sie den Häftlingen sind. Rolf D., der Mann, der ebenfalls zwei Mädchen tötete und 1997 in Oldenburg Lebenslang erhielt, hatte nach seiner ersten Tat im Gefängnis den Realschulabschluss nachgeholt und sich in einer Gruppe mit einem Psychologen unterhalten, über Allgemeines. Mit Armin Sch., der später die kleine Natalie umbrachte, hatte man nach einschlägigen Vortaten in der Haftanstalt geübt, wie man sich bei einem Arbeitgeber vorstellt und mit Vorgesetzten spricht.

Seit dem 12. November steht Rieken nun wieder in Oldenburg vor Gericht. Er hat gestanden, am 11. Juni 1996 die 13-jährige Ulrike Everts und am 16. März dieses Jahres die 11-jährige Christina Nytsch nach mehrfacher Vergewaltigung und unsäglicher – wahrhaftig unbeschreiblicher – Quälerei getötet zu haben. Er hat weitere Vergewaltigungen von Kindern gestanden, die er, Gottes Wunder, am Leben ließ. Er hat gestanden, seit seiner Haftentlassung 1993 immer und immer wieder auf der Jagd nach Mädchen gewesen zu sein. Er lauerte vor Schulen, an einem Badesee, er beobachtete Bushaltestellen, er wartete an einsamen Stellen am Küstenkanal. 14 Vorfälle sind aktenkundig. Wie viele Versuche schlugen fehl, ohne dass jemand etwas ahnte? Statt zwei toten Kindern hätten es auch 10 oder 20 sein können.

Der Vorsitzende, der jetzt das Urteil verkünden wird, ist derselbe Rolf Otterbein, der mit seinen Mitrichtern 1989 zehn Jahre gegen Rieken verhängen wollte (auch die Beisitzerin gehörte damals der Kammer schon an). Von mancher Seite wird er verdächtigt, diesem Angeklagten nicht ganz unbefangen gegenüber zu sein. Im Gegenteil: Es ist geradezu ein Glücksfall in dieser trostlosen Strafsache, dass hier ein Vorsitzender verhandelt, der nicht in Gefahr gerät, dem berühmten „Mildeeffekt" – etwa wegen des jugendlichen Alters zur Tatzeit – zu erliegen.

Otterbein fragt scharf. Er kennt das ausweichende Antworten Riekens, die wechselnden Einlassungen, das Suchen nach der günstigsten Formulierung. Rieken will zum Beispiel den Kindern, die er auf der Straße packte, in den Kofferraum seines Autos angeblich hinein- und heraus-„geholfen" haben. Auch beim Ausziehen „half" er.

Er hat nicht geholfen. Er hat die Kinder mit äußerster Brutalität, Kopf voran, in ihr Verlies gepresst, er hat die zu Tode Geängstigten herausgezerrt, ihnen die Kleider vom Leib gerissen, sie geschlagen, er hat Mundverkehr verlangt und, da die Kinder das nicht konnten, unter rüdester Gewalt Geschlechtsverkehr erzwungen, sie anal traktiert. Und dann das Unsägliche wieder von vorn. Und wieder. Er hat sich wehrlose Mädchen gesucht, weil die weniger Widerstand leisten als erwachsene Frauen. Er hat getötet, um nicht wiedererkannt zu werden.

Es ist albern und effekthascherisch zu behaupten, Richter Otterbein versuche, die „Ehre der Justiz“ zu retten. Er lässt Rieken nicht ausweichen. Und gibt ihm damit eine letzte Chance, sich zu offenbaren. Er hält ihm seine Ausflüchte vor. Er sagt ihm, wann und warum er ihm nicht glaubt: etwa wenn Rieken neuerdings vorbringt, wie seine Schwestern von seinem Vater sexuell missbraucht worden zu sein. Offenbar will er damit eine abnorme Entwicklung zum Triebtäter, wie man sie sich gemeinhin vorstellt, ins Gespräch bringen. Denn er möchte therapiert werden – allerdings ohne zu gestehen, was wirklich geschehen ist.

Was da im Prozess zusammenkam, ergibt kein Bild von einem Mann, der sich, von seinem Trieb oder seiner Triebschwäche überwältigt, Erleichterung verschaffte. Es ergaben sich nur Fetzen von Eindrücken: ein vernachlässigtes Kind einst, Sohn eines gewalttätigen Trunkenbolds, der sich immer wieder an kleinen Mädchen vergriff. Riekens Mutter schwankte zwischen blinder Härte, damit der einzige Sohn nicht werde wie der Vater, und blindem Einverständnis mit dem Jungen. Ein junger Mann, eingewoben in ein familiäres Geflecht von Verleugnung und Schweigen – von Schweigen auch der Umgebung, der Freunde, der Nachbarn, die sich heraushielten. Ein Mann, der über die Angst seiner Opfer, ins Gerede zu kommen, höhnen konnte.

In dieser Woche sollen in Oldenburg noch der Psychiater Norbert Leygraf und die Psychologin Sabine Nowara als Sachverständige gehört werden. Der Vorsitzende ließ schon durchblicken, dass sie Rieken für voll schuldfähig halten.

Seit der ersten Begutachtung Riekens 1989 (wegen Vergewaltigung seiner Schwester) ist das Bild von Tätern, die sexuell aggressiv sind infolge einer Fehlentwicklung, die primär keine sexuelle Fehlentwicklung ist, wissenschaftlich deutlicher geworden. Was die Möglichkeit angeht, solche Täter zu therapieren, herrscht große Skepsis. Für jeden dieser Täter eine speziell zugeschnittene, zeitlich unabsehbare Behandlung – wer soll das leisten? Wo soll das stattfinden? Wer soll das bezahlen?

Höchststrafe gegen Ronny Rieken verhängt

SPIEGEL 49/1998, 30. NOVEMBER 1998

Den Eltern Nytsch hat das Schicksal das Schlimmste zugefügt, was Eltern überhaupt widerfahren kann – es hat ihnen ihr Kind genommen. Und nicht nur das: Es hat sie bis ins Detail wissen lassen, welch unerträgliche Qualen ihrem Kind zugefügt wurden, ehe es sterben musste.

Sie tragen dieses Schicksal mit bewegender Disziplin. Sie wollen nicht Rache. Sie wollen nur eines: dass wenigstens kein Kind mehr so zu Tode geschunden wird wie ihre Christina. Elf Jahre wurde sie alt.

Die Eltern von Ulrike Everts, die 13 Jahre alt am 11. Juni 1996 nach brutalen Misshandlungen umgebracht wurde, haben nicht mehr die Kraft zu solcher Gefasstheit, liegt doch ein zwei Jahre währendes Martyrium trostloser Ungewissheit hinter ihnen. Dann erst führte Ronny Rieken, 30, die Polizei zu dem Ort, wo die Knochen ihres Kindes moderten.

Die 5. Große Strafkammer des Landgerichts Oldenburg mit dem Vorsitzenden Rolf Otterbein hat diesen Ronny Rieken zu einer Strafe wegen zweifachen Mordes (mit Feststellung der besonderen Schwere der Schuld und eines verfestigten Hangs zu lebensgefährlichen Gewalttaten „mit immens hoher Rückfallgefahr“) verurteilt, die nach heutigem Ermessen Gefängnis bis zum Lebensende bedeutet.

Dem Gericht gebührt aller Respekt dafür, wie das von aufgewühlten Emotionen und törichter Effekthascherei in den Medien belastete Verfahren geführt und zu Ende gebracht wurde. Es gebührt ihm Respekt, dass es die Gelegenheit wahrnahm, die Öffentlichkeit aufzufordern, „nicht länger wegzuschauen und zu schweigen“, gerade wenn es um Untaten an Kindern geht. Tatsächlich hatte ein Vater tagelang gezögert, die Entführung und sexuelle Nötigung seiner neunjährigen Tochter – Rieken hatte sie mit dem Leben davonkommen lassen – bei der Polizei zu melden, weil er fürchtete, sein Kind würde im Ort als „missbraucht“ gebrandmarkt.

„Wenn Eltern nur deswegen keine Anzeige erstatten, um ihr Kind nicht dem Gespött auszuliefern, dann ist das zutiefst beschämend“, sagte Otterbein.

Vor dem Gericht fiel am Tag der Urteilsverkündung ein Spruchband auf: „Wer schweigt, hilft dem Täter“. Man hat geschwiegen, man wollte kein Gerede, man hat sich geschämt. Man hat weggesehen, als Rieken in jungen Jahren Tiere über das Maß grausam quälte. Es wurde von Jahr zu Jahr schlimmer mit dem Jungen. Seine Taten wurden zunehmend brutaler. 1987 und 1989 dann die ersten Vergewaltigungen.

Die Signale, dass hier ein junger Mensch auf gefährlichem Weg ist, wurden übersehen. Der Vertreter der Eltern Nytsch als Nebenkläger, Rechtsanwalt Reinhard Nollmann aus Cloppenburg – er hat 1997 den wegen Mordes an der zehnjährigen Kim Kerkow verurteilten Rolf D. vor derselben Kammer verteidigt –, appellierte an die Justiz, gerade jungen Ersttätern ihr Augenmerk zu widmen. Nollmann sind die Parallelen in der Entwicklung dieser Angeklagten aufgefallen.

Der Psychiater Norbert Leygraf und die Psychologin Sabine Nowara beschrieben Rieken als einen Menschen, der nicht in der Lage ist, sich in andere Menschen hineinzufühlen. Er hat Gefühl nie erfahren, Mitgefühl in den üblen Verhältnissen, in denen er groß wurde, nie erlernen können. Die Sachverständigen haben unmissverständlich deutlich gemacht, dass nach den heutigen Erkenntnissen und Therapiemöglichkeiten derartige Persönlichkeitsdefekte nicht behandelt werden können.

Es ist für Sachverständige nicht leicht, ein solches Gutachten zu erstatten. Manchem erscheint es als Kapitulation, eingestehen zu müssen, dass es für einen Probanden keine Therapiechance gibt. Doch verantwortungsvoll forensisch begutachten kann nur der Sachverständige, der sich auch dieser Situation bewusst ist.

Das Urteil über Rieken ist zu sehen vor dem Hintergrund eines anderen Prozesses, der zur Zeit in Halle stattfindet. Dort steht der Gewalttäter Bernd B. wieder einmal vor Gericht. Er konnte aus einer Therapieklinik flüchten, in die er nicht gehörte. Danach hat er mutmaßlich zwei Menschen getötet, zwei andere vielfach vergewaltigt. Eine Gutachterin hatte gemeint, der Mann werde im Jahr 2003 entlassen, müsse also baldigst therapiert werden. Tatsächlich ging es um einen voraussichtlichen Entlassungstermin im Jahr 2033. Die Bandbreite möglicher Fehlentscheidungen und Versäumnisse, die gefährlichen Tätern den Weg in die Freiheit ebnen, ist grenzenlos.

Rieken wird seine Strafe in Celle verbüßen. Dort sitzen auch Bernhard M. und Rolf D. ein, beide in Oldenburg zu Lebenslang verurteilt (1981 und 1997). Beide hatten Gelegenheit, nach einem ersten Tötungsdelikt an einem Kind ein zweites Mal zu töten. Bei M. heißt es inzwischen, eine Behandlung sei nicht mehr möglich. D., der eine Therapie benötigt, soll sie laut Anstalt – vielleicht – „ein oder zwei Jahre vor Strafende" bekommen.

Man kann diese Täter einfach wegsperren und hoffen, der Zufall werde es bitte nicht wollen, dass sie eines Tages unversehens die Freiheit wiedergewinnen. Oder wäre es nicht eher angezeigt, sich mit der Entstehungsgeschichte ihrer Taten zu beschäftigen? Es sollte aus wissenschaftlichen, präventiven Gründen und auch zur Entlastung des Strafvollzugs möglich sein. Ein endgültiges Wort zum Umgang mit diesen Tätern ist noch nicht gefunden. Das bloße Verwahren ist keine Lösung.

Anlässlich des Verfahrens gegen D. schlug Leygraf vor (SPIEGEL 44/1997), die Durchlässigkeit zwischen Straf- und Behandlungsvollzug zu fördern. Bislang entscheidet sich schon im Strafverfahren, ob ein Täter zu einer Freiheitsstrafe verurteilt oder ob er in einem psychiatrischen Krankenhaus untergebracht wird. Nachträgliche Korrekturen sind kaum möglich.

„Hier sind flexiblere Verfahren erforderlich", schrieb Leygraf damals, „um Straftäter, deren Behandlungsbedarf erst während der Haft offenbar wurde, in eine Maßregelklinik verlegen zu können." Andererseits könnten auch Straftäter der Justiz „zurückgegeben" werden, bei denen sich eine Behandlung als nicht sinnvoll herausstellt.

„Noch gefährlicher durch Therapie“

Wohin mit Straftätern wie Frank Schmökel, die weder ins Gefängnis noch in die Psychiatrie gehören?

SPIEGEL 44/2002, 28. OKTOBER 2002

Ein herausgehobener Platz in der Geschichte der Strafjustiz ist dem Gewaltverbrecher Frank Schmökel, 40, sicher. Denn wie kaum ein anderer ist sein Fall ein Menetekel, eine Illustration des Elends der forensischen Psychiatrie, dieser Nahtstelle zwischen Medizin und Justiz. In einer Zeit, in der anlässlich von Sexualverbrechen zunehmend drängender die Forderung ertönt: „Lasst sie nie wieder frei“, beweist das Beispiel Schmökel, wie illusorisch, ja absurd – gemessen an der Realität – derlei Parolen sind.

Von dieser Woche an steht der nicht nur wegen seiner Größe (1,92 Meter) unübersehbare Schmökel wieder einmal vor Gericht. Vor dem in Neuruppin tagenden Landgericht Frankfurt an der Oder klagt ihn die Staatsanwaltschaft unter anderem des Mordes an dem Rentner Johannes Berger und der versuchten Tötung seiner Mutter sowie eines Pflegers und eines Sozialpädagogen an. Die Verhandlung leitet die Vorsitzende Richterin Jutta Hecht, die im vorigen Jahr das Urteil über Stefan Jahn verkündete, der die zwölfjährige Ulrike aus Eberswalde entführt, vergewaltigt und getötet hatte. Als Sachverständiger wird der psychiatrische Chefarzt des Krankenhauses der Berliner Vollzugsanstalten, Norbert Konrad, zur Frage der Schuldfähigkeit und künftigen Gefährlichkeit Schmökels gehört werden. Verteidigt wird der Angeklagte von den Potsdamer Rechtsanwälten Karsten Beckmann und Matthias Schöneburg.

Schmökel beschäftigt die Justiz mit Sexualdelikten seit 1987, die Psychiatrie seit 1993. Die jetzt angeklagten Taten nahmen ihren Anfang am 25. Oktober 2000, als Schmökel, untergebracht in der psychiatrischen Landesklinik Eberswalde, Außenstelle Neuruppin, laut Anklage mit dem Pfleger, dem erst seit kurzem in der Klinik tätigen Pflegehelfer und dem Sozialpädagogen seine Mutter in Strausberg besuchen durfte.

Nach der Begrüßung der Mutter rauchten Schmökel und zwei seiner Begleiter vor dem Haus eine Zigarette, dann ging man in den Keller, wo Schmökel ein Fahrrad reparierte. Anschließend trank man Kaffee, und Schmökel schnitt mit einem Küchenmesser Kuchen auf.

Später räumte er das Geschirr ab und bestand darauf abzuwaschen. Zwei der Begleiter, die Situation offenbar völlig falsch einschätzend, verließen die Wohnung, um erneut vor dem Haus zu rauchen. Nur der Pfleger blieb zurück und unterhielt sich mit Schmökels Mutter. Als dieser noch einmal ins Wohnzimmer kam, hatte er das lange Küchenmesser dabei.

Er beugt sich über den Rücken des Pflegers und sticht zweimal zu. Die Mutter springt auf, versucht, sich dazwischenzustellen, und wird ebenfalls getroffen. Trotz seiner schweren Verletzungen geht der Pfleger auf Schmökel los und wird noch weitere viermal in Oberkörper und Bauch getroffen. Als die beiden Raucher, alarmiert durch den Lärm in der Wohnung, herbeieilen, sehen sie Schmökel mit dem lebensgefährlich Verletzten ringen.

Sie versuchen vergebens, den athletischen 100-Kilo-Mann Schmökel festzuhalten, er sticht nun auch auf den Sozialpädagogen ein. Zum Glück verbiegt sich die Klinge. Dann geht er auf den einen Pflegehelfer los, treibt ihn vor sich her durch den Flur. Der will noch die Haustür zuhalten und zieht sich dabei Verletzungen an Hand und Arm zu. Die Flucht Schmökels, der sich zu Fuß davonmacht, kann laut Anklage auch er nicht verhindern.

In den folgenden Tagen, so die Ermittlungen, bricht Schmökel in mehrere Wochenend-Bungalows in der Umgebung von Strausberg ein und versorgt sich mit Lebensmitteln und Kleidung. In einer Hütte versteckt er sich mehrere Tage. Auf dem Nachbargrundstück, unterstellt die Anklage, sticht ihm ein Auto ins Auge, ein Hyundai Pony. Er dringt in das Anwesen ein, um sich die Autoschlüssel zu verschaffen, trifft dort aber auf einen schwer behinderten Rentner, der auf einer Campingliege, eingehüllt in mehrere Decken, ruht. Der Mann schreckt auf, schreit. Da schlägt ihm Schmökel entweder mit einem Spaten oder einem Klappstuhl mindestens sechsmal mit aller Gewalt auf den Hinterkopf und gegen die linke Gesichtsseite. Das Opfer stirbt an schweren Hirnverletzungen. Es ist der 2. November 2000.

Wenige Stunden nach dieser Tat ruft Schmökel bei seinem früheren Therapeuten, einem Berliner Psychologen, an und nennt Details. Die Polizei, sagt er, solle sich an den Tatort begeben, sie werde das Opfer schon finden. Dann flieht er mit Auto, Ausweis, Führerschein, Scheckkarte und Schwerbehindertenausweis des Rentners nach Sachsen und richtet sich eine mit Zweigen getarnte Zuflucht in einem Wald bei Bautzen ein. Am 7. November wird er in einer Gartenlaube entdeckt. Da er ein großes Messer in der Hand gehalten habe, so die Polizei, wird er von einem Beamten niedergeschossen.

Zu der Tötung des Rentners gibt es verschiedene Angaben Schmökels. Hat er den Mann erschlagen, um an das Auto zu kommen, das er zur Flucht brauchte? Wollte er in Panik den Mann am Schreien hindern? Oder hatte er ein Mädchen auf der Liege vermutet, das er vergewaltigen wollte, und erst heftig zugeschlagen, als er den Irrtum bemerkte? War es Mord oder Körperverletzung mit Todesfolge?

War der Besuch in Strausberg als Gelegenheit zur Flucht ausersehen, gezielt geplant und gestaltet, wie Schmökel es in einem nicht abgeschickten Brief an seine Mutter niedergelegt hat? Er schreibt da, er habe sich K.o.-Tropfen und Schlaftabletten besorgt, habe die Mutter und seine Begleiter damit betäuben und dann alle mit einer Pistole abknallen wollen. Handelte er aus Hass? Er schrieb auch, dass seine Mutter gar nicht wisse, wie viel sie in ihm kaputtgemacht habe. Nicht er habe sein Leben versaut, sie sei es gewesen. Er hasse sie. Der Hass fresse ihn auf.

Oder machte es erst „klick“ bei ihm, als er mitbekam, wie seine Mutter gegenüber dem Begleiter angeblich abfällig über seine, Schmökels, Tochter sprach, anders als über die Kinder seines Bruders? Oder rastete er aus, als er das Bett wiedersah, auf dem er als Kind gepeinigt worden sein soll?

Diese Fragen werden vor Gericht zu klären sein. Und von der Antwort wird abhängen, ob Schmökel als für seine Taten voll Verantwortlicher verurteilt werden wird oder ob er als vermindert Schuldfähiger davonkommt. Im Maßregelvollzug, also einer psychiatrischen Klinik, in der er therapiert werden soll, bleibt er auf Grund früherer Urteile vorerst ohnehin.

Schmökel ist nach seinem jahrelangen Aufenthalt in der Psychiatrie gewitzt genug, bei verschiedenen Gutachtern virtuos verschiedene Versionen seiner Taten, Gedanken, Phantasien zu präsentieren. Entsprechend fallen die Gutachten aus. „Sexualpathologische Triebabweichung“, „Sodomie mit nekrophilen Tendenzen“ (weil er sich als 14-Jähriger schon an lebenden und toten Tieren verging) sowie „heterosexuelle Pädophilie“ attestiert ihm 1993 das Bezirksgericht

Frankfurt an der Oder, verurteilt ihn zu fünfeinhalb Jahren und weist ihn in die Psychiatrie ein. Er hatte zwei minderjährige Mädchen vergewaltigt.

In der Nervenklinik der Charité hatte man bereits neun Jahre zuvor eine „sexuelle Deviation auf dem Boden einer Borderline-Störung im Sinne der primären psychischen Fehlentwicklung“ festgestellt.

1995, er hatte kurz nach der Einweisung schon Urlaub bekommen, war während dieses Urlaubs geflohen und hätte beinahe eine Elfjährige umgebracht, verurteilt ihn das Landgericht Neubrandenburg zu 14 Jahren Freiheitsstrafe und weist ihn wiederum in die Psychiatrie ein. Nach zwei Monaten erhält er gleich wieder Urlaub, obwohl ein Sachverständiger aus der Nervenklinik Schwerin erklärt, eine Heilung sei bei Schmökel nicht zu erwarten.

In Neuruppin kommt man 1997 zu der Einschätzung: „Pädophilie auf der Grundlage einer Persönlichkeitsstörung“. Ein anderer Gutachter befindet ein Jahr später, man habe es mit „multiplen Störungen der Sexualpräferenz“ zu tun.

Schmökels Berliner Leib-Psychologe wiederum, damals in der Landesklinik Brandenburg an der Havel tätig, erkennt eine „narzisstische Persönlichkeitsstörung“ und findet keine „strukturellen Nachweise für eine Pädophilie“. Von der sexuellen Grundbefindlichkeit her, so der Psychologe, sei Schmökel „ein normaler, das heißt genital organisierter Heterosexueller“.

Der Chefarzt dieser Klinik attestiert erneut „Sodomie mit nekrophilen Tendenzen und eine heterosexuelle Pädophilie“, die ihm der Essener Psychiater Norbert Leygraf jedoch aberkennt, als er Schmökel nach den jetzt angeklagten Taten zusammen mit dem Psychiater Dieter Seifert begutachtet. Es ging dabei um die Frage, ob Schmökel nicht besser erst einmal für sieben Jahre im Gefängnis und danach erst in einer Klinik untergebracht werden sollte. Zu dieser Frage der Umkehr der Strafvollstreckungsreihenfolge bestanden unter den Fachleuten Meinungsverschiedenheiten, wenn auch die Prognose aller gleich negativ ist. Der Psychiater Matthias Lammel war 1998 gegen eine solche Umkehr, weil seiner Auffassung nach Schmökels Therapiewilligkeit oder -fähigkeit dadurch nicht verbessert würde. Der Psychiater Ingolf Piezka dagegen war dafür, weil sich seiner Meinung nach der Maßregelvollzug nicht günstig auf den Patienten auswirke.

Schmökel, der 1994 einen Urlaub zur Flucht genutzt, dabei die Elfjährige missbraucht und gedrosselt hatte, bis er sie für tot hielt, der 1995 entwichen war, 1996 wieder und 1997 sogar zweimal, erklärte bei der Anhörung vor dem Landgericht Frankfurt an der Oder, er habe dies getan, weil „ich keinen Sinn mehr darin gesehen habe, hier in Neuruppin im Maßregelvollzug unter ausgesprochen kleinlichen Sicherheitsvorkehrungen eingesperrt zu sein...“

Inzwischen fühlt er sich nach Meinung einiger Gutachter in der Rolle des gefährlichen und berühmten Maßregelpatienten ausgesprochen wohl. „Man gewinnt den Eindruck“, so etwa Leygraf nach der Lektüre von Briefen Schmökels an einen Mitpatienten, „dass er die Aufregung des Gejagtwerdens genießt und sich darin sonnt, derzeit der meistgesuchte und gefährlichste Mann in Deutschland zu sein.“

Offensichtlich, so Leygraf weiter, „bestand sein Bestreben nach baldigen Lockerungen allein darin, eine günstige Gelegenheit zur Entweichung zu bekommen, um seine sexuellen Phantasien erneut in die Realität umzusetzen. Dabei erstaunt, wie schnell es ihm jeweils gelungen ist, trotz der...dokumentierten Gefährlichkeit immer wieder Lockerungen zu erhalten. Offenbar besitzt Herr Schmökel eine Form von Überzeugungskraft, einen gewissen oberflächlichen, manipulativen Charme, mit dem er seine Therapeuten zu vereinnahmen verstand“.

Es gelang Schmökel, sich dem Stationsalltag immer besser anzupassen und einen gefestigten Eindruck zu erwecken. Intuitiv vermittelte er jedem Therapeuten genau das, was dieser von ihm erwartete. Menschlich verständlich, doch katastrophal unprofessionell: Man glaubte euphorisch an jeden noch so kleinen angeblichen Behandlungsfortschritt. Rasch gab es dafür Belohnung, Lockerungen, Ausgänge. Niemand bemerkte, dass Schmökel in der Therapie nur eines gelernt hatte: die Therapeuten zu täuschen.

Als voriges Jahr der Bericht einer „unabhängigen Kommission Maßregelvollzug im Land Brandenburg“ unter der Federführung des ehemaligen nordrhein-westfälischen Innenministers Herbert Schnoor und des Leiters des Berliner Universitätsinstituts für forensische Psychiatrie, Hans-Ludwig Kröber, erschien, gingen manchem die Augen über angesichts des erschreckenden Befundes bezüglich Baulichkeiten, Pflegepersonal, Ärzten und Therapeuten für hochgefährliche Straftäter. Der Fall Schmökel ist nämlich kein Einzelfall.

Dieser Tage standen der Chefarzt und ein Oberarzt der psychiatrischen Klinik Brandenburg vor dem Landgericht Potsdam, angeklagt wegen fahrlässiger Tötung in zwei Fällen: Sie hatten einem Vergewaltiger, der schon mehrfach aus den maroden, kaum zu sichernden Gebäuden ausgebrochen war, Lockerungen gewährt, kaum dass er wieder in die Anstalt zurückgekehrt war. 1998 tauchte der Mann ganz unter und beging mehr als 70 Straftaten, darunter 15 Raubüberfälle vorwiegend auf alte Frauen. Einige vergewaltigte er, zwei 90-jährige Opfer starben.

Die Ärzte wurden vom Landgericht Potsdam freigesprochen, obwohl ihnen die Gefährlichkeit ihres Patienten bekannt war. Man habe abwägen müssen, rechtfertigten sie sich vor Gericht, „zwischen dem Gebot einer optimalen Therapie und der notwendigen Sicherheitserfordernis". Als seine Freundin ein Kind erwartete und der Proband versicherte, er denke nun nicht mehr an Flucht, glaubte man ihm. Das Verfahren gegen Schmökels Therapeuten, die eigentlich, nach Auffassung der Verteidigung, von seiner problematischen Mutterbeziehung hätten wissen müssen, wurde eingestellt.

Schmökel gilt wie so viele Sexualtäter als gefährlich und nicht therapierbar. Leygraf: „Betrachtet man seine Delinquenzgeschichte im Längsschnitt, dann hat ihn die bisherige Unterbringung deutlich gefährlicher werden lassen…" Es gebe zur Zeit keine Therapie für ihn und wohl auch keinen ernst zu nehmenden Therapeuten, der sich auf eine längerfristige Behandlung Schmökels einließe. Daher sei es „zweifellos der sinnvollere Weg, Herrn Schmökel aus dem Maßregelvollzug herauszunehmen und ihn zumindest einen längeren Teil seiner Freiheitsstrafe verbüßen zu lassen". Vielleicht, so Leygraf, würde er sich dann der Verantwortlichkeit für sein Handeln eher bewusst werden und sich nicht länger als Opfer des Maßregelvollzugs stilisieren.

Das Landgericht Frankfurt an der Oder folgte dieser Einschätzung. Die Landesklinik Eberswalde befürwortete ebenfalls eine Verlegung ins Gefängnis. Das Oberlandesgericht (OLG) Brandenburg aber setzte sich über Leygrafs Einschätzung hinweg und beharrte darauf, dass der Maßregelvollzug „in der Regel bessere Erfolgsaussichten für die Resozialisierung des Täters bietet als der Strafvollzug“, gleich, ob der Täter als heilbar oder therapiefähig anzusehen ist.

Die Anstalt, so das OLG, müsse eben die erforderliche Aufsicht, Betreuung und Pflege gewährleisten. „Eine Umkehr der Vollstreckungsreihenfolge kann nicht darauf gestützt werden, dass gegenwärtig keine Erfolg versprechende Therapie für den Untergebrachten möglich sei.“ Ärztlich-psychiatrische Gesichtspunkte genössen Vorrang.

Dasselbe gelte sogar, wenn die bisher angewandten Behandlungsmethoden eine Verschärfung der Gefahr befürchten lassen: „... dann muss die für den Maßregelvollzug verantwortliche Einrichtung ihre bisherige Behandlung ändern.“ Was aber, wenn es gar keine Behandlung gibt? Wohin mit Menschen, die hier und dort nicht hinpassen?

Zur Zeit ist Schmökel in einem besonders sicheren neuen Komplex der Brandenburger Klinik eingesperrt. Er sitzt dort, weil er einst als therapierbar galt. Jetzt gilt er als untherapierbar – und nimmt einem möglicherweise Therapierbaren den Platz weg. Keiner will etwas mit ihm zu tun haben, kein Therapeut traut sich an ihn heran. Es geschieht nichts mit ihm. Der Fall Schmökel ist rundum eine Bankrotterklärung.

Das Urteil gegen Schmökel lautete auf Lebenslang wegen Mordes, Mordversuchs und Raubes mit Todesfolge. Außerdem wurde Sicherungsverwahrung angeordnet. Seine Revision wurde verworfen. Vorläufig blieb er in der psychiatrischen Landesklinik von Brandenburg/Havel untergebracht.

VI

„Der Mann ist ein Ereignis"

Betrug, Hinterziehung, Erpressung

Viele Mäuse – der Katze Tod

Der Kaufhaus-Erpresser „Dagobert" in Berlin vor Gericht

SPIEGEL 4/1995, 23. JANUAR 1995

Ein David, der schließlich vor Goliath kapitulieren musste? Nein, ein Mensch, der versucht hat (zugegeben mit falschen, nicht hinnehmbaren, kriminellen, gefährlichen Mitteln, aber versucht hat er es und sich nicht einfach fallen lassen), aus einem tiefen, schwarzen Loch wieder hochzukommen und damit gescheitert ist. Arno Funke, 44, der Kaufhaus-Erpresser, ist von den Medien zu einer Jux- und Kultfigur stilisiert worden, weil er den ganzen hochspezialisierten Polizeiapparat alt aussehen ließ.

Zum Entzücken aller, deren Literaturkenntnisse sich mit Donald Duck erschöpfen, nannte er sich außerdem „Dagobert": der Erpel, der in Talern badet. Wer möchte nicht auch mal in einer Million von Karstadt schwimmen?

Überdies pilgerte er zu Conrad Electronic wie zahllose Technik-Freaks, in denen ein Kind steckt und die, vielleicht im geheimen, auch davon träumen, einen Sack voll Geld vor der Polizei davonsausen zu lassen.

„Dagobert", der Kaufhaus-Erpresser, ist eine jener Gestalten, über die sich das Publikum gern amüsiert, weil sie die Phantasie anregen. Doch über den Menschen Arno Funke und seine oft bittere Selbstironie lässt sich allenfalls gelegentlich schmunzeln, zum Beispiel, wenn er zu Beginn der Sitzungen, da ist er noch entspannter, über seine Einfälle und Fehler selbst lacht.

Vor der 33. Großen Strafkammer des Berliner Landgerichts muss sich zur Zeit nicht ein Kultgangster, auch nicht ein Witzbold verantworten, sondern ein Mensch, der den Platz im Leben, an dem er Talent, Geschick und Kenntnisse hätte einsetzen können, nicht erreicht hat; der nicht einmal das wenige, das ihm gelang, hat halten können.

Die Staatsanwaltschaft legt ihm insgesamt sechs Sprengstoffanschläge, schwere räuberische Erpressung und versuchte Brandstiftung zur Last. Das sind Vorwürfe von Gewicht, und die Strafen, die dräuen, sind erheblich. Es will nicht passen: diese Anklage, die böse Energie, die normalerweise hinter derartigen Delikten steckt. Auch die Überlegungen passen nicht, die natürlich jedermann anstellt, was Funke alles hätte anrichten können. Dazu passt nicht dieser sympathische, leise, uneitle Angeklagte, der nichts beschönigt, der immer wieder beteuert, dass nach seinem Ermessen eigentlich nichts Schlimmes passieren konnte. Denn Menschen habe er ja nicht Gewalt zufügen wollen.

In der Tat ließ er zum Beispiel selbstgebastelte Bomben in den Kaufhäusern nachts explodieren. Hat er nicht Wachleute oder Putzfrauen in tödliche Gefahr gebracht? Nein, sagt Funke. Die Geschäftsräume seien mit Bewegungsmeldern gesichert, und die Putzkolonnen kämen entweder direkt nach Geschäftsschluss oder frühmorgens.

Erst später, als er sich, wie er sagt, zunehmend von der Polizei hingehalten und lächerlich gemacht fühlte, ließ er auch mal während der Geschäftszeit Bomben hochgehen oder ein Feuer ausbrechen. Auch dabei will er alle Vorkehrungen getroffen haben, dass nur Sachschaden entstand.

Funke wird von dem Berliner Rechtsanwalt Wolfgang Ziegler, 55, vertreten, also erstklassig. Ziegler wird nicht müde, kritische Einwände zu parieren, Funke habe entgegen seinen Beteuerungen und trotz seiner ausgetüftelten Pläne doch eine beträchtliche Gefahr für unbeteiligte Passanten kaltschnäuzig in Kauf genommen.

Der Staatsanwalt lässt nicht locker: Was wäre passiert, wenn die Schaltuhr nicht präzise funktioniert hätte? „Ein bisschen Risiko musste ich schon eingehen", gibt Funke zu.

Dumm oder dreist ist er nicht, im Gegenteil, technisch und künstlerisch ist er wahrscheinlich weit über dem Durchschnitt begabt. Weil ihm schon als Kind fast ausschließlich Technik im Kopf herumspukte, beendete er die Schule nur mit dem Hauptschulabschluss. Gereicht hätte es von seiner Intelligenz her wohl für einiges mehr.

Er begann eine Lehre als Bürokaufmann, wurde aber schließlich Schilder- und Lichtreklamehersteller. Er zog als Discjockey herum, arbeitete mal bei Coca-Cola, dann in Norwegen auf dem Bau, schließlich wieder als Discjockey und in seinem erlernten Beruf. Zwischendurch war er mal kurz verheiratet.

1979 machte er sich selbständig. Unter anderem malte er exotische Embleme und Bilder auf Motorräder und Autos, lackierte und spritzte. Er konnte vieles, was ihm und seinen Kunden Spaß machte, er hatte unzählige Ideen. Bis 1988, neun Jahre, arbeitete er mit Lacken. Schutzvorschriften nahm er nicht ernst: „Ich bin ja nicht vom Fach, ich dachte nicht, dass das so gefährlich ist.“ Lacke sind für den, der mit ihnen arbeitet, ein Gesundheitsrisiko.

Und so merkte er mit einem Mal, dass ihm die Arbeit immer schwerer wurde, dass er morgens nicht aus dem Bett fand, dass er vergesslich wurde, dass er keinen Antrieb mehr hatte. Wie tot habe er sich gefühlt, völlig leer und abgestumpft.

Haben ihm die Lackdämpfe den Verstand benebelt? Haben sie seinen Organismus so geschädigt, dass er einfach nicht mehr konnte? Hat das Arbeiten mit Lacken die Zäsur in seinem Leben verursacht?

Heute berichtet er über diese Zeit: „Ich dachte, wenn ich wieder einen neuen Anfang finden will, brauche ich etwas Abstand. Aber Geld braucht man ja auch.“ Denn mit 1200 Mark Sozialhilfe war das mit dem neuen Anfang nichts.

Er habe damals immer wieder mit dem Gedanken gespielt, Selbstmord zu begehen, sagt Funke. „Doch wenn man einmal schon so weit ist, dann kann man auch noch was probieren, was vielleicht einen neuen Weg bringt.“

Er kam auf die wahnwitzige Idee, die Geschäftsleitung des Hertie-Konzerns zu erpressen. Er drohte mit Sprengstoffanschlägen. Die erste Bombe, die er baute und am 10. Mai 1988 in der Spielwarenabteilung des KaDeWe deponierte, sie hätte gegen 2 Uhr früh hochgehen sollen, explodierte nicht.

Er forderte 500000 Mark. „Wenn Sie sich nicht exakt nach meinen Anweisungen richten und ich eine Bombe während der Geschäftszeit hochgehen lasse, wird es für Sie erheblich teurer – für jeden Toten 1 Mio DM“, schrieb er. Hertie zahlte, als eine zweite Bombe explodierte.

Doch der Versuch, das Leben neu zu ordnen, wie Funke es nennt, von vorne anzufangen, gelang nicht. Er ging zum Arzt, trank nicht mehr. Er unternahm Reisen. „Auch das hat mir nichts gebracht. Im Jumbo fühlte ich mich wie im Bus.“ Das Hertie-Geld ging so dahin.

Er heiratete eine junge Frau von den Philippinen, bekam einen Sohn. Kurzzeitig fühlte er sich ab und zu etwas besser. Doch dann kamen wieder die Suizidgedanken, die Depressionen, die Kraftlosigkeit. Mit dem Arbeiten klappte es nicht, er hielt gerade zwei, drei Stunden durch. Er wusste, so wie er es darstellt, nicht mehr, wie er in diesem Zustand auf Dauer den Lebensunterhalt der Familie hätte sichern sollen. „Vor der Zukunft hatte ich mehr Angst als vor dem Tod."

Mit dem letzten Rest an Selbsterhaltungstrieb, sagt er, habe er es 1992 dann noch einmal versucht, zur Abwechslung mit Karstadt. Noch einmal die Hoffnung, mit einem Batzen Geld eine Existenz aufzubauen, einen Imbissstand für die Frau auf den Philippinen vielleicht.

Wer den Erpresser „Dagobert" hinstellt als einen, der mit der Polizei Katz und Maus spielte, der verkennt, dass viele Mäuse der Katze Tod sind. Recht schnell erkannte man offenbar, dass man es nicht mit einem bösartigen Schwerverbrecher zu tun hatte. Die Polizei berechnete den Erpresser wie dieser seine Zeitzünder. Nur so ist das Risiko, das die Polizei mit ihrer Taktik eingehen zu dürfen glaubte, erklärbar.

Immer wieder wird gemutmaßt, dass es mit Funkes gesundheitlicher Beeinträchtigung nicht so weit her sein kann angesichts der ausgeklügelten Tatausführung. Doch das Sprengkörperbauen war für Funke kein Kunststück. Die Geldübergabe hingegen, gewiss das größere Problem, ging regelmäßig schief – häufig auch, weil Funke den Termin verschob, weil er versagte, weil er nicht konnte. Dass er erst am 22. April 1994 festgenommen wurde, liegt nicht an seiner Gerissenheit.

Wenn er vor Gericht so erzählt, wie es war, scheint es bisweilen, als habe ihn das Erpressen und vor allem das Austüfteln regelrecht am Leben gehalten. Trotz allen Versagens hat es ihn doch anscheinend von seinen dunklen, selbstzerstörerischen Gedanken abgelenkt. Was er getan hat, nennt er immer wieder seine „Arbeit". Er muss Wochen und Monate mit dem Auskundschaften, Berechnen, mit dem Bau von technischem Gerät verbracht haben.

Nach eineinhalb Stunden Verhandlung lässt am zweiten Sitzungstag seine Konzentration merklich nach. Er redet wirr, auch wenn er sich bemüht.

Ausführlich wird er zu der gescheiterten Geldübergabe im April 1993 in Berlin vernommen, für die er eine präparierte Streusandkiste über einem Gully verwendete. Zunächst habe er den Gully-Deckel entfernt und das Loch vorsichtig nur „zwei Zentimeter stark" zubetoniert. Er habe sich bemüht, den Beton farblich dem Pflaster der

Umgebung anzupassen. Verkleidet mit einem „Blaumann“ habe er die Kiste dann dort abgestellt und eine Nachricht für die Polizei hinterlegt, das Geld darin zu deponieren. Die Beamten seien auch gekommen, er habe im Kanal gesessen und durch ein Mikrofon mitgehört.

Von unten habe er dann mit viel Mühe die Betonschicht durchbrochen und durch ein Loch in die Kiste gegriffen. Statt einer Millionenbeute fielen ihm nur Papierschnipsel in die Hand.

Nicht weil er Goliath so lange widerstanden hat, sondern weil seine Situation von vielen Menschen unbewusst begriffen wird, von jenen vor allem, die sich gefügt haben, die gern auch versucht hätten, sich an den eigenen Haaren auf einen leidlich angemessenen Platz zu ziehen, wird Arno Funke ein wenig mehr Mitgefühl und Verständnis entgegengebracht als Angeklagten sonst.

Er selbst begreift den Applaus nicht. Anfangs, sagt er, habe er bei den Übergabeversuchen immer eine Pistole dabeigehabt, um sich zu erschießen, bevor er gefasst wird. Auf die Frage des nicht nur nach Jahren jungen Staatsanwalts, warum er es nicht getan hat, als es einmal eng wurde, sagt er, er habe sich gedacht, für seine Familie doch noch etwas tun zu können, wenn die Strafe einst abgesessen ist.

Funke erhielt eine Freiheitsstrafe von sieben Jahren und neun Monaten wegen sechs Sprengstoffanschlägen und räuberischer Erpressung in jeweils minderschwerem Fall. Die Kammer berücksichtigte dabei die durch Lösungsmittel bedingte Hirnerkrankung des Angeklagten. Der BGH hob das Urteil unter anderem deswegen teilweise auf. In einem zweiten Prozess wurde Funke zu einer Freiheitsstrafe von neun Jahren verurteilt. Nach sechs Jahren und vier Monaten Haft kam er im August 2000 auf freien Fuß. Karstadt erteilte ihm Hausverbot in allen 208 Filialen. Heute arbeitet er als Zeichner und soll 2,6 Millionen Euro Schadensersatz zahlen.

Schmied, nicht Schmiedl

Der Zwick-Prozess und die Gedächtnislücken bayerischer Minister

SPIEGEL 31/1995, 31. JULI 1995

Angeklagt ist der Sohn des alten Zwick, Johannes, 39, ein unaufdringlicher Mensch, Dr. med., erfolgreicher Geschäftsmann, verheiratet, Vater von drei Kindern. Aber um ihn dreht es sich eigentlich nur am Rande.

Hauptbeteiligter in diesem Prozess vor der Großen Strafkammer des Landgerichts Landshut als Wirtschaftsstrafkammer ist der ganz normale, brave Steuerzahler, der abgemahnt und mit Gebühren beschwert wird, wenn er eine Frist oder gar einen Zahlungstermin versäumt. Der sein Leben lang Rechenschaft ablegen muss über jeden Pfennig, den er für die Familie, für die Kinder, fürs Alter erarbeitet. Er sitzt fassungslos im Saal und überall im Land und mag nicht glauben, was er hört.

In der vergangenen Woche standen drei Finanzminister des Landes Bayern, zwei ehemalige und der amtierende, als Zeugen vor Gericht, in deren Amtszeit der Steuerschlamassel des alten Zwick immer abstrusere Formen annahm. Was der Streibl gewusst hat? Ob er seine Zustimmung gegeben hat? Um Gottes willen, nix, gar nix. „Da is mir überhaupts nix in Erinnerung", beteuert er, „ich war bei Freunden vom Strauß eh besonders vorsichtig – gelinde gesagt. Ich hab' immer g'sagt, lasst's mich mit dem Zeug in Ruh, lasst's mich in Ruh."

Der Gerold Tandler, der sein Nachfolger wurde, „als das mit dem Strauß passierte", wollte natürlich noch viel weniger damit zu tun haben. Er weiß noch viel, viel weniger als Streibl, eigentlich weiß er nicht einmal das Datum seines Rücktritts als Finanzminister („das Ende des Kabinetts Streibl muss das g'wesen sein"). Sein Verhältnis zum Vater Zwick ist ein besonderes.

Man muss das verstehen: Ausgerechnet beim größten Steuerschuldner des Freistaats stand dieser Finanzminister in der Kreide, ganz privat. Zwick sen. lieh Tandler erst 200000 Mark, damit der das Hotel „Zur Post" in Altötting kaufen konnte. Später steckte er ihm 500000 Mark zu „für eine Sonderabschreibung im Rahmen des Denkmalschutzes", die 1982 wieder „zurückgeführt" worden sein sollen.

Unterlagen darüber gibt es offenbar nicht, jedenfalls weiß Tandler nicht, ob er sie findet. Auch den Zinssatz, den gewiss milden, weiß er nicht.

„An wen haben Sie zurückgezahlt?", fragt der Vorsitzende Richter. „An Zwick wahrscheinlich." „Wann, wo, wie haben Sie gezahlt?" „Weiß ich nicht mehr." „Per Banküberweisung?" „Möglich." „An wen haben Sie bezahlt, an die Hypobank in Landshut oder an Herrn Zwick in der Schweiz? Der Vater von Herrn Zwick jun. hatte ja bestimmte Gewohnheiten, der fuhr durchaus mit zwei Millionen in der Plastiktüte rum." „Das kann ich nicht sagen." „Merkwürdig", schließt der Richter den Dialog, „ein mündlich vereinbartes Darlehen, keine Unterlagen über die Rückzahlung, Sie wissen nichts mehr...500000 Mark zahlt man privat doch nicht jeden Tag!" „Richtig", antwortet der Zeuge Tandler mit angestrengt fester Stimme.

Der jetzige Finanzminister Georg von Waldenfels befasste sich mit der Steuersache Zwick erst, „als es die ersten Veröffentlichungen im Fernsehen und in den Tageszeitungen und dann in der übrigen Presse gab". Vorher sei er nicht befasst gewesen. Zu den Verhandlungen kann er nichts sagen. Die Zwicks kennt er gar nicht. Aber er hat einen Eindruck, eine Meinung, von der er „selbstverständlich ausgeht": dass Vater und Sohn bis zuletzt gemeinsam Steuern hinterzogen haben und – wenn man des Alten schon nicht habhaft wird, weil der sich 1982 mit seinen Millionen in die Schweiz absetzte – man sich halt am Sohn wird schadlos halten müssen.

So wurde Johannes Zwick am 11. Januar vorigen Jahres festgenommen und bis 13. Mai 1994 in Untersuchungshaft gehalten, aus der er erst gegen Zahlung von 40 Millionen Mark Kaution unter Auflagen entlassen wurde. Die Staatsanwaltschaft formulierte gegen ihn wegen „Steuerhinterziehung in Form der Beitreibungshinterziehung in Tateinheit mit einem Vergehen des Betrugs, jeweils in einem besonders schweren Fall" eine 86 Seiten umfassende Anklageschrift. Mitangeklagt sind der Münchner Rechtsanwalt und Steuerberater Engelbert Qu. und das ehemalige Vorstandsmitglied des Bad Füssinger Johannesbad-Unternehmens, Lorenz H.

Der kleine Angestellte, dem allmonatlich gefräßige Minusposten auf dem Gehaltszettel, ob er es will oder nicht, die Barschaft schmälern, gerät da schon ins Grübeln, wenn es in der Anklageschrift heißt: „Die Eheleute Dres. Zwick Angelika und Eduard haben zurückreichend bis in die siebziger Jahre fast keine Einkommen- und Vermögenssteuern entrichtet." Der kleine Angestellte muss seine paar

Kreuzer hergeben, er kann gar nicht anders, und über die Höhe der Abgaben lässt sich auch nicht verhandeln.

Der alte Zwick, ein König Midas aus dem Banat, dem alles zu Gold wird, was er anfasst, hat das Steuerzahlen einfach gehasst. In den sechziger Jahren fand er im heutigen Bad Füssing bei Passau Thermalwasser und errichtete eine Brunnenanlage, dann ein Kurmittelhaus und ein Klinikum. Bald gehörte er zur Entourage von Franz Josef Strauß, einmal, weil sich da zwei gefunden hatten, zum anderen, weil Zwick sen., wenn Not am Spezl war, immer gehörig was springen ließ. Nur mit dem Steuerzahlen hatte er es nicht.

Die Finanzbeamten in Niederbayern mussten sich von dem launischen, unberechenbaren Mann beschimpfen lassen, der drohte, „dem Strauß" zu erzählen, wie man ihn auf den „Bauernfinanzämtern" behandele. 55 Rechtsbehelfe Zwicks gegen Steuerbescheide zählt die Statistik und 38 vergebliche Vollstreckungsversuche. Er hat getobt und sich beschwert, selbst wenn die Steuerforderung Null war. „Man hat sich halt angesichts der vielen Prozesse beschränkt auf das, was todsicher war, vorsichtshalber, weil man ja damit rechnen musste, irgendwo einen Fehler gemacht zu haben. Außerdem war das eh Sache des Ministeriums in München droben, mir ham da nix zum Schnabeln g'habt", erinnert sich ein Beamter.

„Also man ging gleich zum Schmied, nicht zum Schmiedl", zitiert der Richter einen bayerischen Spruch. Ja, sicher.

Als Zwick sen. mit Frau und Aktienpaket 1982 in die Schweiz verschwand, betrugen laut Staatsanwaltschaft die aufgelaufenen Steuern samt Säumnis- und Verspätungszuschlägen bereits 32589318 Mark, die in der Folge auf 70952969,37 Mark wuchsen – auch deshalb, weil Zwick sen. lieber jedem x-beliebigen Abschreibungshai Geld in den Rachen warf als dem Fiskus, in der falschen Hoffnung, mögliche Verluste steuerlich geltend machen zu können. Der heute pensionierte ehemalige Vorsteher des Finanzamts Passau hat sich sein ganzes Berufsleben lang mit dem Fall Zwick herumgeärgert, „fast 30 Jahre, nur mit einer einzigen Unterbrechung, als ich für vier Jahre in Eggenfelden war".

Es war halt der Dunstkreis um Strauß, in dem so etwas möglich war. Schlimme Geschichten werden erzählt, wie es zuging bei den Bordellbesuchen und Saufereien und was noch dazugehört. Und wie der alte Zwick seine Frau behandelt haben soll. Dagegen nimmt sich die „Niederschlagung“ der schwindelerregenden Steuerschuld im Jahr 1990, auch wenn über ihre tatsächliche Höhe gewiss zu streiten ist, nur noch wie ein Steinchen eines riesigen Horrormosaiks aus.

8,3 Millionen Mark schließlich hat Zwick sen. „ohne eine Rechtspflicht“, wie er dem SPIEGEL gegenüber sagte (14/1994), am 29. November 1990 fluchend und tobend nach jahrelangem Streit gezahlt. Nun, so dachte er, könnte er wieder nach Deutschland zurück und sein Imperium weiter ausbauen. Doch daraus wurde nichts.

Die für seinen Vater nachweislich bis Dezember 1988 von Johannes Zwick ausgehandelte Niederschlagungsverfügung entstand unter anderem unter der Voraussetzung, dass das vorhandene Vermögen wahrheitsgemäß angegeben wird. Auch das berührt den braven Bürger und Steuerzahler nun merkwürdig: dass die Behörden den Deal mit Zwick jun. eingingen, obwohl sie genau wussten, dass der vorgelegte Vermögensstatus nicht stimmte. Oder gingen sie etwa nur darauf ein, weil sie das wussten?

„Sie haben also ein Netz ausgelegt, in das Johannes Zwick hineinlaufen sollte?“, fragt der Vorsitzende Richter einen Zeugen aus dem Finanzministerium ungläubig. „Ja“, sagt der, „wir wollten wenigstens eine Tür offen haben, wenn wir schon dauernd hereingelegt werden.“

Auch der Ministerialdirigent Dr. Kurt M. gab vor dem Zwick-Untersuchungsausschuss zu, dass die kalkulierte Hinnahme des unrichtigen Vermögensstatus als Geschäftsgrundlage der Vollstreckungsverständigung als „Angelhaken“ oder „Fußangel“ für Zwick jun. dienen sollte. So hatte man 8,3 Millionen in der Tasche – und einen möglichen Haftungsschuldner im Visier.

Die Version der Staatsanwaltschaft aber unterstellt, dass Vater und Sohn Zwick (denn nach Ansicht der Anklage hätten die Finanzbehörden bei Kenntnis des wahren Vermögens nie und nimmer eine Niederschlagungsverfügung erlassen) einen Schaden von 62652969,37 Mark angerichtet haben. „Dem Angeschuldigten Dr. Zwick Johannes kam es darauf an, diesen Betrag sich und seinen Eltern zu erhalten.“ Da staunt der brave Bürger und Steuerzahler wieder, weil das alles überhaupt nicht zueinander passt.

In dieser Woche wird die Mutter von Johannes Zwick, gebürtig aus einem strengen oberpfälzischen Elternhaus, als Zeugin nach Landshut kommen. Sie wird die Verschwörungstheorie der Staatsanwaltschaft wohl kaum bestätigen können. Vater und Sohn ein Herz und eine Seele, wenn es ums Geschäft ging? Mutter und Sohn, ja, die hängen aufs herzlichste aneinander. Wenn der Sohn tätig wurde, sagt er, dann immer nur für die Mutter.

Ob Angelika Zwick, Frau einer Generation, für die es nicht selbstverständlich ist, über das Thema Ehe öffentlich zu reden, Einblick gewähren wird in eine Hölle, in der der Sohn schon als Halbwüchsiger versuchte, die Mutter vor dem Vater zu schützen?

Die Tochter Luitgard sagt: „Was unsere Mutter ausgehalten hat, ist unbeschreiblich. Die Frau hat nur Angst. Er hat ihr jeden Pfennig weggenommen. Ich bin mit 20 auf und davon, ich hab's nicht mehr ausgehalten." Aufzubegehren gegen den Mann hat die Mutter nur gewagt, wenn es um die Kinder ging.

Angelika Zwick hat sich, und das gehört zu der anderen, der Version Zwick jun., 1987 widersetzt, als der Alte das Unternehmen an die Paracelsus-Gruppe verkaufen wollte; sie wollte, dass der Sohn es bekommt. Und das klappte auch. Denn mit Hilfe des Mitangeklagten H. fanden damals mehr oder minder dubiose, heute kaum noch durchschaubare Transaktionen über Luxemburg statt, die letztlich Johannes Zwick und seiner Familie den gesamten Aktienbesitz sicherten.

Als er die Sache begriffen hatte, verfasste Zwick sen. 1991 gegen Lorenz H. eine Anzeige wegen Untreue und Betruges. Im Finanzministerium klagte er: Der Sohn habe ihm sein Vermögen abgeluchst, er habe es veruntreut, ja unterschlagen. Der damalige Anwalt Eduard Zwicks berichtete im Ministerium, der Alte wolle jetzt sein Geld lieber dem Fiskus geben als dem Sohn.

Der Vorsitzende Richter der Landshuter Strafkammer Gottfried Dobler, 54, und seine Mitrichter haben mit ihrem sanften Humor und ihrer unverkrampften Bodenständigkeit inzwischen die Sympathien des Publikums gewonnen. Manchmal kämpft Dobler noch mit dem Namen – Zwick, Flick, Zwickmühle, der Fall ist wirklich verzwickt.

Vor allem steht dieser Vorsitzende für die millionenfach Beteiligten, die braven Bürger und Steuerzahler. Er spricht aus, worüber sich nicht nur der bayerische Mensch wundert. Den Zeugen Tandler belehrt er extra über seine Pflicht zur Wahrheit: „Wenn Sie's bitte bei Ihrer Aussage beachten – die Freiheitsstrafe beträgt ein Jahr."

Akribisch, sachlich und gelassen widmet sich das Gericht seit Wochen dem Thema einer möglichen Verjährung, das die Verteidigung Zwicks zu Beginn des Prozesses zum Verdruss der Staatsanwaltschaft aufgeworfen hat. Was? Auch noch verjährt?, fragt sich der Bürger fassungslos.

Der Kölner Strafrechtler Kohlmann, der zum Beispiel auch die Vorwürfe gegen Walther Leisler Kiep auf dem Weg der Verjährung erledigt hat, ist ein Spezialist. Die Hektik der Staatsanwaltschaft, die nun Akten herbeischafft und Anträge zum Beweis des Gegenteils stellt, beunruhigt ihn nicht. War Zwick jun. Mittäter seines Vaters – dann ist die Sache nicht verjährt. War er, wenn er es denn war, Alleintäter? Dann muss ihm nachgewiesen werden, dass er nach dem 23. Dezember 1988 nochmals in der Steuersache seiner Eltern tätig war (der Haftbefehl wurde erst am 30. Dezember 1993 ausgestellt, sieben Tage nach der möglicherweise schon abgelaufenen Verjährungsfrist). Bisher hat sich kein Zeuge an derartige Aktivitäten des Angeklagten erinnert.

Mit den Binsenweisheiten, dass Geld allein nicht glücklich macht und alles seinen Preis hat, wird der Bürger allzu oft getröstet. In Landshut erfährt er, wie hoch der Preis fürs viele Geld sein kann – etwa wenn erwachsene Kinder so viel Erbärmliches von ihrem Vater sagen wie in diesem Prozess.

Am 2. Mai 1996 verhängte das Gericht gegen Zwick jun. eine Freiheitsstrafe von einem Jahr und zehn Monaten auf Bewährung wegen Steuerhinterziehung. Zur Bewährung gehörte, dass Zwick 1,63 Millionen Mark an gemeinnützige Einrichtungen zahlen sollte. „Es wird Ihnen aufgefallen sein“, sagte der Vorsitzende Dobler nach vier Stunden Urteilsbegründung, „dass wir ausschließlich sozial Benachteiligte als Empfänger ausgewählt haben. Denn ich würde es als ausgesprochen unangemessen empfinden, wenn in diesem Fall das Geld an den Staat ginge.“ Dieses Urteil hob der BGH im Dezember 1997 auf, da der Hauptvorwurf – nach Auffassung der Bundesrichter nur versuchte Steuerhinterziehung – verjährt war. Mit einem Teilaspekt der Vorwürfe – Beihilfe zur Steuerhinterziehung durch Unterlassen – befasste sich 1999 das Landgericht Hof. Dieses Verfahren endete mit Freispruch. Zwick wurde für 123 Tage U-Haft entschädigt, sämtliche Verfahrenskosten gingen zu Lasten der Staatskasse. Zwick hatte während des Landshuter Prozesses die reinen Steuerschulden seiner Eltern bezahlt: insgesamt 32,8 Millionen Mark.

„Der Mann ist ein Ereignis"

Frauen säumen den Weg des Hochstaplers Gert Postel. Eine von ihnen spricht

SPIEGEL 25/1998, 15. JUNI 1998

Sie vergräbt ihr Gesicht in den Händen. Die glatten schwarzen Haare fallen in die Stirn. Mit einem Ruck richtet sie sich auf. Sie lacht verlegen. „So etwas ist mir noch nie passiert. Das ist gar nicht meine Art." Sie schüttelt sich, die Haare fliegen nach hinten. „Ich bin normalerweise ein recht rational denkender Mensch, eigentlich eher zurückhaltend. Ich war ganz zufrieden mit meinem Leben, wirklich. Aber – aber er kann so wunderbar Geschichten erzählen!"

Es muss ein Sonntag gewesen sein. Sie fühlte sich schlecht. Wieder stand eine Arbeitswoche bevor, der Montag mit den Bürogesprächen über Fußball und das Familienleben am Wochenende. Manchmal überwand sie sich und las den Sportteil der Zeitung, um mitreden zu können.

Sie ging in eine Sauna in der Nähe, nichts Luxuriöses. Ein baumlanger Kerl spricht sie an. Normalerweise lässt sie sich nicht einfach anquatschen, schon gar nicht in der Sauna. Er hatte etwas Jungenhaftes, so eine nette, offene Art. Er sagt, er sei Arzt in Tübingen. „So hab' ich ihn kennengelernt – wir beide ganz nackt."

Am Dienstag lädt sie ihn zum Frühstück ein. Es beginnt gleich mit einem Streit. Er kritisiert, dass sie die Heimatzeitung liest. Man habe die „Frankfurter Allgemeine Zeitung" zu lesen, das Weltblatt. „Das hat noch keiner gewagt, mir solche Vorschriften zu machen. Aber er ist so gebildet, viel gebildeter als ich. Ich bin ja nur Durchschnitt." Er deutet an, ihr noch etwas sagen zu müssen.

Am Donnerstag eröffnet er ihr, nicht Arzt in Tübingen zu sein, sondern Gert Postel. Postel? Der Name sagt ihr nichts. Er sei derjenige, der im sächsischen Zschadraß als Oberarzt für Psychiatrie, Schwerpunkt Maßregelvollzug, gearbeitet habe. Er platzt mit haarsträubenden Episoden nur so heraus: vom russlanddeutschen Assistenzarzt dort, der mit der Hand aus Büchsen isst, was er nur kriegen kann, und Spritzen früher durch die Pyjamahose verabreichte. Vom Psychologen aus der ehemaligen DDR, der keine Ahnung vom Fach hat, aber wie Hitlers Enkel aussieht. Vom Colonialclub im Leipziger Paulaner, einem „ostfreien" Raum, in dem sich Westjuristen und ein paar Ärzte regelmäßig zu Schmähabenden treffen.

Sie schüttet sich aus vor Lachen. „Er ist ein Wahnsinnserzähler." Zum Schluss sagt er, dass er von der Polizei gesucht werde. Denn er habe nur Postbote gelernt. Er sei auch einmal mit Reiner Pfeiffer befreundet gewesen, mit dem zusammen er ein Buch geschrieben habe. Ohne ihn hätte es die Barschel-Affäre nicht gegeben. Ohne wen?

Der Kopf schwirrt ihr. Barschel? Pfeiffer? Was war da gleich noch mal? Er nimmt sie in den Arm. Sie könne ihn nun auf der Stelle vor die Tür setzen. Er würde das verstehen. Denn er sei eine Zumutung für jede Frau. Zwei Tage später, am Samstag, zieht er mit Sack und Pack bei ihr ein.

Sie ist, sagen wir, Mitte 30. Sie hat in Deutschland studiert, in Amerika Zusatzqualifikationen erworben. Sie lebt, sagen wir, im Rhein-Main-Gebiet. Sie arbeitet – etwa im Bankgewerbe – in verantwortungsvoller Position, zuständig für Kundenbetreuung. Da geht es um Millionengeschäfte.

Ihre Auslandserfahrung, ihr in vernünftigen Grenzen gehaltener Karriereeifer, die nüchterne, analytische Denkweise und unkomplizierte Ausstrahlung haben ihr Anerkennung eingetragen. Kolleginnen halten sie nicht für gefährlich. Und ihren Kollegen bedeutet sie nicht eine lockend-bedrohliche Beunruhigung. „Ich muss in meinem Job vor allem Vertrauen vermitteln."

Sie ist großgewachsen, schlank, von sportlicher, fast ein wenig schlaksiger Statur. Wenn sie lacht, die Haare zurückwirft, scheint hinter ihrer Brille ein zartes, ungeschminktes Gesicht auf. Vor Jahren war sie kurz verheiratet, ihr Ex-Mann hat heute eine Familie mit Kindern. „Natürlich hatte ich immer wieder Lover. Aber die einen haben mich aufs Podest gehoben, weil ich so tüchtig bin. Das mochte ich nicht. Und die anderen haben versucht, mich kleinzumachen, damit sie sich umso größer vorkamen. Ich habe da eher auf Distanz gehalten." Sie stockt, zögert: „Manchmal denkt man schon an Kinder. Man wünscht sich schon einen Mann."

Und nun ist in ihrem Leben, äußerlich unverändert, nichts mehr, wie es vorher war. „Ich habe in den wenigen Wochen, die er bei mir war, Dinge erlebt, die andere wohl im ganzen Leben nicht erfahren. Ich soll Schopenhauer lesen, hat er gesagt, und Seneca. Er hat immer gelacht, dass ich, die ich studiert habe, viel weniger gebildet sei als er, der Postbote. Ich gehe leidenschaftlich gern ins Kino. Das mag er gar nicht. Woody Allen macht ihn verrückt. Er braucht kein Kino. Er sagt, wer etwas im Kopf hat, braucht diese Ablenkung nicht. Als ich mal mit meiner Freundin telefonierte, gab es gleich Streit, weil ihn das beim Lesen störte. Man müsse sich nicht so lange unterhalten, schimpfte er. Ein Mensch auf der Flucht sieht wohl alles ein wenig anders."

Im gleichen Atemzug sagt sie: „Noch nie, wirklich noch nie, hat sich ein Mann so um mich gekümmert, jawohl gekümmert. Er ist so sensibel, so intuitiv. Er spürt, wie ich mich fühle. Das musste ich ihm nicht erst erklären." Vielleicht ist das die Antwort auf die typisch männliche Frage: Was hat der, was wir nicht haben?

„Dieser Mann ist ein Ereignis." Sie ringt um Worte für das Unbeschreibliche. „Er ist in mein Leben eingebrochen. Und dabei bin ich doch eine Frau, die mit beiden Beinen auf dem Boden steht."

Eines Tages war er weg. Er musste weiter, plötzlich, ganz schnell. Hatte ihn sein Instinkt gewarnt? Hatte er einen Tipp bekommen? Seine Flucht hat viele Stationen. „Tagelang noch hing der Geruch seines Pfeifentabaks in den Zimmern. Da waren seine Van-Laack-Hemden, seine Socken, alle von derselben Marke, seine Wäsche, er trug nur eine bestimmte. Er hat ja so viel Geschmack. Er ist so stilsicher. Und in mir geht es drunter und drüber." Es sei, sagt sie, wie wenn jemand das Licht in ihrem Leben angeknipst hätte. Und nun ist es wieder dunkel um sie. Nur die Sehnsucht nach dem Licht ist geblieben.

Später, vor kurzem, stand die Kripo vor ihrer Tür, und sie erfuhr, dass er am 12. Mai auf dem Stuttgarter Hauptbahnhof festgenommen wurde. „Und da hab' ich wieder etwas gemacht, was ich mir bis dahin nicht hätte träumen lassen." Postel hatte ihr eingeschärft, was sie in diesem Falle zu sagen, wie sie sich zu verhalten habe. „Und das klappte! Die haben mir alles geglaubt, was ich gesagt habe! Ich habe nicht gewusst, dass ich so gut schwindeln kann."

Seitdem hat sie manches nachgelesen, was über Postel geschrieben worden ist. Dass er mit dem Hochstapeln schon im Alter von knapp über 20 angefangen hat: erst als junger Arzt, angeblich frisch von der Universität, in einem psychiatrischen Fachkrankenhaus bei Oldenburg; dann als leitender Arzt in einem Rehabilitationszentrum; dann als Dr. med. Dr. phil. Clemens Bartholdy, als der er den Posten des stellvertretenden Amtsarztes in Flensburg versah. Dass er nur aufflog, weil er seine Geldbörse verlor und man darin Ausweise auf die Namen Postel und Bartholdy fand. Da hatte er schon den Job als Arzt an der Kieler Universitäts-Nervenklinik in der Tasche.

Sie weiß, dass er 1984 in Flensburg zu einer Freiheitsstrafe von einem Jahr auf Bewährung verurteilt wurde. Und sie hat gelesen, als zwei Jahre später in Bremen wiederum eine Bewährungsstrafe verhängt wurde, wie bitterböse der nette, offene Mann schon damals mit Frauen umging. Mit einer jungen Staatsanwältin etwa, die sich seiner Annäherung widersetzt hatte und die er deswegen bis zum Zusammenbruch jagte. Er attackierte sie mit Anrufen, beobachtete sie, er lancierte in der „Neuen Juristischen Wochenschrift" die Meldung, sie sei zur Generalstaatsanwältin befördert worden – und in einer Tageszeitung, dass sie zur Beauftragten für Fledermäuse ernannt wurde, und so fort.

„Ja, ich weiß", seufzt sie, „wenn er jemanden nicht mag, dann kann er grausam sein. Die Frau war wohl etwas zickig." Sie hat sich bereits Postels Vokabular zu eigen gemacht. „Zickig" nannte er sein Opfer auch damals in Bremen, als Angeklagter.

Ob sie weiß, wie rüde sein Ton auch bei weniger zickigen Frauen sein kann? Ob sie gelesen hat, was die Hamburger Journalistin Peggy Parnass über ihn sagt, die „Postel im wahrsten Sinne des Wortes am eigenen Leib erlebt" hat? Peggy ist um einiges älter als Postel. „Frauen möchten so gern glauben, dass sie geliebt werden. Jemand wie Postel hat Erfolg bei erfolgreichen Frauen, weil er sie daran erinnert, dass sie eigentlich Frauen sind. Er bewundert nicht ihr Können, nicht die Tüchtigkeit, sondern sagt: ‚Ich hab' mich in dein Gesicht verliebt'", heißt es bei Parnass in „Mr. Warrens Gewerbe".

Die Rollen, die Postel wie ein Chamäleon wechselte, sind ohne Zahl. Er ist ein Artist am Telefon und ein Meister im Fälschen von Dokumenten. Die Leipziger Staatsanwaltschaft, die derzeit gegen ihn ermittelt, wird ihre Freude haben beim Aufdröseln dieses Wustes strafbarer oder auch nur dreister Handlungen.

Stets hat er über jeden Zweifel erhabene Gefährtinnen zur Hand. Eine Zahnärztin, die ihm Rolex und Mercedes schenkt, eine Psychologin, die ihm Fachwissen vermittelt, eine Anwältin, die ihn Akten lesen lässt, die Journalistin, die er geheiratet haben soll – oder hat er nur Hochzeitsanzeigen verschickt? –, die Staatsanwältin, die ihn vor dem Haftbefehl warnt, die Medizinprofessorin, von der er monatlich Geld bekam. Oder die Amtsrichterin, gerade geschieden, von Beruf und Mitwirkung im Juristenkabarett beansprucht, die nach nichts mehr verlangte als nach ein bisschen Zuwendung. Und, und, und.

An manchen Tagen ist sie verzweifelt. „Was die ‚FAZ' schreibt. Was im ‚Stern' stand. Alle beschreiben das ‚Phänomen' Postel. Ich habe den Menschen, den Mann erlebt. Ich liebe ihn. Ich vertraue Gert, er war offen und ehrlich zu mir und niemals opportunistisch. Ich habe mich entschieden, zu ihm zu halten, soweit es in meiner Kraft steht." Am 18. Juni wird er 40. „Mit drei Mann liegt er in einer Zelle." Sie weint.

Gekränkt, verhöhnt, blamiert

SPIEGEL 4/1999, 25. JANUAR 1999

Man war sich so einig. Immer wieder beteuerten Staatsanwalt, Verteidiger und sogar das Gericht, das Verfahren solle „entschlackt" werden, eine „weitere Belastung" sei zu vermeiden, es gehe um eine „Bereinigung der Anklage", um eine „Beseitigung von Nebenkriegsschauplätzen", um „Prozessökonomie" und die „Beschleunigung des Verfahrens". Zur „Beschränkung auf das Wesentliche" wurde aufgerufen. Ein gewisser Tatbestand sauge ohnehin unzählige andere Tatbestände auf und so fort.

Gespräche zwischen den Verfahrensbeteiligten vor Beginn eines Strafprozesses sind sinnvoll. Die Verteidigung ist an solchen Gesprächen meist besonders interessiert, stößt jedoch häufig auf Widerstand. In Leipzig, im Strafverfahren gegen den Hochstapler Gert Postel, konnte der Berliner Verteidiger Nicolas Becker jedoch schon zu Beginn des ersten Sitzungstages öffentlich mitteilen: „Es hat bereits eine Vorverständigung gegeben, das ist ja kein Geheimnis."

Und er fuhr fort: „Bei Vorbesprechungen über Verfahrensfragen sind wir mit der Staatsanwaltschaft und Teilen des Gerichts übereingekommen, dass das Verfahren hier nicht unnötig belastet wird." Die Verteidigung, zu der auch der Frankfurter Rechtsanwalt Jürgen Fischer gehörte, wünschte einen „Generalaufwasch“ für ihren Mandanten. Und vor allem sollte das Strafmaß so niedrig wie möglich sein.

Am dritten Verhandlungstag bereits, nach der knappsten aller Beweisaufnahmen, ist Postel von der 6. Strafkammer des Landgerichts Leipzig nun zu einer Freiheitsstrafe von vier Jahren verurteilt worden. Zum ersten Mal wird er verbüßen müssen.

Gert Postel war vom 15. November 1995 bis zum 10. Juli 1997 als Facharzt für Psychiatrie und Neurologie mit dem Zusatz Psychotherapie am Sächsischen Krankenhaus in Zschadraß angestellt. Er bekleidete dort die Stelle eines Oberarztes. Doch Postel ist nicht Arzt. Er ist Postbote mit Hauptschulabschluss.

Bekannt wurde er dadurch, dass er sich von September 1982 bis März 1983 unter dem Namen Dr. Dr. Clemens Bartholdy als stellvertretender Amtsarzt in Flensburg betätigte. 1984 wurde deswegen auf eine zur Bewährung ausgesetzte Freiheitsstrafe von einem Jahr erkannt.

Zwei Jahre später verhängte das Amtsgericht Bremen eine Gesamtstrafe von zwei Jahren und eine weitere von drei Monaten – wieder ausgesetzt zur Bewährung –, wegen fortgesetzter Wehrpflichtentziehung in Tateinheit mit fortgesetzter Urkundenfälschung, Urkundenfälschung in zwei Fällen, fortgesetzter veruntreuender Unterschlagung, Unterschlagung, fortgesetzten Diebstahls, Diebstahls, Beförderungserschleichung in zwei Fällen, Betrugs, Missbrauchs von Titeln und akademischen Graden, vorsätzlicher Körperverletzung in Tateinheit mit Amtsanmaßung und mit Verleumdung, Betrugs und Diebstahls.

Die Justiz hatte mit Postel unablässig zu tun, vor Flensburg und Bremen und danach. Eine Freiheitsstrafe verbüßen musste er nie. Dass er dabei die Lebenswege vieler beruflich erfolgreicher, angesehener Frauen kreuzte, Richterinnen, Staatsanwältinnen, Ärztinnen, Journalistinnen, ist sattsam bekannt. Welche seelischen und beruflichen Verwüstungen dabei von ihm angerichtet wurden, ist gleichfalls nicht neu. Es wird nach wie vor darüber gelacht und gehöhnt. Zur Scham kommt die Beschämung hinzu.

Postels Lebenslauf lässt sich nicht darstellen. Was ist Wahrheit, was Erfindung? Er ist beim Papst gewesen, das ist durch ein Foto belegt. Kardinal Ratzinger und der Bischof von Münster haben ihm zur

Heirat mit einer promovierten Journalistin aus Ost-Berlin gratuliert, auch das scheint belegt. Die Ehe, mit der ein neues, ein ganz anderes Leben beginnen sollte, wie er dem SPIEGEL schrieb, ist wohl inzwischen geschieden.

Er hat Urkunden in Fülle gefälscht mit Hilfe irrer Tricks, die sich der bürgerliche Mensch nicht auszudenken wagt. Er gab sich am Telefon als Richter, als Staatsanwalt, als Pastor aus, als Psychotherapeut, als Student, als Behördenleiter, als Professor. Als sogenannter kleiner Mann, als Bote zum Beispiel, trat er nur auf, wenn es galt, etwa einen Stempel oder ein Urkundenformular bei einer Druckerei im Auftrag des Chefs, der er natürlich selbst war, abzuholen.

Zu den „Vorgesprächen" in Leipzig, dazu, dass man „übereingekommen" war, dürfte es nicht allein im Interesse der Verteidigung gekommen sein. Für die Justiz Sachsens ist der Oberarzt Dr. med. Postel nicht nur peinlich, er ist eine Katastrophe. Gerichte haben ihn, zum Teil aus nichtigen Gründen, als psychiatrischen Sachverständigen bestellt und honoriert. Sie haben nicht an ihm gezweifelt. Was wäre, hätte man sich nicht auf eine „Bereinigung der Anklage und der Beweismittel" und eine Beseitigung der „Nebenkriegsschauplätze" verständigt, alles zu hören gewesen.

Staatsanwalt Michael Dahms sprach einmal davon, als er sich gerade wieder um „Prozessökonomie" bemühte, dass man andernfalls vielleicht sogar Justizpersonen vernehmen müsste, Richter also, oder, wenn denen die Erinnerung an den Sachverständigen Postel abhanden gekommen sein würde, gar Staatsanwälte und so weiter.

Die Anklage verzeichnete ursprünglich als Beweismittel 37 Zeugen, unter ihnen 17 Richter und Richterinnen, Staatsanwälte und Staatsanwältinnen und eine Rechtspflegerin. Sie mussten nicht vor die Öffentlichkeit treten und Rede und Antwort stehen. Das wollte man nicht. Zuletzt war in Leipzig von „Beweismittelbereinigung" die Rede.

Dem Gericht genügten zwei Zeugen, der Chefarzt der Klinik, an der Postel Oberarzt war, und der Ministerialrat im zuständigen Ministerium, das Postel einstellte. Die Verteidigung genoß diese Situation und sprang mit den beiden Zeugen um.

Hat man es dem notorischen Hochstapler wieder leichtgemacht wie damals in Flensburg? Die Armut kommt von der Powerteh, in der Not frißt der Teufel Fliegen. Die Mängel bei der Überprüfung des Bewerbers für den Oberarztposten sind daher nicht ohne den dringenden Bedarf an wenigstens halbwegs qualifiziertem Personal zu sehen. Welcher Psychiater will schon fürs Leben gern Oberarzt in Zschadraß sein? Bezahlt nach BAT Ost, ohne Möglichkeit zur Privatliquidation, dafür aber verantwortlich für das Funktionieren des Maßregelvollzugs. Man suchte händeringend nach einem Bewerber.

Der Chefarzt, ein redlicher, freundlicher Mann, war heilfroh ob des neuen Mitarbeiters. Der erklärte gleich, er kenne sich nicht besonders gut aus, er brauche Hilfe, er müsse Fragen stellen dürfen. Aber gewiss doch!

Hat Postel Schäden angerichtet? Der Chefarzt zögert: „Soweit mir bekannt ist, keine." Bei den Chirurgen sieht man sofort, ob einer das Skalpell falsch hält. Bei den Psychiatern ist das anders. Was sie anrichten, wenn sie etwas anrichten, kommt meist erst sehr viel später heraus.

Das sächsische Sozialministerium hatte die Bewerbungsunterlagen zu prüfen. Hätte dort 1995, fünf Jahre nach der Wende, auffallen müssen, dass eine Behörde wie der Generalbundesanwalt, Dienststelle Bundeszentralregister in Berlin, Postels falsche Urkundskopien nicht beglaubigen darf? „Wir hatten keinen Zweifel, es war doch eine Bundesbehörde, das ist doch nicht irgendwas", sagte der zuständige Ministerialrat als Zeuge. Eher Beleg für den Mangel an Orientierung in den neuen Rechtsverhältnissen der Bundesrepublik als Leichtsinn.

Von einem Oberarzt wurde damals in Sachsen noch kein polizeiliches Führungszeugnis verlangt. Das hatte Postel rechtzeitig ausgekundschaftet. Sogar Chefarzt an einer sächsischen Maßregelklinik hätte er werden können, wenn es nach dem Ministerium gegangen wäre, so froh war man um ihn. Dafür allerdings hätte er ein Führungszeugnis gebraucht. Also kam diese Stelle nicht in Frage.

Er hat doch keinen umgebracht, wird immer wieder entschuldigend über Postel gesagt. Es ist doch allein der Staat geschädigt worden, der Geld an einen Mann gezahlt hat, der es nicht verdiente. Alles andere ist, mit den Worten von Verteidiger Fischer, „juristisch nicht wägbar". Dass er Frauen – und Männer – hereingelegt, sie arrogant und herablassend behandelt, dass er mit Vertrauen Schindluder getrieben hat, dass er Menschen gekränkt, in die Enge getrieben, verhöhnt und blamiert hat: Das ist alles kein Tatbestand, „juristisch nicht wägbar".

Was Postel angerichtet hat und dass die Gerichte seiner Inkompetenz sehr wohl auf die Spur hätten kommen müssen, machten die Sachverständigen, die Psychologin Sabine Nowara und der Psychiater Norbert Leygraf deutlich. Unbrauchbare, haarsträubende Gutachten hat Postel abgegeben, ohne Diagnose, ohne Erklärung, warum und wie er zu seinen Feststellungen gekommen ist. Er hat als Amtsarzt in Flensburg Menschen eingewiesen in die Psychiatrie, anderen die Einweisung (und Behandlung) verweigert. Gerichte in Sachsen sind in ihren Urteilen seinen Gutachten gefolgt. Es sei ja nichts passiert, redet man sich heraus. Man weiß gar nicht, was alles passierte.

Leygraf machte das Gericht darauf aufmerksam, dass Frau Nowara und er zu den gleichen Feststellungen gekommen seien wie 14 Jahre zuvor der inzwischen verstorbene angesehene Hamburger Psychologe Herbert Maisch. „So bunt und schillernd Herrn Postels Leben nach außen erscheinen mag – so monoton sind die Gesetzmäßigkeiten", sagte Leygraf. „Sein Leben tritt auf der Stelle, sein Verhalten perpetuiert sich in fast reflexhafter Weise." Ein suchtähnliches Verhalten. Wenn es zu trostlos wird, er hat ja nie etwas zu verlieren außer dem, was er sich erschlichen hat, er hat weder Ansehen noch Ruf, noch familiäre Bindungen, folgt die nächste Hochstapelei.

Als Postel im Juli 1997 in Zschadraß aufgeflogen war, ergriff er die Flucht. Im November 1997, da war er noch immer untergetaucht, rief er bei der „Frankfurter Rundschau" an, gab sich als Vorsitzender der Berufungskommission aus, der mitteilen wolle, dass „Gert Postel (39), bisher Oberarzt der psychiatrischen Abteilung im Sächsischen Krankenhaus Zschadraß", den Ruf auf eine C4-Professur für Psychiatrie an der Frankfurter Universität angenommen habe. Die Zeitung druckte.

„Wie schätzen Sie die Wiederholungsgefahr ein?", fragte der Vorsitzende Richter Erich Drath den Angeklagten. „Ausgeschlossen", sagte Postel.

„Nur dargestelltes Entsetzen"

Prozess um den Tod des elfjährigen Jakob von Metzler

SPIEGEL 26/2003, 23. JUNI 2003

Warum ist es so peinigend, dieser kraftlosen, weinerlichen Stimme zuzuhören? Warum fällt es so schwer, dem hoch aufgeschossenen, bleichen jungen Mann zu glauben, dessen Verteidiger fast beschwörend ankündigt, heute, heute werde der Angeklagte „mit sich ins Gericht gehen", das „Unaussprechliche aussprechen" und die Grenze überschreiten, die es ihm erlaube, Dinge zu äußern, die er „mit der eigenen Person nicht in Verbindung" habe bringen können? Warum quält jedes Wort nicht nur den, der es ausspricht, sondern auch den, der es hört?

Es quält, weil Magnus Gäfgen, 28, noch längst nicht so weit ist, sich hinzustellen und zu bekennen: Ja, ich habe das Schlimmste getan, was Menschen einander antun können, ich habe ein Kind getötet, ich bin mies und feige, ich habe diesen armen reichen Jungen Jakob von Metzler in eine Falle gelockt und grausam umgebracht, weil ich nach Geld gierte. Ich wollte nicht länger warten, bis ich mir jenes Luxusleben leisten kann, von dem meine spießigen Eltern keinen Schimmer haben. Bevor ich zugebe, pleite zu sein, bringe ich lieber einen um. Ich bin nämlich nicht der liebe Kinderbetreuer, sondern einer, der ein Kind umbringt, weil das leichter geht als bei einem Erwachsenen. So einer bin ich. Es stimmt alles, was in der Anklageschrift steht. Bestrafen Sie mich dafür!

Stattdessen ein Herum- und ein Herausreden. Zu Beginn des Prozesses vor dem Frankfurter Landgericht am 9. April bestritt Gäfgen die Tötungsabsicht. Den Elfjährigen, behauptete er, habe er damals, am 27. September 2002, am letzten Schultag vor den Herbstferien, nur fesseln und zum Stillhalten überreden, in ein Bettuch wickeln und in eine abgelegene Hütte bringen und dort unter Alkohol setzen wollen. Das Kind sollte ihn später auf Grund eines „Filmrisses" nicht wiedererkennen und so fort. Auf Fragen, wie denn dies im einzelnen hätte vonstatten gehen sollen, antwortete er stets: „Ich ging davon aus."

Spätestens als die vom Gericht geladenen Rechtsmediziner aber bestätigten, dass ein Filmriss gewiss nicht die Erinnerung an die Zeit vor der Alkoholeinnahme auslöscht, war diese Version – und damit das Versprechen des Verteidigers Hans Ulrich Endres, sein Mandant werde ein Geständnis ohne jede Beschönigung ablegen – obsolet geworden. In einem Geständnis ohne Wenn und Aber sieht Endres das einzige Pfund, mit dem zu wuchern sein könnte: Denn Gäfgen war am Tag nach seiner Festnahme, am 1. Oktober 2002, durch illegale Methoden zur Preisgabe des Verstecks seines Opfers gepresst worden. Diese Anordnung des Frankfurter Polizei-Vizepräsidenten hatte zur Folge, dass sämtliche Aussagen Gäfgens bis zum Beginn der Hauptverhandlung nichtig geworden waren und die Staatsanwaltschaft um ihre Anklage bangen musste.

Gäfgen hätte fortan schweigen können, er hätte nichts zu Motiv und Tatablauf sagen müssen, woraus ihm kein Nachteil entstanden wäre. Der Vorsitzende Richter der 22. Frankfurter Strafkammer Hans Bachl belehrte ihn eindringlichst. Doch er entschloss sich auszusagen.

Ob ihm, hätte er geschwiegen, gleichwohl eine Verurteilung wegen Mordes drohen würde, steht dahin. Die vier Mordmerkmale, die die Staatsanwaltschaft zusammentrug – Heimtücke, niedrige Beweggründe, Verdeckung einer Straftat, Habgier –, die zur besonderen Schwere der Schuld (und damit zu einer fünf bis zehn Jahre längeren Haftzeit) führen können, wären möglicherweise nicht alle nachzuweisen gewesen. Ein Geständnis trotz alledem, als eine Geste tiefster Reue, so die Überlegung der Verteidigung, müsste folglich besonders honoriert werden, zum Beispiel mit dem Verzicht, die besondere Schwere der Schuld festzustellen.

Inzwischen nähert sich der Prozess um das qualvolle Sterben des Jakob von Metzler dem Ende. Lässt man die Hauptverhandlung Revue passieren: Die Gerichtsmediziner beschrieben einen Erstickungsvorgang, der sich über mindestens vier Minuten hinzog – die Zeit, in der Jakob schmerzhaft gefesselt, Mund und Nase verklebt, wehrlos in Gäfgens Wohnung lag, noch nicht mitgerechnet. Wie lange er in Panik um Atem rang, wie lange ihm bewusst war, dass Schreckliches mit ihm geschieht und niemand ihm hilft, wie lange er Todesangst hatte, gewiss länger als ein paar Minuten – eine unerträgliche Vorstellung. Und sein Peiniger kniete vor dem Jungen und sagte: „Jakob, es wird ernst!“ Er rückte ganz nahe an den Jungen heran: „Sei doch ruhig, du siehst doch, es bringt nichts“ und beobachtete dessen Todeskampf.

Dann schlug er zu (oder würgte das Kind, das war nicht mehr festzustellen), bis es sich nicht mehr regte. Und dann drückte er es in der Badewanne unter Wasser, um sich zu vergewissern, dass es wirklich tot ist. Und dann fuhr er zum Anwesen von Metzler und warf den Erpresserbrief vor die Einfahrt, in dem er eine Million Euro Lösegeld verlangte – mit dem toten Jakob im Kofferraum.

Oder die Scheindebatte über Gäfgens angeblich luxussüchtige, damals 16-jährige Freundin Katha, die ihn in den finanziellen Ruin getrieben haben soll, aus dem er keinen anderen Ausweg gefunden haben will, als ein Verbrechen zu begehen. Die Hauptverhandlung ergab, dass der Angeklagte längst vor Beginn der Beziehung schon genau rechnete und plante. Er wusste, dass seine Mittel nicht mehr lange für das aufwendige Leben reichen würden, das er seinen Freunden vorgaukelte. Er trug sich bereits mit dem Gedanken, ein Kind reicher Eltern zu entführen – und zu töten –, als Katha noch gar nicht auf seine Kosten shoppen ging.

Auch dass Gäfgen offenbar eine Neigung hat, es mit Mein und Dein nicht genau zu nehmen, fällt im Rückblick auf. Bei einem Freund verschwand ein Hemd, bei einem anderen Geld oder ein Handy, eine Lederjacke und Turnschuhe. Anlässlich einer Weihnachtsfeier bei Kommilitonen ließ er eine Breitling-Uhr mitgehen, angeblich unter Alkoholeinfluss. Am nächsten Morgen habe er sich nicht getraut, sie zurückzugeben, behauptete er vor Gericht. Dem widerspricht dann doch die Kaltblütigkeit, mit der er nach der Festnahme seiner Mutter diese Uhr in die Hand drückte mit der Begründung, es sei nicht ratsam, im Gefängnis ein so teures Stück zu tragen.

Kann es sein, dass er sich auch deshalb schon relativ früh hinter der Maske des gutsituierten Junganwalts verbarg, der es nicht nötig hat zu klauen, um derlei Verdacht von sich abzulenken?

In der vergangenen Woche nun das „nachgebesserte“ Geständnis zur Heilung der ersten halbherzigen Einlassung – höchste Zeit, denn es stehen nur noch die Gutachten zur Schuldfähigkeit sowie die Plädoyers aus, ehe am 29. Juli das Urteil verkündet werden soll. Würden Gäfgens Angaben nur als Teilgeständnis gewertet, die letzte Hoffnung der Verteidigung auf ein einfaches Lebenslang wäre dahin.

Doch erneut wartete das Gericht vergebens. Wieder diese kraftlose, dünne Stimme. Wieder dieses Sichwinden. Nicht: Ja, ich wollte Jakob töten. Sondern: „Ich wollte es nicht – aber es war mir wahrscheinlich klar, dass es passieren würde." Oder: „Der Gedanke an den Tod stand durchaus im Raum, doch ich glaube nicht, dass es mir klar war, dass ich es tun müsste."

Was soll ein Gericht damit anfangen? Die Geschichte mit dem Filmriss habe er für sich selbst erfunden, wie einen Krückstock, „weil ich doch nie das Leben eines anderen gefährden würde. Ich habe mich immer als einen sehr lieben Menschen gesehen".

Gäfgen beschreibt sich als „Marionette" seiner selbst, als einen, der an den Fäden eines „Planes" hing, der ihm Schritt für Schritt aufzwang. „Ich wusste, wenn Jakob nicht mitspielt, dass genau diese Eventualität eintritt, vor der ich mich gefürchtet habe." Als das Opfer noch keine Kontur hatte, habe er den Tod mit einkalkuliert. „Als dann ein Gesicht daraus wurde, habe ich den Gedanken verdrängt, weil ich eine solche Tat nicht mit mir in Verbindung bringen konnte."

Doch welcher Straftäter kann das schon. Die meisten sind entsetzt, weil die böse Tat nicht zu ihrem Selbstbild passt. Sie meiden die Wahrheit, wo es geht. Gäfgen ist da keine Ausnahme.

Zweieinhalb Monate Hauptverhandlung haben aus ihm keinen neuen Menschen gemacht, wie auch. Er passt sich an, wie er sich früher seinen bewunderten reichen Freunden anpasste. Jetzt gibt er das zermürbende Ringen seines Verteidigers um ihn als eigenes aus: eine geliehene Existenz, selbst als Angeklagter.

Hätte ihn jemand aufgehalten, als er Jakob in die Wohnung lockte. Hätte es geklingelt. Hätte es den Plan nicht gegeben, der „automatisch" ablief: Es wäre nichts geschehen, sagt er.

Der Vertreter der Familie von Metzler, Rechtsanwalt Eberhard Kempf, lässt Gäfgens Ausweichmanöver nicht zu. „Sie sagen, Sie seien eine Marionette Ihrer selbst gewesen. Sie hätten den Plan immer wieder durchgespielt. Haben Sie dabei Szene für Szene geprobt bis zum Ende des Tötungsgeschehens?" „Nein, nur bis zur Fesselung", windet sich der Angeklagte. Dann sei etwas gekommen – etwas so Widerwärtiges, das er gar nicht hätte planen können. „Aber Ihr dargestelltes Entsetzen", hakt Kempf nach, „steht das nicht im Widerspruch zum Untertauchen des Kindes in der Badewanne, als Sie sich von seinem Tod überzeugen wollten? War das etwa chaotisch? Für mich klingt das wie das Gegenteil."

Was soll Gäfgen antworten? Kempf ist nicht einer jener berufsmäßigen Nebenklagevertreter, die sich nur an der Seite von Opfern wohl fühlen. Er ist Strafverteidiger und kennt die andere Seite sehr wohl. Seine Fragen peinigen mehr als die des Gerichts.

Die Staatsanwaltschaft wiederholt Kempfs Fragen gern. „Also Sie waren die Marionette Ihres Plans. Den Tod haben Sie ausgeblendet, weil Ihnen der widerwärtig war. Haben Sie den Jungen wirklich ohne Plan in die Wohnung gelockt?“ Verteidiger Endres geht dazwischen: „Hören Sie doch bitte zu! Wir reden über einen Prozess, der sich im Kopf abspielte, im Kopf eines Menschen, der sich mit seiner Tat nicht identifiziert.“ Geradezu tollkühn beendet er dann die Fragerunde, die zu nichts mehr führt: „Hören Sie! Er hat gesagt: Ich habe den Tod schrecklicherweise gewollt, und ich habe die Tat begangen.“ „So hat er das nie gesagt“, murmelt der Staatsanwalt.

Was erwartet nun diesen mit hoher Intelligenz ausgestatteten Angeklagten, der es weit hätte bringen können, wenn er nicht ein Leben zerstört hätte und seines mit dazu? So unspektakulär, wie der Vorsitzende Bachl diesen spektakulären Prozess führt, leise, souverän und unbeirrbar vom Getöse auf Nebenkriegsschauplätzen, wird er mit seinen Mitrichtern ein Urteil nach Recht und Gesetz fällen. Bachl ist nicht der Mann für schmetternde rechtspolitische Signale für oder gegen Aussageerpressung oder Folter. Darauf darf Gäfgen hoffen. Das muss er aber auch fürchten.

Magnus Gäfgen wurde am 28. Juli 2003 zu einer lebenslangen Freiheitsstrafe verurteilt. Das Gericht stellte die besondere Schwere der Schuld fest, wies den Angeklagten aber darauf hin, dass es von seiner Entwicklung im Vollzug abhänge, wie lange er zu verbüßen haben werde. Die Revision der Verteidigung wurde vom BGH per Beschluss zurückgewiesen. Nun prüft die Verteidigung den Gang zum Bundesverfassungsgericht.

Die Pflichtwidrigkeit bleibt

Mannesmann-Prozess: Eine Zäsur für die deutsche Unternehmenskultur

SPIEGEL 15/2004, 5. APRIL 2004

Der Satz, den Joachim Funk, 69, bis zu jenem Tag Aufsichtsratsvorsitzender der Mannesmann AG, am 17. April 2000 dem Chef des britischen Telekommunikationsriesen Vodafone, Sir Christopher Gent, zornig auf den Kopf zusagte, als der sich gerade anschickte, sein Nachfolger zu werden, entsprang tiefer Verbitterung: „Sie haben ein großes deutsches Unternehmen ruiniert."

Funk ist Jahrgang 1934. Sein ganzes Arbeitsleben, 40 Jahre, verbrachte er bei Mannesmann. Er diente sich hoch bis zum Chef des Hauses, dessen Vorstandsvorsitz er von 1994 bis 1999 innehatte. Wenn Funk auch nicht eine so kraftvolle Unternehmerpersönlichkeit war wie etwa Peter Mihatsch, der die Telekommunikationssparte des Industriekonzerns aus dem Boden stampfte, so war dessen Positionierung auf dem Markt Ende der neunziger Jahre durchaus auch Funk zu verdanken. Mannesmann, das war Funks Lebenswerk, in seinen Augen jedenfalls. Ist so jemand ein „Abzocker"? Einer, der vor dem endgültigen Aus noch schnell die Kasse des Unternehmens plündert, für das er gelebt und gearbeitet hat?

Seitdem die Millionenzahlungen gerichtsanhängig sind und öffentlich diskutiert werden, fällt auf Funk stets ein besonders schlechtes Licht. Von Selbstbedienung ist die Rede, von Selbstbegünstigung, weil er „Ich auch, bitte!" gerufen hatte und vom Kuchen etwas abhaben wollte, als Klaus Esser, dem gerade Acht-Monate-Vorstandsvorsitzenden, die Niederlage im Abwehrkampf mit zehn Millionen Pfund versüßt werden sollte. Und als auf andere Vorstandsmitglieder plus Vorgänger plus Witwen und Waisen, deren Pensionsansprüche an die Entwicklung des Unternehmens gekoppelt waren, ein Millionenregen niederging. Abzocke eines Gierschlunds?

Seit dem 21. Januar stehen Funk und Esser neben Aufsichtsratsmitgliedern wie Klaus Zwickel, ehedem IG-Metall-Chef, und Josef Ackermann, Vorstandssprecher der Deutschen Bank, vor Gericht. Die Düsseldorfer Staatsanwaltschaft klagt sie unter anderem der besonders schweren Untreue an. Sie wittert ein Komplott zwischen den

Angeklagten zum Zwecke der Bereicherung. Und sie mutmaßt, Esser habe sich nach erbittertem Abwehrkampf schließlich mit den Millionen die Zustimmung zur Übernahme abkaufen lassen. Also Bestechlichkeit, im Volksmund Käuflichkeit genannt.

Wer Esser und Funk in den Sitzungen vor der 14. Großen Strafkammer beobachtet, den beschleichen schon dabei Zweifel, ob diese beiden Männer sich je zu einem „Komplott“, selbst wenn es dabei um Geld, Geld, Geld ginge, zusammengetan hätten. Funk versetzt es vermutlich heute noch jedes Mal einen Stich, wenn vom ehrgeizigen, bisweilen hochfahrend und rechthaberisch auftretenden Esser so die Rede ist, als wäre er der einzige fähige Kopf bei Mannesmann gewesen. Und als hätte er die Prämie verdient, weil er sich bis zum Umfallen für das Unternehmen aufgeopfert habe.

Man stelle sich weiter vor: Ein Ackermann, der sich mit einem Gewerkschafter Zwickel verbündet und ausheckt, wie man den Herren Esser und Funk heimlich die Taschen füllen könne. Absurd.

Auf der Pressekonferenz anlässlich der Vorstellung der Anklage sprach der Leitende Oberstaatsanwalt Hans-Reinhard Henke das böse Wort öffentlich aus: „Käuflichkeit“ – was ihm eine Strafanzeige Essers wegen Beleidigung und Verleumdung eintrug. Die Auseinandersetzung wirkt offensichtlich bis in den Düsseldorfer Prozess hinein. Denn so zurückhaltend, auf das Allernötigste beschränkt, verhalten sich die Vertreter der Staatsanwaltschaft normalerweise nicht. In Düsseldorf sitzen keine Greenhorns. Die Staatsanwälte Lothar Schroeter und Dirk Negenborn gelten als fähig, Johannes Puls sogar als impulsiv.

Von Beginn an stand über der Anklage kein guter Stern. Nicht nur, dass die Angeklagten und ihre Anwälte dagegen rebellierten, das ist nicht ungewöhnlich. Doch auch das Gericht sah vieles anders und reduzierte sie in wesentlichen Teilen. Es sah etwa bei Esser, anders als von der Staatsanwaltschaft insinuiert, keinerlei Bestechlichkeit und zunächst nur Beihilfe zur Untreue. Es konzentrierte sich auf die Schlüsselfrage: Lag es im Interesse des Unternehmens Mannesmann, Esser mit 10 Millionen britischen Pfund (rund 32 Millionen Mark), Funk mit 6 und die übrigen insgesamt mit knapp 74 Millionen Mark zu bedenken?

Schritt für Schritt ging es voran. Wer was wann wusste, wer was von wem erfuhr. Auf welchem Wissensstand die einzelnen an der

Abwehrschlacht Beteiligten an welchem Tag, zu welcher Stunde waren. Schon frühzeitig ergab sich durch die gezielten Fragen des sich durch genaueste Aktenkenntnis auszeichnenden Gerichts ein Bild, das Gerüchten von einem angeblich nur inszenierten Kampf um Mannesmann keinen Raum ließ.

Die Begründung der Prämien: Der Hongkong-Chinese Canning Fok, Vertreter des Großaktionärs Hutchison Whampoa im Aufsichtsrat, der die Esser-Prämie vorschlug, ein großes Schlitzohr unter der Sonne Gott Mammons, will sich an den Zweiten Weltkrieg erinnert gefühlt haben, als er den vom Briten Gent brutal geschlagenen Verlierer Esser das Schlachtfeld verlassen sah. Fok zitierte seine ehrbaren Eltern, seine gute Erziehung, sein Studium an einer katholischen Universität und dass er gelernt habe, sich immer anständig zu verhalten gegenüber Unterlegenen. „Klaus, dieser wundervolle Mensch", das war klar, würde seinen Job verlieren und bekäme nicht einmal Aktienoptionen. Dabei habe er zu einer Kurssteigerung beigetragen, an der die Chinesen Milliarden verdienten und so weiter.

Oder Sir Christopher Gent als Zeuge: „Fok kennt sich in Deutschland genauso wenig aus wie ich. Bei uns war gerade das Airtouch-Geschäft gelaufen, da schied der Vorstandsvorsitzende mit 250 Millionen britischen Pfund aus. Wir haben uns international orientiert, nicht an deutschen Verhältnissen." So gesehen waren die Esser-Millionen vermutlich Peanuts für Gent, genauso wie für den Schweizer Ackermann. „Soweit ich mich erinnere, die Zahlungen sind offensichtlich für das Gericht sehr wichtig, für uns waren sie nicht wichtig. Wir wollten Dinge in Gang bringen und Differenzen vermeiden, um das Geschäft auf eine positive Basis zu stellen", sagt Gent auf Frage der Staatsanwaltschaft.

„Wurde mal überlegt, ob nicht Vodafone zahlt statt Mannesmann?", fragt die Vorsitzende Richterin Brigitte Koppenhöfer. „At the end of the day", Gent lächelte, „we, Vodafone, payed."

Wie bei so vielen anderen Zeugen hielten die Staatsanwälte auch hier still. Einige gehemmte Fragen, um Gents Glaubwürdigkeit zu erschüttern, etwa mit welcher Fluglinie er von London damals nach Düsseldorf geflogen sei. Mit leicht amüsiertem Erstaunen wendet sich Gent an die Vorsitzende. Wozu solche Fragen? Frau Koppenhöfer, ebenfalls amüsiert: „Es ist oft in diesem Verfahren so, dass man nicht weiß, wohin welche Fragen zielen.“ Das gelte aber für alle Beteiligten, beeilt sie sich jedes Mal hinzuzufügen. Meist meinte sie aber nur die Staatsanwaltschaft.

Der vergangene Mittwoch, es war nicht der Tag der Ankläger. Es ging wie gehabt los, als weitere Arbeitnehmervertreter als Zeugen vernommen wurden. Der eine konnte kaum Englisch und hatte keine Ahnung von „retention boni“ und „appreciation awards“. Der nächste erinnerte sich nicht einmal, Mitglied des Mannesmann-Aufsichtsrats gewesen zu sein. Der übernächste hielt damals Vodafone für den Geldgeber, weil die Prämien in britischen Pfund gezahlt werden sollten.

Nachfragen? „Herr Zwickel bemühte sich, den Vorstandsvorsitzenden zu fassen zu bekommen. Doch der hatte damals keine Zeit, immer nur fünf Minuten, und dann musste er schon wieder weg“, sagt einer der Zeugen. Zwickel eierte herum. Nicht Ja, nicht Nein, keine Zustimmung, auch keine Enthaltung, sondern nur „zur Kenntnis genommen“, was wiederum die Wirtschaftsprüfer in Rage versetzte, weil sie nicht wussten, was das hieß.

Dann die Sensation. In welche Richtung sich das Verfahren bewegte, war schon lange unverkennbar. Was würde das Rechtsgespräch zwischen Kammer, Verteidigung und Staatsanwaltschaft in nicht öffentlicher Sitzung, das die Ackermann-Verteidigung angeregt hatte, ergeben? Was kommt von der Staatsanwaltschaft, die die zahlreichen Zeugenaussagen, die ihre Anklage zerrieseln ließen, so stoisch hinnahm?

Es dauerte nur fünf Minuten, und die Vorsitzende hatte das Resümee der Kammer vorgetragen, natürlich noch nicht das endgültige, doch immerhin eines, das sich nach dem wesentlichen Teil der Hauptverhandlung schon ziehen lässt. Zu den Prämien Essers und weiterer Vorstandsmitglieder: aktienrechtlich unzulässig, weil kein Unternehmensinteresse vorliege. Aber auch keine strafbare Untreue, da bisher keine gravierende Pflichtverletzung festzustellen sei.

Prämie Funk: aktienrechtlich unzulässig wie oben. Plus eine gravierende Pflichtverletzung, da es für die Zahlung keine sachliche Grundlage gebe. Selbst wenn am Ende Untreue festgestellt würde: ein unvermeidbarer Verbotsirrtum, da Rechtsauskünfte eingeholt wurden.

Pensionsabfindungen für Ex-Vorstände und Angehörige: aktienrechtlich unzulässig plus gravierende Pflichtverletzung. Allerdings kein Vorsatz.

Und: „Die Staatsanwaltschaft hat an der Anklage festgehalten."

Wenn nicht noch ein böses Wunder geschieht, bedeuten diese dürren Worte Freispruch für alle Angeklagten. Wer den nicht verstehen mag: Es ist wie beim Thema Abtreibung. Es kann etwas unmoralisch sein, was deshalb aber nicht rechtswidrig ist. Und es kann etwas rechtswidrig sein, ohne gleichzeitig mit Strafe bedroht zu sein.

Die Staatsanwaltschaft, die zu dieser klaren Einschätzung, wie sie die Kammer vorgetragen hat, auch hätte kommen können, wenn sie die objektivste Behörde der Welt wäre – wenn!, denn dann hätte sie nicht so viel entharmlost und umgedeutet und gewittert und spekuliert, wie man es sonst nur von den Medien kennt –, sah in diesem Verfahren offenbar die Gelegenheit zu einem moralischen Tribunal. Der Zeitgeist ist danach. Sie hat sich verrannt und verkämpft, betört vom Beifall der Öffentlichkeit. Wie es aussieht, will sie so weitermachen. Noch ein Zeuge, noch ein Antrag, es könnte ja für die Revision etwas bringen. Man steht doch sonst da wie ein geprügelter Hund.

Mit Verlaub: Bei ihrem Geschick zum Deuten und Umdeuten könnte sich die Staatsanwaltschaft regelrecht als Sieger sehen. Gesiegt, im Kern bestätigt, es geht doch immer wieder zu vor Gericht wie auf dem Fußballplatz.

Um noch einmal auf Joachim Funk zu kommen: Natürlich ist es seltsam, wenn jemand belohnt wird, aus Dankbarkeit oder warum auch immer, der seine aktive Tätigkeit längst beendet hat, und man damals, als er noch beschäftigt war, offenbar keinen Anlass für eine Prämie sah. Funk dachte nicht ans Ausplündern. Auch Esser und Co. wohl nicht. Doch Dankbarkeit und dergleichen kommt im Aktienrecht nicht vor.

Auch die Frage ist nur allzu berechtigt, wofür die Essers überhaupt eine Auszeichnung in Millionenhöhe bekommen sollten. Sie haben ihren Job gemacht, vielleicht sogar übererfüllt. Doch wo sind die „Werte" geblieben, die angeblich geschaffen wurden? Mannesmann ist zerschlagen, die Aktionäre von damals sind heute weit weniger reich als zur Zeit der Übernahme. Man müsse nur mal die Weil-Frage stellen, sagte einer der Verteidiger in Düsseldorf, dann komme man schon ins Grübeln. Die Prämien waren angebracht, weil…

Das Gericht hat jetzt schon den Angeklagten eine Lektion erteilt. An Josef Ackermann wird, Freispruch hin oder her, vermutlich die Feststellung der Pflichtwidrigkeit hängen bleiben. Für die Unternehmenskultur in Deutschland wird es fortan ein Vor-dem-Prozess und ein Nachher geben. Eine solche Zäsur gesetzt zu haben ist die Leistung der Düsseldorfer Strafkammer.

Am 22. Juli 2004 verkündete die 14. große Wirtschaftsstrafkammer das erwartete Urteil: Freispruch für alle Angeklagten. Der Staatsanwaltschaft war es trotz drei Jahren Ermittlungsarbeit und einer 460 Seiten umfassenden Anklageschrift nicht gelungen zu beweisen, dass sich Funk, Zwickel und Ackermann der schweren Untreue oder Beihilfe dazu schuldig gemacht hätten. „Man muss den Angeklagten zwar nicht alles glauben, man darf ihnen aber auch nicht alles unterstellen“, sagte die Vorsitzende Richterin Brigitte Koppenhöfer. Allerdings hätten sie gegen §87 Absatz 1 Satz 1 des Aktiengesetzes verstoßen und sich damit pflichtwidrig verhalten, weil ein Unternehmensinteresse an der Prämiengewährung damals nicht bestand. Strafrechtlich seien sie aber deswegen nicht zur Verantwortung zu ziehen. Bei der Prämie für Funk bejahte die Kammer sogar eine (mit Strafe bedrohte) gravierende Pflichtverletzung. Zwickel und Ackermann handelten nach Auffassung des Gerichts aber in diesem Fall in einem die Schuld ausschließenden Verbotsirrtum. Den anderen Angeklagten habe es an dem erforderlichen Gehilfenvorsatz gefehlt.

VII
„Das muss ich mir anhören“
Beziehungstaten, Straftaten in der Familie

„Wie Falschgeld herumgelaufen“

Pastor Klaus Geyer soll nach fast 30 Jahren Ehe seine Frau erschlagen haben

SPIEGEL 7/1998, 9. FEBRUAR 1998

Ein Mann tötet seine Frau. Oder umgekehrt: Eine Frau bringt ihren Mann um. Das sind Urszenen des Tötens. Und wer die Hand gegen wen erhebt, entscheidet oft der Zufall. Wenn nicht ausgerechnet ein Pastor angeklagt wäre, würde der Fall lediglich an unzählige andere erinnern.

Die Tötung des Partners, oft nach langer Ehe, ist Alltag der Strafgerichte. Doch diesmal ist eben ein Pastor angeklagt, noch dazu einer, dem der Frieden unter den Menschen und ihre Versöhnung immer ein ganz besonderes Herzensanliegen waren und sind. Das hat die Medien alarmiert, sie haben recherchiert und spekuliert. Menschen, die auf das Medieninteresse nicht vorbereitet sind und darauf, ausgeforscht zu werden, haben Antworten gegeben, die sich wunderbar verkaufen ließen an Leser, Hörer und Zuschauer.

Die Sünden der Geistlichkeit aller Konfessionen sind zu zahlreich, als dass man sagen könnte, Klaus Geyer, 57, sei der erste Kirchenmann überhaupt, dem eine Tötung vorgeworfen wird. Er ist der erste in der Justizgeschichte der Bundesrepublik. „Ich habe meine Frau nicht umgebracht, das ist doch absurd“, hat er gesagt, als er in Haft kam, und von da an geschwiegen.

Schon Stunden vor Beginn des ersten Sitzungstages stauten sich die Menschen vor dem Landgericht Braunschweig. Die Handschellen werden dem Angeklagten diskret vor dem Saal abgenommen. Er tritt ein. Ein schneller Schritt, ein kurzer Blick auf seine Gemeinde im Publikum, ein rasches Nicken wie gewohnt. Es ist still geworden. Die Kameraleute und die Fotografen tun ihre Arbeit. Klaus Geyer ist es gewohnt, vor Menschen aufzutreten.

Neben ihm sein Verteidiger, Rechtsanwalt Bertram Börner aus Hannover, ein hervorragender Jurist und Fürsprecher seiner Mandanten, Pastorenenkel überdies, der sich nicht zuletzt dadurch einen Namen gemacht hat, dass er Angeklagte verteidigte, die ihre Partner umgebracht hatten.

Börner vertrat einmal einen Rechtsanwalt, der seine Frau getötet hatte; der in der Hauptverhandlung sagte, als sei nicht er der Täter, sondern seine Frau sei die Täterin gewesen: „Auch das hat sie mir noch angetan." Der Mandant wurde als Mörder zu zehn Jahren Freiheitsstrafe verurteilt. Das Gericht gestand dem Angeklagten verminderte Schuldfähigkeit zu, nachdem ein Psychiater seine „narzisstisch geprägte Persönlichkeitsstruktur" beschrieben und eine Entwicklung geschildert hatte, die immer tiefer in „die Kränkbarkeit und Ansprüchlichkeit des narzisstischen Charakters" hineingeführt habe.

Pastor Geyer ist nicht leichtfertig und nicht mit Übereifer angeklagt worden. Für die Ermittler war es keine Lust, ausgerechnet einen Geistlichen zu verdächtigen. Die Anklage wegen Totschlags – nicht wegen Mordes – vertritt vor der 1. Großen Strafkammer des Landgerichts Braunschweig Oberstaatsanwalt Ulrich Hennecke. Der Anklagesatz ist kurz, gerade drei Sätze: „Dem Angeschuldigten wird zur Last gelegt: Er habe seine Ehefrau Veronika Geyer-Iwand in Rautheim-Mascherode – Gemarkung Pastorenkamp – mit einem Nageleisen (Kuhfuß) auf den Hinterkopf geschlagen, um sie zu töten, was aber noch nicht zum Tode geführt habe. Danach habe er seine Frau in ein Waldstück zwischen Braunschweig und Hötzum – genannt Lagholz – verbracht und ihr dort, in der fortbestehenden Absicht, sie zu töten, mit einem nicht bekannten Werkzeug den Kehlkopf und das Gesicht zertrümmert, wodurch dann schließlich der Tod eingetreten ist. Verbrechen strafbar nach Paragraf 212 Strafgesetzbuch."

Geyer will aussagen. „Gewisse Dinge" allerdings werde er aussparen. Unschwer zu erraten nach allem, was zu lesen, zu hören und zu sehen war, worum es sich dabei handelt: seine Beziehungen zu Frauen, und davon soll es ja einige geben.

Seine Stimme ist klar, er braucht kein Mikrofon. Er spricht in einfachen Sätzen, nicht geschliffen, nicht brillant, sondern wie einer, der sich bewusst unbefangen zu geben bemüht.

„Also ich erzähle jetzt meinen Lebenslauf. Mein Vater und meine Mutter waren Mathematiker. In der Grundschule habe ich ein Jahr übersprungen. Auf dem Gymnasium war ich dafür ein Jahr lang krank. 1959 habe ich Abitur gemacht. Mein Berufswunsch war schwankend, denn ich habe zwei Begabungen mitbekommen – eine mathematische und eine musikalische. Mein Bruder studierte schon Mathematik. Ich schwankte, ob ich als Pianist ein Musikstudium absolvieren oder Mathematik studieren sollte."

Dieser Lebenslauf, so wie er von Geyer dann vorgebracht wird, ist ein Leistungsnachweis, eine Kette von Erfolgen, hochehrenwerten Neigungen und Engagements, eingebettet in Erfolge, in hochehrenwerte Neigungen und Engagements anderer.

Die „Studienstiftung des deutschen Volkes" hilft bei der Förderung des jungen Mannes, der erst Mathematik, dann Theologie studiert, der sich hochschulpolitisch engagiert, ein Orchester gründet, musiziert, Andachten abhält, seine spätere Frau „kennen- und lieben lernt", Griechisch und Hebräisch rasch nachlernt, nach vier Jahren mit der Theologie fertig ist und noch während des Studiums heiratet. Assistent des Theologen Helmut Gollwitzer hätte er werden können („Er prägte mich entscheidend") und der sich dann doch für die Stelle als wissenschaftlicher Assistent am Friedensforschungsinstitut der evangelischen Kirche in Heidelberg („an diesem Karriere-Institut") entscheidet.

Die Frau, die er heiratet (oder sie ihn), trägt einen in der protestantischen Welt glanzvollen Namen: Veronika Iwand, Tochter des Theologieprofessors Hans-Joachim Iwand. Geyer spricht von ihm als „einem der bedeutendsten Theologen dieses Jahrhunderts".

Als dem Ehepaar Geyer zwei Söhne geboren sind, ein dritter wird noch folgen, zieht die Familie nach Beienrode bei Königslutter, wo der Vater der Frau ein Landschloss mit Park und Nebengebäuden, das spätere „Haus der helfenden Hände", erworben hatte, um die versprengten Mitglieder der Bekennenden Kirche zu sammeln und ostpreußische Pfarrerswitwen zu betreuen. Eine Pfarrstelle war dort frei: „Vier Dörfer, überschaubar, ich konnte dort internationale ökumenische Versöhnungsarbeit treiben. Auch journalistisch war ich tätig als Herausgeber der ‚Jungen Kirche', einer Zeitschrift, die auch in der DDR ausgeliefert wurde."

Frau Geyer-Iwand stand ihrem umtriebigen Mann an Aktivitäten nicht nach. Sie unterrichtete Griechisch und Latein, sie war die Seele des Altersheims im Schloss, engagierte sich kommunalpolitisch, wurde Ortsbürgermeisterin, nahm Jugendliche auf, kümmerte sich um Kranke und Hilfsbedürftige, pflegte Kontakte, hatte für jeden, der in Not war, ein offenes Ohr. Doch ihre Aktivitäten waren realer, spielten sich im anstrengenden Alltäglichen ab, weniger im Ideellen und Theoretischen.

Der Ehemann wird stellvertretender Superintendent der Landeskirche in Wolfsburg und 1990 Vorsitzender der „Aktion Sühnezeichen" („eine der wichtigsten Phasen in meinem Leben"). Nach drei Jahren tritt er zurück oder muss er zurücktreten. Die Aktion kommt mit der durch die Wiedervereinigung entstandenen Situation nicht zurecht, mit der Finanzierung gibt es Probleme. Der Rücktritt muss Klaus Geyer sehr geschmerzt haben, er macht eine schwere Krise durch. Diese Vorsitzendenposition war wohl für sein Bild von sich selbst, für sein Geltungsbedürfnis von enormer Bedeutung.

Klaus Geyer musiziert, gibt Hauskonzerte, veranstaltet Tagungen. „Wir sind gerade dabei, die nachgelassenen Arbeiten von Iwand bei Bertelsmann rauszugeben", sagt er als Angeklagter, als warte seine Frau zu Hause auf seine Rückkehr.

Als er am 30. Juli vorigen Jahres in Untersuchungshaft kam, erklärte die Landeskirche in Braunschweig: „Wir können nur vermuten, dass hinter der Tat eine schreckliche menschliche Tragödie steht." Und die Staatsanwaltschaft teilte im November, als sie Anklage erhob, mit: Als Motiv der Tat vermute sie einen „ernsthaften Beziehungskonflikt" der Eheleute.

Der Vorsitzende Peter Kriebel, auch er ein Pastorenspross, fordert Geyer auf zu schildern, was er am 25. Juli, dem Tag des „Verschwindens" der Ehefrau, getan hat. Der Ton des Angeklagten verändert sich. Jedes Wort signalisiert, dass es „absurd, bösartig und mörderisch" sei, einen Mann wie ihn so grausam zu verdächtigen. Er springt zwischen den Vorwürfen hin und her. Widersprüche in dem, was er vorträgt, bemerkt er nicht. Es klaffen Löcher in der Einlassung. So vehement er jeden Verdacht zurückweist – er sagt manches, was besser ungesagt geblieben wäre.

Wenn die Staatsanwaltschaft recht hat, dann litt diese Ehe über Jahrzehnte an den wechselnden sexuellen Beziehungen Geyers zu anderen Frauen. Die Psychiater Klaus Foerster und Ulrich Venzlaff charakterisieren 1994 die „typische Täter-Opfer-Beziehung bei Affektdelikten" als eine sich „konflikthaft zuspitzende Partnerbeziehung". Veronika Geyer-Iwand wurde zwar laufend von ihrem Mann betrogen, doch war sie offensichtlich die Robustere, die mit dem Leben trotz allem zurechtkam. Hat sie ihn durch eine „permanent ausgespielte Überlegenheitsrolle" wieder und wieder verletzt? Foerster und

Venzlaff beschreiben „die ambivalente Entwicklung“ einer solchen Beziehung, mit Anklammerungsversuchen und Kränkungen zugleich.

„Sie hat viel von Vaters Naturell geerbt“, sagt der Witwer vor Gericht. „Sie war von großzügigster Zuwendung zu anderen Menschen, und sie hatte gleichzeitig die Fähigkeit, auch sehr schroff zu werden und Leuten etwas auf den Kopf zuzusagen.“ Eine Frau, die er brauchte, schon um seiner beruflichen Reputation willen, sowie für Ordnung und Halt. Er hat sie unstreitig festgehalten und ihr gleichzeitig Demütigungen ohne Zahl zugefügt.

Am Freitag, dem 25. Juli 1997, fuhr sie gegen Mittag nach Braunschweig, um in einem Reisebüro Tickets abzuholen: Am Montag, 28. Juli, wollte das Paar nach Amerika fliegen, um Verwandte zu besuchen und anschließend durchs Land zu fahren. Außerdem waren noch Mitbringsel zu besorgen. Bis 14 Uhr wird die Frau gesehen, dann verliert sich ihre Spur.

Bis etwa 14 Uhr lässt sich auch nachweisen, was Klaus Geyer tat. Er habe sich mit seiner Frau für 15.30 Uhr in der Stadt verabredet, behauptet er. Gesehen hat ihn niemand. Sie sei nicht gekommen – das erste Mal in fast 30 Jahren Ehe. Man habe oft diskutiert, wie lange man auf den anderen warten müsse. 15 Minuten? Eine halbe Stunde? „Ich habe eine ganze Stunde gewartet“, sagt Geyer vor Gericht, als sei das Beweis für seine tiefe Zuneigung. „Sie hätte nie so lange auf mich gewartet.“

Niemand hat ihn in Braunschweig warten gesehen. Um 16.30 Uhr ruft er zu Hause an, angeblich von einer Zelle in der Stadt aus. Es wird ihm nachgewiesen, dass der Anruf aus einer anderen Zelle kam – einer Zelle in der Nähe des Tatorts. Dieser befindet sich unweit der Straße, die von Braunschweig nach Beienrode führt. „Bis 18 Uhr bin ich in Braunschweig herumgelaufen, ziellos, aufgeregt, ängstlich. Wie Falschgeld bin ich herumgelaufen. Weil – wissen Sie, das gab's bei meiner Frau nicht. Sie konnte sich zwar verquatschen. Aber ich konnte ins Bett gehen und wusste: Die kommt wieder.“

Er unterrichtet seinen Schwager, einen Oberstaatsanwalt, vom „Verschwinden“ Veronikas. Er ruft zweimal eine Bekannte an. Er ruft bei der Polizei in Helmstedt an. Warum Helmstedt? „Ich weiß es nicht.“ Er spricht bei der Polizei in Braunschweig vor, seine Frau sei vermisst. Man beruhigt ihn, es sei noch zu früh, sich Sorgen zu machen. Er aber redet dauernd von einem Verbrechen.

Wenn es stimmt, was die Staatsanwaltschaft ermittelt hat, telefoniert er auch mehrfach mit seiner Geliebten in Hamburg, bittet sie zu kommen. Gegen zwei Uhr früh trifft die Freundin ein. Er verkriecht sich mit ihr im Ehebett. Die Staatsanwaltschaft glaubt beweisen zu können, dass es zu Geschlechtsverkehr gekommen ist.

Hätte ihn nicht jedes Geräusch erschrecken müssen? Wusste er in dieser Nacht, dass seine Frau ganz sicher nicht zurückkommt?

Am Samstag fertigt er Flugblätter an: „Ein Mensch ist verschwunden". Kinder, Freunde und Bekannte suchen. Er gibt eine Vermisstenmeldung auf, storniert die Flugtickets. „Ich wollte vor Ladenschluss das Reisebüro informieren. Ich habe überhaupt kein Verständnis dafür, dass man mir daraus einen Vorwurf macht."

Am Sonntag wird Veronika Geyers Wagen, ein roter VW Passat, vor dem Braunschweiger Hauptbahnhof entdeckt. Der Wagen ist unbeschädigt und ordnungsgemäß verschlossen. Im Inneren befinden sich Einkaufstüten, die Handtasche, Scheck- und Kreditkarte. Nur Geldscheine, 500 Mark vielleicht, fehlen. Und Trüffelpralinen von Most, die Frau Geyer den Verwandten in den USA mitbringen wollte. Dass sie bei Most eingekauft hatte, stellt sich erst im Lauf der Ermittlungen heraus.

Wenn es stimmt, was der Polizeibeamte sagt, der den Wagen in Augenschein nahm, dann hielt nur der Angeklagte spontan ein Päckchen mit Eislöffeln für Most-Pralinen. Er wusste also als einziger von den Pralinen zu einer Zeit, als sonst noch niemand davon wusste...

Wenn es stimmt, was in Umlauf ist und was wohl auch die Anklage weiß, kam es an jenem Sonntag nach Auffinden des Wagens zwischen Geyer und einer weiteren Geliebten aus dem Nachbarort zu Geschlechtsverkehr im Auto. Und in der Nacht zum Montag wieder, im Ehebett, mit der Hamburger Freundin.

Am Montag, dem 28. Juli, wird Veronika Geyer-Iwand von zwei Jägern gefunden: mit zertrümmertem Schädel, eingeschlagenen Augen und Zähnen, mit massivsten Hiebverletzungen am Kopf in Längsrichtung und quer über das Gesicht. Bekamen ihr Unterkiefer und der Kehlkopf einen Fußtritt ab? Mindestens sieben Hiebe seien es gewesen, sagt der Rechtsmediziner. Das Nageleisen, das den Hinterkopf zerschlug, liegt im Auto der Toten.

Es sind Gummistiefel in Klaus Geyers Auto sichergestellt worden mit feuchten Erdanhaftungen an der Sohle, die zum Tatort passen. Die Stiefel haben etwa Größe 44. „Auch meine Frau hat die Stiefel getragen“, sagt der Angeklagte. Frau Geyer-Iwand hatte Schuhgröße 37.

Klaus Geyer drückte in der U-Haft einer Besucherin einen Kassiber in die Hand: Eine Freundin möge bitte aussagen, sie habe Veronika in der Nähe des Tatorts mit diesen Stiefeln gesehen; sie solle dies sagen, auch wenn sie vereidigt würde. „Es war eine riesengroße Dummheit“, Klaus Geyer senkt tief den Kopf. Er hat eine Freundin um einen Meineid gebeten. So geht es in einem fort. Es wird immer enger.

Was aber ist, wenn Geyer doch unschuldig ist? Für jedes einzelne Indiz lässt sich mit mal mehr, mal weniger Phantasie auch eine andere Erklärung finden. Aber für das Gesamtbild? Alle nur denkbaren Szenarien sind von den Ermittlern durchgespielt worden: Nahm Veronika Geyer-Iwand nicht manchmal Anhalter mit? Hatte sie nicht auch Umgang mit Drogensüchtigen? Ein eifersüchtiger Nebenbuhler vielleicht, der mit der USA-Reise nicht einverstanden war? Es gab und gibt bislang für nichts dergleichen einen Anhalt.

Es taucht ein anonymer Brief auf, in dem sich ein Unbekannter der Tat bezichtigt. Doch er ist so stümperhaft angefertigt, dass eine Person aus dem nächsten Umfeld des Angeklagten als Urheber dieses Entlastungsversuchs zu vermuten ist.

Foerster und Venzlaff geben zu bedenken, dass der Affekttäter „aus seiner Sicht in wenigen Minuten sozusagen ein ‚anderer Mensch‘ geworden ist, weil er mit der in seiner bisherigen Vorstellungswelt nicht existierenden Tatsache konfrontiert ist, ein ‚Mörder‘ zu sein, und ihm hierfür keine Verhaltensmuster zur Verfügung stehen“. Wenn Klaus Geyer der Täter sein sollte, mag es ihm, dem Pastor, unmöglich erscheinen, aus dem Bestreiten noch einen Weg herauszufinden.

Das Gericht verhandelt zügig und – ohne Anspannung – fair. Es wird nicht leichtfertig den Stab über diesen Angeklagten brechen. Aber es wird, wenn die Beweisaufnahme das erbringt, ganz selbstverständlich damit umgehen, dass auch ein Pastor ein Mensch wie jeder andere ist.

Pastor Klaus Geyer wegen Totschlags zu acht Jahren Freiheitsstrafe verurteilt

SPIEGEL 17/1998, 20. APRIL 1998

Seltsam: Ein Pastor ist angeklagt, seiner Ehefrau den Schädel zertrümmert zu haben. Er soll ihr – wohl mit einem Fußtritt oder sieben Schlägen mitten hinein – das Gesicht zerstört haben.

Er bestreitet das erbittert: „Mit dem Mord habe ich nichts zu tun." Er empört sich über die Polizei, dass sie, zunächst noch ohne jeden Argwohn, er ist ja Geistlicher, dann doch Verdacht schöpfte. Er kritisiert die Justiz, weil sie immer nur nach Konflikten schürfe. Er geißelt den „Hinrichtungsjournalismus" der Medien.

Aber nicht ein einziges Mal ruft der Gottesmann den Herrn als Zeugen für seine Unschuld an. Kein einziges Mal sagt er: Gott weiß, dass ich nicht der Mörder meiner Frau bin.

Schreckte Klaus Geyer davor zurück, Gott zu versuchen? Fürchtete er, bewusst oder unbewusst, der Blitz führe sonst in den Braunschweiger Schwurgerichtssaal? Oder liegt den Pastoren von heute, die sich als Talkmaster, Partei-Generalsekretäre oder sonstwie als Politiker und Berufsdemonstranten produzieren, die Nähe zum Herrn doch ziemlich fern?

Nicht die Beweismittel und auch nicht die Medien oder eine voreingenommene Justiz haben den Verdacht gegen diesen Angeklagten immer bedrückender werden lassen. Auch wenn Geyer glauben zu machen versuchte, er sei allein deshalb auf die Anklagebank geraten, weil er außereheliche Verhältnisse unterhielt: „Man verurteilt mich moralisch. Ich kann dazu nur sagen: Richtet nicht, auf dass ihr nicht gerichtet werdet."

Nicht wegen seiner Affären machte sich Pastor Geyer verdächtig. Sie fügten sich nur in das Bild, zu dem er am meisten selbst beitrug. Er selbst war der belastendste Zeuge der Anklage.

Von sich als jungem Ehemann malte er vor Gericht ein Bild voller Selbstherrlichkeit: „Ich machte Examen und bekam gleich eine wunderschöne Stelle. Ich bin herumgejettet und führte Gespräche mit den Eliten dieser Gesellschaft. Meine Frau saß zu Hause, isoliert, und ich flog in der Weltgeschichte herum..."

Eine freie Ehe, so wie andere der 68er Generation, der er sich zugehörig fühlt, habe man nicht geführt, beteuerte er vor Gericht. „Es bestand nicht die Vorstellung, dass jeder fremdgehen kann.“

Doch getan hat er es schon zu einer Zeit, als die Kinder der Geyers noch klein waren. Eine 15-Jährige war darunter, der er Orgelunterricht erteilte (heute würde man das sexuellen Missbrauch nennen, doch die Sache ist verjährt), wie auch eine Krankenschwester, eine Pastorin, eine Musikerzieherin.

Er sprach von einer „überaus glücklichen Ehe“. Und beeilte sich hinzuzufügen: „In unserer Ehe haben ich – und nicht nur ich, auch meine Frau – sich öfter verliebt. Wir haben es gewusst und auch wieder nicht gewusst. Wir haben es uns gesagt, wenn es besonders intensiv war und wenn wir verliebt waren. Wir haben haltgemacht voreinander. Wenn es eine längere Beziehung gab, wenn es geschah, dann haben wir uns verklausuliert Signal gegeben…“

Er klagte indigniert, das Gericht sei vorwiegend der Frage nachgegangen, ob er mit den Damen geschlafen habe. Die Eheleute hingegen hätten immer die Intimsphäre des anderen gewahrt: „Nein, diese Unterleibsprobleme waren keine Frage bei uns.“ Dabei versäumte er es nicht, am Ende des Prozesses der Justiz vorzuwerfen: „Im Leben meiner Frau gab es zwei Männer – es gab mehrere! –, ohne dass dem weiter nachgegangen worden wäre.“

Gefühllos ging Geyer mit dem Ansehen seiner toten Frau um, von der er an anderer Stelle als „Sie war immer eine Heilige für mich“ sprach. Er hat ihre Schroffheit, ihre Neigung zu verbaler Aggressivität und Übertreibung „über jedes Maß hinaus“ zitiert. Er beschrieb, wie sie ihn vor anderen bloßstellte. Er beschrieb sie als eine Frau, „die ich nur in Turnschuhen und Hosen kenne“ und die angeblich nur dann gegen seine Amouren protestierte, wenn sie meinte, eine der Partnerinnen sei „unter meinem Niveau“.

Nur ein einziges Mal während des zweieinhalb Monate dauernden Prozesses nannte er ihren Namen: Veronika. Sonst sprach er immer nur von „meiner“ Frau, von der er angeblich genau wusste, was sie dachte, was sie tat oder nicht dachte und nicht tat. „Nie hat sie mich warten lassen“, sagte er. „Sie wäre nie zu einem Freund gefahren.“ Als ob er allwissend wäre: „Ich konnte sie einschätzen.“

Seine Beteuerung, „Zärtlichkeit gab es bei uns bis zuletzt“ hinsichtlich der Ehefrau, und die Andeutung, dass man sich selbst in der

Nacht vor ihrem Tod „aneinander festgehalten“ habe, überzeugten so viel und so wenig wie die Beteuerung: „Es gab zum Zeitpunkt des Verschwindens meiner Frau überhaupt keine Geliebten-Beziehung.“ Allenfalls lockeren, kaum noch bestehenden Kontakt mit der einen Freundin. Mit der anderen habe er seit Wochen überhaupt nichts mehr gehabt.

Und doch hatte er mit jenen zwei Frauen unmittelbar nach dem Tod Veronika Geyer-Iwands Geschlechtsverkehr. Keine Geliebten-Beziehung? Was war das dann? Nur eine Unterleibsangelegenheit?

„Ich habe Nähe gesucht und noch mal Nähe. Ich brauchte jemanden, der mir nahestand. Ich brauchte in diesen Tagen zwei Menschen, an denen ich mich festhalten konnte. Ich dachte, ich stürze ab. Es war die absolute Katastrophe. Wenn es um Katastrophen ging, haben wir uns immer über jede Konvention hinweggesetzt.“

Mit „wir“ meinte er die Getötete und sich. Er hätte „kein Problem gehabt“, seiner Frau zu erklären – wenn, ja, wenn sie denn nachts nach Hause gekommen wäre –, warum eine andere Frau bei ihm im Ehebett lag. „Ich habe in Anspruch genommen für mich, dass ich mich in dieser Nacht über jede Konvention hinwegsetze. Meine Frau hätte dies verstanden.“

Den Freundinnen, die ihm da Nähe und noch einiges mehr gewährten, kam es nicht so vor, als habe er tatsächlich auf die Rückkehr seiner Frau gehofft – er, zu dessen Naturell es gehörte, eine Situation nie als hoffnungslos hinzunehmen. Als die Gefährtin der ersten Nacht nach dem „Verschwinden“ im Ehebett aufschreckte und fragte, ob nicht doch die Frau komme, beruhigte er sie: „Schön, wenn’s so wäre.“

Das Bild, das Zeugen zeichneten, die Veronika Geyer-Iwand kannten, stimmt mit dem ihres Ehemannes nur partiell überein. Sie erinnern sich an eine Frau, die verbal zwar einen anderen in die Ecke drängen konnte, die aber aufging im Leben für ihre Familie und im Dienst an der Gemeinde. Sie wurde von vielen Menschen eingeschätzt als eine Frau, die gequält die notorische Untreue ihres Mannes hinnahm, solange die Familie nicht gefährdet, die Fassade einer 29 Jahre währenden Ehe nicht allzusehr beschädigt und sie selbst nicht dem Gespött preisgegeben wurde. „Ich habe sie bewundert für diesen Kraftakt“, sagte eine Zeugin.

Ein Lehrerkollege aber hatte mehr von ihr erfahren. „Sie öffnete sich, weil sie sich unserer Distanz sicher war“, berichtete er als Zeuge vor Gericht. Dem zurückhaltenden Mann fiel es schwer, über jene vertraulichen Gespräche öffentlich auszusagen – hatte er doch eine in ihrem Selbstverständnis zutiefst verunsicherte und gekränkte Frau erlebt.

Sie habe ihm von den ehelichen Spannungen erzählt, von ihres Mannes Affären seit Beginn der Ehe und wie sehr sie sich dadurch verletzt fühle. „Es waren mehrere solcher Gespräche, nein, eigentlich ein Gespräch in mehreren Abschnitten, denn wir kamen immer wieder auf dieses Thema. Es steigerte sich in der Intensität, sie gebrauchte auffallend oft die gleichen Formulierungen. Sie zeigte, wie viel ihr an der Beziehung zu ihrem Mann gelegen war, wie viel Gemeinsames sie trug.“

Veronika Geyer-Iwand habe ihn gefragt, „was Männer denn brauchen, um sich wohl zu fühlen“. Es ging um die Frage, ob eine Frau sich schminken müsse, um das Frauenbild generell. „Sie fand es verletzend, dass Frauen mit femininer Ausstrahlung besonders attraktiv für Männer sein sollen.“ Sie habe gefragt, ob eine Frau, die einen Lippenstift benutze, bereits als stark geschminkt gelte, ob Männern das gefalle. Sie habe keinen Menschen, mit dem sie über ihre Gefühle reden könne.

Dieser und einzelne andere Zeugen erinnerten sich, dass Frau Geyer-Iwand in den letzten Wochen vor ihrem Tod einen erschöpften, „fahrigen“ Eindruck gemacht habe. Sie habe durcheinander und planlos gewirkt. Kollegen in der Schule fragten sich, was mit ihr los sei. „Wir wollten den Urlaub abwarten und mit ihr dann eventuell darüber sprechen.“

Die Hauptverhandlung ergab, dass Frau Geyer-Iwand ihren Mann am Tag vor ihrem Tod weinend in seinem Arbeitszimmer antraf. „Ich habe mich verliebt“ (in wen auch immer), habe er ihr gestanden. Nach der Darstellung des Angeklagten legte sie daraufhin tröstend die Arme um ihn. Zutreffender ist aber wohl die Vermutung, dass sie wortlos den Raum verließ.

Der Psychiater Professor Ulrich Sachsse vom Landeskrankenhaus Göttingen, dem die heikelste Aufgabe eines Sachverständigen überhaupt zufiel – einen bestreitenden Angeklagten begutachten zu müssen, der sich der Begutachtung verweigert –, fragte Geyer, ob seine Frau durch das von ihm geschilderte Arrangement des Ahnens,

Nicht-Aussprechens und Tolerierens nicht doch auf Dauer überfordert gewesen sein könnte. Einer der Richter fragte ihn, ob er vielleicht übersehen habe, wie sehr seine Frau unter seinem Verhalten litt.

Nicht einmal an dieser Stelle fühlte sich der Pastor zu einem Wort der Reue gedrängt, unabhängig von Schuld oder Unschuld, etwa in dem Sinn: Ich habe nicht geahnt, wie sehr ich ihr wehgetan habe – und nie mehr kann ich es gutmachen.

Nein, er antwortet wieder: Seine Frau sei nur verletzt gewesen, wenn sie meinte, er gebe sich mit einer Frau unter seinem Niveau ab.

Während des ganzen Prozesses tat Geyer so, als habe seine Frau in gleicher Weise wie er ständig die Ehe gebrochen. Damit verletzte er sie noch einmal, über den Tod hinaus. Eine einmalige Sache war es, eine kurzfristige ein andermal, nichts als missglückte Versuche, ein wenig Selbstbestätigung als Frau zu erlangen, ein erfolgloser Anlauf zur Befreiung von pausenloser Entwertung durch den Ehemann.

Die 1. Große Strafkammer mit dem Vizepräsidenten des Landgerichts Peter Kriebel als Vorsitzenden hat fair und korrekt über Geyer verhandelt. Das Gericht ist gründlich und geduldig den Anträgen des Verteidigers Bertram Börner gefolgt, dem wohl erfahrensten Strafverteidiger in Sachen „Tötung des Intimpartners". Pastor Geyers weitschweifiges, widersprüchliches Bestreiten und sein gefühlloses, ja verächtliches Beteuern seiner Unschuld – was nicht nur seine tote Frau, sondern auch die Freundinnen betraf – ließ der Verteidigung allerdings nur wenig Spielraum.

So wurden Maden vermessen, Erdreste analysiert, Ameisen verglichen und Hautpartikel in Gummistiefeln aufs genaueste untersucht. Es wurde per Computersimulation ein mögliches Tatwerkzeug erörtert.

Mit der Bestellung des Psychiaters Sachsse wurde ein Übriges getan, dem Angeklagten jede nur denkbare Möglichkeit der Verteidigung zu eröffnen. Geyer hat davon nicht Gebrauch gemacht. So musste Sachsse sich für den Fall äußern, dass das Gericht den Angeklagten für unschuldig hält – und auch für den gegenteiligen Fall. Er befleißigte sich größter Zurückhaltung, er hatte alle nur vorstellbaren Möglichkeiten zu diskutieren.

Dazu gehörte auch die Erwägung, dass Frau Geyer ihrem Mann massive Vorhaltungen gemacht haben könnte. Dass sie möglicherweise ankündigte, ihn nun ein für allemal bei der Kirchenleitung bloßzustellen, mit der Folge, dass er seiner gesamten Existenz verlustig zu gehen drohte. Geyer könnte in diesem Augenblick das Gefühl gehabt haben unterzugehen. Und könnte dann zugeschlagen haben.

„Ein weiterer Anhaltspunkt lässt mich an heftige Emotionen denken“, fuhr Sachsse fort. „Der Zustand des Gesichts von Frau Geyer! Der Anblick weist darauf hin, dass es zerstört werden sollte. So etwas gibt es bei Sucht- oder Halluzinosekranken. Beides trifft auf Herrn Geyer nicht zu. Oder bei schweren Affekttätern... Es gibt ja auch die plötzliche Kälte, eine unbändige Form von Wut.“ Der Täter tötet dann nicht nur. Er will auslöschen.

Das Gericht verurteilte Pastor Geyer wegen Totschlags zu einer Freiheitsstrafe von acht Jahren. Er quittierte die Ausführungen des Gerichts, das keinerlei Zweifel an seiner Täterschaft hegte, mit Ausrufen wie: „Unverschämtheit! Das muss ich mir anhören!“

Das Gericht gründete seine Überzeugung unter anderem auf Gummistiefel, an denen Erde, eine Pflanze und eine Ameise vom Leichenfundort hafteten; auf einen Zeugen, der Geyer in der Nähe des Tatorts beobachtete und später bei einer Wahl-Gegenüberstellung wiedererkannte; auf sein Verhalten nach der Tat.

Der Vorsitzende zitierte Geyers Freundinnen: Die Ehe des Pastorenpaars sei Ende Juli 1997 in einer kritischen Phase gewesen. „Die ganze Konfliktsituation ist von dem eigensüchtigen Verhalten des Angeklagten geprägt gewesen“, fasste der Vorsitzende die Zeugenaussagen zusammen. „Er hat von seiner Frau nicht nur erwartet, dass sie zu seinem Ansehen beiträgt, sondern dass sie auch seine Verhältnisse duldet.“

Richter Kriebel zitierte auch Veronika Geyer-Iwands beste Freundin. Diese hatte der Angeklagte gefragt, ob er wirklich „eine existentielle Bedrohung für seine Frau“ sei. Das, so der Vorsitzende, kann ihm nur seine Frau so gesagt haben.

Das Urteil wurde im April 1999 rechtskräftig, nachdem die Verteidigung mit einer Revision vor dem 5. Strafsenat des BGH in Leipzig gescheitert war. Geyer saß von Juli 1997 bis Ende November 2002 in Haft und starb am 1. November 2003 an Krebs.

„Das war ein unlösbarer Konflikt"

13 Jahre nach der Tat: Monika Böttcher, geschiedene Weimar, vor dem Frankfurter Landgericht

SPIEGEL 38/1999, 20. SEPTEMBER 1999

Chronologisch: Monika Böttcher, 41, geschiedene Weimar, wurde am 8. Januar 1988 in Fulda als Mörderin ihrer Töchter Melanie und Karola, sieben und fünf Jahre alt, zu lebenslanger Freiheitsstrafe verurteilt. Als 1995 die Wiederaufnahme des Verfahrens angeordnet wurde, hatte sie mit der U-Haft neun Jahre verbüßt. Im April 1997 verkündete das Landgericht Gießen einen Freispruch, der keinen Bestand hatte. Der Fall war noch einmal zu verhandeln. Der Bundesgerichtshof verwies die Strafsache nach Frankfurt am Main, wo sich seit dem 2. September die 21. Große Strafkammer mit dem Tod der Kinder befasst.

Heinrich Gehrke, 59, Vorsitzender dieser Kammer, gibt zu Beginn der nun dritten Hauptverhandlung eine Erklärung ab: Man werde sich bemühen, auf die schwierige Situation der Angeklagten Rücksicht zu nehmen, und sich auf das Wesentliche konzentrieren.

Der Vorsitzende Gehrke sagt aber auch: „Für die Forderung, das Verfahren einzustellen, haben wir kein Verständnis. Es geht um ein schweres Verbrechen an zwei kleinen Kindern. Da kann man nicht einfach das Handtuch werfen. Es gibt in unserer Vergangenheit weit länger zurückliegende Verbrechen, die aufgeklärt werden konnten." Gerade in Frankfurt.

In Fulda hatte die Angeklagte ausgesagt, nicht zu ihrem Vorteil. In Gießen hat sie geschwiegen. Nun sagt sie wieder aus.

Die Leitung der Hauptverhandlung, die Vernehmung des Angeklagten und die Aufnahme der Beweise, alles obliegt allein dem Vorsitzenden. Mancher genießt diese Macht. Andere überfordert die Last, die diese Macht auch ist. Ein Vorsitzender hat zu wissen, welche Verantwortung sie ihm auferlegt.

Gehrke ist ein erfahrener Vorsitzender Richter. Ihm gelang es (nach der Aufhebung des ersten Urteils), die zweite Hauptverhandlung im sogenannten Holzschutzmittel-Prozess mit einem Kompromiss zu beenden. Für die Nebenkläger wurde damit endlich der Weg zu Entschädigungen frei, da erst mit Abschluss des bereits zwölf Jahre andauernden Strafverfahrens die ausgesetzten Zivilprozesse wieder in Gang kamen.

Auch den Prozess gegen das Fabelwesen Jürgen Schneider, dem die Banken weit über fünf Milliarden Mark liehen, leitete Gehrke. Unvergesslich seine Befragung des Zeugen Hilmar Kopper, wie er ihn immer mehr Kopper sein ließ, bis die „fast unfassbar fahrlässige“ Haltung des Hauptkreditgebers und der „unglaubliche Leichtsinn“ der Banken überdeutlich war. In jenem Prozess gab es keine Akte, die der Vorsitzende nicht im Kopf hatte. Er wusste straff zu ordnen und einzuordnen, was in der Beweisaufnahme erarbeitet wurde. Auch der Angeklagte begriff das schließlich und ließ von der Legende ab, er sei nur unschuldiges Opfer der Banken.

Zu Beginn des Böttcher-Prozesses entsteht durch Gehrkes Befragung ein plastisches Bild von der Lebenssituation der Angeklagten, als sie noch in einem osthessischen Weiler nahe der Grenze zur DDR wohnte. Heirat mit 20, ein Jahr später das erste Kind. Sie gibt ihren Beruf als Krankenpflegehelferin auf, um sich Haushalt und Kinderpflege zu widmen: „Ich wusste, was auf mich zukam.“

Der Mann arbeitet als Kfz-Schlosser bei Kali und Salz unter Tage, spielt Tennis und geht mit seinen Kollegen ab und zu zum Kegeln. Sie fühlt sich vernachlässigt, von Haushalt und inzwischen zwei Kleinkindern überfordert. „Sie hatten kein Interesse an den Sportarten?“, fragt der Vorsitzende. „Es gab, als Ihr Mann seinen Hobbys nachging, für Sie nichts Entsprechendes auf Frauenebene?“ Kein Kontakt mit anderen jungen Müttern? Nein, sagt sie: „Es war, es war – ja, wie soll ich es sagen? Ich hatte damals die Einstellung, dass ich Kinder wollte und dafür sorgen musste.“

In dem Haus, in dem die junge Familie wohnte, lebte ausschließlich Monika Böttchers Verwandtschaft: ihre Eltern, die Großmutter, ihre beiden Schwestern samt Familie. „Sie waren dadurch doch unabhängiger als so manche andere junge Mutter“, sagt der Vorsitzende, „Sie lebten von früher Jugend an in einer Gegend, wo jeder jeden kennt. Hatten Sie keine Freundinnen?“ „Nein.“

Sie habe dem Mann Vorwürfe gemacht, sagt sie, erfolglos. Sie arbeitet wieder als Krankenpflegehelferin im Nachtdienst und bringt währenddessen die Kinder bei ihrer Mutter unter. Der Mann gilt als ungeschickt mit Kindern.

Nach dem Tod von Vater Böttcher 1983 schließt sich die Angeklagte ihrer jüngeren, mit einem amerikanischen Soldaten verheirateten und mit vielen von dessen Kameraden befreundeten Schwester an. Einige Zeit unterhält die Angeklagte eine intime Beziehung mit einem Arbeitskollegen ihres Ehemannes. Dann lernt sie im „Musikparadies", einer Disco in Bad Hersfeld, in der amerikanische Soldaten verkehren, Kevin Pratt kennen.

Sie denkt an Scheidung, an ein gemeinsames Kind mit Pratt. Der Amerikaner drängt sie zur Scheidung. Denn die Army verbietet ihren Soldaten, sich mit verheirateten deutschen Frauen einzulassen. Monika Böttcher unternimmt nichts. Der Ehemann will keine Scheidung. „Für ihn war unsere Ehe ja ganz normal." Es gibt Streit zu Hause. Sie verkehrt weiter mit Pratt.

„Ich denke, ich hatte schon Probleme, von meinem Mann wegzukommen", sagt sie vor Gericht, „teilweise hat er mir schon leid getan." „Ich habe da meine Schwierigkeiten", entgegnet ihr der Vorsitzende. „Sie planen mit Ihrem Freund die Zukunft und haben zugleich Mitleid mit Ihrem Mann. Wie haben Sie ihn denn gesehen?" „Ja, schon als einen Menschen, den man nicht allein lassen kann." „Aber das ist doch ein unlösbarer Konflikt", hält ihr der Vorsitzende vor, „ich kann nicht weggehen und gleichzeitig dableiben!" „Es war aber so", sagt Monika Böttcher, „ich war in diesem Konflikt."

Die Angeklagte gab nach dem Tod der Kinder am 4. August 1986 an, sie seien am Vormittag „verschwunden". Am 7. August werden die Mädchen erstickt und erwürgt gefunden, abgelegt zwischen Büschen und Brennnesseln an zwei Parkplätzen.

Bis Ende August beteuert die Mutter, weder sie noch ihr Ehemann hätten etwas mit dem Verbrechen zu tun. Sogar als sich herausstellt, dass sie falsche Angaben gemacht und die Ermittler in die Irre geführt hat, hält sie daran fest.

Noch am 28. August, als im Lauf einer Vernehmung ihre strafrechtliche Position von der einer Zeugin in die einer Beschuldigten gerät, beschreibt sie, wie sie am Vormittag des 4. August mit den Kindern am Spielplatz sprach, ehe sie wegfuhr, um Besorgungen zu erledigen.

Am Abend des 28. August wird sie vorläufig festgenommen. Am nächsten Tag beschuldigt sie ihren Ehemann. Er habe die Kinder in der Nacht zum 4. August getötet. Der Vorsitzende: „Mit unglaublicher

Detailfülle haben Sie bis dahin ein Bild ausgemalt, das auch Ihr Mann zeichnet. Sie bleiben bei diesem Bild sogar, als es gegen Sie geht. Und dann plötzlich dieser Wechsel? War es die Erfahrung der Unterbringung? War es der Umstand, dass Sie erstmals erlebten, selbst als Täterin angesehen zu werden?“ „Ja, ich denke schon, ein Stück mit, ja“, sagt sie verhalten.

Gehrke fragt, wann sie den Entschluss gefasst habe – unterstellt, die „Nachtversion“ entspricht der Wahrheit –, ihren Mann zu decken und die Polizei zu täuschen. „Sie haben höchst aktiv daran mitgewirkt, dass er als freier Mann davonkommt“, sagt der Vorsitzende und zählt ihre Aktivitäten auf. „Das war kein Entschluss“, sagt Monika Böttcher nach langer Pause. „Ich hab es einfach weiterlaufen lassen.“

„Sie haben die Dinge nicht mechanisch laufen lassen“, widerspricht Gehrke. „Sie haben sich entschlossen, am 4. August vormittags Besorgungen zu machen und nicht zur Polizei zu gehen. Sie kommen heim und starten eine Suchaktion. Sie befragen Nachbarn und Verwandte, Sie haben allen Leuten ein Schauspiel geliefert, bei dem Sie, Monika Weimar, aktiv dabei waren. In fünf Vernehmungen erzählen Sie dann eine Story mit unglaublichem Detailreichtum, die mit dem Schutz Ihres Mannes gar nichts mehr zu tun hat. Das geschieht nicht automatisch!“ Sie bleibt dabei: kein Entschluss.

Der Vorsitzende fragt, ob sie sich mit ihrem Mann abgesprochen habe. Gehrke: „Beide Eltern wissen, dass die Kinder tot sind. Sie wollen eine falsche Geschichte erzählen. Das setzt ein Konzept voraus, wie man die Sache darstellen will.“ Die Angeklagte aber will weder einen Entschluss gefasst noch eine Absprache mit ihrem Mann getroffen haben. „Es gab keine Gespräche? Wie im Lotto?“, fragt der Vorsitzende zweifelnd.

Immer mehr Stellen treten blank zutage, die unter der Patina der Jahre und der unablässigen Wiederholungen des Immergleichen schon verschwunden schienen. Wieder und wieder hält der Vorsitzende der Angeklagten vor, ohne einen simplen und törichten Maßstab dafür anzulegen, wie sich eine Mutter in einer solchen Situation zu verhalten hat: dass sie nichts zur Rettung ihrer Kinder unternahm, als sie diese angeblich nachts tot im Kinderzimmer fand (ohne zu wissen, ob sie wirklich tot sind), dass sie ihren Mann die Leichen angeblich ungehindert wegbringen ließ, sich zu ihm ins Ehebett legte, am nächsten Morgen Besorgungen machte und erst dann einen der Ablageorte aufsuchte, um eines der Kinder, es war Melanie, von ferne zu betrachten, bevor sie sich wieder ins Auto setzte und heimfuhr.

„Frau Böttcher", sagt der Vorsitzende, „Sie haben sich entschlossen zur Aussage. Sie haben jetzt die Möglichkeit, alle Punkte, die in der Öffentlichkeit mit Fragezeichen versehen werden, zu erklären. Ich weiß, das ist schwierig. Aber das sind nun mal die Fragen, die sich aufdrängen. Jetzt ist die Situation, das zu erklären."

Die Verteidiger Gerhard Strate und Uwe Maeffert bitten das Gericht um Zurückhaltung bei der Befragung. Schließlich sei die Verteidigung ein „großes Risiko" eingegangen, als sie der Mandantin zur Aussage riet. „Das Gericht hat einen großen Vertrauensvorschuss von uns", sagt Strate. Der Vorsitzende erwidert: „Dass Ihre Mandantin aussagt, ist ihre Entscheidung. Ich verstehe das nicht als Vertrauensbeweis, sondern es ist die Wahrnehmung eines Rechts. Jeder Angeklagte hat das Recht, seine Sicht der Dinge klarzulegen. Es macht keinen Sinn zu Gunsten Ihrer Mandantin, bestimmte Fragen nicht zu stellen."

Und wieder erzählt die Angeklagte von den Schuldgefühlen, ihren Mann betrogen und die Kinder allein gelassen zu haben. „Ich wollte nicht schon wieder die Böse sein, die ihn auch noch verrät", sagt sie, „ich war für seine Familie das Letzte." Der Vorsitzende: „Deshalb haben Sie Ihren Mann gedeckt? Ich versuche mir immer ein Bild zu machen. Da ist eine Frau, geschockt und blockiert. Und da geht Ihnen gleichzeitig ganz viel durch den Kopf?" „Da kamen meine Schuldgefühle hoch", antwortet sie. „Als Sie unfähig waren, in das Geschehen einzugreifen?" „Ja."

Die „Nachtversion" Monika Böttchers hat sich in den 13 Jahren, die darüber vergangen sind, nicht geändert, sie ist nicht zugänglicher geworden. Nach wie vor zögert die Angeklagte mit ihren Antworten. Der Vorsitzende: „Frau Böttcher, ist es so schwierig? Das sind doch Fragen, die Sie zigmal publiziert und erörtert haben."

Die Verteidigung versuchte, Reinhard Weimars Erscheinen zu erzwingen, doch er ist laut amtsärztlichem Attest krank, ist reise- und vernehmungsunfähig. Ein Gefälligkeitsattest, behauptet die Verteidigung. Das Gericht weist diese Unterstellung zurück. „So ist es nun mal im deutschen Strafprozess", sagt Gehrke, „nicht jedes Mittel zur Wahrheitssuche ist zulässig. Es gibt verbotene Vernehmungsmethoden und das Zeugnisverweigerungsrecht. Ein Gericht kann eine Person, der dieses Recht zusteht, nicht zu einer Aussage drängen.“

Immer wieder heißt es, Reinhard Weimar sei nie als Tatverdächtiger behandelt worden. Doch als seine Frau am 29. August 1986 die „Nachtversion“ vorbrachte, wurde er sofort festgenommen.

Ein Haftbefehl gegen den Ehemann wurde damals abgelehnt, weil sich kein Anhalt für seine Täterschaft ergab. Beschwerden des Staatsanwalts Sauter wiesen der Haftrichter, das Amtsgericht und schließlich das Landgericht Fulda zurück. Sauter erkrankte schwer und musste den Fall abgeben.

Vier Verhandlungstage lang erklärte sich die Angeklagte in Frankfurt. Anschließend erschienen die ersten Zeugen, jene, denen ein Zeugnisverweigerungsrecht zusteht: Die Verwandten Monika Böttchers machten von ihrem Schweigerecht Gebrauch, auch die Mutter Weimars.

Dann die erste Zeugin, die berichtet, Weimars Schwägerin: dass sich die verstorbene Urgroßmutter der Kinder heftigste Vorwürfe machte, auf die Mädchen an jenem Vormittag nicht aufgepasst zu haben, als die Angeklagte zu Post und Bank fuhr; dass sie den Kindern doch noch über den Kopf gestreichelt habe. Verteidiger Strate nennt diese Angaben ein „absolutes Novum“ und bezweifelt die Erinnerung der Zeugin. Doch das „Novum“ findet sich bereits im Urteil des Landgerichts Gießen.

Das Frankfurter Landgericht bestätigte am 22. Dezember 1999 das Fuldaer Urteil vom Januar 1988. Anders als von der Staatsanwaltschaft beantragt, stellte das Gericht aber nicht die besondere Schwere der Schuld fest. Nach einer neuerlichen Verwerfung der Revision durch den BGH trat Monika Böttcher am 27. Oktober 2000 die verbliebene Haftstrafe an.

„Ich habe keine Erklärung“

In Hildesheim ist eine junge Frau, die zwei Neugeborene getötet hat, wegen Mordes angeklagt

SPIEGEL 7/2003, 10. FEBRUAR 2003

Niemand weiß, bevor er Kinder bekommt, was es für sein eigenes Leben bedeuten wird, Kinder zu haben. Wer kann sich die Sorgen vorstellen, die Kinder bereiten? Niemand sagt einem, wie oft man ratlos sein und, ohne es zu wollen, das Falsche tun wird. Niemand sagt einem, dass man, wenn sie erwachsen sind, nur noch bereitstehen kann für den Fall, dass Hilfe erwünscht ist. Und wenn nicht?

Nicole, 28, von klein auf ein braves, zurückhaltendes Kind, das nirgends aneckte, nie aus dem Ruder lief: Hätten Nicoles Eltern es je für möglich gehalten, was ihnen mit dieser Tochter widerfahren sollte?

Es ging alles so reibungslos. Nicole machte Abitur, jobbte in einem Altenheim, sie begann Sozialpädagogik zu studieren. Ein paar Liebeleien, nichts Ernstes. Die Eltern richteten ihr eine kleine Wohnung ein, die Tochter fuhr regelmäßig heim.

Dann kam 2000 die Expo in Hannover. Nicole fand einen Job in einem neu eröffneten Hotel. Bald wurde der Geschäftsführer auf sie aufmerksam, da sie als außergewöhnlich zuverlässig und engagiert galt. Die Mutter heute: „Sie sagte, es sei ziemlich stressig, Hotel und Studium, aber sie könne es sich gut einteilen. Wir fanden das alles ein bisschen viel – aber sie ist ein erwachsener Mensch.“

Ihre Besuche wurden seltener. „Sie muss ja nicht immer für Mama und Papa da sein“, sagten sich die Eltern.

Am Geburtstag ihres Vaters im Oktober 2000 fehlt sie. Auch zu Weihnachten kommt sie nicht. „Sie hatte einen Mann auf der Expo kennengelernt“, erinnert sich die Mutter, „mit dem wollte sie feiern.“

Dann hören die Besuche ganz auf. Sie ruft auch nicht mehr an. Im August 2001 suchen Nicoles Eltern das Hotel auf, in dem die Tochter arbeitet. Ein Schock! Die Mutter: „Ich sagte ihr auf den Kopf zu, dass sie schwanger ist. Sie stritt alles ab, sie habe nur Probleme mit der Verdauung. Ich habe gerechnet und kam auf den Mann von der Expo. Ich sagte zu ihr, wir seien immer für sie da. Ich habe mit meinem Mann geredet. Unser Sohn sagte, Mama, du spinnst!“

Mitte September 2001 meldet sich Nicole endlich wieder. Sie sei im

Krankenhaus gewesen, fast ein Darmverschluss. „Ich bin fast wahnsinnig geworden“, berichtet die Mutter, „aber sie wiegelte ab. Es sei alles okay. Ich fragte, ob wir uns nicht doch wieder mal treffen sollten. Doch sie winkte ab, sie sei mitten in der Diplomarbeit und habe so viel Arbeit.“ Probleme? Nein, nein. Heimkommen? Nein, nein.

Im November 2001 kommt ein Brief vom Standesamt. „Wir hatten vereinbart“, sagt die Mutter, „dass wir offizielle Post öffnen sollten.“ Der Brief enthält eine Geburtsurkunde – ein Sohn sei geboren. Die Mutter ist außer sich. „Ich rief sie sofort an. Sie aber bestritt, je schwanger gewesen zu sein. Ihre Handtasche sei gestohlen worden mit der Karte der Krankenkasse. Eine andere Frau müsse die Karte benützt haben.“ So sei das zu erklären.

Die Mutter ruft wieder an. Wann kommst du? Ja, ja, irgendwann. Die Mutter glaubt die Story mit der Tasche nicht.

Weihnachten 2001. Wieder eine Ausflucht. Sie wolle mit Freunden in den Süden. „Sie ist eine erwachsene Frau“, sagt die Mutter bekümmert. Dann wieder Post vom Standesamt. „Mein Mann schrieb ihr einen sehr persönlichen Brief mit unseren Vermutungen: dass sie ein Kind geboren habe und dass sie es wohl versteckt halte. Dass sie Vertrauen haben solle und wir sie nicht verlieren wollen.“

„Wir überlegten schon“, sagt die Mutter, „ob wir nicht einfach die Mietzahlungen einstellen sollten, damit sie heimkommt.“

„Im September 2002 rief ich im Hotel an“, berichtet die Mutter, „es war ihr Geburtstag.“ Sie gerät an den Geschäftsführer. „Er sprach von einem Gehirntumor bei Nicole und dass sie ja die zweite Chemotherapie nun gut überstanden habe. Gehirntumor? Chemotherapie? Um Gottes willen! Ich dachte gleich, wie lange hat sie noch zu leben? Ich wollte sofort in die Medizinische Hochschule, in die Onkologie und mit den Ärzten sprechen! Ich krieg das Gespräch nicht mehr auf die Reihe – ich sagte dem Hotel-Geschäftsführer, dass sie doch schwanger war und ein Kind hat.“

Schwanger? Ein Kind? Nein! Nun fällt der Mann aus allen Wolken, fassungslos wie die Mutter. „Ihm hatte sie gesagt, sie habe einen Tumor und bekomme dagegen Medikamente, die ihren Bauch aufblähten! Er fragte, ob wir wüssten, dass sie schon die ganze Zeit bei ihm wohne, dass er ein Verhältnis mit Nicole habe. Wir wussten von nichts. Ich sagte zu meinem Mann: Nicole hat einen Gehirntumor.“

Wenig später ruft die Tochter an: „Ich fragte sie nach dem Kind. Da sagte sie, sie habe es illegal weggegeben."

Die entsetzte Mutter legt auf, ruft wieder an. Nicole sagt, da sei noch ein zweites Kind. Auch dieses habe sie weggegeben.

Gehirntumor? Ein Kind, zwei? Die Welt der Eltern bricht zusammen. Was haben sie falsch gemacht mit ihrer Tochter?

Nicoles Vater ist Polizeibeamter. Er ringt um Fassung, versucht zu ordnen und aufzuklären. Er informiert das Jugendamt. Dann wird Anzeige gegen unbekannt wegen Menschenhandels und Verstoßes gegen das Adoptionsvermittlungsgesetz erstattet. Nicole tut so, als quälte sie die Sorge um ihre Babys. Sie erzählt, dass sie in der Mensa ein Gespräch belauscht habe, bei dem es um die Abgabe heimlich geborener Kinder an Unbekannte ging. Von einer Studentin habe sie einen Tipp bekommen und so fort.

Seit dem 27. Januar muss sie sich nun vor dem Landgericht Hildesheim verantworten. Sie sitzt schluchzend da, ein Bild des Jammers. Und die Eltern im Saal, stumm, mehr tot als lebendig. Sie wären nicht Eltern, wenn sie sich nicht nach ihrer eigenen Schuld fragten.

Die Anklage wirft Nicole zweifachen Mord vor, begangen aus niederen Beweggründen kurz nach der Geburt ihres Sohnes Linus am 15. September 2001 und ihres Sohnes Kevin am 5. August 2002. Das stille, brave Kind eine Mörderin?

Inzwischen ist einigermaßen klar, was passiert ist. Der junge Mann von der Expo, ein Schwarzafrikaner, der meinte, Nicole gehöre ihm, habe sie vergewaltigt, sagt sie, als sie sich von ihm trennen wollte.

Sie lief damals davon, sagte niemandem etwas. Als Polizistentochter ahnte sie, was auf sie zukäme, würde gegen den Mann ermittelt. Sie wollte nichts mehr wissen von alledem. Es ging ihr schlecht.

Seitdem zog sie sich zurück. Das Studium gab sie auf. Den Eltern wich sie aus. Sie betäubte sich mit der Arbeit im Hotel und ihrer Verliebtheit in den Geschäftsführer. Dann wurde ihr klar, dass sie schwanger ist – aus der Vergewaltigung.

Sollte sie den Eltern sagen, dass sie von einem Schwarzafrikaner gegen ihren Willen geschwängert wurde? Dass es zu spät ist für eine Abtreibung. Dass sie das Kind nicht will. Dass es mit dem Studium vorbei ist. Dass sie den Geschäftsführer des Hotels liebt, der verheiratet ist und ihr Vater sein könnte, ja, der sogar älter ist als der Vater.

Sollte sie mit dem Geliebten über Vergewaltigung und Schwangerschaft sprechen und seine Probleme mit Betrieb, Ehefrau und Kindern noch vergrößern? Sie schwieg und fing an zu lügen. Erklärte ihr schlechtes Befinden und die Gewichtszunahme mit einem Gehirntumor und den dagegen verordneten Medikamenten. Kaum jemand fragte genauer nach, das war für alle das Bequemste. Und wenn, dann baute sie das Lügengebäude aus. Sie arbeitete, bis sie wegen der Wehen kaum noch stehen konnte. Dann fuhr sie ins Krankenhaus und fragte nach dem Kreißsaal. Am 13. September 2001 wurde Linus geboren. Linus, der Kleine aus den „Peanuts“.

Am 15. September verließ sie das Krankenhaus mit Kind, Windeln und einem Strampelanzug. Fuhr mit dem Auto durch die Gegend. Dann zu ihrer Wohnung. Legte das Kind aufs Sofa. Und drückte ihm, als es schrie, ein Kissen aufs Gesicht. Packte das Bündel in eine Mülltüte, stopfte Papier und Müll hinein, damit von dem Kind nichts zu sehen war. Legte den Sack in die Küche und floh zu ihrem Freund.

Aufgelöst fiel sie ihm in die Arme. Er dachte, sie sei glücklich, wieder schlank zu sein.

Sie nimmt die Pille. Doch da ist sie schon erneut schwanger, diesmal vom geliebten Mann. Und was tut sie? Genau dasselbe wie zuvor. Diesmal gebiert sie in einer anderen Klinik, verlässt sie einen Tag später und tötet genauso wie das erste Mal. Es ist der gebahnte Weg.

Nachforschungen der Polizei ergaben, dass beide Kinder in der Müllverbrennung landeten. Es gibt von ihnen nur noch die hellblauen Bändchen, die ihnen angelegt wurden mit Namen, Gewicht und Kopfumfang, und ihren Fußabdruck auf den Glückwunschkarten der Kliniken. Nicole hatte alles aufbewahrt.

Warum? Warum gerät eine intelligente junge Frau aus ordentlicher Familie in eine solche Katastrophe? Warum baut sie ein Lügengebäude, das zusammenbrechen muss? Warum gibt sie die Kinder nicht zur Adoption frei? Warum fährt sie nicht zu einer Babyklappe?

In den Vernehmungsprotokollen gerinnen ihre verzweifelten Worte zu Formulierungen wie „Schon vor der Geburt reifte in mir der Gedanke, das Kind nach der Entbindung zu töten“. Einmal sagt sie, sie habe doch nicht als Lügnerin dastehen wollen. Ja, vor wem denn? Vor ihren Eltern natürlich, die sie nicht bekümmern wollte. Vor dem Mann, an den sie sich klammert. Wie glücklich war er doch, endlich eine Frau ohne Probleme gefunden zu haben: „So ein harmonisches Leben hatte ich noch nie“, sagt er. „Sie ist eine so tolle Frau.“

Staatsanwalt Horst Müller aber reichen die Sätze im Protokoll. Und das Gericht hat bisher auch noch nicht erkennen lassen, dass es anderer Auffassung ist.

Warum nur? „Ich habe keine Erklärung“, sagt Nicole. Auch in anderen Fällen lautet die Antwort der meist selbstunsicheren, in sich gekehrten Täterinnen so. Antje L., die in Erfurt wegen Tötung dreier Neugeborener vor Gericht stand, wusste keine Erklärung. Antje K., die „Eismutter“ aus Mühltroff, die drei tote Kinder in einer Tiefkühltruhe verschwinden ließ – warum? In Halle wurde gerade eine Frau zu drei Jahren verurteilt, die ihr Kind in einen Wassereimer gebar. Das Landgericht Neubrandenburg verhängte vergangene Woche gegen eine junge Frau acht Jahre wegen Tötung zweier Säuglinge.

Die Fälle sind nicht so selten, wie es in den Büchern manchmal heißt. Rund 30 pro Jahr sollen es sein in Deutschland, und daran ändern auch Babyklappen nichts. Frauen, die ihre Säuglinge töten, tun etwas, was sie in normalem Zustand nicht einmal denken würden.

Dem Ausnahmezustand in oder nach der Geburt trug bis 1998 der Paragraf 217 (Kindstötung) Rechnung. Dann wurde er abgeschafft, weil die Tötung unehelicher Kinder nicht geringer bestraft werden sollte als die ehelicher. Der Gesetzgeber empfahl stattdessen die Anwendung der Paragrafen 212 und 213 (Totschlag oder minder schwerer Fall des Totschlags), die dem richterlichen Ermessen Raum lassen.

Nicole aber droht das Schlimmste. Mord heißt zwingend lebenslang. Ihre Verteidigerin Hela Rischmüller-Pörtner hat nun die Hinzuziehung der Kölner Psychologieprofessorin Irmgard Rode beantragt, vor allem wegen der Beziehung Nicoles zu dem älteren Mann. Der vom Gericht geladene Psychiater Jürgen-Helmut Mauthe, ein Muster an Fairness: „Ich kann nicht ausschließen, dass eine erfahrene Psychologin wie Frau Rode Zugang zu der Problematik findet und dass sie – angesichts der generell heterogenen Beurteilungssituation in diesen Fällen – zu einem anderen Ergebnis kommt.“

Nicole wurde im Februar 2003 zu einer lebenslangen Freiheitsstrafe verurteilt. Der Bundesgerichtshof verwarf die Revision der Verteidigung. Das Urteil ist rechtskräftig.

„Weil es so schmerzhaft ist"

Eine Gymnasiastin, von der Geburt überrascht, wird wegen fahrlässiger Tötung durch Unterlassen nur verwarnt

SPIEGEL 33/2003, 11. AUGUST 2003

Der Fall Susanna Margaretha Brandt, Goethes Gretchen, endete am 14. Januar 1772 vor der Frankfurter Hauptwache mit der Hinrichtung der ledigen Dienstmagd. Im Urteil hieß es: „Es bleibet also allemal richtig, dass Inquisitin ihre Schwangerschaft und Geburt verwegen und vorsätzlich verheimlichet, ihr lebendig geborenes und dafür überzeugend gehaltenes Kind mit Ausübung unmenschlicher Gewalt umgebracht habe und dass sie dafür die in der Carolina verordnete poenam ordinariam nicht nur verdienet, sondern auch diese Strafe noch zu schärfen bewegende Ursachen vorliegen."

Für die Arme sprach allein, dass sie „freiwillig ihre böse Tat bekannt" und das Kind vielleicht bloß „schwach gelebt" habe, so dass die „Inquisitin nur mit dem Schwert vom Leben zum Tod gebracht werde". Der Herr Defensor appellierte vergebens an das Mitgefühl der Männer, die den Prozess pedantisch korrekt führten: „Die Schmerzen vermehren sich, die Wehen nehmen überhand, sie nähert sich dem einer Sinnlosigkeit nicht unähnlichen Zustand einer Gebärerin..."

Susanna konnte nicht lesen, nicht schreiben. Sie kannte den Schwängerer nicht. Am Tag der Geburt wurde sie von ihrer Brotherrin hinausgeworfen. Sie hatte keine Ahnung, was mit ihrem Körper geschah, vielleicht war es eine Sturzgeburt in dunkler Nacht. Bis zuletzt hatte sie gemeint, nicht schwanger zu sein. Das Ausbleiben ihrer Periode erklärte sie sich damit, dass sie sich über jemanden geärgert habe.

Das war vor 230 Jahren. Inzwischen schiebt niemand mehr körperliche Veränderungen auf den Satan oder den Heiligen Geist. Frauen dürfen als Schwangere nicht entlassen werden, und es ist auch längst keine Schande mehr, ein uneheliches Kind zur Welt zu bringen. Für jeden gibt es Pille oder Kondom. Schwangerschaften können abgebrochen, ungewollte Kinder zur Adoption freigegeben oder in eine Babyklappe gelegt werden. Und trotz alledem: Auch heute noch kommt es immer wieder zu „verdrängten" oder „negierten" und verheimlichten Schwangerschaften, vorsichtig geschätzt über 400 Fälle pro Jahr, die oft mit der Tötung des Säuglings enden. Die Urteile gegen die Mütter, die keineswegs nur aus sozial benachteiligten Schichten stammen, sind höchst unterschiedlich.

Vom Landgericht Erfurt wurde jetzt die zur Tatzeit 18-jährige Gymnasiastin Anja wegen fahrlässiger Tötung ihres neugeborenen Sohnes durch Unterlassen verwarnt. Sie muss 750 Euro an Pro Familia zahlen und sich in psychologische Behandlung begeben. Eine Verminderung oder gar Aufhebung der Schuldfähigkeit stellte die 3. Große Strafkammer als Jugendkammer mit Holger Pröbstel als Vorsitzendem nicht fest. „Bild" fragte empört: „Sind wenigstens ihre Albträume strenger als der Richter?"

Im Februar dagegen hatte das Landgericht Hildesheim eine 28-jährige Studentin, die zweimal ein Neugeborenes kurz nach der Entbindung getötet hatte, zu Lebenslang wegen Mordes verurteilt. Wenn sich die Fälle im Detail auch unterscheiden: Das Hildesheimer Gericht konnte sich auf ein Geständnis stützen, das sich die Studentin unter Tränen abrang. Hätte sie geschwiegen – kein Gericht, nicht einmal ein so unbarmherziges wie das Hildesheimer, hätte sie mit Lebenslang bestrafen können. Denn von den Babys gab es keine Spuren mehr. Niemand außer der Angeklagten wusste von ihnen.

Anja hat nichts gestanden. Sie will keine Ahnung von der Schwangerschaft gehabt haben, und an eine Geburt erinnere sie sich nicht, sagt sie. Kann das sein? Gibt es das? Keine Wahrnehmung von Schwangerschaft und Geburt? Oder ist Anja nur schlauer als die Hildesheimer Studentin?

Andreas Marneros, Psychiater an der Universität Halle-Wittenberg, schreibt in seinem Buch über Eltern, die ihre Kinder töten, Schwangerschaftsanzeichen könnten so diskret sein, dass sie nicht wahrgenommen würden („Schlaf gut, mein Schatz"). „Offensichtlich ist unsere Psyche in der Lage, unseren Körper und seine Funktionen in fast unbegrenzter Weise zu beherrschen", so Marneros.

Trifft das auf Anja zu? Sie ist sich selbst gegenüber auffallend gleichgültig. „Was machen Sie jetzt nach dem Abitur", fragt der Vorsitzende, „wollten Sie nicht studieren?" Sie hat einen IQ von 123, nur 5 von 100 Frauen ihres Alters sind so intelligent. „Nö." „Aber Sie hatten doch Mathe und Bio als Leistungskurs! Haben Sie keinen Ehrgeiz?" „Nö." Sie betreibt keinen Sport. Lesen oder Fernsehen interessiert sie nicht. Am Wochenende schläft sie. Zu ihren Eltern, bei denen sie noch wohnt, hat sie ein „angespanntes" Verhältnis. Als sie noch mit ihrem Freund, dem Kindesvater, zusammen war, hat sie öfter die Pille vergessen. Ein Kondom wurde auch nur ab und zu benutzt. „Warum?", fragt der Vorsitzende irritiert. „Keine Ahnung." „Was haben Sie denn gemacht, wenn Sie die Pille mal vergessen haben?" „Ganz abgesetzt." „Aber dann spielt der Körper doch verrückt!" Anja war es egal.

„Sie gehen regelmäßig mit Ihrem Freund ins Bett und setzen die Pille ab – wollten Sie denn schwanger werden?" „Nein." „Hat Ihr Freund mal gefragt, ob Sie Ihre Tage bekommen?" „Nein." „Haben Sie bemerkt, dass Sie schwanger sind?" Sie schüttelt den Kopf. Die Periode sei bei ihr stets unregelmäßig gekommen.

„Sie haben nicht im Entferntesten mit einer Schwangerschaft gerechnet?", fragt der Vorsitzende ungläubig. Sie schüttelt wieder den Kopf. „Gekotzt hab ich eh öfter wegen der Sauferei. Fressattacken sind normal bei mir. Mit dem Bauch hab ich auch immer was." Mit 13 hat sie das Trinken angefangen, dann kamen LSD, Speed und Ecstasy hinzu. Geraucht hat sie wie ein Schlot und Schmerztabletten im Übermaß geschluckt. „Wie oft haben Sie getrunken?" „Jeden Tag." „Und Ihre Eltern haben nichts gesagt?" „Doch, aber das hat mich nicht interessiert." „Es war Ihnen egal, was mit Ihrem Körper passiert?" Sie lächelt.

Für ihre Familie wäre ein Baby kein Weltuntergang gewesen. „Ihr Vater", sagt einer der Sachverständigen, der Jenaer Jugendpsychiater Professor Bernhard Blanz, „hätte sich ja wohl am meisten gefreut." Aber den hält sie für „verbohrt" und ihre Kindheit für „beschissen".

Am Freitag, 17. Mai 2002, reinigte sie fast den ganzen Tag lang in brütender Sonne das Schwimmbad im Garten der Eltern ihres Freundes. Sie trug bis zuletzt bauchfreie Hemdchen und enge Hosen Größe 36. Niemand hielt sie für schwanger, auch nicht der Kindesvater. Allenfalls ein bisschen „molliger" sei sie gewesen, sagt er als Zeuge, „aber sie schob das aufs Essen".

Am Samstag fühlte sie sich nicht gut. Ihr Rücken schmerzte, und sie dachte, sie habe Muskelkater. Sie sollte zu Hause aufräumen, denn Pfingsten stand vor der Tür, und ihre Schwestern kamen zu Besuch. „Wir haben ein altes Bauernhaus. Ich habe darin zwei bis drei Zimmer. Ich mülle immer eines zu und ziehe dann ins nächste." Am Sonntag, 19. Mai, erschien sie noch zum Frühstück und legte sich anschließend wieder hin. Die Zimmertür sperrte sie ab. „Sonst kommt dauernd einer und nervt."

Von da an ist nichts mehr von ihr zu erfahren. Zu Blanz sagte sie einmal: „Ich denke, wenn ich wollte, könnte ich mich erinnern. Ich will es aber nicht, weil es so schmerzhaft ist." Vor Gericht sagt sie: „Ich weiß nur, dass irgendwann im Krankenhaus so eine doofe Uhr neben mir tickte."

An jenem Sonntagnachmittag wankte sie gegen 18.15 Uhr kreidebleich und kaum ansprechbar die Treppe hinab. Eine ihrer Schwestern dachte, sie habe sich vielleicht übergeben und sah in ihrem Zimmer nach. Dort schwamm der Teppich in Blut. Am Sofa stand eine Tüte, in der ein totes Kind war, ein weiterer Beutel enthielt die Plazenta. In einem anderen Zimmer fand man einen Eimer mit weiteren Geweberesten.

„Was gefällt Ihnen denn nicht an sich?", wundert sich Pröbstel, „jeder hier würde sagen, Sie sind eine attraktive junge Frau." Sie fällt ihm ins Wort: „Ja, genau, das ist es. Bei mir geht es immer nur ums Aussehen. Keiner redet mit mir. Keiner hört mir zu. Ich hatte ein beschissenes Leben. Ich hab meine ganze Jugend versoffen, alles ist verpfuscht." Dass zu leben ein Wert an sich ist, scheint sie noch nicht zu begreifen.

Die Ärztin, die Anja damals in der Klinik in Empfang nahm, sagt auf Fragen des Gerichts, ob es vorstellbar sei, dass eine Frau eine Schwangerschaft nicht bemerkt: „Wenn man es nicht wahrhaben will..." Sie schildert zwei Fälle, die sie selbst erlebt hat: ein junges Mädchen mit Bauchschmerzen, das wenig später ein Kind gebar, und eine 40-Jährige, die über Blähungen klagte. „Kaum dass die auf dem Stuhl lag, kam mir schon das Kind entgegen." Anja habe in der Klinik wie in Trance immer wieder gesagt, das Kind sei nicht von ihr.

Blanz fragt eine Zeugin, von Beruf Hebamme, ob es Geburten ohne Wehen gebe. „Wehen sind da", antwortet sie, „aber nicht jede Frau erkennt sie als solche."

Das Gericht zog den Jenaer Gynäkologen Professor Hans-Joachim Seewald hinzu. „Es ist immer die Frage, ob die Schwangerschaft mehr nach außen oder nach innen tritt", erklärt er. Bei jungen Mädchen mit sehr straffer Bauchdecke könne sich der Uterus mit der Frucht auch nach innen wölben. Es gebe überdies Frauen, die während der Geburt hyperventilierten und dann kurzzeitig nicht ganz bei sich seien. Selten – aber nicht auszuschließen.

Im Krankenhaus wurde das Kind, an dem keine Verletzungen zu sehen waren, wie eine Totgeburt behandelt. Es bekam einen Strampler angezogen und ein Mützchen auf den Kopf. Ob es unter einer weichen Bedeckung erstickt wurde oder nur schlecht zu liegen kam, so dass es nicht atmen konnte? Man unterließ es, die Leiche auf Fasern zu untersuchen. Zur Ungewissheit traten noch Ermittlungsfehler hinzu.

Die Kammer stellte auf Empfehlung von Blanz den Erziehungsgedanken in den Vordergrund und wandte Jugendrecht an. Bemerkenswert Blanz' Fairness trotz aller Skepsis bezüglich Anjas Darstellung: „Wir können nicht alles erklären. Entweder man steht auf der Seite des Kindes, oder man versucht, die Mutter zu verstehen. Wir sind nicht nur Gutachter, sondern auch Ärzte und haben zu helfen.“

Natürlich kann die Wahrheit auch eine andere sein, das musste selbst Anjas Verteidiger Udo Lüttge zugeben. Aber wie sollte man ihr beweisen, dass sie wusste, in welchem Monat sie war und dass sie mit Vorsatz handelte? Ihr verantwortungsloser Umgang mit sich selbst, die geringfügigen Veränderungen, die jeweils auch anders gedeutet werden konnten: Anja hat sich nicht beobachtet wie werdende Mütter sonst, die sich auf ihr Kind freuen. Und als dann die Geburt über die unvorbereitete junge Frau kam, ein Vorgang, der vom Willen nicht mehr zu steuern ist und das Äußerste an Anstrengung verlangt – war ihr da bewusstes Handeln noch möglich?

Verteidiger Lüttge zum ursprünglichen Anklagevorwurf des Totschlags: „Für eine Schuldminderung hätten wir bei einer intelligenten Frau wie Anja den Affekt gebraucht. Doch nach einer Geburt ist nur Erschöpfung. Und Stille, Apathie und Hilfsbedürftigkeit. Es ist eine Horrorvorstellung, dass ohne Affekt jede Neugeborenentötung gleich ein Totschlag ist. Es muss akzeptiert werden, dass sich eine Gebärende in einer psychischen Ausnahmesituation befindet.“

Die Kammer hat lange um die Entscheidung gerungen und sie nicht mit der Überzeugung verkündet, die in anderen Fällen erkennbar wurde. Vielleicht ist Anja wirklich cleverer gewesen als die Hildesheimer Studentin. Oder aber sie ist trotz des günstigen Urteils noch ärmer dran.

„War es ein Hilferuf?“

Ein alter Mann verdurstet und erfriert. Eines seiner sechs Kinder – der Sohn, der bereit war, ihn zu pflegen – wird verurteilt

SPIEGEL 48/2003, 24. NOVEMBER 2003

Es geht ja nicht nur um die Rente. Wenn es immer mehr alte Leute gibt, die überdies immer noch älter werden – dann wird auch die Zahl der Pflegebedürftigen steigen. Heute schon werden gut zwei Drittel aller hilflosen Menschen, die Pflegestatistik spricht von 1,44 Millionen in Deutschland, von Angehörigen zu Hause bis zum Tod begleitet. Wer wird sich künftig dieser Flut an Hilfsbedürftigkeit annehmen? Der Staat? Da kommen Lasten auf die junge Generation zu, die sich diese noch gar nicht vorstellen kann.

Wer einen hinfälligen, eigensinnigen alten Vater, eine sieche Mutter bis zum Ende gepflegt hat, weiß es: Selbst der Gutwilligste und Hilfsbereiteste hat irgendwann kaum noch Kraft dazu, physisch nicht und psychisch erst recht nicht. Denn es ist etwas anderes, ein Kind zu pflegen und sich zum Ausgleich täglich an dessen Gedeihen erfreuen zu dürfen, als einem von Schmerzen geplagten alten Menschen beizustehen, dessen Zustand sich trotz aller Aufopferung und Sorge nicht halten, geschweige denn lindern lässt. Dessen Weg unentrinnbar zum Tod führt.

Erich R., Vater eines Sohnes aus erster und von fünf Kindern aus zweiter Ehe, Inhaber eines Lebensmittelgeschäfts in Kraiburg am Inn, das im vorigen Jahr wegen mangelnder Hygiene geschlossen wurde, war ein schwer kranker Mann. Er konnte sich kaum noch rühren wegen seiner arthrotischen Gelenke, er litt unter Gallen- und Nierensteinen und Inkontinenz. Als einen „grundmürrischen Menschen“ beschreibt ihn eine Nachbarin. „Ein sturer Grantler, der immer seinen Willen durchgesetzt hat, für jegliche Therapie unzugänglich war – und total verwahrlost.“ So kennt ihn der Hausarzt. Der Mann hätte operiert, sein Blasenleiden hätte behandelt werden müssen. Er hätte dringend in ein Heim gehört. Aber nein: „Des is mei Leb’n, lasst’s mich in Ruh.“

Seine Frau starb im Frühjahr 2001. Sie habe ihren Kummer im Alkohol ertränkt, heißt es in der Nachbarschaft. Grün und blau habe er sie oft geschlagen. Sie habe es wohl nicht mehr ausgehalten.

Denn die Lebensumstände, die der Vater der Familie ein Leben lang aufzwang, waren verheerend. In dem eigentlich unbewohnbaren alten Haus in Kraiburg, das er in den siebziger Jahren erworben hatte und in dem die fünf Kinder groß wurden, gab es nicht einmal ein Klo. Und eingerichtet wurde auch keines. Es geht auch ohne. Das kostet nur. Die Notdurft wurde in Eimern verrichtet und auf der Straße in den Gully geschüttet. Wasser holte man im Keller. Die Leitungen, die Böden waren kaputt, das Dach undicht. Beleuchtung, Heizung, wenn überhaupt – vorsintflutlich. Das braucht man alles nicht. Aus den verdreckten Zimmern quollen Gerümpel, Müll und Unrat, weil nichts weggeworfen und nicht sauber gemacht werden durfte.

„Uns Kindern wurde gesagt, bei uns daheim, da ist es normal. Wie es bei anderen Leuten ausschaut, das ist nicht normal“, erinnert sich Sohn Alexander. „Wir durften keinen Spezl heimbringen. Wir mussten sagen, unsere Eltern wollen das nicht.“

Empfanden die Kinder, als sie klein waren, dieses Leben als abenteuerlich („Was man alles gefunden hat, wenn man irgendwo eine Tür aufmachte!“), schämten sie sich später ihres Elternhauses. Der Älteste wurde Rechtsanwalt und kümmerte sich nur noch um das Schriftliche. Die einzige Tochter, heute Gemeindereferentin der Erzdiözese München, zog nach dem Abitur aus und ließ sich kaum mehr sehen.

Als der Vater im Sommer 2002 bettlägerig wurde, bot sie sich an, ihn in einem Pflegeheim unterzubringen. „Er hat mich beschimpft und des Hauses verwiesen. Ihm machten die Zustände nichts aus. Bei meinem Vater – das war wie eine Mauer. Da war das Nein, und da gab’s nichts. Ich weiß, dass seine erste Frau mit dem Säugling neben Ratten schlafen musste. Er hatte einen ziemlichen Frauenhass. Nur zum Arbeiten und zum Kinderkriegen sind die da, sagte er. Das war für mich unerträglich. Deshalb bin ich ja auch weg. Es ist halt eine tragische Familiengeschichte.“

Alexander, das dritte Kind aus der zweiten Ehe, absolvierte eine Ausbildung zum Lebensmitteltechniker und legte die Meisterprüfung ab. Dann aber wurde ihm betriebsbedingt gekündigt. Dem Vater verschwieg er dies.

Vom Sommer 2002 an ging es mit dem alten Mann bergab. Gichtanfälle häuften sich. Als ein Leibstuhl angeschafft wurde, konnte oder wollte er das Bett schon nicht mehr verlassen. Alexander fuhr mit ihm in die Klinik. Es wurde ein „Verwahrlosungszustand“ festgestellt und gesagt: „Wir können da nix machen.“

Der Sohn holte den Hausarzt, der Anzeichen von Austrocknung sah und zu einem Pflegeheim riet. Nein, das kostet ja was. Man hätte auch ein Pflegebett organisieren können, die Krankenkasse hätte das bezahlt. Nein, unnötig.

Die älteren Geschwister berieten sich. Der Rechtsanwalt hatte keine Zeit für den Vater, die Tochter auch nicht. Die jüngeren Brüder? In Ausbildung. Also blieb nur Alexander, der zum Glück Arbeitslose.

Im August 2002 kam eine Dame vom Medizinischen Dienst der Krankenkasse zur Begutachtung und stellte Pflegestufe II fest: „Ich sah die Pflege nur durch einen ambulanten Dienst gesichert. Der Vater sagte nichts dazu. Der Sohn versicherte, er werde sich darum bemühen“, erklärt sie als Zeugin.

Professionelle Pflegekräfte gehen mit der Gebrechlichkeit alter Menschen souverän um. Die eigenen Kinder aber – sie hängen emotional am vertrauten Bild der Eltern. Sie fühlen sich befremdet von Verwirrtheitszuständen und brüskiert, ja verletzt, wenn sie für Zuwendung plötzlich nicht Dankbarkeit ernten, sondern Missmut und Zurückweisung. Alexander hätte sich durchsetzen müssen gegen den Willen des Vaters, dessen Wort stets der Maßstab war. Er hätte sich der Geschwister erwehren müssen, die kategorisch ihm die Verantwortung zuschoben.

Doch Alexander ist keiner, der sich durchsetzt und wehrt. Er begann, das Haus zu entmüllen. Der Vater war dagegen. Er kaufte eine Badewanne und eine Toilettenschüssel, die aber nicht angeschlossen wurden. Der Vater wollte es nicht. „Ich bin halt selber kein Handwerker“, sagt er heute, „ich hab unten Parkett verlegt, und von oben ging es nass rein.“ Er sprach bei der Bank wegen eines Kredits vor, verschätzte sich jedoch bezüglich der Kosten.

Alexander behauptet, er habe seine Geschwister mehrfach um Hilfe gebeten. Und dann zur Antwort bekommen: Ja, ja, irgendwann mal kommen wir, so schlimm wird's schon nicht sein, du hast doch mehr Zeit als wir.

Es gibt Menschen, die öffnen ihre Post nicht, weil sie sich vor Rechnungen fürchten. Andere holen ihre Kontoauszüge nicht ab. Das sind die harmlosen Fälle. Eine Frau, die einen Knoten in der Brust fühlt, geht nicht zum Arzt aus Angst vor der Diagnose. Das Phänomen, den Kopf in den Sand zu stecken, ist gar nicht so selten. Die Psychologie kennt dafür den Begriff der „erlernten Hilflosigkeit“.

Alexander, der anfangs noch täglich den Vater versorgte, ihm Essen machte, Betteinlagen erneuerte, der den Vater wusch und eincremte, soweit der das zuließ – gegen Ende des Jahres blieb er immer öfter weg. Hatte er resigniert und gedacht: Der Alte will es ja so? War er zermürbt vom Unerträglichen? Fühlte er sich über den Tisch gezogen von seinen Geschwistern?

Die Justiz ist kein Reparaturbetrieb einer kranken Gesellschaft. Alexander, der kein Krimineller ist, sondern bloß ein Mensch mit seinen Schwächen, wurde von der Staatsanwaltschaft Traunstein wegen Totschlags durch Unterlassen und Misshandlung Schutzbefohlener angeklagt, weil der Vater verdurstet und erfroren war. Sein Zustand war grauenerregend, als er am 11. Januar tot gefunden wurde: abgemagert auf 47,2 Kilo, übersät von Geschwüren und Abszessen, in einem Bett voller Kot und Urin, die Haare verfilzt, Fuß- und Fingernägel zu Klauen gewachsen.

Heiligabend habe er den Vater letztmals saubergemacht, gibt Alexander zu. Anfang Januar habe er noch einmal gekocht, Paprikareis mit Sauce. Apfelschorle habe auf dem Nachttisch gestanden, und in der Schublade seien Kekse gewesen. Das Heizgerät sei ständig gelaufen. Den Tod des Vaters habe er nicht gewollt.

An welchem Tag starb der alte Mann? Zwischen dem 5. und dem 9. Januar vermutlich. Denn am 9., als Alexander noch einmal vorbeikam, rührte er sich schon nicht mehr. Im Zimmer war es normal warm, sagt der Sohn. Dass ein Kranker, unfähig, sich zu bewegen, selbst bei 20 Grad erfrieren kann, weil er die Differenz zur normalen Körpertemperatur nicht kompensieren kann, wusste er nicht. Wer weiß das schon. Konnte der Vater nicht mehr allein trinken – oder wollte er vielleicht auch nicht mehr?

Der 5. Strafkammer des Landgerichts Traunstein mit dem Vorsitzenden Karl Niedermeier ist nicht vorzuwerfen, die Bedrängnis Alexanders ignoriert zu haben. Mehrfach forderten die Richter ihn auf zu beschreiben, was ihn hinderte, sich so um den Vater zu kümmern, wie er es anfangs vorhatte. „Ihnen muss man alles in den Mund legen –

haben Sie sich geschämt, dass es so weit gekommen ist? War es ein Hilferuf? Wir wollen Ihnen doch so gerecht wie möglich werden."

Doch Alexander, der ans Jammern nicht gewöhnt ist und sich jedes Mal schämt, wenn sein Elternhaus eine „Müllhalde" genannt wird, antwortete nur: „Was soll ich denn sagen?" Auch sein Verteidiger Marc Herzog beschwor ihn vergebens. Gegen den Vater begehrte Alexander nicht auf, „weil es eben mein Vater war". Gegen die Geschwister begehrte er nicht auf, selbst als die beschlossen, das Pflegegeld vom Ältesten, dem Anwalt, verwalten zu lassen. Alexander musste jedes Mal fragen, ob er 50 Euro zum Einkaufen für den Vater abheben dürfe. Auch vor Gericht wehrt er sich nicht.

Menschen, die überfordert sind, bemerken dies meist selbst nicht oder nicht früh genug. Sie sind nicht in der Lage, von sich aus die bedrückende Situation zu beenden. Warum haben Alexanders Geschwister nicht mal nach dem Vater gesehen und sich vergewissert, ob der Bruder zurechtkommt? Heute geben sie sich „sprachlos und schockiert".

Die Kammer, bestehend aus fünf älteren Herren, verurteilte Alexander zu einer Freiheitsstrafe von sieben Jahren und blieb damit zwei Jahre unter dem Strafantrag von Staatsanwalt Günther Hammerdinger („Ich habe selten einen Angeklagten erlebt, der mit so völliger Gleichgültigkeit hinnimmt, was passiert"). Für die Juristen ist die Sache einfach. Man hätte doch bloß den Arzt holen oder den Vater in ein Krankenhaus bringen müssen. Der entscheidende Satz aber fiel in der Urteilsbegründung: „Der alte Mann ist unter Umständen gestorben, die sich keiner für sein Ende wünscht."

Das Urteil ist rechtskräftig.

VIII

Gut gemeint, schlecht gemacht

Probleme der Rechtsfindung und des Strafvollzugs

„Kein Horrorszenario wie in Memmingen"

Der letzte Akt im Verfahren gegen den Frauenarzt Dr. Horst Theissen

SPIEGEL 3/1994, 17. JANUAR 1994

Der Klepper ist tot, begraben hoffentlich ein für allemal. In Augsburg, wo die Duldung Andersgläubiger und das Befrieden blutigen Streits seit dem Augsburger Religionsfrieden im 16. Jahrhundert eine gewisse Tradition hat, fand ein Prozess innerhalb von zwei Tagen einvernehmlich sein Ende, der der Justiz, nicht nur der bayerischen, über viele Jahre hinweg wahrhaft nicht zur Ehre gereichte.

Ihr Unbehagen an diesem Strafverfahren äußerten sogar Gericht und Anklage. Der Vorsitzende, noch begütigend getreu der alten bayerischen Lebensregel, dass selten ein Schaden, der nicht auch irgendeinen Nutzen bringt: „Das Positivum ist vielleicht, wie oft bei großen Unglücken und Naturkatastrophen, dass sie nachher Änderungen bewirken." Das gesellschaftliche Denken habe sich inzwischen geändert.

Oberstaatsanwalt Jörg Hillinger, 46, wurde noch deutlicher: „Wir sind hoffentlich am Endpunkt eines Verfahrens angelangt, das wie kein anderes die Rechtsgeschichte der Bundesrepublik belastet hat."

Die Verteidiger Jürgen Fischer, 44, und Eberhard Kempf, 50, warnten vor der Sinnlosigkeit des Prozessierens, wenn das Verfahren seinen Gegenstand bereits überdauert hat und nur noch um seiner selbst willen geführt wird: „Das Verfahren gegen Dr. Theissen galt bislang als Exempel für die Auseinandersetzung der Justiz mit ‚218' und ist hierüber geradezu ein Symbol geworden. Jetzt droht es nach mehr als sieben Jahren zur Persiflage dessen zu werden, wie die Justiz mit ihrem eigenen Schatten umherspringt."

Begonnen hatte der Fall 1986 mit einer Denunziation. Auf diese hin wurden die Privat- und Praxisräume des Frauenarztes Dr. Horst Theissen in Memmingen von der Steuerfahndung durchsucht. Dabei fand auch die Patientenkartei das Interesse der Fahnder, vor allem die Eintragungen seit 1980, als die bayerische Landesregierung die Abtreibung erschwerte; davor waren ambulante Abtreibungen bei Vorliegen einer Indikation nicht verboten.

Von den Finanzbehörden gelangten die 1390 Karteikarten zur Staatsanwaltschaft, wegen des Verdachts illegaler Schwangerschaftsabbrüche. Denn auf manchen Karten war ein großes I für „Interruptio" eingetragen.

Der damals 32 Jahre alte Memminger Staatsanwalt Herbert Krause fing zu prüfen an: Verjährt? Indikation? Theissens ehemalige Sprechstundenhilfen wurden vernommen, ebenso Patientinnen. Theissen kam in Untersuchungshaft.

Im Februar 1988 verhängte das Amtsgericht Augsburg wegen Steuerhinterziehung ein Jahr und drei Monate Freiheitsstrafe. Das Landgericht Augsburg verringerte das Strafmaß auf ein Jahr. Es ging um insgesamt 239919 Mark hinterzogener Steuern in neun Jahren.

Im September 1988 aber begann vor dem Landgericht Memmingen der Prozess wegen illegaler Schwangerschaftsabbrüche „in mindestens 156 Fällen". Inzwischen war auch gegen 279 Frauen und 78 Männer ermittelt worden. Nur wenige der 130 Personen, die per Strafbefehl zu einer Geldstrafe verurteilt worden waren, weil sie keinen Nachweis über eine Beratung in einer anerkannten Beratungsstelle oder keine schriftliche Indikationsfeststellung durch einen weiteren Arzt hatten vorlegen können oder weil sie „Beihilfe" geleistet hatten, legten Einspruch ein. Die anderen zahlten der Staatskasse zwischen 900 und 3200 Mark und schwiegen.

Und weil sie gezahlt und nicht aufbegehrt hatten, waren sie nun als Zeugen dran. Ein Aussageverweigerungsrecht stand ihnen nicht mehr zu. Der Vorsitzende Richter Albert Barner, damals 60, Vater von vier Kindern und Großvater eines unehelichen Enkelkindes, verschickte Fragebögen, die bei den Frauen die Hoffnung aufkommen ließen, nun müssten sie nicht mehr vor Gericht erscheinen („Ich danke im voraus für Ihre Mitwirkung an einer möglichst diskreten Abwicklung des Verfahrens…").

Erkundigungen bei Arbeitgebern wurden eingeholt, Gehaltsbescheinigungen, Sparguthaben, Mietverträge waren vorzulegen, das Einkommen der Eltern nachzuweisen und anderes mehr. Die Jagd auf Frauen kam in vollen Gang.

Während der Verlesung der Anklageschrift wurden gegen den erbitterten Protest der Verteidiger die Namen aller 156 Zeuginnen sowie das Datum, an dem sie bei Dr. Theissen hatten abtreiben lassen, öffentlich genannt.

Ein Mann, dessen Ehefrau bei Theissen gewesen war, teilte damals dem Gericht mit, er habe erst durch die Ladung seiner Frau von der Schwangerschaft und der Abtreibung erfahren. Überdies sei er nicht der Erzeuger. Jetzt habe er die Scheidung eingereicht.

Es war ein Elend ohnegleichen. Als in Augsburg das Urteil von Memmingen noch einmal mit all den traurigen Fällen auszugsweise verlesen wurde, kommt das Entsetzen wieder hoch: die Türkin, die das siebente Kind erwartete; die 17-Jährige mit der Neurodermitis, die Angst vor einer Behinderung des Kindes hatte; die Frau, die den „Erzeuger" nur flüchtig kannte; die Ehefrau, deren Mann gleich abwinkte, als sie sagte, sie erwarte das dritte Kind, und der unten im Auto sitzen blieb, als der Eingriff vorgenommen wurde.

Es ist noch im Ohr, dieses süffisante „keine Notlage, keine Notlage, keine Notlage" aus dem Mund der beiden jungen Staatsanwälte Krause und Kreuzpointner damals, wie sie Frauen und Mütter attackierten, wie sie über Ehekrisen und Existenzangst spotteten und sich aufplusterten in billiger Moral.

Nicht vergessen ist der Versuch des viereinhalb Monate nach dem Memminger Prozess verstorbenen Sebastian Cobler, eines der Verteidiger Theissens damals, der Schlacht ein Ende zu bereiten; einer Schlacht, der die Zeuginnen, der Angeklagte, aber auch die Strafjustiz zum Opfer zu fallen drohten. Cobler wandte sich an den Generalstaatsanwalt in München und bat um die Erlaubnis, mit dem Leitenden Oberstaatsanwalt in Memmingen sprechen zu dürfen. Wenige Tage später wurde die Erlaubnis erteilt, und Cobler verhandelte mit dem Vorgesetzten Krauses und Kreuzpointners.

Cobler regte eine Lösung an, die allen Beteiligten – auch der Strafjustiz – einen rettenden Ausweg hätte öffnen können: eine Freiheitsstrafe von zwei Jahren, ausgesetzt zur Bewährung, falls kein Berufsverbot ausgesprochen wird; eine Erklärung des Angeklagten, in der dieser sich zu seinen Verstößen gegen die geltenden Bestimmungen bekennt. Staatsanwaltschaft und Verteidigung waren bereit, das Urteil noch im Gerichtssaal anzunehmen.

Man mag zum „Deal", zur Verabredung außerhalb der Sitzung im Strafverfahren, stehen, wie man will: In Memmingen hätte er nicht zuletzt Schaden von der Justiz abgewendet.

Der Leitende Oberstaatsanwalt sprach damals den Vorsitzenden

Barner an. Doch dieser ließ sich auf das Thema nicht ein. Er sagte, man stehe jetzt so in der Öffentlichkeit, dass er das nicht mache. Barner hat allein entschieden, ohne den Vorstoß wenigstens mit den Berufsrichtern zu erörtern. Die Gelegenheit zur Beruhigung, zur Vernunft war vertan.

Theissen wurde am 5. Mai 1989 unter lautstarkem Protest derer, die die totale Freigabe des Schwangerschaftsabbruchs forderten, zu zwei Jahren sechs Monaten verurteilt; überdies wurde ein Berufsverbot gegen den Angeklagten als Arzt für Frauenheilkunde und Geburtshilfe von drei Jahren ausgesprochen. Militanten Lebensschützern war dies natürlich nicht hart genug.

Es ging nicht mehr um den Angeklagten, um seinen individuellen Fall. Theissen war zum Vehikel in einer Schlacht geworden. Gräben wurden erneut aufgerissen, tiefer denn je, zwischen „Mein Bauch gehört mir" und „Kinder-Holocaust". In Fulda und nicht nur dort läuteten die Glocken um der Seelen der „Ermordeten" willen, und in Hamburg forderten Frauen, künftig untereinander abtreiben zu dürfen, jede bei jeder.

Sowenig die angeblichen Lebensschützer Nöte und Ängste von Frauen, von Familien zur Kenntnis nehmen wollten – sowenig Verständnis brachten die anderen dafür auf, dass es für viele Menschen achtenswerte Gründe gibt, die Tötung eines Kindes im Mutterleib nicht als Privatsache anzusehen. Die religiöse oder die ganz persönliche Überzeugung galt es durchzusetzen. Kampf um jeden Preis, mit Macht, mit Gewalt. Für seine Meinung zu werben, mit ihr zu überzeugen, für sie zu gewinnen – keiner hat es versucht.

Als ob es eine höhere Regie gegeben hätte: Der Fall Theissen schuf angesichts der heraufdämmernden Wiedervereinigung Deutschlands die Fronten, die sich ein Jahr später bei der Frage, wie mit den unterschiedlichen Regelungen des Schwangerschaftsabbruchs in den beiden Teilen des Landes verfahren werden solle, gegenüberstanden. Unter dem Namen Theissen wurden hier und dort die Stellungen für die große Schlacht bezogen.

Sowohl die Staatsanwaltschaft als auch Theissen beanstandeten das Urteil des Memminger Gerichts. Etwas mehr als zweieinhalb Jahre nach der Urteilsverkündung – zeitgleich mit den Beratungen des Bundestages über das neu zu schaffende Schwangeren- und Familienhilfegesetz – hob der 1. Strafsenat des Bundesgerichtshofs das Urteil am 3. Dezember 1991 im Strafausspruch auf.

Es klingt fast wie ein Witz: Die Memminger Richter hatten, blind vor Eifer offenbar, auch in 20 Fällen verurteilt, obgleich der strafrechtliche Vorwurf schon verjährt war. Das Verfahren wurde zur Verhandlung über den Strafausspruch nach Augsburg verwiesen, obwohl die Verteidigung gebeten hatte, die parlamentarischen Debatten abzuwarten, da sich ihrer Auffassung nach für Horst Theissen eine mildere Regelung ergeben konnte.

Am 4. August 1992 wurde das „Gesetz zum Schutz des vorgeburtlichen/werdenden Lebens... und zur Regelung des Schwangerschaftsabbruchs" verkündet. An die Stelle der Indikationsregelungen trat eine Fristenlösung mit Beratungspflicht: Sofern sich die Schwangere nach vorangegangener Beratung in einer Beratungsstelle zum Abbruch entschließt, sollte er für die Frau und den Arzt rechtmäßig bleiben.

Mit Urteil vom 4. August 1992 und durch Beschluss vom 25. Januar 1993 ordnete das Bundesverfassungsgericht im Eilverfahren an, die Neuregelung dürfe nicht in Kraft treten. Am 28. Mai 1993 verkündete es seine Entscheidung. Der Übergang vom Indikations- zum Beratungsmodell wurde bestätigt, die Anforderung an den Arzt neu bestimmt. Die „ärztliche Erkenntnis" ist jetzt nicht mehr von Juristen überprüfbar. Mit dem „Doktorspielen" der Justiz, wie Cobler es formuliert hatte, ist es vorbei.

Ein „Horrorszenario wie in Memmingen", so der Vorsitzende in Augsburg, wird es künftig nicht mehr geben. Oder werden die Karteien der Beratungsstellen noch einmal so durchgefingert werden wie Dr. Theissens Patientenkartei?

Nach dem „Kreuzzug von Memmingen", wie der Prozess seinerzeit genannt worden war, hatte nun das Augsburger Gericht die Spuren der Schlacht, die Trümmer wegzuräumen und Schande und Schmerz wiedergutzumachen. Es gab zu erkennen, dass man sich schäme. Dass viele Richter und Staatsanwälte sich schämten – für das, was geschehen ist.

Es sei das Elend der Staatsanwälte, so Hillinger wörtlich, Gesetze wahren zu müssen, die sie nicht gemacht haben. Und der Vorsitzende: „Der Staat kann sich nur realisieren im Rahmen der Gesetze, die oft vom Zeitgeist geprägt sind, aber gleichwohl die Richtschnur abgeben."

Hillinger machte mit seinem maßvollen Antrag, dem die Kammer schließlich gefolgt ist, aber auch klar, dass eine Strafe von eineinhalb Jahren die unterste hinnehmbare und mögliche Grenze war (denn ein Jahr aus der Steuersache von 1988 stand bereits fest, ebenso der inzwischen rechtskräftige Schuldspruch aus Memmingen). Da blieb nicht viel Spielraum.

Es blieb nur zu entscheiden, ob altes oder neues Recht für den Angeklagten Theissen das mildere ist. „Im Wechsel der Systeme" (vom Indikations- zum Beratungsmodell, vom Recht vor der deutschen Vereinigung zum gesamtdeutschen Recht) und „im Prokrustesbett der Entscheidungen anderer", wie Verteidiger Kempf es nannte, entschied sich die Kammer für die Anwendung alten Rechts. So blieben denn 36 Fälle illegaler Abtreibung übrig, 4 Fälle der versuchten Abtreibung, 18 Schwangerschaftsabbrüche ohne ärztliche Feststellung in Tateinheit mit fehlender sozialer Beratung.

Horst Theissen ist eher ein Mensch der leisen Töne. Er kann zuhören, eingehen, mitfühlen. Seine Nachtseite ist, dass er leicht in Gefahr gerät, sich vereinnahmen zu lassen. Für eine kurze Zeit wurde er als Feind oder als Held benutzt. Für beides ist er ungeeignet.

Theissen hat der Memminger Prozess ruiniert, materiell und seelisch. Praxis und Wohnhaus gingen verloren. Die Ehe zerbrach. 1998 gab er seine Kassenzulassung zurück, um allem zu entkommen, was mit gesetzlichen Regeln zu tun hat. In den ersten Jahren wurde er häufig auf Publikumsmessen gesehen, wo er sein „Alpenöl" anpries, eine Essenz zum Einreiben und Inhalieren. Dann trieb ihn die Idee einer „alternativen" Klinik nach Südtirol. Inzwischen arbeitet er in Thüringen – immer noch auf der Flucht vor der Erinnerung.

„Ich sehe ihn noch liegen"

Über den Tod eines Häftlings in München-Stadelheim

SPIEGEL 11/1994, 14. März 1994

„Sie leiden noch heute darunter?" Der Richter beobachtet den Zeugen nachdenklich. Der nickt stumm. Er ist von Beruf Krankenpfleger in der Justizvollzugsanstalt München-Stadelheim. Was jetzt anlässlich der Gerichtsverhandlung wieder über ihn kommt – die Bilder, die Gerüche, die Schreie, das stumpfe Achselzucken, die hilflose und die feige Untätigkeit, das Gefühl, damals dabei gewesen zu sein, als ein Mensch viehisch traktiert wurde, bis es zu Ende ging mit ihm: diese Erinnerungen quälen den Zeugen bis heute.

Es quält ihn die Schuld, auch wenn er nicht zu den Angeklagten gehört, die eigene Schuld und die der anderen, der Kollegen und Vorgesetzten, mit und unter denen er weiterhin arbeiten muss. Es quält ihn, die Wahrheit über sich und die anderen auszusprechen. Dass er sich überwand, dass er den Mut hatte, verdient Respekt.

„Ich fand den Mann vor wie am Vortag. Sein Kopf lag in Richtung Toilette auf dem Boden. Es stank furchtbar. Die Unterhose war ganz gelb. Mir sind auch seine Blutergüsse aufgefallen." Es hieß, der Häftling verschütte das Essen und Flüssigkeit spucke er wieder aus. Ab und zu trinke er wohl – aus dem Abort.

„Ich bin auf die Krankenabteilung hoch und habe Bescheid gesagt wegen des ganzen Zustands." „Und?" „Man hat es zur Kenntnis genommen."

Die diensthabende Ärztin Ursula R., 49, wiewohl in Begleitung von vier Beamten, hatte zuvor den Häftling nur „besichtigt", aus sicheren zwei Meter Entfernung durch die Gitterstäbe der sogenannten Absonderungszelle. Die ist ein fensterloses Loch von zweieinhalb mal eineinhalb Meter Größe. Weil der Häftling sich wegdrehte und auf Fragen und Aufforderungen nicht reagierte, vermerkt die Akte in missbilligendem Amtsdeutsch: „nicht kooperativ".

Auch die Ärztin sah die Blutergüsse. Sie erschienen ihr „nicht unbedingt versorgungsbedürftig". Der Mann schlage sich selbst, sagte man ihr. „Das geschieht leider häufig", versichert sie dem Gericht.

Um aus dem Klo zu trinken, musste der Mann die Notruftaste drücken, worauf ein Vollzugsbeamter, wenn denn einer gerade vorbeikam, von außen die Spülung betätigte. Da die Toilette nicht aus einer Sitzschüssel bestand, sondern aus einem Loch im Boden, das kurz von Wasser umspült wurde, hatte sich der gefesselte Häftling auf den Boden zu werfen und auf den Moment zu lauern, wann er einige Tropfen auflecken konnte.

„Ich habe gedacht, dass der Beamte, der die Spülung betätigt, das auch lange genug macht", sagt die Ärztin vor Gericht. Damals ordnete sie an, der Gefangene sei jede Stunde zu „beleuchten": Das Wachpersonal hatte mit einer Taschenlampe in die Absonderungszelle hineinzuleuchten, und wenn sich der Mensch da drinnen regte, ging man weiter.

„Wie hätten Sie ihn untersucht, zum Beispiel, wenn Sie seinen Blutdruck hätten messen wollen? Der Gefangene galt doch als gefährlich", fragt der Richter den Krankenpfleger. Der Zeuge schweigt lange. Dann sagt er leise: „Ich hätte ihn rausholen lassen aus der Zelle mit ein paar Kollegen." „Warum haben Sie es nicht gemacht?" „Weil ich die Frau Doktor verständigt hatte. Ich habe Angst gehabt. Man hat immer eine gewisse Angst."

„Sie hätten den Mann also rausgeholt?" „Ja, sicher." „Haben Sie sich gewundert, dass die Frau Doktor das nicht gemacht hat?" Der Zeuge wagt kaum zu antworten. Die Ärztin sitzt nicht weit von ihm, rechts, auf der Anklagebank. Er arbeitet noch immer in derselben Anstalt wie sie. „Doch." Gewundert hat er sich, weiß Gott.

Vor viereinhalb Jahren ist in Stadelheim mit dem Häftling Ibrahim Bayraktar, 37, so umgegangen worden, dass er nach vier Wochen Intensivbehandlung im Krankenhaus München-Harlaching starb. Der Münchner Rechtsmediziner Professor Wolfgang Eisenmenger zweifelt nicht an einem „mittelbar ursächlichen Zusammenhang" zwischen dem Zustand des Häftlings, in dem er aus dem Gefängnis ins Krankenhaus gebracht wurde, und seinem Tod. Dieser Zustand war der eines Verdurstenden.

Bayraktar war Türke bulgarischer Abstammung. In Holland hatte er als Textilarbeiter für Frau und drei Kinder Geld verdient, bis er, nachdem er mehrfach in psychiatrischer Behandlung und krankgeschrieben war, die Arbeit verlor. Da ließ er sich einmal überreden, für 2000 Mark ein Kilo Heroin im Auto nach Deutschland zu bringen.

Dabei wurde er gefasst, saß ein Dreivierteljahr in Untersuchungshaft, bevor er am 17. Juli 1989 vom Landgericht Augsburg zu einer Freiheitsstrafe von sechs Jahren verurteilt wurde. Angesichts der Vorerkrankung stellte der Landgerichtsarzt eine eingeschränkte Schuldfähigkeit fest. Das Gericht folgte dem Arzt nicht und verurteilte den Angeklagten wie einen Gesunden. Wer ein Auto steuern kann, ist auch steuerungsfähig.

Am 28. Juli 1989 sollte Bayraktar von Augsburg in die Justizvollzugsanstalt Straubing „verschubt“ werden, um dort seine Strafe abzusitzen. Als er davon erfährt, schlägt er auf Mitgefangene ein. In München-Stadelheim, wo er erst einmal abgesetzt wird, bevor es nach Straubing weitergeht, sagt ein Mithäftling später der Polizei: „Er war sowohl wunderlich als auch aggressiv. Er verlangte, meinen Paß zu sehen.“

Bayraktar scheint den Zellengenossen für einen Polizeispitzel gehalten zu haben. Denn als in der Nacht zum 29. Juli das Wachpersonal zur Kontrolle einmal kurz die Kostklappe öffnet, stürzt sich Bayraktar in seiner Verwirrung auf ihn und droht ihn zu erwürgen. In Todesangst alarmiert der Mithäftling um 1.15 Uhr die Beamten des Nachtdienstes.

Sieben Mann schleifen den Randalierenden in die Absonderungszelle – einen kleinen Vorraum mit Fenster, von dem aus eine Eisentür, dahinter eine Gittertür in das dunkle Loch führen. Dort gibt es nur einen Bettsockel mit einer unzerreißbaren Matratze. „Normalerweise sollte auch eine Decke drin sein“, sagt einer der damals Beteiligten vor Gericht.

Sie drängen den Tobenden da hinein. Und als es fast geschafft ist, reißt Bayraktar einem Beamten die Pistole aus dem Holster und schießt aus der mit dem Reizstoff CN geladenen Waffe viermal. Ein Vollzugsbeamter feuert zweimal ins Zelleninnere zurück. Dann flüchten die Beamten, einer kann gerade noch absperren.

Sie rennen in die Gemeinschaftsküche, um sich Wasser in die beißenden, tränenden Augen zu schütten, ins Freie, um Luft zu bekommen.

Telefonisch wird der diensthabende Jurist, der damalige Abteilungsleiter verständigt. Er ordnet an, den Häftling in den hinteren Haftraum zu sperren – und seine Hände auf dem Rücken zu fesseln.

Währenddessen steht Bayraktar auf einem Hocker am Fenster des Zellenvorraums und brüllt in den Hof hinaus.

Nach etwa einer Dreiviertelstunde stürmen zwölf Mann die Zelle, reißen Bayraktar vom Hocker und fesseln ihn. Es kommt in dem kleinen Raum zu einem heillosen Durcheinander, in dem statt des Türken Hand zunächst die eines Beamten in die Handschellen gerät.

Der Türke wird in der dunklen, verräucherten Zelle abgelegt, es wird abgeschlossen. Dass auch die Eisentür geschlossen wird, hält das Gericht nach vier Jahren Ermittlungsarbeit für erwiesen. Das Gebrüll drohte die ganze Anstalt in Aufruhr zu versetzen.

Da lag der Türke nun, allenfalls noch mit einer Unterhose bekleidet, verwirrt, blaugeschlagen, mit Schürfwunden und Verbrennungen auf der Brust durch das Reizgas, abgestempelt als „nicht kooperativ". Auf seinem Transportzettel war vermerkt: „selbstmordgefährdet" und „Verständigung ist nicht möglich", aber den las offenbar niemand. Ob er überhaupt Deutsch verstand? Ob er Wahnvorstellungen hatte?

Er spuckte, beschmierte sich mit Kot (vielleicht hatte er aber, mit auf dem Rücken gefesselten Händen, zunächst auch nur seine Not mit der Notdurft), schlug mit dem Kopf gegen die Wand und klatschte zu Boden (möglicherweise um einen Tropfen Wasser aus dem Abtritt zu erwischen).

Immer wieder schien er Hilfe rufen zu wollen. Alle fünf bis zehn Minuten drückte er den Notruf. Ein Beamter, der schließlich einen Zehn-Liter-Eimer kaltes Wasser durch die Gittertür schüttete: „Ich hatte 350 Gefangene zu versorgen. Wenn da einer dauernd läutet. Da ist mir halt der Kragen geplatzt."

Der Leiter des Wachpersonals, das am Tag Dienst tat, ein Mann offenbar, der sich trotz 30 Jahren Dienst in Stadelheim noch einen Rest Mitgefühl bewahrt hatte, ließ am nächsten Vormittag, es war Samstag, der 29. Juli 1989, die Hände des Gefangenen vor dessen Körper binden. Das Gas war noch immer zu spüren.

Am Montag, dem 31. Juli, sein Wochenenddienst ist gerade beendet, tritt der Abteilungsleiter in Begleitung weiterer Personen an die Absonderungszelle. „Ich wollte sehen, was das für ein Mensch ist. Ich sehe ihn noch da liegen. Ich habe ihn für nicht gesprächswillig gehalten."

Ob der Türke ihn verstand, ob er überhaupt noch gesprächsfähig war, „das kann ich nicht beurteilen", sagt der Beamte als Zeuge vor

Gericht. „Ich habe ihn damals, möglicherweise irrig, für böswillig gehalten."

Und offenbar um diese „Böswilligkeit" zu brechen, verhängte er vier Wochen Arrest gegen den Türken – obwohl seine Zuständigkeit für derlei Maßnahmen von acht Uhr früh dieses Montags an, da endete der Wochenenddienst, gar nicht mehr bestand. Doch ein Mann wie er, der läuft nicht ständig mit dem Strafvollzugsgesetz unter dem Arm herum, der macht Karriere im bayerischen Vollzugsdienst. Inzwischen ist er zum stellvertretenden Leiter der Nürnberger Justizvollzugsanstalt hinaufbefördert worden.

Damals, so erinnert sich die Ärztin, habe er zu ihr gesagt: „Lassen Sie mir den Mann noch einen Tag, ich möchte ihn anklagen. Ich verantworte das." Davon will er heute nichts mehr wissen, „mit äußerster Verbindlichkeit".

„Was haben Sie unternommen?", fragt ihn der Richter. „Nichts. Es waren ja Ärzte und Sanitäter mit ihm befasst." „Waren sie das?" „Ich weiß nicht."

Vor Gericht war nicht mehr aufzuklären, ob Beamte den lästigen Türken „aufgemischt" haben, wie es in einem Ablaufkalender der Kripo zum „Ablebensfall Bayraktar, Ibrahim" angedeutet wird. In diesem Papier ist auch von „Schlägen und Schreien" die Rede, die ein Bediensteter gehört haben will.

Bayraktar aß weiterhin nichts. Angeblich trank er aus dem Abtritt. Die Anstaltsärztin vor Gericht: „Ein paar Mundvoll werden es schon gewesen sein." Ein Rechtsmediziner stellt später fest, dass man – mit gefesselten Händen – aus dem Loch des Abtritts mit einem Durchmesser von 9,5 Zentimetern unmöglich Wasser schöpfen konnte.

Am 1. August ist Bayraktar, 1,85 groß und an die 120 Kilo schwer, so apathisch, dass er zusammensackt, als er in eine „schönere" Arrestzelle gebracht werden soll. Man legt ihn auf ein Gestell, mit dem sonst das Essen ausgefahren wird, karrt ihn weg und wirft ihn ins nächste Loch. Sein Zustand zu jener Zeit ist „leblos".

Am 2. August wird er gefunden mit dem Kopf im Abort und einem Arm im Kloloch. Er ist völlig nackt. Es stinkt bestialisch in der Zelle. Ein Beamter meldet, der Gefangene sei „komisch". Die Ärztin ordnet die Verlegung ins Nervenkrankenhaus Haar an. Dennoch soll der Mann zuvor noch der Staatsanwaltschaft zur Vernehmung überstellt werden. Der Beamte, der die Absonderungszelle reinigen soll, übergibt sich.

Gefängnisse sind nicht Orte, an denen auf das Leid und die Not von Menschen besonders einfühlsam eingegangen wird. Wo bis heute Räume für Gefangene, die aus welchen Gründen auch immer vorübergehend in einer normalen Zelle nicht unterzubringen sind, „Absonderungszellen" heißen – in Stadelheim war die juristische und die medizinische „Absonderung" gebräuchlich –, droht der Abgesonderte, wenn er nicht pariert, wenn er eine Last ist, zu einem wertlosen, ekelerregenden Objekt zu verkommen, mit dem auch wie mit Abgesondertem verfahren wird.

Der einfache Beamte, auch er ja über die langen Dienstjahre hinter Gefängnismauern gesperrt, trägt die geringste Schuld daran. In Stadelheim war 1989 nachts ein einziger Sanitäter für rund 2000 Häftlinge, an die 80 Prozent davon Ausländer, zuständig. Das Wegschauen und Nicht-Zuständigsein, die Gleichgültigkeit, Abgestumpftheit und die von den Vorgesetzten gebilligte Schlamperei: es ist nicht recht, dies alles just denen in die Schuhe zu schieben, die dem Geist oder Ungeist einer Anstalt ausgeliefert sind und sich am wenigsten dagegen wehren können.

An Händen und Füßen gefesselt, denn er hatte eine Kanüle aus der Fixierung gezogen, wird Ibrahim Bayraktar am Mittag des 2. August nach Haar gebracht. Nahrung spuckt er aus, also wird er mit einer Spritze ruhiggestellt. Gegen 20 Uhr fühlt ein Pfleger keinen Puls mehr. Um 22 Uhr wird der Patient auf die Intensivstation verlegt. Dort werden ihm erst einmal fünf Liter Flüssigkeit zugeführt. Dort fällt auch endlich auf, dass der Mann psychisch und physisch krank ist.

Am nächsten Tag wird Ibrahim Bayraktar ins Großklinikum München-Harlaching gebracht, wegen akuten Nierenversagens. Das Krankheitsbild entpuppt sich als weit dramatischer als in Haar festgestellt. Der Patient ist nicht ansprechbar. Trotz der zugeführten fünf Liter Flüssigkeit befindet er sich noch immer im Zustand des Verdurstens.

Die Intensivmaschinerie läuft an: Beatmung, Dauer-Dialyse, Antibiotika. Mitte des Monats kommt es zu einer kurzen Besserung, dann verschlechtert sich der Zustand rapide. Die Temperatur steigt, es kommt zu massiven Blutungen aus Nase und Rachen, die Zunge schwillt monströs an. Lunge, Galle und Bauchfell sind entzündet. Blutvergiftung. Tod am 31. August 1989. Zu dieser Zeit hätte der vom Abteilungsleiter verordnete Arrest geendet.

Die Ärztin, die sich damit beruhigt hatte, dass Ibrahim Bayraktar schon ein paar Mundvoll Wasser aus dem Abtritt geschlürft haben wird, wurde vom Amtsgericht München zu einer Freiheitsstrafe von sieben Monaten wegen unterlassener Hilfeleistung verurteilt. Dem vorausgegangen war ein Strafbefehl über 24000 Mark wegen fahrlässiger Körperverletzung; dagegen hatte sie Einspruch erhoben. An Einsicht in ihr pflichtwidriges Handeln scheint es ihr noch immer zu mangeln.

„Außer dass Sie durch das Gitter sahen, mit ihm sprachen und ihn loszuwerden versuchten – ich muss Ihnen das leider sagen –, haben Sie nichts getan. Sie haben dem Mann die Hilfe verweigert, die Sie und nur Sie hätten leisten können." Die Worte des Richters an die Ärztin entbehrten nicht der Schärfe.

Der Vollzugsbeamte, der den Tagdienst geleitet hatte, wurde wegen Körperverletzung im Amt zu sechs Monaten verurteilt, der Leiter des Nachtdienstes und der Sanitäter, auf den geschossen worden war, zu Geldstrafen. Sie hätten dafür sorgen müssen, dass der Gefangene aus der verqualmten, nicht zu lüftenden Zelle in eine andere verbracht wurde; sie hätten angesichts der Umstände schon am nächsten Tag einen Arzt holen müssen und nicht warten dürfen, bis das Wochenende vorbei war.

„Gewiss herrschte eine aufgeheizte Stimmung nach den Schüssen auf die Beamten. Dahinter ist wohl die Sorge um den Häftling zurückgetreten. Weil Sie nicht daran gedacht haben, woran Sie hätten denken müssen, waren Sie zu verurteilen."

Richter Meyer hielt allen Angeklagten die Hilflosigkeit zugute, der sich die Menschen in den Anstalten subjektiv ausgeliefert fühlen. Aber er hielt ihnen auch den Schaden vor, den solche Übergriffe der Justiz zufügten. Gerade für die Gerichte, sagte er, sei es wichtig, dass diese Vorkommnisse verfolgt und aufgeklärt würden.

Doch was bedeutet in Zeiten, in denen es populär ist, mit der Angst vor Gewaltkriminalität Wählerstimmen zu fangen und über angeblichen Hotel-Vollzug im Knast zu räsonieren, schon der Tod eines Häftlings?

Auf einem SPD-Zukunftskongress in Bielefeld sprach der nordrhein-westfälische Justizminister Krumsiek (SPD) von „hochaggressiven, hemmungslos gewalttätigen, skrupellos hinterhältigen" Gefangenen mit innerer Bindungslosigkeit und mangelnder Einordnungsbereitschaft, an denen ein therapeutisch ausgerichteter Strafvollzug scheitere. Er begrüßte ausdrücklich die Abkehr vom Vorrang des Rehabilitationsgedankens, wie er gegenwärtig in Schweden zu beobachten sei. Strafen, Einsperren, endlich das Allheilmittel.

Da kommt wohlfeiler Beifall auf. Das Urteil des Münchner Amtsrichters Meyer ist dagegen ein unbequemes, unpopuläres. Denn es erinnert daran, dass in unserem Land Menschen, die gefehlt haben, zu Geld- oder Freiheitsstrafen verurteilt werden dürfen, nicht aber zum Tod durch Verdursten.

„Fragen S' ned so blöd"

SPIEGEL 51/1994, 19. DEZEMBER 1994

Die Schöffen, zwei Männer mittleren Alters, schmunzeln. Denn der Richter verliest Zeitungsberichte aus dem Sommer 1989. Wozu?

Die Schöffen begreifen. Wie sehr die Sache damals doch aufgebauscht wurde: „Häftling stirbt nach Schuss aus Gaspistole." Der Richter macht „huhuhuhu" und zitiert weiter: „Schieber, Schurken, Schläger".

Odysseus nannte sich Niemand, bevor er den einäugigen Riesen Polyphem blendete. Könnte der Türke Ibrahim Bayraktar, 37 Jahre alt, als er starb, noch gefragt werden, wer ihn zu Tode gebracht hat, müsste auch er wie Polyphem antworten: „Niemand."

Denn alle Personen, die in die Vorfälle involviert waren, die letztlich zum Tod des Häftlings führten, wurden in der vergangenen Woche von jeglicher Schuld freigesprochen, selbst die, die im Februar dieses Jahres noch vom Amtsgericht München wegen unterlassener Hilfeleistung, Körperverletzung im Amt oder fahrlässiger Körperverletzung zu Freiheits- und Geldstrafen verurteilt worden waren.

Der Vorsitzende Richter am Landgericht München I, Wilhelm Wenning, 58, gilt in München als eines jener bayerischen Originale – mit Schwielen an den Fingerspitzen –, die langsam aussterben. Es mag zutreffen, dass es sich mit ihm auf der Umgangsebene schlichter Menschen gut auskommen lässt. Er schöpft, wenn es kompliziert wird, einfach aus dem Schatz der Volksweisheit. Er schweift ab ins Menschliche, Allzumenschliche. Und manchmal ist er dann unversehens im Unmenschlichen.

Richter Wenning verhandelt die Sache zur Unkenntlichkeit, er rast durch den Stoff. Mit dem ersten Verfahren hat das zweite keine Ähnlichkeit mehr. Dass ein Mensch tot ist, ja mei. Der zeitliche Abstand zur Leiche hat sie längst im Nebel verschwimmen, ja verschwinden lassen. Die Versäumnisse des Anstaltspersonals, die Schlampereien, die Feigheiten und Unaufrichtigkeiten, die in erster Instanz von dem Amtsrichter Dr. Manfred Meyer noch mit großem Ernst zur Sprache gebracht worden waren – bei Richter Wenning machen sich auch die Aussagen in Windeseile in den Herbstnebel davon: „Im Endeffekt hat halt niemand etwas gesehen. Im Endeffekt war es in der Zelle arg duster."

Arg düster ist das Bild in der Tat jedes Mal, wenn die Ereignisse zur Sprache kommen, die im Sommer 1989 zu einem tragischen Tod führten. Bayraktar, 1952 in Bulgarien geboren, sein Vater war Landarbeiter, besuchte nur vier Jahre lang eine Schule. 1970 kam er in die Türkei, 1973 verschlug es ihn in die Niederlande. 1975 heiratete er eine Frau aus seiner Heimat, die ihm drei Söhne gebar. Den Unterhalt für die Familie verdiente er in einer Textilfabrik.

1980 erkrankte der Mann. Ein türkischer Arzt in Izmir diagnostiziert eine „major depression", eine schwere Kontaktstörung. Einem psychiatrischen Sachverständigen berichtete Bayraktar in Deutschland, er leide unter „innerlichem Druck", Schlaflosigkeit, Ängsten, Kopfschmerzen. Er habe oft das Gefühl, ein Flugzeug im Kopf zu haben. Im Übergang zwischen Wachen und Schlaf sehe er bisweilen weiße Gestalten.

Von 1986 an war Bayraktar wegen dieser psychischen Krankheit arbeitsunfähig und bezog in Holland Rente.

Im Juli 1988 ließ er sich von einem Landsmann überreden, einen Karton mit Lebensmitteln in seinem Auto nach Deutschland zu transportieren. Bayraktar bestritt vor Gericht, gewusst zu haben, dass sich darin Heroin befand. Ob das stimmt oder ob er nur nicht die Kraft zum Neinsagen hatte – ein ausgekochter Rauschgifthändler war der Türke nicht.

Das Landgericht Augsburg, das Bayraktar 1989 zu sechs Jahren Freiheitsstrafe verurteilte, stellte verhängnisvolle Weichen. Die psychische Erkrankung des Angeklagten wurde übergangen, da das Gericht einen planvollen Tatablauf unterstellte. Bayraktar galt nach dem Urteil als „voll schuldfähig". Für die Beamten im Vollzug war er also gesund.

Als Bayraktar von Augsburg nach Straubing verschubt wurde, kam es zu Zwischenfällen. Einen Mitgefangenen erwürgte er fast. Dieser Mann berichtete später: „Er war wunderlich und aggressiv. Er kam barfuß und verlangte meinen Pass zu sehen. Er wollte mit dem türkischen Ministerpräsidenten sprechen und die Polizei umbringen."

Bayraktar wird daraufhin in eine sogenannte Absonderungszelle geschleift. Im Handgemenge reißt er einem Beamten die Gaspistole aus dem Holster und schießt viermal. Ein Vollzugsbeamter feuert zweimal zurück.

Der damalige Abteilungsleiter ordnet telefonisch an, dass dem Häftling die Hände auf den Rücken zu fesseln seien und dass er in den hinteren fenster- und lichtlosen Teil der Zelle zu sperren sei.

Gegen den Abteilungsleiter wurde seinerzeit ermittelt. Aber dann wurden die Ermittlungen eingestellt, und inzwischen ist er aus dem Schneider, weil die Sache verjährt ist. Das Schlimmste für ihn war eigentlich, dass er als Zeuge von Richter Wenning wegen seines Auftritts in einer Windjacke gemaßregelt wurde: „Das ist ja wohl nicht die Dienstkleidung eines Regierungsdirektors, sogar die Angeklagten erscheinen hier mit Krawatte." Dann lässt der Richter ihn seine pflichtgemäße Amtsführung betonen und schreitet nicht ein, als der Zeuge eine Verteidigerin anherrscht: „Fragen S' ned so blöd."

Absonderungszellen sind Löcher wie fürs Vieh. Menschen werden dort hineingesperrt, deren Rechte bereits hart eingeschränkt sind und die doch eine Würde haben. In Stadelheim gibt es in diesen Zellen nichts außer einem gemauerten Bettsockel und einem Abtritt im Boden für die Notdurft.

Ach ja, einen Notrufknopf gab es in Stadelheim auch. Wenn der gedrückt wurde, kam – vielleicht – ein Beamter draußen vorbei und betätigte die Spülung des Klolochs.

Bayraktar drückte in der ersten Nacht oft. Ein Beamter kippte einen

Eimer Wasser in die Zelle: „Weil's mir halt g'stunka hat, dass der dauernd auf d' Glockn druckt hat. I hab' ja eh schon alle halbe Stund' neischaung miass'n."

Was von da an alles passierte – und was nicht –, ja mei. 18 Beamte für 1800 Gefangene am Wochenende. Unklare Vorschriften. Erst bekam der Häftling gar nichts zu essen. Trinken konnte er auch nicht, wie hätte er es denn machen sollen mit den Händen am Rücken. Später, als seine Hände nach vorn gefesselt wurden, wühlte er im Klo. Er reagierte auf nichts. „Verständigung ist unmöglich" stand auf dem Transportzettel. Der Vorsitzende der Bundesgemeinschaft der Ärzte und Psychologen im Strafvollzug, Rainer Rex, der in zweiter Instanz hinzugezogen wurde, erklärte, dass ein Häftling nach einem Dreivierteljahr in Deutschland in der Lage sei zu verstehen, wenn er angesprochen werde. Hat Herr Rex aus Berlin einmal einen bayerischen Vollzugsbeamten „Deutsch" reden gehört?

Bayraktar warf sich auf den Steinboden, auf den Bettsockel. Er schlug mit dem Kopf gegen die Wände. Er schmetterte sich die Handschellen ins Gesicht. Die in erster Instanz wegen unterlassener Hilfeleistung verurteilte Anstaltsärztin Dr. Ursula R., 50: „Mir war die Ursache für sein auffälliges Verhalten nicht klar. Handelte es sich um das Vortäuschen geistiger Verwirrtheit, um nicht zur Verantwortung gezogen zu werden wegen der Schüsse auf die Beamten?"

Ursula R. ist keine durchsetzungsfähige Frau. Martin Amelung verteidigte sie. Sie ist in einem Milieu wie dem Knast überfordert. Sie habe sich auf die Auskunft eines Beamten verlassen, Bayraktar trinke aus dem Klo. Vertraut mit der Örtlichkeit, muss sie gewusst haben, dass dies nicht möglich war.

Sie hat sich nicht gegen den Abteilungsleiter durchgesetzt, dem es darum ging, den aufsässigen Häftling zu bestrafen. Sie hat sich nicht getraut, den absonderlichen Mann so zu untersuchen, dass sie ein klareres Bild von seinem Zustand hätte gewinnen können. Wenigstens ihre Inkompetenz hätte sie sich angesichts eines wohl psychiatrischen Falls eingestehen müssen. Am vierten Tag, den der Türke in der Absonderungszelle verbrachte, hatte sie frei.

Doch zu dem Zeitpunkt war es wohl bereits zu spät. „Mir ham des grad umgerechnet", sagt Richter Wenning nach der Mittagspause in der Kantine, „dem Mann ham ja 25 Weißbier gefehlt." Dann wäre es vielleicht nicht zu dem Nierenversagen gekommen, an dessen Folgen der Häftling vier Wochen später starb.

Der Amtsrichter Meyer hatte in erster Instanz nicht um das Fehlverhalten einzelner herumgeredet. Dabei ging es ihm auch um das Ansehen der Justiz, die nicht zulassen darf, dass ein Mensch im Gefängnis verdurstet oder so verprügelt wird, dass er die Folgen nicht überlebt.

Der Richter am Landgericht Wenning dagegen meint, die Frau Dr. R. habe eben nicht erkannt, dass sie hätte Hilfe leisten müssen. Und: „Was hätte sie denn schon tun können?"

Vielleicht habe sich der Häftling, ein Mohammedaner, von einer Frau nicht untersuchen lassen mögen, spekuliert der Richter. Vielleicht hat er sich ja auch selbst ums Leben bringen wollen, „schließlich wusste er, dass er noch eine Strafe aufs Dach kriegt wegen der Schüsse". Oder er wurde schon in Augsburg so verprügelt oder in Stadelheim von den Beamten, die sich revanchieren wollten („Einen Nachweis gibt's natürlich nicht"), dass seine Nieren versagten?

Nach dem Urteil trifft der Richter Wenning den Vertreter der Nebenklage in der Cafeteria. Verschmitzt lachend klopft er ihm auf die Schulter: „Sie müssen schon mehr trinken, Herr Rechtsanwalt, ned bloß a Wasser."

Grenzen des Vorstellbaren

Der Prozess gegen die „Kinderschänder" von Worms

SPIEGEL 7/1995, 13. FEBRUAR 1995

Von einem Unglück wird hier die Rede sein. Von einem Rinnsal, das zur Flut schwillt. Von Misshelligkeiten erst, kaum der Erwähnung wert, wie sie in jedem Leben und Zusammenleben vorkommen. Und dann ist die Katastrophe da – so oder so.

Am 1. Oktober 1985 heiraten in Worms zwei junge Leute, die nach Meinung ihrer Familien nicht gerade füreinander bestimmt sind, Kurt Baum (alle Familiennamen geändert), damals 23, und Marion Riffel, 21. Es eilt, nach drei Wochen ist schon das erste Kind da.

Der Vater des jungen Ehemannes ist 1976 gestorben. Er war Dachdecker. Die Mutter Waltraud Baum wäre gern Schneiderin geworden, das Schicksal hat sie jedoch nur eine Arbeiterin werden lassen. Sechs Kinder hat sie zwischen 1955 und 1962 geboren, von denen fünf am Leben blieben. Später hat sie für andere Leute geputzt und als Witwe die Kinder allein durchgebracht.

Der Vater Marions war Hotelportier in Lorsch, ihre Mutter arbeitete zeitweise als Bedienung. Es kam jedes Jahr ein Kind, 1963, 1964, 1965 und so fort, bis es achte waren, fünf davon Mädchen. Der Vater trank und schlug. Als die Ehe auseinander ging, zog Marions Mutter nach Worms und pachtete eine Gaststätte. Marion musste helfen.

Als die junge Marion Riffel den jungen Kurt Baum kennen lernt, hat sie weder Ausbildung noch eine Arbeitsstelle, denn die Gaststätte der Mutter ist bereits wieder geschlossen. Erfreut war man bei den Baums über Marion nicht. Die Riffel-Töchter mit zum Teil unehelichen Kindern und Männern zweifelhaften Rufs galten bei den Baums als unfähig, es im Leben zu etwas zu bringen.

Waltraud Baum rät ihrem Jüngsten ab, doch was hilft es. Man habe Marion eine „anständige Familie" bieten wollen, sagen Mutter und Sohn rückblickend, „aber sie hat ja nicht gewollt". Doch auch Marion ist irritiert über die Schwiegermutter: Berge von schmutzigem Geschirr in der Küche und der Kartoffelsalat unter der Eckbank. Man wirft sich gegenseitig das gleiche vor.

Es geht nicht lange gut. Marion habe kein Essen auf dem Tisch gehabt, wenn der Mann von der Arbeit kam, sie sei flatterhaft, verlogen und schlampig gewesen, behaupten die Baums. Kurt habe getrunken, mit anderen Frauen herumgemacht und sich nicht ums Kind gekümmert, heißt es bei den Riffels.

Im Mai 1987 verlässt die junge Frau Kurt Baum, schwanger mit einem zweiten Kind. Den eineinhalbjährigen Robert nimmt sie mit. Es wird ihr bedeutet, sie könne ruhig wegbleiben, aber den Sohn habe sie herauszugeben.

Im Dezember 1987 kommt Jenny zur Welt. Sie habe dieses Kind nicht gewollt, vertraut Marion einer Verwandten an, doch leider sei es für eine Abtreibung schon zu spät gewesen.

Im Mai 1988 wird die Ehe von Marion und Kurt Baum geschieden. Schon wieder schwanger, heiratet Marion 1989 einen Mann namens Heino Butt. Wenige Monate nach der Geburt des Mädchens Isabell ist auch diese Ehe kaputt. Dann heiratet sie einen Klaus Jürgen Unkelberg und bringt 1993 wieder ein Mädchen zur Welt. Jetzt hat sie von drei Männern vier Kinder und ist vom Leben hoffnungslos überfordert.

Am meisten bekommen das wohl die ältesten Kinder aus erster Ehe zu spüren, Robert und vor allem die ungewollte Jenny. Sie ist nach Beobachtung der Baum-Partei von Anfang an das Außenseiterkind unter den vieren.

Einmal in der Woche, so ist es seit der Scheidung vereinbart, soll Kurt Baum seine Kinder sehen dürfen, die Mutter behält das Sorgerecht. Doch nicht lange, und die Termine und Abmachungen werden nicht eingehalten. Um den Unterhalt wird gestritten. Kurt Baum meint, sein Geld komme nicht seinen Kindern zugute. Es gibt auch lautstarken Streit mit den wechselnden Ehemännern Marions. Das Zerwürfnis verschärft sich.

Nicht nur der Großmutter Waltraud Baum fallen die blauen Flecken an Jenny auf, wenn sie mit ihrem Bruder Robert zu Besuch gebracht wird. Eine Schwägerin der Baums beobachtet, wie hässlich Jenny von ihrer Mutter Marion behandelt wird: Den ganzen Tag müsse das Kind auf dem Topf sitzen oder in einer Ecke stehen, berichtet sie. Robert erzählt, dass es Haue gebe mit dem Handfeger und dass Jenny angebunden werde, wenn sie nicht schlafen will.

Jenny leidet lange unter einer Windeldermatitis. Die Sorgfalt, Geduld und Mühe, die die Behandlung einer solchen Erkrankung verlangt, bringt niemand für das Kind auf. Schließlich ist das kleine Mädchen so entzündet, dass es blutet.

Eine Verwandte aus der Baum-Familie informiert das Jugendamt über die Zustände. Das Amt reagiert schwerfällig. Nicht jedes Kind, das mal geschlagen werde, könne man gleich in ein Heim stecken, heißt es.

Vater Kurt Baum appelliert ans Jugendamt, dass er seine Kinder zu sich nehmen wolle; seine Mutter werde sich um Jenny und Robert kümmern. Waltraud Baum wird vorstellig, 10-mal, 20-mal, wie sie sagt, die Schwestern Kurt Baums gleichfalls.

Das Schreien und abwehrende Strampeln von Jenny, wenn sie gewickelt werden soll, schüren das Misstrauen der Familie Baum obendrein. Was machen die eigentlich mit dem Kind?, fragt man sich düster. Es gibt Gerede, das Wort vom sexuellen Missbrauch fällt. Unmerklich schleicht sich das Gefühl ein, dass der Hinweis auf blaue Flecken nicht ausreicht, wenn man die Kinder wiederhaben will; dass wohl stärkere Argumente vonnöten sind.

Der Verdacht gegen Marions Sippe, die Riffels, der die Kinder Kurt Baums hilflos ausgeliefert sind, so sieht man es, wuchert schon im Jahre 1988. Den Kindern Jenny und Robert, aber auch der später geborenen Isabell ist das Thema von frühesten Kindheitstagen an vertraut.

Von Kinderärzten, denen sie ihre Besorgnis vortragen, werden die Baums nach ihrer Darstellung abgewiesen; das Sorgerecht habe die Mutter, man könne da nicht viel machen.

Den von Sorge, Zorn und Verdacht geplagten Vater irritiert überdies, dass die zweijährige Jenny ihm manchmal zwischen die Beine fasst – „gezielt", wie er meint. Zu seiner Mutter sagt er: „Du hast keine Ahnung, was das Kind macht, ich möchte mal wissen, wo sie das herhat."

Am 7. Juni 1991 bringt eine Schwester Kurt Baums die inzwischen dreijährige Jenny auf Empfehlung einer Kindergärtnerin („Da wird nicht nach dem Sorgerecht gefragt") in eine Kinderarztpraxis in Worms wegen einer Wunde am Kopf. Das Kind, sprachlich etwas zurückgeblieben, sagt: „Mama mich hingesmissen."

Einer der Ärzte schaut sich Jenny an. Er zählt fünfzehn Blutergüsse sowie Kratz-, Schürf- und Quetschwunden am ganzen Körper. Jenny soll die Hose ausziehen, sie weigert sich und lässt sich auch nicht die Knie auseinanderdrücken. Dann, so erinnert sich der Arzt, habe die Dreijährige gesagt: „Wenn man streichelt, dann lieb ich dich nur." Und angeblich auch: „Wenn man keine Angst hat, ist das in Ordnung."

Was heißt das? Für den Arzt keine Frage. Auf dem Krankenblatt notiert er: „Verdacht auf mehrfachen sexuellen Missbrauch".

Der Befund spricht sich herum. Als erste erscheinen Marion und Klaus Jürgen Unkelberg, ihr dritter Ehemann, aufgeregt in der Praxis und weisen jeden Verdacht von sich. Ihnen folgt am gleichen Tag Großmutter Baum mit der dreijährigen Jenny und klagt: „Mein Gott, was muss noch alles passieren, damit die Kinder nicht mehr zu den Unkelbergs gelassen werden."

Nun wird Jenny von einem anderen Arzt untersucht. Über den Verdacht auf sexuellen Missbrauch ist er unterrichtet, auch darüber, wer es getan haben soll: Herr und Frau Unkelberg. Er hört, dass der Kollege „von der Massivität der Befunde" an Jenny beeindruckt ist. Und so findet er eine wunde Stelle an einer Schamlippe, zählt fünf Einkerbungen und Schrunden am Po und findet keinen Schließreflex des Afters. Das erlaubt ihm, den Befund seines Kollegen zu präzisieren: analpenetrativer chronischer Missbrauch. „Ein solcher Befund schließt andere Formen sexuellen Missbrauchs nicht aus" – diesen bei ihm üblichen Standardsatz fügt er hinzu.

Kurt Baum, der Vater, in heller Aufregung, erstattet am 22. Juni 1991 Anzeige gegen Marion und ihren dritten Ehemann wegen des Verdachts auf gemeinschaftlichen sexuellen Missbrauch von Kindern und der Körperverletzung zum Nachteil des Kindes Jenny. Wenn die Ermittlungen ein Jahr später auch im Sande verlaufen, denn eine Kinderpsychologin hält Jenny für noch zu wenig aussagetüchtig, so hat die Anzeige der Familie Baum doch eines geschafft: Die Kinder werden sofort zur Großmutter Waltraud Baum gebracht. Endlich ist das Ziel erreicht.

Ob Jenny geschlagen worden ist zu Hause, ob sie vernachlässigt oder ob sie auch sexuell attackiert wurde (die Wormser Doktoren unterscheiden in ihrer Terminologie nach eigenen Angaben nicht zwischen Misshandlung und Missbrauch), danach fragt niemand mehr. Der Befund wirkt.

So ist es nicht verwunderlich, dass nun Marion umgehend ihren ersten Ex-Mann Kurt Baum ebenfalls mit einem Missbrauchsverdacht überzieht, den er gegen sie und Unkelberg so erfolgreich vorgebracht hat. Jede Seite unterstellt von nun an der anderen das Grässlichste. Den Kindern bleibt das nicht verborgen. Sie wachsen in die beiderseitigen Unterstellungen hinein.

Sogar vor Gericht beschimpfen sich die Parteien vor den Kindern aufs gemeinste. Das Jugendamt gerät an den Rand der Verzweiflung: Wie soll künftig die Besuchsregelung aussehen? Bei jedem Treffen gehen die Parteien wie Furien aufeinander los. In einem Gutachten heißt es, die Kinder wünschten sich nur zweierlei – ein Ende der Streitereien zwischen den Erwachsenen und mehr Nähe zum Vater und zur Mutter.

Die Diagnose der Ärzte wird von niemandem angezweifelt, nicht vom Jugendamt, nicht vom Vormundschaftsrichter, von den Familien – mit Blick auf die gegnerische Partei – ohnehin nicht. 1992 kommt es wieder zu einem Gerichtstermin, weil Marion Unkelberg ihre Kinder zurückhaben will. Es wird gegen sie entschieden. Jenny, so drückt es ein Mitarbeiter des Jugendamts aus, solle künftig „an den Verein Wildwasser angebunden werden", der in Worms als „Kinderschutzdienst" firmiert.

Am 10. Mai 1993 beginnt die Wildwasser-Mitarbeiterin Ute P., 42, eine Religionspädagogin, mit der inzwischen fünfjährigen Jenny zu „arbeiten". Frau P. ist neu bei Wildwasser. Vom Jugendamt und von dem einen der Wormser Ärzte, der dem Verein eng verbunden ist, erfährt sie, dass Missbrauch bei dem Kind vorliege.

Ute P. erklärt jedem Kind erst einmal, dass Erwachsene ihm wehgetan hätten. Dann folgt das Spiel mit den sogenannten anatomisch korrekten Puppen (Puppen mit meist langen Zungen, überdeutlichen Geschlechtsteilen und Körperöffnungen, in die der Penis der Mann-Puppe genau hineinpasst), mit denen auch in der Praxis der Kinderärzte hantiert wird – „für Kinder, die keine Sprache haben". Jenny, ist anzunehmen, kannte sich mit den Puppen bereits aus.

Beim zweiten Termin schon sagt Jenny auf die Frage, wer ihr wehgetan habe: Jürgen. Mama schlage die kleine Isabell. „Jürgen" ist für Frau P. Jennys Stiefvater Klaus Jürgen Unkelberg.

Dann fragt Frau P.: „Wie hat Jürgen dir wehgetan?" Daraufhin verhaut Jenny eine der Puppen. Später steckt sie der Kind-Puppe den Papa-Puppen-Penis in den Po. Für Frau P. heißt das: Jenny ist von Klaus Jürgen Unkelberg anal vergewaltigt worden.

Der ältere Bruder Jennys, Robert, wird auch zu Wildwasser gebracht, er soll bestätigen, was Jenny „aufgedeckt" hat. Erst weigert er sich, verneint alles. Nach vier, fünf Besuchen sagt er Ja. Jenny habe nicht gelogen. Frau P. lobt ihn darauf ob seines Mutes.

Auch Isabell muss nun zu den Ärzten. Marion Unkelberg, so wird vom Jugendamt versprochen, könne die Kinder Jenny und Robert öfter sehen, wenn an der bei ihr lebenden Tochter Isabell keine Missbrauchsspuren gefunden würden. Anlässlich einer Untersuchung Isabells im März 1993 findet der eine der Kinderärzte nichts.

Gleichwohl soll auch Isabell zu Wildwasser. Es ist eine schwierige Zeit für das Kind: Das nächste Baby der Marion Unkelberg, Jacqueline, ist knapp drei Monate alt. Die vierjährige Isabell, in der Geschwisterreihe als Jüngste entthront, reagiert eifersüchtig. Und bei Wildwasser hat ihre Halbschwester Jenny bereits aufgedeckt und die Aufmerksamkeit auf sich gezogen.

6. Oktober 1993, Isabell kommt vom ersten Termin nach Hause und erzählt. Sie bringt offensichtlich alles durcheinander. Frau P. aber notiert eifrig, was das Kind spielt und sagt.

3. November, Isabell und Jenny sind mal wieder gemeinsam bei Wildwasser. Es geht wie immer um Schniedel und Scheide, Po und Pinkeln. Frau P. lenkt nach eigenen Angaben das Spiel so, dass Isabell vor Jenny sagt, wo Mama und Jürgen ihr wehtun. Sie soll mit den Puppen zeigen, was passiert – und Isabell steckt, nach Auffassung von Frau P., den Penis der Jürgen-Puppe in den Mund der Isabell-Puppe. Dasselbe macht sie mit der Baby-Puppe.

Jetzt informiert Frau Plass das Jugendamt. Hektische Betriebsamkeit bricht aus. Der Mann vom Jugendamt kommt. Das Kind soll wiederholen, was es eben mit den Puppen gespielt hat. Es tut, was es soll, und stellt nach allseitiger Überzeugung „oralen Missbrauch durch Jürgen Unkelberg" dar.

Anschließend soll Isabell dies vor ihrer Mutter Marion zeigen. Da sträubt sich die Vierjährige und flüstert, dass alles nicht wahr sei, Jürgen habe überhaupt nichts gemacht. Frau P. akzeptiert das nicht:

„Ja, heute ist nichts passiert, aber es ist früher passiert.“ Isabell nickt – und kommt ins Heim.

Auf der Fahrt dorthin nickt das Kind auch auf Frau P.s Frage, ob ein Film gedreht worden sei. Es nennt auf Nachfrage Namen: Andreas, der sei „böse“, Sylvia, Nadine, Kevin und viele andere. Um wen es sich dabei handelt, so Frau P., erfährt sie von der Großmutter Waltraud Baum, die bereitwillig die ganze Feindessippschaft bis zu den Kindeskindern aufzählt.

Wenige Tage später unterrichtet Frau P. die Staatsanwaltschaft. Auch Waltraud Baum beteiligt sich aufgeregt an allen Aktivitäten. Sie beschafft Informationen über weitere angeblich Beteiligte, sie gibt Gerüchte weiter und erfährt welche. Sie wirbelt in den Strudel hinein, der sie als erste verschlingen wird.

11. November 1993, richterliche Anhörung von Isabell. Beim Hinausgehen sagt Isabell unvermittelt zu Frau P., die sie auf dem Arm trägt: „Und der Robert war auch dabei.“ Frau P. fragt zurück: „Und die Oma und die Jenny auch?“ Isabell nickt wieder einmal.

Die Oma Baum soll zusammen mit Klaus Jürgen Unkelberg oder einem anderen Mann von der Riffel-Partei Missbrauch getrieben haben? Frau P. ist fassungslos. Der Herr vom Jugendamt ist geschockt. Der Kinderarzt: „Das konnte ich mir nicht vorstellen.“ Eine Mitarbeiterin des Jugendamts: „Es lag außerhalb unserer Vorstellung, dass diese Erwachsenen solche Kontakte miteinander haben sollten angesichts des wahnsinnigen Kriegs, der zwischen denen tobte.“

An dieser Stelle wäre noch Gelegenheit gewesen, die Katastrophe aufzuhalten: wenn jemand nüchtern die Entstehung der durch Vorgaben und Vorhalte erzielten Kinderaussagen geprüft und an der Familiensituation gemessen hätte.

Aber nein. Jenny und Robert werden bei einer Tante untergebracht. Deren drei Kinder im Alter zwischen vier und acht Jahren kommen auch zu Wildwasser und werden, wie Isabell im Heim, geradezu in einen Aufdeckungsrausch hineingefragt. Namen über Namen fallen. Schließlich landen alle Kinder im Heim. Auf dem Höhepunkt werden sogar die Staatsanwältinnen, die sich mit dem Fall befassen, von den Kindern des sexuellen Missbrauchs beschuldigt.

Noch an jenem verhängnisvollen 11. November 1993 werden Marion und ihre vier Schwestern, Klaus Jürgen Unkelberg und ein weiterer

Verwandter festgenommen. Waltraud Baum und ihre zwei Töchter (eine davon ist Arzthelferin in der besagten Kinderarztpraxis) sowie deren Ehemänner sind einen Monat später an der Reihe. Kurt Baum, der Vater, der 1991 die Anzeige wegen Verdachts auf sexuellen Missbrauch erstattet hatte – er wird am 15. Dezember 1993 verhaftet.

Immer mehr Personen kommen in U-Haft, auch solche, die weder mit den Baums noch mit den Familien Riffel oder Unkelberg verwandt sind. Auf sie fällt Verdacht, nachdem eine Fünfjährige zuerst beim Kinderarzt und dann bei Wildwasser war, zur gleichen Zeit wie Jenny und Isabell. Die Fünfjährige aus komplizierten Familienverhältnissen berichtet: Mit ihrer geschiedenen Mutter Heike habe sie in einer Kneipe Dinge essen müssen, die sie nicht mag, zum Beispiel Spinat.

Frau P. kommt auf die Idee, dass das Kind womöglich Sperma habe schlucken müssen. Die Stiefmutter des Mädchens dringt weiter in das Kind und hält ihm vor: „Ich weiß, dass die Heike dich gezwungen hat, Samen zu essen." Das Kind: „Ja."

Frau P., überzeugt, einem Kinderpornoring auf der Spur zu sein, schlägt vor, die Lokale der Umgebung mit den Kindern abzufahren; vielleicht finde sich die Kneipe. Inzwischen spricht auch Isabell von dem Lokal, man darf annehmen, auf Vorhalt von Frau P. – mit der Folge, dass ein Wirt verhaftet wird. Sein Lokal liegt in Sichtweite von Frau P.s Wohnung.

Und nun ist auch die Rede von einem öffentlichen Schwimmbad, in dem es einen Bademeister namens Erich gebe. Dort seien die Kinder hingebracht und unbekannten Männern gegen Entgelt zugeführt worden. Den Bademeister hat man nicht gefunden, das öffentliche Bad auch nicht. Wann es geschehen sein soll, weiß niemand. Die Beschuldigungen geraten vollends außer Kontrolle.

Am 24. November 1994 beginnt in Mainz der erste Prozess gegen sieben Angeklagte aus der Baum-Familie. Zwei weitere Prozesse gegen Personen aus dem Riffel-/Unkelberg-Umkreis und Nichtverwandte wie etwa den Wirt folgen. Bis jetzt sind 25 Personen beschuldigt, 15 Kinder missbraucht zu haben.

Vor Gericht erscheinen als Zeugen die Kinderärzte, die sich die Feststellung sexuellen Missbrauchs als Spezialität zugelegt haben. Seit Jahren betrachten sie die kleinen After und Scheiden unter der Lupe, sie beleuchten, messen und fotografieren die durch Spreizen erzielten Öffnungen und erkennen „eindeutige Anzeichen", wo andere Kinderärzte zumindest Alternativursachen erwägen. Der eine der Ärzte: „Wenn wir Kinder auf sexuellen Missbrauch untersucht haben, hat sich das auch bestätigt."

Der andere hat auch eine Theorie zur Täterfeststellung: „Das wissen wir einfach – wer immer den Verdacht auf sexuellen Missbrauch vorträgt, kommt immer auch tätermäßig in Betracht", sagt er vor Gericht. Er hat eine Sehschwäche, kann die Farben Rot und Grün nicht unterscheiden. Seine Befunde, zum Beispiel Rötungen, beurteilt er, wie er sagt, „nach Helligkeitswerten".

Die Zeugin P. von Wildwasser: Der „fachliche Bereich des sexuellen Missbrauchs" ist laut Jugendamt in Worms an diesen Verein delegiert. Dessen Hauptaufgabe, heißt es, sei die Aufdeckung sexuellen Missbrauchs. Frau P. gibt sich vor Gericht als Anhängerin von Professor Tilman Fürniss, Münster, zu erkennen. Bei dem habe sie ein Jahr lang eine „sehr intensive Ausbildung für die Aufdeckung sexuellen Missbrauchs" an zehn Wochenenden absolviert, weil er nach ihrer Auffassung „die Kapazität in Deutschland im Bereich des sexuellen Missbrauchs" ist.

Die Öffentlichkeit ist von der Schuld der Angeklagten längst vor Prozessbeginn überzeugt dank der Mainzer Staatsanwaltschaft. Der Leitende Oberstaatsanwalt Hans Seeliger, 60, an der Seite seiner Ermittlerinnen Martina Fischl und Heike Finke, schwor die Medien ein: Der Fall sprenge die Grenzen des Vorstellbaren! Kein Zweifel an den Aussagen der Kinder! Kein Zweifel an den eindeutigen massiven Spuren von Missbrauch! Ungewöhnlich gut belegt!

Das Gericht mit dem Vorsitzenden Ernst Härtter, 61, verhandelt nicht nur deshalb unter fast unerträglichem Druck. Liegt es daran, dass die Kritik und die Zweifel, die vor allem die Verteidiger Michael Harschneck, Mainz, und Franz Obst, Koblenz, vorbringen, allenfalls mit Unmut und Abwehr zur Kenntnis genommen werden?

Das Gericht wird trotzdem klären müssen, ob die Kinder tatsächlich beschuldigen oder ob sie von Erwachsenen – unbewusst und aus unterschiedlichstem Anlaß – in Situationen gebracht wurden, in denen möglicherweise harmlose Worte und Gesten bereits zum Anstoß für den späteren Aufdeckungstaumel wurden. Auch das Mainzer

Gericht wird der Frage irgendwann nicht mehr ausweichen können, ob aus dem Sud von Familienstreit, Aufdeckungsarbeit, ärztlicher Selbstsicherheit, erregter Besorgnis und dilettantischem Ermittlungseifer noch herauszudestillieren ist, was wirklich geschah.

Am 14. Januar starb Waltraud Baum in ihrer Zelle an einem Herzinfarkt. Am letzten Verhandlungstag, den sie erleben musste, schilderte ein Zeuge die panische Angst, die die Kinder angeblich heute vor ihrer Oma hätten. In der „Allgemeinen Zeitung" in Mainz wurde diese Aussage so interpretiert, dass die Angeklagte „erheblich belastet" worden sei.

Der Verdacht auf sexuellen Kindesmissbrauch stellt die Strafjustiz gerade in sogenannten Massenbeschuldigungsverfahren vor ein neues Problem. Die „Aufdeckung" derartiger Straftaten steht für hochengagierte Kämpferinnen wider die Gewalt gegen Frauen und Kinder an erster Stelle. Der Kieler Psychologe Günter Köhnken, der im sogenannten Montessori-Prozess in Münster gerade ein umfangreiches Gutachten zur Aussageentstehung bei Kindern erstattet hat, erinnerte daran, dass vor der „Aufdeckung" erst einmal die Aufklärung zu stehen habe. Es sei zunächst zu klären, ob überhaupt etwas „aufzudecken" sei. Köhnken wies auch auf die international als gesichert geltenden Regeln der Glaubwürdigkeitsprüfung von Kinderaussagen hin. In Mainz, wo sich die Anklage auf Sätze von Drei-, Vier- und Fünfjährigen stützt, sind solche Überlegungen noch nicht zu erkennen.

Freispruch auch im letzten der Prozesse um angeblichen sexuellen Kindesmissbrauch in Worms

SPIEGEL 26/1997, 23. JUNI 1997

Sechzehn Kinder sind in einen verheerenden Strudel hineingezogen worden: Jahrelang hielt man sie für Opfer widerlichsten sexuellen Missbrauchs, zigfach, hundertfach begangen durch gewissenlose Eltern, Onkel, Tanten, Großeltern, durch Geschwister und ungezählte Unbekannte. Man trennte sie brachial von ihren Familien und überschüttete sie in Heimen mit Fürsorge.

Man „schützte" sie durch totale Kontaktsperren vor ihren angeblichen Peinigern. Man beschwor sie, keine Angst mehr vor ihren Vätern und Müttern haben zu müssen, denn die seien im Gefängnis. Die kämen da nicht mehr raus, es sei denn, dass „sie etwas daraus gelernt hätten“. Man beschwor sie so lange, bis auch das letzte Kind, das bis dahin noch keine Angst vor seinen Eltern hatte, das Zittern überfiel.

Es gibt noch ein 17. Kind. Es heißt Kassandra und taucht in vielen der leichtfertigen Berichte über die Wormser „Kinderschänder“ auf. Bei diesem Kind hat einer der die Katastrophe mitauslösenden Kinderärzte „schon beim flüchtigen Durchmustern 30 Spermien gesehen“ und diese unersetzliche Beute dann – weggeworfen.

Das Kind, das tatsächlich Kassandra heißt, ist in der Berichterstattung über Jahre als Beleg dafür angeführt worden, dass zumindest eines der Kinder unbestreitbar missbraucht wurde. Dieses Kind hatte aber mit den in den Wormser Prozessen Angeklagten überhaupt nichts zu tun.

Einer Mitarbeiterin des Mainzer Sozialministeriums hätte Kassandra, ein ungeklärter Problemfall – mit Sperma!, fabelhaft in ihr Phantasiegebilde eines riesigen Kinderpornorings in den Mauern der Nibelungenstadt gepasst. Auf ihr Drängen hin wurde immer wieder versucht, Kassandra mit den Angeklagten und den angeblich missbrauchten Kindern in den drei Prozessen in Beziehung zu bringen. Das ist nicht gelungen. Da war nichts. Das Kind mag missbraucht worden sein von wem auch immer, doch mit den Angeklagten in den drei Prozessen hatte es absolut nichts zu tun.

Was nun, nach insgesamt 24 Freisprüchen und der Feststellung, dass es „den Massenmissbrauch in Worms nie gegeben hat“ – dass alles nur ein Alptraum war?

Die Öffentlichkeit, von Beginn der Prozesse im November 1994 an im Glauben gehalten, schon wegen der medizinischen Befunde gebe es „keinen vernünftigen Zweifel, dass Missbrauch stattgefunden hat“, ist jetzt verwirrt. „Wie können die Leut’ freigesprochen werden, wenn die Kinder doch so geschädigt sind?“, fragte eine Wormser Bürgerin im Fernsehen.

Gegen den Widerstand der Betreuer in den Heimen und nach zähem Ringen mit den Ämtern wurden in den letzten Monaten einzelne Kinder ihren Eltern zurückgegeben. Der Großteil sitzt weiterhin in Heimen fest, seit 1993. Im Namen des Kinderschutzes setzen sich die Ungeheuerlichkeiten fort.

Die heute 26 Jahre alte Nicole F., verhaftet, angeklagt und freigesprochen im Prozess Worms II, bat 1995 das Jugendamt Worms um ein Foto ihres damals vierjährigen Sohnes, der fast zwei Jahre lang schon in einem Heim untergebracht war. Sie wollte wissen, wie groß der Junge mittlerweile war, wie er inzwischen aussah.

Auf wiederholte Nachfrage ihres Verteidigers Christian Kusel aus Mainz schrieb das Jugendamt an den Anwalt: „Nach wie vor sind wir der Auffassung, dass Bilder der beteiligten Kinder, für die wir vom (Vormundschafts-)Gericht Verantwortung übertragen bekommen haben, einen hohen Marktwert haben, und wir werden alles in unserer Macht Stehende tun, eine Vermarktung zu verhindern bzw. ein Stück weit Vertraulichkeit für das Kind herzustellen." Die Frau hatte nicht etwa ein Nacktfoto ihres Kindes haben wollen.

Der Rechtsanwalt Franz Obst aus Koblenz bemüht sich seit Oktober 1996 für ein Ehepaar (angeklagt und im Januar freigesprochen im Prozess Worms I) um die Rückübertragung des Sorgerechts für ihre drei Kinder. Obst legte dem Jugendamt das Gutachten des psychologischen Sachverständigen Professor Burkhard Schade vor, in dem wissenschaftlich fundiert ausgeführt wird, dass die gesamten Aussagen der Kinder zum angeblichen Missbrauchsgeschehen auch durch suggestive Beeinflussung zu erklären seien.

Andere namhafte Sachverständige wie der Berliner Professor Max Steller oder die Psychologin Marie-Luise Kluck teilen diese Auffassung. Alle drei Wissenschaftler meinen, dass den Kindern mit an Sicherheit grenzender Wahrscheinlichkeit überhaupt nichts geschah.

Das Jugendamt Worms aber schreibt ans Vormundschaftsgericht: „Wir betrachten es als eine Unterstellung, dass den Kindern ein Geschehen eingeimpft worden sei, das es tatsächlich nicht gegeben habe, da sich die Kinder unter anderem uns gegenüber anders geäußert haben."

Die Kammer mit dem Vorsitzenden Richter Hans Lorenz, 46, hat nun das letzte der drei Wormser Verfahren zu Ende gebracht. Die siebenstündige Urteilsbegründung endete mit unvergesslichen Worten des Vorsitzenden. Er sagte: „Bei allen Angeklagten, für die ein langer Leidensweg zu Ende geht, haben wir uns zu entschuldigen." Lorenz entschuldigte sich nicht nur namens des Gerichts. Er entschuldigte sich für die Strafjustiz.

Denn sie ist für das Desaster verantwortlich. Ihr stehen genügend Instrumente zur Verfügung, solche Katastrophen zu verhindern. Die Folgen aber tragen andere: Eltern und Kinder.

Einer der Freigesprochenen hat endlich einen Arbeitsplatz in Aussicht; er bekommt die Stelle nicht, weil eine Mitarbeiterin sich weigert, mit „so einem" zusammenzuarbeiten. Ein Siebenjähriger – ein „Missbrauchsopfer", das keines war – wird im Sportverein nicht aufgenommen, weil die Eltern der anderen Kinder mit Austritt drohen. Ein 74-jähriger Freigesprochener wird bei der Einladung zur Feier der diamantenen Konfirmation übersehen.

Lorenz hat Selbstkritik geübt: „Am meisten macht uns zu schaffen, eingestehen zu müssen, dass wir zu Beginn die Beweislage falsch eingeschätzt haben." Wer bei sich selbst anfängt, darf auch die anderen kritisieren, die zu diesem nicht wiedergutzumachenden Unrecht beigetragen haben. Denn Opfer hat es genug gegeben, wenn auch nicht sexuellen Missbrauchs: „Es spricht viel dafür, dass die Kinder Opfer dieses Verfahrens wurden, Opfer derjenigen, die es gut gemeint und schlecht gemacht haben." Der Vorsitzende Lorenz hat die Dinge schonungslos beim Namen genannt.

Besonders zu danken ist ihm für einen Satz: „Die Angeklagten von Worms I wären von uns genauso klar freigesprochen worden." Es fällt schwer, noch einmal an die Urteilsbegründung im Prozess Worms I des Vorsitzenden Richters Jens Beutel, der heute Mainzer Oberbürgermeister ist, zu erinnern. Zwar hatte auch das Gericht unter Beutel freigesprochen. Doch es war ein Freispruch allerletzter Klasse: kein Zweifel, dass die Mehrzahl der Kinder Opfer sexuellen Missbrauchs seien. Die Angeklagten hätten „damit zu leben, dass bei allen der Verdacht des sexuellen Missbrauchs fortbesteht und nicht ausgeräumt worden ist", hieß es in der mündlichen Urteilsbegründung.

Beutel kandidierte bei der Oberbürgermeisterwahl für die SPD, erreichte nur Platz zwei, gewann jedoch im zweiten Durchgang, nachdem die Grünen, die auf der Seite aller Missbrauchsbekämpfer standen, seine Wahl empfohlen hatten. Viele SPD-Mitglieder sind der Meinung, dass der Koalitionspartner FDP sie „gängelt", dass die Grünen der Partner sein sollten. Zwischen der richtenden dritten

Gewalt und der exekutiven zweiten sollte eine Distanz sein, die Beunruhigung und Zweifel nicht aufkommen lässt.

Gut gemeint, schlecht gemacht: Die Staatsanwaltschaft fiel auf eine fachlich inkompetente Wildwasser-Mitarbeiterin herein, Frau P., die blindwütig in einer Art Eigenjustiz ermittelte. Die „Frankfurter Allgemeine" schrieb ihr eine „gewisse kriminelle Energie" zu.

Die Staatsanwaltschaft fiel auch auf Kinderärzte herein, die sich für Spitzenspezialisten im Erkennen von Missbrauch halten und in atemraubender Leichtfertigkeit diagnostizieren. Darf ein Arzt schreiben „zweifellos missbraucht", wenn er ein Kind gar nicht untersucht hat?

Die Staatsanwaltschaft, die in Mainz seit 1991 ein Spezialdezernat „Gewalt gegen Kinder und Frauen" unterhält, fiel auf Gutachter herein, die, ohne die Entstehungsgeschichte der Kinderaussagen zu kennen und ohne sich mit der einschlägigen wissenschaftlichen Literatur auseinandergesetzt zu haben, Glaubwürdigkeitsstempel verteilten. Es fällt schwer, ihre haaarsträubenden Thesen nicht zu zitieren.

Es sind zwischen November 1994 und Juni dieses Jahres in Mainz vor Gericht unsägliche Dinge geschehen. Ein Staatsanwalt, ein Beispiel, stets groß im Pöbeln, steht mitten in der Sitzung auf, zieht die Robe aus, fordert die Kollegin auf, Gleiches zu tun, und die beiden verschwinden für 20 Minuten, weil es dem Herrn stinkt. Die Sitzung verläuft gerade nicht in seinem Sinn.

Die Staatsanwaltschaft hat nicht bemerkt, dass Kinder von bereits verhafteten Personen nicht mehr missbraucht werden konnten. Sie hat nicht gemerkt, dass ein Kind noch nicht geboren war, als es schon geschändet worden sein soll. Sie wollte einfach nichts merken. Sie ist keinen Millimeter gewichen, sie hat ihre Anklage im Schlussvortrag von Worms II sogar in ganzer Pracht noch einmal verlesen. Und Revision hat sie natürlich auch gleich eingelegt. Von einem „Amoklauf der Staatsanwaltschaft" schrieb die „Frankfurter Allgemeine".

Um kein Missverständnis aufkommen zu lassen: Der Vorsitzende Lorenz ist nicht unerfahren im Urteilen über Missbrauchsdelikte. In 17 Verfahren haben er und seine Mitrichter 15-mal verurteilt. Nur in Worms II und III haben sie freigesprochen. „Sexueller Missbrauch", sagte Lorenz, „ist kein böhmisches Dorf. Er ist nachweisbar, er ist verfolgbar, er wird verurteilt, auch am Landgericht Mainz."

Die Verteidigung hat zum Teil eindrucksvoll plädiert, vor allem die Frauen: Ines Bauer aus München in Worms III, Gabriele Haas (Ludwigshafen) und Charlotte Goeschen (Frankfurt) sowie Gabriele Jansen (Köln) in Worms II. Der Rechtsanwalt Hans-Ulrich Beust, er steht hier für viele Verteidiger, die sich in dieser Sache verdient gemacht haben, für Harschneck, Leitner, Scherer, Weidhaas und andere. Er steht vor allem für den Verteidiger Klaus Poethke, der in Osnabrück einem Ehepaar zum Freispruch vom falschen Missbrauchsvorwurf verholfen hat – er wurde während der Begründung des Urteils in Mainz daheim begraben. Beust hielt im Prozess Worms III ein sehr persönliches Plädoyer.

Er sprach davon, dass seine Frau und er nicht das Glück eigener Kinder erlebt haben. „Hätten wir Kinder gehabt, hätten wir sie frei und ungezwungen, auch körperlich, aufwachsen lassen. Nach der Erfahrung mit diesen Prozessen haben wir uns gefragt, ob es vielleicht doch besser war, keine Kinder gehabt zu haben."

Nach diesen Sätzen war es still im Gerichtssaal.

Nach langem Zögern nahm die Staatsanwaltschaft kurz vor Ablauf der Frist ihr Revisionsbegehren gegen die Freisprüche zurück. Und der Leitende Oberstaatsanwalt von Mainz kritisierte den Vorsitzenden Richter Lorenz: Er habe nicht das Recht gehabt, sich für die gesamte Strafjustiz zu entschuldigen; er könne nur für sich und seine Mitrichter sprechen.

„Dich bring ich um!"

Ein Staatsanwalt, angeklagt wegen Vergewaltigung, erlebt den bösen Alltag der Strafjustiz am eigenen Leib

SPIEGEL 13/2001, 26. März 2001

Im Sommer 1997 zogen sie zusammen. Von da an ging es nur noch bergab in der langen, krisenreichen Beziehung. Nach zehn Monaten spricht er erstmals von Trennung, als sie vortäuscht, schwanger zu sein. Sie droht: „Wenn du dich von mir trennst, wird dies für dich schlimmer, als du dir das je vorstellen kannst! Wenn ich mit dir fertig bin, wirst du dich nicht mehr auf die Straße trauen."

Es wird unerträglich, für beide. Vergeblich drängt er sie zu einer Therapie. Im Oktober 1998 fordert er sie schriftlich auf auszuziehen. Er setzt eine Frist von acht Tagen.

In der Nacht vor Fristablauf kommt sie erst frühmorgens heim. Er will wissen, wo sie war. Er schreit sie an. Sie schreit zurück: Sie habe gerade Sex mit einem anderen Mann gehabt. Er packt ihre Sachen in zwei Taschen und stellt diese vor die Tür. Sie solle dort hingehen, woher sie gerade gekommen sei.

Sie schlägt ihm ins Gesicht, rennt in die Küche und geht mit einem Messer auf ihn los. Es folgt eine gewalttätige Auseinandersetzung, bis er die Tobende mit seinem Körpergewicht schließlich zu Boden drücken kann. Doch noch einmal geht sie auf ihn los und tritt ihn in die Nieren. Am nächsten Morgen kuschelt sie sich wieder an ihn und sagt, sie sei durchgedreht bei dem Gedanken, ausziehen zu müssen, es tue ihr leid. Auch er entschuldigt sich.

Er geht zur Hausärztin: Nierenkontusion, Hodenquetschung, Prellmarken und eine Unterblutung des Gehörganges. Sie dagegen hat nur einige blaue Flecken.

Vier Tage später, es ist der 21. Oktober 1998, wird der Staatsanwalt Eduard Zimmermann, damals 33, in Stendal zu seinem Vorgesetzten zitiert: Eine Petra Bauer (Name geändert), die anscheinend seine Lebensgefährtin sei, habe Strafanzeige gegen ihn wegen Körperverletzung und Bedrohung erstattet. Er solle besser keine Angaben machen und sich einen guten Anwalt suchen.

Zimmermann, fassungslos, befolgt den Rat. Dabei erfährt er, dass Petra Bauer ihm inzwischen auch Vergewaltigung vorwirft. Er ruft den Leiter der Stendaler Staatsanwaltschaft an, der ihm versichert, niemand, der ihn kenne, glaube die Anschuldigungen. Es müsse erst mal gründlich ermittelt werden. Der Behördenchef fragt noch, wo Zimmermann tagsüber zu erreichen sei.

Er kehrt in das Dorf bei Stendal zurück, in dem ihm ein renovierungsbedürftiger Bauernhof gehört. Auf dem Grundstück blockieren zwei Polizisten in Zivil sein Auto, einer richtet zitternd die entsicherte Pistole auf ihn. Wenig später rollt ein Sondereinsatzkommando der Polizeidirektion Stendal mit acht Einsatzfahrzeugen und Beamten in schusssicheren Westen an. Ein Festnahmegrund wird ihm nicht mitgeteilt.

Man bringt ihn zur Polizeidirektion. Eine Stunde lang wird er gefesselt im Polizeifahrzeug verwahrt, besser: zur Besichtigung ausgestellt, denn die Kollegen der Staatsanwaltschaft tun im Nachbargebäude Dienst. Dann erst sperrt man ihn in die Gewahrsamszelle. Er hat Nierenschmerzen und Blutungen.

In der Zwischenzeit verständigt der Abteilungsleiter Zimmermanns Eltern in Ludwigshafen: Es lägen eindeutige Beweise vor, dass ihr Sohn Petra Bauer vergewaltigt habe. Er sei der Tat überführt, sonst hätte man ihn ja nicht festgenommen.

In der Nacht verschlechtert sich sein Zustand. Der Notarzt bringt ihn ins Krankenhaus, Verdacht auf Infarkt. Dort wird er mit Handschellen ans Bett gefesselt und von Polizisten bewacht.

Der Leitende Oberarzt stellt Vernehmungs- und Haftunfähigkeit fest. Gleichwohl wird noch am Krankenbett der Haftbefehl verkündet, anwesend sind ein Amtsrichter und ein Oberstaatsanwalt. Der Generalstaatsanwalt persönlich habe entschieden, heißt es, dass die Staatsanwaltschaft Stendal Haft beantragen solle (obwohl Stendal wegen Befangenheit auszuschließen war).

Inzwischen ist aktenkundig, dass Petra Bauer einer Freundin erzählte, der Angeschuldigte verfüge über magische Kräfte, er könne Arm- und Beinbrüche herbeihexen und Menschen verwünschen. Er sei hochgefährlich, besitze Waffen und schieße jeden nieder, der sich auf sein Grundstück begebe. Ach so, deshalb der zitternde Polizist.

Zimmermann wird ins Haftkrankenhaus Naumburg gebracht. Nach drei Tagen verlegt man ihn nach Leipzig. Seine Sicherheit ist nicht zu gewährleisten, sitzen in Naumburg doch Gewalttäter auf

Grund seiner Anklagen ein. Für den Transport verlangt man von ihm 3500 Mark.

Sieben Wochen verbringt er, wie er heute sagt, unter menschenunwürdigen und medizinisch katastrophalen Umständen, bis er nach Plauen verlegt wird, wiederum aus Sicherheitsgründen: Einzelhaft in einer sechs Quadratmeter großen Zelle, 24 Stunden am Tag abzüglich einer Stunde Hofgang, allein. Die Mitinsassen urinieren durch die vergitterten Zellenfenster, wenn er, der Staatsanwalt, unten vorbeigeht.

Kurz vor Weihnachten 1998 schlägt ein Mithäftling auf ihn ein: „Dich bring ich um." Er wird erheblich verletzt, an einem Auge löst sich die Netzhaut ab. Er hätte sofort einen Facharzt gebraucht. Doch ein Häftling muss erst einen Antrag stellen. Der muss dann bearbeitet werden. Dann die Feiertage. Der Anstaltsarzt überweist ihn schließlich. In Hand- und Fußfesseln wird er durch die Stadt in die Praxis geführt.

Heute ist er auf dem Auge fast blind, das andere ist durch Überbeanspruchung geschädigt. Welchen Ausgleich gibt es dafür?

Während der Haftzeit wird sein Haus durchsucht, achtmal. Einen richterlichen Beschluss gibt es nur für eine Durchsuchung. Trotz Drogen- und Sprengstoffspürhunden – man findet nichts. Schäden bleiben zurück. Wer ersetzt die? Die Liste der Vorkommnisse, die nicht geschehen dürfen in einem Rechtsstaat, ist bedrückend lang.

Zimmermann wird nicht vernommen, schon gar nicht in Anwesenheit seines Anwalts, weil die zuständige Referentin der Staatsanwaltschaft Dessau der Meinung ist, er habe keinen Anspruch auf eine Vernehmung durch sie. Schließlich verfüge er über ausreichende Kenntnisse, sich schriftlich zu äußern. Oder: Er wird vom Dienst suspendiert und erhält für eine schriftliche Stellungnahme zwei Stunden Zeit. Jeder weiß, dass diese Frist wegen der Briefkontrolle über das Amtsgericht nicht einzuhalten ist, das dauert mindestens zehn Tage. Oder: Entlastungszeugen, die er benennt, werden nicht vernommen. Erst das Gericht tut das später.

Im Volksmund heißt es, eine Krähe hacke der anderen nicht das Auge aus. Als die Staatsanwaltschaft Dessau am 29. Dezember 1998 Anklage gegen den Kollegen erhebt, scheint sie demonstrieren zu wollen, dass der Volksmund irrt. Jedenfalls, was sie und ihre grandiose

Unabhängigkeit betrifft. Ein Dessauer Oberstaatsanwalt sagt zu „Bild", man gehe von jahrelangem Missbrauch der Frau durch den Angeschuldigten aus (das behauptete nicht einmal Petra Bauer selbst).

Was in dem Fall geschah – rückblickend ist es ein Menetekel für die Justiz. Beunruhigend ist vor allem, dass es nicht Pannen waren, wie sie eben vorkommen. Man kann auch nicht von der Jagd etwa auf einen unbequemen Staatsanwalt sprechen, nicht von der einen großen Ausnahme inmitten eines Kosmos an Korrektheit. Es ist der Alltag der Strafjustiz, den ein Staatsanwalt hier am eigenen Leibe zu spüren bekam. Wie viele einfache Menschen gehen in ihm unter? Wie oft werden ihre Beschwerden und Eingaben müde belächelt: Ja, ja, die Knackis.

Die Anklage wird am 9. April 1999 von der Strafkammer 1 des Landgerichts Stendal zugelassen. Zugleich ordnet die Kammer Fortsetzung der U-Haft an und stützt sich dabei auch auf das vorläufige positive Gutachten der Psychologie-Sachverständigen Professor Elisabeth Müller-Luckmann zur Glaubhaftigkeit Petra Bauers – ein Gutachten, auf das die Richter drei Tage später, am 12. April 1999, schon wieder verzichten. Sie entbinden Müller-Luckmann von ihrer Gutachterpflicht. Die Haft bleibt bestehen, natürlich.

Zimmermann wird inzwischen vom Münchner Rechtsanwalt Rolf Bossi verteidigt. Bossi hat das Gutachten Müller-Luckmanns abgelehnt, in dem es heißt, bei Petra Bauer seien keine Anzeichen für kognitive Defizite zu beobachten, sie stehe in der Realität. Man gewinne den Eindruck, so Müller-Luckmann, dass die einzelnen Vorfälle für sie (Petra Bauer) als Mosaiksteinchen figurierten, die zusammengefügt ein Gesamtbild von Egoismus, Brutalität, nicht nachvollziehbarer Bindungsunwilligkeit und -unfähigkeit (bei Zimmermann) ergäben. Dabei entstehe niemals der Eindruck, dass die Geschädigte dem Angeschuldigten lediglich „etwas anhängen" wolle.

Zu dieser Zeit befinden sich bereits Petra Bauers Aussagen bei den Akten: Zimmermann habe sie nicht nur geschlagen, bedroht und mehrfach vergewaltigt – er habe Klopapier gestohlen, horte alte DDR-Pornos im Büro und verteile hochgefährliche Viren aus dem Sanitätszimmer des Landgerichts auf Türklinken, um Kollegen zu vergiften.

Der Landgerichtspräsident muss sich erklären: So etwas habe es nie gegeben. In Zimmermanns Büro sind keine Pornohefte. Trotzdem: Man will es nicht für möglich halten, dass er unschuldig ist.

Auch die Sachverständige Müller-Luckmann lässt sich nicht irritieren. In einem Schriftsatz an das Gericht deutet Bossi einen „Altersabbau“ bei der 80 Jahre alten Frau an, die ihm und seiner Sozietät seit mehr als 30 Jahren bekannt ist, und äußert Zweifel an ihrer heutigen fachlichen Kompetenz. Er schreibt selbst an sie und legt seine Bedenken dar.

Die Kammer versucht zunächst, Müller-Luckmann noch zu halten und die Mängel ihres Gutachtens zu heilen. Sie soll weitere Fragen beantworten, etwa nach psychischen Auffälligkeiten in der Persönlichkeitsstruktur und im Aussageverhalten Petra Bauers.

Müller-Luckmann lehnt ab. Sie könne nicht beurteilen, teilt sie mit, wann und ob sie emotional fähig sei, die Akten nochmals zu bearbeiten. Außerdem seien auf Grund des von ihr empfundenen Abscheus nach dem Bossi-Brief verbale Entgleisungen ihrerseits zu befürchten.

Statt ihrer wird nun die Bremer Psychologin Dorothea Pierwoß beauftragt, die für die Untersuchung der Zeugin und deren Aussagen parallel zur Hauptverhandlung nicht nur 7 Stunden aufwendet wie Müller-Luckmann, sondern 38.

Bossi gelingt es, den renommierten Psychiater Professor Reinmar du Bois vom Olgahospital in Stuttgart als weiteren Sachverständigen durchzusetzen. Von dem aber lässt sich Petra Bauer nicht untersuchen. So muss er mit dem Aktenstudium und seinen Beobachtungen der Zeugin in der Hauptverhandlung auskommen. Am 22. April 1999 beginnt der Prozess.

64 Sitzungstage. Ständig sind zwei Staatsanwälte aus Dessau anwesend. Am 10. Juni, beide Sachverständige haben massive Zweifel an der Glaubwürdigkeit Petra Bauers erhoben, wird der Haftbefehl nach fast acht Monaten aufgehoben.

Die Kammer verhandelt bis in den August 2000 hinein. Dass Petra Bauer psychisch krank ist, wird überdeutlich. Sie hört Stimmen, als jeder im Saal schweigt. Ihre Befragung durch den Angeklagten – quälend und peinlich wie immer, wenn das Scheitern einer Liebesbeziehung öffentlich ausgetragen wird. Zimmermann regt an, auf eine weitere Befragung zu verzichten. Doch das Gericht will keinem ins Wort fallen.

Du Bois erstattet ein Gutachten, das, gäbe es ein Zusatzstudium für Forensische Psychiatrie, ein Lehrbeispiel für Begutachtung durch

Beobachtung in der Sitzung wäre. Frau Pierwoß und er kommen zum gleichen Ergebnis: Petra Bauers Angaben entbehren insgesamt der Glaubhaftigkeit.

Am 18. August 2000 Freispruch. Die Kosten hat die Staatskasse zu tragen, der Angeklagte ist für die erlittene U-Haft zu entschädigen. Eine Woche später ist das Urteil rechtskräftig.

Hat es so kommen müssen? Nein. Wäre besonnener ermittelt und, vor allem, wären die Akten gelesen worden – es hätte angesichts der Fakten gar nicht angeklagt werden dürfen. Selbst wenn man der Justiz in den neuen Bundesländern noch Unsicherheit unterstellt – die Anklage hätte auch niemals zugelassen werden dürfen. Doch Vergewaltigung in der Ehe oder Partnerschaft, das ist ein Thema für Fortschrittliche. Da will man nicht hintanstehen, nicht einmal unter Krähen.

Eduard Zimmermann ist ein untersetzter, kräftiger Mann mit gerader, bisweilen fast zur Starrheit neigender Logik. Er wollte eigentlich Polizist werden, sein Großvater war schon bei der Polizei. Doch weil man ihm nicht zusichern konnte, dass er zur Kripo kommen würde, studierte er Jura. Ziel: Staatsanwalt. Das zweite Staatsexamen mit Prädikat. 1994 trat er den Justizdienst in Sachsen-Anhalt an.

Anwalt, sagt er, hätte er nicht werden können. „Da muss man Mandanten zu Dingen raten, die man moralisch eigentlich nicht vertreten kann. Das wäre mit meinem Gewissen nicht vereinbar.“

Petra Bauer lernt er während der Referendarzeit durch einen Freund kennen – zwei Menschen, die sich besser nie begegnet wären. Sie ist auffallend hübsch, aber labil, unsicher und familiär schwer belastet. Nach langem Hin und Her, Streit mit ihrer und seiner Familie, Abbruch jeglicher Kontakte, Aus- und Umzügen, Flucht und Versöhnung zieht sie zu ihm nach Stendal. Heirat ist geplant. Doch nichts klappt. Seine Ansprüche an sie, ihre Erwartungen an ihn, ein Chaos. Beider Schattenseiten potenzieren sich.

Du Bois diagnostiziert bei ihr eine schizotype Persönlichkeitsstörung mit paranoidem Einschlag. Im Urteil heißt es, bei der Schizotypie handele es sich um eine tiefgreifende Veränderung der Fähigkeit, mit anderen Menschen in enge vertrauliche Kontakte zu treten, sowie der Fähigkeit, die Realität zuverlässig einzuschätzen und gegenüber Phantasien und Vorstellungen abzugrenzen.

Du Bois beschreibt es so: „Petra Bauer hatte aus einem vollkommenen Vakuum heraus am Ende ihrer Jugend ihre Identität mit Hilfe ihrer Liebe zu Eduard Zimmermann neu definiert. Durch das Ende dieser Beziehung war sie dieser Identität wieder beraubt worden. Sie hatte keinen familiären Hintergrund, auf den sie zurückgreifen konnte. Das Strafverfahren bot neue innere Orientierungsmöglichkeiten zum Verständnis ihrer Situation in einer ansonsten vollkommen orientierungslosen Situation... Möglicherweise war die neu gewählte Identität nur um den Preis einer beträchtlichen Verzerrung der Realität erreichbar."

Heute sagt der tiefverletzte Zimmermann, Petra habe die Justiz benützt und die habe sich benützen lassen. Das Schlimmste sei, „dass der Staat, für den man bedingungslos eintritt, so reagiert". Ein Nichtjurist ohne erfahrenen Anwalt hätte keine Chance gehabt. Zwölf Jahre etwa waren zu erwarten.

Und nun? Seine Laufbahn sei unterbrochen worden, er stehe wieder am Anfang, sagt er. Welche Wiedergutmachung gibt es dafür? Er wurde zwar freigesprochen, doch entschuldigt hat sich niemand bei ihm.

Bossi hat im Namen seines Mandanten jetzt Strafanzeige gegen Petra Bauer erstattet, da die Staatsanwaltschaft von sich aus nicht tätig geworden ist – wegen versuchten Totschlags und zwölf weiterer Tatbestände. Sollte sie schuldunfähig sein, so Bossi, sei „zum Schutz der Allgemeinheit eine Unterbringung in einer geschlossenen Anstalt geboten". Ist das der Weg? Es könnte misslingen, den Abstand zu finden, der nach einer solchen Krise nötig ist.

Zimmermann ist wieder Stendal zugewiesen. Der Generalstaatsanwalt von damals ist nicht mehr im Amt, der Vorgesetzte ist verstorben, der Behördenleiter pensioniert. Die Kollegen verhalten sich korrekt, die Leute aus dem Dorf herzlich wie eh und je. „Ich habe die Sache mitnichten überwunden", sagt er.

Raben und Krähen

Freispruch für den Hamburger Innensenator Ronald Schill

SPIEGEL 1/2001, 29. Dezember 2001

Es trifft schon zu, was der Volksmund sagt: zwei Juristen, zwei Meinungen, mindestens.

Als der Hamburger Vorsitzende Richter Wolfgang Göhlich am 13. Oktober 2000 das Urteil der Großen Strafkammer 3 des Landgerichts gegen den damaligen Amtsrichter Ronald Schill verkündete – 12000 Mark Geldstrafe wegen Rechtsbeugung –, wies er Gerüchte, die Anklage sei auf ein Komplott der Staatsanwaltschaft oder dunkler Mächte zurückzuführen, entschieden zurück. „Nur einer ist ursächlich geworden für den Anklagevorwurf und das sind Sie, Herr Schill!", sagte Göhlich. „Ihr Verhalten, Herr Schill, war ein bewusster, vorsätzlicher Verstoß gegen das Verfahrensrecht und damit gegen das Grundgesetz."

Und, als hätte er es geahnt, fügte er hinzu: „Wir wissen nicht, was der Bundesgerichtshof dazu sagen wird. Wir haben uns jedenfalls intensiv bemüht, eine Entscheidung zu treffen, die Recht und Gesetz entspricht, und meinen, dass der festgestellte Sachverhalt und unsere Schlussfolgerungen letztlich nicht angreifbar sind."

Worum es geht: Schill hatte am 19. Mai 1999 einen Mann aus der Autonomenszene der Roten Flora, des umstrittenen „Stadtteil-Kulturzentrums" im Hamburger Schanzenviertel, wegen Nötigung der Polizei zu einer Freiheitsstrafe von 15 Monaten ohne Bewährung verdonnert (der Staatsanwalt hatte sechs Monate auf Bewährung für angemessen gehalten, das Landgericht reduzierte das Strafmaß später auf 1800 Mark Geldstrafe).

Viele von Schills drakonischen Urteilen hielten der nächsten Instanz nicht stand. Doch nicht das war es, was ihm den Vorwurf der Rechtsbeugung und Freiheitsberaubung eintrug, sondern, verglichen mit seinen Urteilen, fast eine Lappalie: Er hatte gegen zwei Zuschauer, die sich in jener tumultuarischen Sitzung im Mai ungebührlich verhielten, je drei Tage Ordnungshaft verhängt und den sofortigen Vollzug angeordnet.

Dagegen legten die Festgenommenen sofortige Beschwerde ein. Doch Schill ließ sich Zeit. Er bearbeitete die Sache nicht am selben

Tag, sondern erst am nächsten und ließ sie dann noch einmal liegen bis zum Nachmittag des übernächsten Tages. Nun erst brachte er sie zum Hanseatischen Oberlandesgericht, der Rechtsmittelinstanz. Nach einer Stunde Beratung hob ein Senat Schills Beschluss wegen Mängel in der Sachdarstellung auf. Da hatten die Festgenommenen die drei Tage Ordnungshaft schon fast verbüßt.

Schill waren die Beschwerden damals unverzüglich in die Sitzung gebracht worden. Er habe dies, sagte er später, „nicht wahrgenommen". Richter Göhlich glaubte ihm das nicht: „Wir sind doch nicht Greenhorns in diesem Geschäft! Wenn während der Hauptverhandlung jemand reinkommt und ein Schriftstück bringt, das merkt man doch! Da stand groß und deutlich ‚Beschwerde' drauf!"

Ein Richter könne nicht einfach den Griffel fallen und die Arbeit liegenlassen, sagte Göhlich: „Haftsachen sind immer eilbedürftig. Hier musste man sich nicht in Akten einlesen, Herr Schill. Sie kannten die Situation, es waren keine Ermittlungen mehr nötig. Sie waren auch erfahren genug, um die Eilbedürftigkeit zu erkennen. Ich war selbst 15 Jahre lang Amtsrichter für Strafsachen. Dreimal habe ich Beschwerden bekommen. Die blieben nie länger als zwei, drei Stunden bei mir!"

Der stellenweise schroffe Ton des Richters gegenüber dem Angeklagten war nur zu verständlich. Man erinnere sich an Schills unsägliche Auftritte im Fernsehen, als er Urteile seiner Kollegen diffamierte, seinen höhnischen Spott über das „Kartell strafunwilliger Richter in Hamburg" und die Kritik des Richterbundes an seinem Verhalten, die er an sich abprallen ließ.

Ungeachtet dessen sah die damalige Kammer den Fall als einen „sehr grundsätzlichen" an. Wie müssen Richter arbeiten? Welchen Leitlinien haben sie zu folgen? „Wir schließen uns da nicht aus", fügte der Vorsitzende hinzu.

Schill legte Revision gegen das Urteil ein, weil er freigesprochen werden wollte. Auch die Staatsanwaltschaft, die eine Freiheitsstrafe von sieben Monaten beantragt hatte, ging in Revision, da sie zusätzlich zur Rechtsbeugung eine Verurteilung wegen Freiheitsberaubung anstrebte.

Zuständige Revisionsinstanz war der 5. Strafsenat des Bundesgerichtshofs (BGH) in Leipzig mit der Vorsitzenden Richterin Monika

Harms, früher Jugendrichterin in Hamburg. Unerwartet schlug sich in Leipzig die Bundesanwaltschaft auf die Seite Schills. Denn ein anderes Ergebnis als ein Freispruch, so Bundesanwalt Winfried Heiduschka, „hätte unabsehbare Folgen für die richterliche Unabhängigkeit“.

Was ist das, diese empfindliche Unabhängigkeit, die im Fall Schill nach Freispruch schrie? Wie ist sie zu definieren? Da wird von Recht und Gesetz geredet und Wissen und Gewissen und so fort. Man unterstellt dem Richter einfach, dass er um seine Pflichten schon weiß und sich strenger als der Normalmensch daran hält.

Und wenn einer es nicht so genau nimmt? Dann kann er sich beim Vorwurf der Rechtsbeugung auf die traditionelle Rechtsprechung des BGH berufen und damit auf eines der dunkelsten Kapitel in der Geschichte dieses Gerichts. Die obersten deutschen Strafrichter, die durchaus nicht zimperlich sind, packten in der Vergangenheit nur bei Kollegen zu, die in der DDR das Recht gebeugt hatten. Als es um Nazi-Richter ging, hatten sie die Messlatte so hoch gehängt, dass es zu keiner einzigen Verurteilung kam.

So ist es denn verwunderlich, dass Schill in Leipzig nicht gleich freigesprochen wurde. Doch der 5. Strafsenat wand sich etwas, hob dann das Urteil auf und verwies die Sache an eine andere Hamburger Kammer zurück. Rechtsbeugung, so hieß es aus Leipzig, liege nur dann vor, wenn ein Richter „aus sachfremden Erwägungen gezielt zum Vorteil oder Nachteil einer Partei handelt“.

Zuständig war jetzt die Große Strafkammer 12 mit dem Vorsitzenden Claus Rabe, einem Mann von äußerster Verbindlichkeit. Er begann am 14. Dezember das neue Verfahren – der Angeklagte ist nun nicht mehr kleiner Amtsrichter, sondern Innensenator der Hansestadt mit einem Gehalt von 25000 Mark brutto, und insofern war auch der restaurierte Plenarsaal des Gerichts ein standesgemäßer Verhandlungsort – mit einer Verbeugung gen Leipzig: „Das Urteil des BGH hat für uns als Tatrichter wegweisende Bedeutung.“

Dann zitierte Rabe die Oberrichter: dass es einem Richter grundsätzlich überlassen bleibe, welchem seiner vielfältigen Dienstgeschäfte er den Vorrang einräume und so fort. Unabhängigkeit, wohin man schaut. Allerdings nur so weit offenbar, als der BGH es gestattet.

Leipzig monierte zwar, dass im Fall Schill eine zügigere Bearbeitung der Akte „wünschenswert und auch zumutbar" gewesen wäre. Doch der Angeklagte habe gleichwohl die „äußeren Grenzen" des ihm einzuräumenden Ermessens „nicht in schwerwiegender Weise" missachtet. Falls er aber doch gezielt aus sachfremden Erwägungen gehandelt haben sollte, läge „ein Ermessensmissbrauch durch Überschreitung der inneren Schranken des Ermessens vor".

Diese „inneren Schranken des Ermessens" waren nun zu prüfen. Wie macht man das? Am besten im Schnelldurchlauf, dachten sich die Hamburger – vier Verhandlungstage, es hätten auch zwei gereicht, mit strikter Begrenzung aufs allernötigste, ohne viele Fragen und noch weniger Nachfragen. Mit Blick aufs Ziel.

Der Beginn der Verhandlung, ein Schelm, wer sich dabei nichts dachte: Richter Rabe verlas die Einlassung Schills zur Sache, die eigentlich sein Verteidiger Walter Wellinghausen, inzwischen von seinem Mandanten zum Staatsrat ernannt, vortragen wollte, höchstselbst. Hielte man Rabe vor, er hätte sich damit gleichsam die Sache des Angeklagten zu Eigen gemacht, er würde es wohl bestreiten. Doch angekommen ist es so.

Im Kammerton ging es weiter. Der Staatsanwalt schwieg. Nicht einmal dem Journalisten stellte er eine Frage, den Schill damals angerufen und zu dem Prozess eingeladen hatte, weil es Randale geben werde, und zu dem er später sagte: „Ich werde doch nicht springen, wenn Anwälte einen Antrag stellen. Ich muss erst sorgfältig und in Ruhe prüfen."

Von den anderen Zeugen, Richterkollegen Schills, wollte der Staatsanwalt nur eines wissen: „Hat Herr Schill zu Ihnen oder zu einem anderen gesagt, er habe mutwillig verzögert?" Niemand erinnerte sich. Natürlich hat Schill zu keinem gesagt: Ich gehe jetzt Recht beugen, weil es mir Spaß macht, und nächste Woche werde ich es wieder tun.

Nur einmal stellte der Staatsanwalt unerwartet eine Frage. „Haben Sie eine Erklärung dafür", fragte er eine promovierte, 53-jährige Amtsrichterin, die Schill in der Gerichtskantine auf den Kopf zu sagte, er wolle die Beschwerden doch absichtlich verschleppen, „dass Sie ausgerechnet an Herrn Schills Antworten keine Erinnerung haben? Woran liegt das?"

Ja, woran das wohl liegt.

Der Freispruch Schills ist dem Ansehen der Richterschaft nicht dienlich. Die Raben haben die Krähen geschont. Der Vorsitzende: „Die Kammer hat den Sachverhalt etwas abweichend vom vorigen Gericht festgestellt." Wie das? Was hat sich geändert? Ach so: weniger Zeugen, weniger Fragen, weniger Aufklärung.

Nicht zur Sprache kam etwa, dass Schill selbst gehörigen Anteil hatte an den Tumulten im Gerichtssaal. Dass er die Randale nicht zu verhindern suchte, sondern provozierte, wie seinerzeit die Sitzungsvertreterin der Staatsanwaltschaft als Zeugin aussagte. Was soll also das Gerede, die Sorge um seine Sicherheit habe Schill möglicherweise veranlasst, die Bearbeitung der Haftbeschwerden hintanzustellen? Bei jedem anderen Angeklagten würden solche Ausreden strafschärfend gewertet. Nur beim Richter nicht, dessen Privatangelegenheiten eigentlich hinter seinem Amt zurückzustehen haben.

Zwar fiel die Kritik an Schills richterlicher Tätigkeit bei Rabe nicht weniger harsch aus als seinerzeit bei Göhlich: schlampig, unprofessionell, und: „Herr Schill hat gelogen." Aber ganz ohne böse Absicht, versteht sich. Das Gericht, so der Staatsanwalt nach der Urteilsverkündung, habe vom BGH eben eine andere Beweiswürdigung vorgegeben bekommen.

So viel zur richterlichen Unabhängigkeit.

Die tragische Figur in dem Bubenstück spielte der Staatsanwalt. Er musste auf Freispruch plädieren – nach dem Plädoyer ging er mit kaum verhohlenem Groll davon und bei Rot über die Straße – und nach dem Freispruch auch noch den Rechtsmittelverzicht erklären. Und vor den Fernsehkameras musste er sagen, die Hamburger Justiz habe sich überhaupt nicht blamiert, sondern der Rechtsstaat habe gesiegt.

Flucht aus dem Schmerz

Die Grenzen der Rechtsprechung im Prozess um das Zugunglück von Eschede

SPIEGEL 40/2002, 30. SEPTEMBER 2002

Klagen, dass sich die Justiz mit dem Täter weitaus mehr beschäftige als mit dem Opfer, werden seit geraumer Zeit, je spektakulärer der Fall, desto lauter vorgebracht. Es müsse ein Ende haben mit der Selbstinszenierung des Staates, heißt es: Nicht der sei schließlich verletzt worden in seinen Gesetzen, sondern sie, die Menschen, an Leib und Seele.

Doch nicht ohne Grund warnt etwa der Neuwieder Rechtsanwalt Professor Franz Salditt, einer der namhaftesten Strafverteidiger in Deutschland, vor einer Änderung der Rolle des Opfers im Strafprozess, wie sie sich allenthalben abzeichnet. Denn wo bleiben die Unschuldsvermutung, wo die Fairness im Strafverfahren, wenn Zeugen den Opferstatus und eine besondere „Schutzwürdigkeit" schon beanspruchen können, ehe feststeht, ob sie überhaupt Opfer, und wenn ja, auch Opfer des oder der Angeklagten geworden sind?

Ein Angeklagter, der nicht reuevoll das Haupt senkt, sondern bestreitet oder schweigt – wie sieht er aus, wenn die Opferrollen schon besetzt sind? Schlecht sieht er aus.

Dank der Medien haben Opfer heute Konjunktur. Sie liefern Bilder und Geschichten und vor allem Emotionen. Je größer das Unglück, je empörender die Tat, desto mehr stehen die Opfer im Vordergrund. Hinterbliebene fragen öffentlich: Warum musste mein Kind sterben und nicht ich? Ob der Angeklagte der Täter ist und wie schwer seine Schuld wiegt, was seine Verteidigung für ihn vorbringt – wen interessiert das noch?

Für diese Entwicklung gibt es Beispiele in Fülle. Opfer organisieren sich heute, sie verlangen Genugtuung, Wiedergutmachung und Schmerzensgeld in einem Ausmaß, das bisher nicht üblich war. Manch einer betäubt so sein Leid, flieht vor dem Schmerz, weicht in einen neuen Lebensinhalt aus, findet einen Anlass zum Weiterleben. Das Verfahren um die Katastrophe bei Eschede vom 3. Juni 1998, bei der 101 Personen ums Leben gekommen und 105 zum Teil schwer verletzt worden waren, ist nur eine Variation dieses Themas.

Die vielen Toten – die Ehefrau, der Vater, das einzige Kind, die

Eltern –, unermessliches Leid, Verzweiflung in jedem Einzelfall. Die Verletzten, grausam verstümmelt, unheilbar versehrt für alle Zeit, Schock, Schmerzen, Ängste – wie soll das je gutgemacht werden? Als die Namen der Opfer im Celler Kreistagshaus verlesen werden, wo die 1. Große Strafkammer des Landgerichts Lüneburg seit Ende August tagt, eine nicht endenwollende Klage über ein grausames Schicksal Unschuldiger, die nichts anderes wollten, als damals mit dem ICE 884 „Wilhelm Conrad Röntgen" unbeschadet ans Ziel zu gelangen. Wer soll schuld sein, wer dieses Leid sühnen? Angenommen, es kommt zu einem Schuldspruch: Stünde der jemals in einem auch nur halbwegs erträglichen Verhältnis zu den Tränen und Schmerzen der Opfer? Die Flut der Namen ertränkt jedes Nachdenken.

Drei Angeklagte beschuldigt die Staatsanwaltschaft: einen ehemaligen Abteilungspräsidenten der Bahn, einen Technischen Bundesbahn-Oberamtsrat und einen Diplomingenieur der früheren Bochumer Vereinigten Schmiedewerke. Nach Meinung der Staatsanwaltschaft ist ihnen der Bruch eines gummigefederten Radreifens zuzuschreiben, der die Ereignisse auslöste, der den ICE zum Entgleisen und eine Brücke zum Einsturz gebracht hat. Das Rad sei zu wenig getestet, vorschnell eingeführt und unzureichend gewartet worden, es sei abgefahren gewesen und nicht rechtzeitig ausgewechselt worden.

Die Verteidigung ist hochklassig besetzt: Otmar Kury aus Hamburg, Walther Graf (Frankfurt am Main) sowie Anne Wehnert und Stephan Voigtel (Düsseldorf), die den Düsseldorfer Flughafen-Brandprozess zur Einstellung brachten, um nur einige zu nennen. Sie präsentieren Experten aus Japan, dem Mutterland der Hochgeschwindigkeitszüge, aus Schweden und Südafrika, die vom Gericht schon zugelassen wurden und die das Gutachten des Darmstädter Fraunhofer-Instituts, die Grundlage der Anklage, widerlegen sollen. Die Diskussion darüber hat noch nicht begonnen, sie steht voraussichtlich im Januar an. Bis dahin werden weitere Opfer und Verletzte gehört werden und Sachverständige zum Unfallhergang. Es wird um Schlamperei gehen wie bisher schon und darum, dass dies alles nicht Unfallursache war.

Woran lag es dann, dass der Radreifen brach? Die Angeklagten schweigen und sehen, siehe oben, in den Augen der Opfer nicht gut aus. Kury schlägt das Leitmotiv der Verteidigung an: Wir haben es mit einem tragischen Unglück bestürzenden Ausmaßes zu tun, für das es vielleicht eine Erklärung geben mag, an dem aber die Angeklagten nicht schuld sind. Anteilnahme ja, aber kein Schuldeingeständnis.

Die Opfer sind empört, die Emotionen schlagen hoch. Einer der Opferanwälte, Reiner Geulen aus Berlin, wischt die Aussicht auf einen langwierigen Gutachterstreit über Betriebs- und Dauerfestigkeit eines Radreifens vom Tisch: „Das ist nichts als eine Strategie von Bahn und Verteidigung. Es liegt ein grobes Versäumnis bei der Kontrolle vor. Der Reifen fuhr über sechs Monate, obwohl man die Risse mit einem Spiegel schon sah!"

Ganz so einfach ist es wohl nicht, und mit einem Spiegel hätte man den das Unglück auslösenden Riss schon überhaupt nicht sehen können. Geulen („Da unsereiner ja auch manchmal auf der Verteidigerbank sitzt, weiß man, wie man das macht"): Das Schweigen der Angeklagten verstehe er, da sie die Ausstattung der Züge mit den neuen Reifen nicht in Auftrag gegeben hätten, sondern vom Bahnvorstand dazu gedrängt worden seien und so fort. „Das wird bei der Strafzumessung zu berücksichtigen sein", rät er dem Gericht.

Geulen kritisiert, dass die Angeklagten ihr Beileid durch ihre Anwälte vortragen ließen. Er kritisiert, die Bahn habe „nicht dazu beigetragen, die Last von den Menschen zu nehmen, und sich nicht entschuldigt". Er nennt Hartmut Mehdorn, damals noch nicht Bahnchef, „menschlich fürchterlich", weil der sagte, das Unglück sei nun mal nicht rückgängig zu machen. „Das ist die Mentalität der Bahn! Ihr Umgang mit den Opfern ist unmenschlich", ruft Geulen in den Gerichtssaal. Und die Opfer nicken.

Heinrich Löwen hat bei dem Unglück Frau und Tochter verloren, ihm ist alles nachzusehen. Heute ist er Sprecher der Interessengemeinschaft der Eschede-Opfer. Er fordert vom Gericht, ihm und den anderen Opfern „den inneren Frieden wiederzugeben". Es dürfe nicht der fatale Eindruck entstehen, dass niemand schuld sei.

Der Vorsitzende Michael Dölp, ein redlicher Mann, gibt den Opfern immer wieder Gelegenheit, ihre Sicht der Dinge vorzutragen. Eine Frau, damals schwerst verletzt („Ich habe mich hochgearbeitet von der Mittelschule bis zum Physikstudium, ein halbes Jahr vor dem Unglück trat ich meine erste Stelle an, und jetzt ist alles vorbei"), berichtet von ihren Auseinandersetzungen mit der Berufsgenossenschaft und der Bahn: „Irgendwann kommt man sich schuldig vor, dass man in diesen Zug gestiegen ist." Ein Ozean an Verbitterung. Irgendjemand muss, muss, muss schuld sein.

Manchmal fragt man sich, ob das alles in einem Prozess, in dem es vorwiegend um technische Fragen gehen sollte, schon aus dem Grund, damit sich ein ähnliches Unglück nicht wieder ereignet, Platz finden muss. Die Verteidigung protestiert immer wieder gegen aggressive Fragen Geulens. Der Vorsitzende, beschwichtigend, er ist wirklich ein redlicher Mann: „Sie sollten überlegen, ob man sich nicht beschränken sollte, über das Kernproblem streitig zu verhandeln. Vielleicht ist es besser, manches einfach über sich ergehen zu lassen."

Otto Ernst Krasney, auch er ein integrer und versierter Mann, ehedem Vizepräsident des Bundessozialgerichts, berichtet als Zeuge über seine Tätigkeit als Ombudsmann für die Opfer des Zugunglücks, um die ihn die Bahn gebeten hatte. Was hat man ihm nicht alles unterstellt: Er habe sich als Büttel seines Auftraggebers erwiesen, sich nicht für die Opfer eingesetzt, er habe sich von der Bahn bezahlen lassen und so fort. Auch er hat Anlass zu Verbitterung.

Dabei mag man sich gar nicht vorstellen, welch eine Sisyphusarbeit von ihm zu leisten war, für die er dann Undank erntete: von der Hilfe für Ehefrauen, die keine Vollmacht über das Konto ihrer verunglückten Männer hatten, über die Abwicklung von Schadensersatzansprüchen zum Teil in Millionenhöhe bis hin zur Organisation psychologischer Behandlung und Nachbetreuung. Natürlich gab es Ungeschicklichkeiten, etwa wenn einem Opfer oder seinen Hinterbliebenen die Werbung für eine neue BahnCard ins Haus geschickt wurde. Doch wo passieren solche Pannen nicht?

Hauptstreitpunkt zwischen der Bahn und der Interessengemeinschaft ist nach wie vor die Höhe des Schmerzensgeldes. 30000 Mark hat die Bahn für jeden Todesfall gezahlt – so viel verdient ein mittlerer Manager im Monat. Eine Beleidigung, sagt die Interessengemeinschaft, die zunächst 550000 Mark pro Fall verlangte sowie für Hinterbliebene und jeweils eine weitere Person lebenslang eine Jahresnetzkarte 1. Klasse. „Das konnte ich nicht mittragen", sagt Krasney.

Auch vor dem Berliner Landgericht, wo sechs Hinterbliebene in einem Zivilprozess mindestens 125000 Euro je Opfer von der Bahn erstreiten wollten, blieben sie erfolglos. „Es gibt auch in diesem traurigen Fall Grenzen der Rechtsprechung", sagte die Berliner Richterin.

Denn nach der deutschen Rechtsprechung wird für den Verlust eines Angehörigen kein Schmerzensgeld gezahlt, außer wenn bei einem Hinterbliebenen durch den Verlust ein Gesundheitsschaden (über den sich dann oft Gutachter streiten) eingetreten ist. Der durchschnittliche Betrag lag in solchen Fällen zum Unglückszeitpunkt 1998 bei 5000 bis 10 000 Mark. Es lässt sich gewiss streiten, welche Summe für Schmerz angemessen ist und welche beleidigend. Fest steht, dass die Bahn über den Regelbetrag hinausging und vor allem auf eine Begutachtung der Hinterbliebenen verzichtete.

„Wissen Sie, welche Beträge für die Opfer des Concorde-Absturzes gezahlt wurden?“, fragt Geulen in Celle den Zeugen Krasney spitz, „Millionenbeträge!“ Ob Krasney das etwa für gerecht halte? Geulen weiter: „Finden Sie es in Ordnung, wenn Sie öffentlich sagen, einer, der Frau und Kind verloren hat wie Herr Löwen, werde auch nicht glücklicher, wenn er Millionär ist?“ Krasney hat in einem Interview tatsächlich einmal so geantwortet. „Ich wäre froh, solche Fragen würden einem gar nicht gestellt“, antwortet er Geulen. „Auch Geldkompensation schafft Genugtuung“, entgegnet der kühl.

Anschließend trägt Herr Löwen die Entstehungsgeschichte der Interessengemeinschaft vor und beschreibt die Schwierigkeiten bei der Errichtung einer Gedenkstätte: „Ein einziges Trauerspiel! Wir haben uns da vom Ombudsmann überhaupt nicht vertreten gefühlt.“ Strittig sei etwa bis zuletzt geblieben, ob an Stelle einer geraden Steinwand ein gerundeter Stein mit Brunnen treten sollte.

„Wir stehen in den Startlöchern“, sagt Heinrich Löwen. Denn im Oktober wollen einige der Hinterbliebenen in den Vereinigten Staaten höheres Schmerzensgeld einklagen. Anwalt Geulen: „Bedauerlich, dass die deutsche Justiz keine Verantwortung für die Opfer übernimmt.“ Es ist zum Weinen.

Nach 53 Verhandlungstagen wurde der Prozess am 8. Mai 2003 eingestellt. Weil die Angeklagten nach dem Stand der Beweisaufnahme „keine schwere Schuld“ treffe, so der Vorsitzende, sollten sie jeweils nur 10 000 Euro an die Landeskasse zahlen. Die bei einer Fortsetzung des Prozesses zu erwartende weitere Verfahrensdauer bis zu zwei Jahren dürfe nicht in ein Missverhältnis zu der eventuell zu erwartenden Strafe geraten.

„Lebensgierig ist doch jeder"

Der Prozess gegen den todkranken Maler Jörg Immendorff vor dem Düsseldorfer Landgericht

SPIEGEL 31/2004, 26. Juli 2004

„Für einen Neurologen ist es die schlimmste Diagnose", sagt der Sachverständige, „denn er muss mit dem Patienten das Sterben besprechen. Die Atemmuskulatur wird ja irgendwann ganz aussetzen, auch Schlucken wird dann nicht mehr möglich sein. Herr Professor Immendorff wird also in den nächsten Wochen entscheiden müssen, wie er sterben will. Ob ihm dabei geholfen werden soll – oder ob er an Beatmungsgeräte angeschlossen werden will." Der Vorsitzende Richter gähnt.

Der Sachverständige beschreibt den dramatischen Verfall des 59 Jahre alten Düsseldorfer Malers und Kunstprofessors, der greisenhaft bleich und ausgezehrt auf der Anklagebank sitzt. Er leidet seit etwa 1997 an der amyotrophen Lateralsklerose, einer Nervenkrankheit, die zum Tod durch Ersticken führt. Hoffnung gibt es nicht.

Einen Normalbürger hätte man vor dem Schöffengericht angeklagt, nach zwei Stunden wäre die Sache dort vom Tisch gewesen. Aber Immendorff – „ein arrivierter Künstler wie Sie", spottet der Vorsitzende – ist kein Normalbürger. Weil der Angeklagte an der Kunstakademie lehrte und wegen des medialen Aufsehens – als ob die Medien den gesetzlichen Richter bestimmten – kam die Sache zum Landgericht und dort vor die 12. Große Strafkammer mit dem Vorsitzenden Jochen Schuster.

Erst war es die linke Hand, die Malhand. Dann ließ sich der rechte Arm nicht mehr beugen. Immendorff kann nichts mehr heben oder halten. Auch die Beine wurden zunehmend schwächer. Inzwischen kann er nicht mehr allein vom Stuhl aufstehen. Ein Pfleger greift ihm im Gerichtssaal unter die Arme und stellt ihn hin.

„Jetzt beginnt es mit der Zwerchfellmuskulatur", fährt der Sachverständige fort. „Kein Zweifel, dass er todkrank ist. Er muss jetzt sein Sterben planen. Wenn er eine Lungenentzündung bekommt, was zu erwarten ist, denn seine Atmung ist bereits auf 32 Prozent reduziert, muss er wissen, wie er es haben will." Wie er sterben will. Der Vorsitzende gähnt schon wieder.

Muss einem todkranken Mann noch der Prozess gemacht werden? Gewiss, am 16. August vorigen Jahres, in einer Hotelsuite, fand man 11,9 Gramm Kokain bei ihm. Zu Hause hatte er noch einmal 9,7 Gramm. Schlechte Qualität und viel zu teuer eingekauft. 125 Euro pro Gramm hatte ihm der Lieferant jahrelang für Ware abgenommen, die noch nicht einmal die Hälfte wert war. Bestohlen hat man Immendorff, über den Tisch gezogen und zu erpressen versucht. Egal: In der Sprache des Gesetzes handelte es sich um eine nicht geringe Menge eines Rauschgifts, ein Verbrechen also. Mit einem Strafbefehl wie im Fall Friedman ließ sich das nicht erledigen.

Er hatte gerade wieder einmal zu einer Party mit Callgirls ins Düsseldorfer Steigenberger Parkhotel eingeladen. Keine Damen von der Straße, sondern bei einer Agentur bestellte. Die Staatsanwaltschaft war durch eine anonyme Anzeige alarmiert – eine der Damen hatte offenbar kein oder zu wenig Geld bekommen. Man observierte das Hotel, ließ sich Gästelisten zeigen. Dann der Zugriff. Er lag auf dem Bett. Neun Frauen, 11,9 Gramm Koks, 56000 Euro in bar in einer Tasche. Der Stoff befand sich in einem Aschenbecher, der ihm gereicht wurde. Er konnte ja selbst nichts mehr heben. Er sagte sofort: „Das ist meines." Außergewöhnlich „freundlich und kooperativ" habe er sich verhalten und alles zugegeben, erinnert sich der maßgebliche Ermittler als Zeuge vor Gericht. „Wenn wir immer solche Tatverdächtige hätten, das würde uns die Arbeit sehr erleichtern."

Immendorff verfügt nur noch über einen minimalen Rest an Lebenskraft. Muss die in einem Gerichtssaal verzehrt werden? Muss man ihm zusetzen mit Fragen, wie sie der Vorsitzende nicht lassen kann: Wann er erstmals Stoff gekauft habe, so etwas weiß man doch schließlich, das muss man einfach wissen, und wo und wie viel und wie oft, und warum er Prostituierte kommen ließ und warum er überhaupt ins Hotel ging und Frauen bestellte und nicht an das Risiko dachte und an seine Familie und sein gesellschaftliches Ansehen. „Ja, und wie war es mit dem Saufen?" Der Vorsitzende lacht. Denn auch Schampus gab es und feine Häppchen.

„Was hat Ihre Frau denn dazu gesagt, dass Sie gekokst haben?", fragt Schuster. „Die hat nichts gewusst", antwortet Immendorff matt. Der Vorsitzende amüsiert sich. „Ach, Frauen wissen oft viel mehr, als ihre Männer ahnen. Sie meinen also wirklich, sie hat nichts gewusst?

Na, diese Meinung behalten Sie sich mal, damit kann man besser leben!“

Der Vorsitzende wundert sich, als Immendorff beteuert, er habe das Kokain nur selbst konsumiert, für die Damen sei es tabu gewesen, bis auf einmal, als sich eine selbst bediente. Der Vorsitzende fragt: „Warum sind Sie denn so knickerig mit Kokain? Sie haben mehr als 40000 Euro für das Hotel aufgewendet und jeder der Frauen jeweils 500 Euro gegeben! Warum waren Sie nicht großzügiger und haben gesagt: Ihr sollt es auch gut haben, nehmt euch, was ihr wollt?“

„Ich habe immer klargemacht, dass ich das nicht möchte“, sagt Immendorff. „Den Frauen gegenüber?“ „Ich hielt es für selbstverständlich, dass da keine rangeht.“ „Also haben Sie es nicht klargemacht“, beschließt der Vorsitzende. Die Anklage lautet ja auch noch auf „fahrlässige Überlassung zum Gebrauch“.

Der todkranke Mann lässt seinen Anwalt erklären, dass es bei den sogenannten Orgien nicht zu Geschlechtsverkehr kam, sondern dass es ihm auf eine „erotische Inszenierung“, auf „orientalistische“ Reflexionen der Thematik ankam. Die Droge nahm er, um den Panikattacken und Angstschüben angesichts seines Verfalls zu entkommen. Muss ihm deshalb der Prozess gemacht werden? Ob er sich in seinen letzten Tagen noch ein paar Mal in einen Rausch versetzte, in einer Hotelsuite Damen vom Gewerbe betrachtete, Geld verschwendete, derartige Partys kosteten alles in allem weit über 100000 Euro – muss das wirklich öffentlich aufgeklärt werden bis ins Detail wegen der Strafzumessung?

Hätte nicht der Verteidiger den Prozess verhindern können? Doch Immendorff will offenbar nicht verhandlungsunfähig sein. Er will kein Behinderter, kein Pflegefall sein. Er kämpft um seine künstlerische Reputation. Er will sein Wissen weitergeben, wenn er schon nicht mehr malen kann. Er hängt an der Lehre. Das ist überlebenswichtig für ihn. Nach der Razzia wurde er von der Lehrtätigkeit an der Kunstakademie suspendiert. Wenn er zu einer Strafe von einem Jahr oder mehr verurteilt wird – es wäre das Ende für ihn als Kunstprofessor und als Mensch.

Für Immendorff war Kokain wie für einen sterbenden Krebskranken das Morphium. Gibt es wirklich keinen anderen Weg als den durch den Gerichtssaal, in dem er vor aller Öffentlichkeit beteuern muss, dass er nun „geläutert sei durch den Festnahmeschock“?

Das Düsseldorfer Gericht arbeitet sich an dem Fall ab, als stünde die Gleichheit vor dem Gesetz und die Unabhängigkeit der Justiz zur finalen Disposition. Dem Staatsanwalt sind die Hände gebunden. Der Fall Immendorff ist eine Berichtssache, wahrscheinlich wegen des überbordenden Interesses am „geilen Kunstprofessor". Man könnte es auch Selbstbefriedigung der Justiz nennen.

Der Sachverständige hält den Angeklagten für verhandlungsfähig. „Für ihn ist es wichtig zu sagen, was die Wahrheit ist. Er will das. Für ihn ist es seelisch ein Wunsch, hier zu sein." Der Vorsitzende nickt. „Ich wünsche ein gutes Ende", sagt der Sachverständige zum Schluss und geht.

Manchmal scheinen Immendorffs einstige Stärke und Dominanz auf. Etwa wenn er sich beharrlich gegen die indezenten Fragen des Vorsitzenden wehrt. Einen Rest an Privatheit will er nicht preisgeben, will nicht sagen, „wie ich die Damen plazierte". Er muss sich vom Vorsitzenden fragen lassen, welchen Beruf außer Maler er eigentlich habe, „also einen erlernten Beruf", und warum er nicht das Abitur habe und was man auf einer Kunstakademie überhaupt lerne und was er, der Herr Professor, jetzt male. „Ölgemälde? Und was haben Sie so alles an der Steuer vorbei verkauft?"

Der Vorsitzende erfährt, dass der Angeklagte das erste Mal mit 18 heiratete. „Mit 18!", bricht es aus Schuster heraus. Eine Künstlerkollegin war es, und nach zwei Jahren war alles auch schon wieder vorbei. „Na, dann haben Sie wohl die Finger von gelassen, vom Heiraten mein ich."

Ach ja, da ist noch ein unehelicher Sohn, fünf Jahre alt. „Zahlen Sie Unterhalt?" Er zahlt. „Sonst noch Besonderheiten? In sexueller Hinsicht? Es gibt ja Leute, die sind homosexuell." Immendorff will darauf nicht antworten. „Ich will doch nur wissen, ob Sie sexuell normal veranlagt sind", beschwichtigt der Vorsitzende. „Na, wenn einer mit neun Damen im Hotel angetroffen wird, ist er kaum homosexuell", sagt Immendorffs Verteidiger.

„Sie können mich von meiner Rechtsauffassung nicht abbringen", fährt der Vorsitzende einen Rechtsanwalt an, der als Zeugenbeistand Einwände gegen die Belehrung seines Mandanten erhebt. So ist dieser Vorsitzende. So geht er mit den Rechtsunterworfenen, besser: den ihm Unterworfenen, um.

Immendorff spricht einmal von seiner „Lebensgier". „Herr Professor! Lebensgierig ist doch jeder! Das erklärt doch nicht die ganzen Vorbereitungen, die Sie für die Partys trafen. 2001, als es anfing mit Ihren Aktionen im Hotel, da waren Sie doch gerade frisch verheiratet!" Was soll man darauf antworten? Immendorff spricht von den unzähligen Therapieversuchen und von der grausamen Erkenntnis, dass an der Diagnose nicht zu rütteln sei und dass er sich nicht damit abfinde zu zerfallen. Nächste Frage des Vorsitzenden: „Was stand bei Ihnen denn im Vordergrund: der Kokainkonsum oder die sexuellen Bedürfnisse?" Der Richter gähnt. „Hatten Sie eigentlich früher schon Kontakte zu Prostituierten?"

Der Vorsitzende wird sie haben. Am Dienstag sind drei Damen als Zeuginnen geladen.

Immendorff wurde am 4. August 2004 zu einer Freiheitsstrafe von elf Monaten auf Bewährung verurteilt. Zwei Jahre lang, so das Gericht, müsse er sich nun straffrei führen, sonst sei mit einem Widerruf der Bewährung zu rechnen. Zu den Auflagen gehört, dass er 150000 Euro an gemeinnützige Vereine zahlt. Das Urteil lässt Immendorffs weitere Beschäftigung an der Kunstakademie zu. Darüber hat aber das nordrhein-westfälische Wissenschaftsministerium zu befinden.